新闻传播经典文献导读

主　编◎蔡　斐
副主编◎赵文丹　黄肖肖

重庆大学出版社

图书在版编目（CIP）数据

新闻传播经典文献导读 / 蔡斐主编. --重庆：重庆大学出版社，2024.8. --ISBN 978-7-5689-4819-7

Ⅰ. G210

中国国家版本馆CIP数据核字第2024EK6840号

新闻传播经典文献导读

XINWEN CHUANBO JINGDIAN WENXIAN DAODU

主　编　蔡　斐

副主编　赵文丹　黄肖肖

策划编辑：张慧梓　陈筱萌

责任编辑：黄菊香　版式设计：张慧梓

责任校对：邹　忌　责任印制：张　策

*

重庆大学出版社出版发行

出版人：陈晓阳

社址：重庆市沙坪坝区大学城西路21号

邮编：401331

电话：（023）88617190　88617185（中小学）

传真：（023）88617186　88617166

网址：http：//www.cqup.com.cn

邮箱：fxk@cqup.com.cn（营销中心）

全国新华书店经销

重庆正文印务有限公司印刷

*

开本：787mm×1092mm　1/16　印张：23.75　字数：495千

2024年8月第1版　2024年8月第1次印刷

ISBN 978-7-5689-4819-7　定价：65.00元

目录

上编
马克思主义新闻传播经典文献导读

中 编
民国时期新闻传播经典文献导读

下 编
西方新闻传播经典文献导读

上编
马克思主义新闻传播经典文献导读

一、探讨真理最好的方式是“用事实本身说话”

——马克思：《评普鲁士最近的书报检查令》

1. 写作背景

19 世纪 40 年代，德国处于资产阶级革命的前夜，国内争取民主和自由的呼声高涨。普鲁士的出版问题在当时显得特别尖锐。1819 年，普鲁士政府就颁布过一个书报检查令，“给德意志精神的发展带来了不可弥补的惨重损失”*，遭到人民群众的强烈反对。

1840 年，普鲁士老国王逝世，弗里德里希 · 威廉四世继承王位。他于次年颁布了圣诞敕令：放宽书报检查。“为了使新闻出版现在就能摆脱那些未经许可的、违背陛下旨意的限制，国王陛下曾于本月 10 日下诏王室内阁，明确反对使写作活动受到各种无理的约束。国王陛下承认公正的、合乎礼貌的公众言论是重要的而且必需的，并授权我们再度责成书报检查官切实遵守 1819 年 10 月 18 日书报检查法令第 2 条的规定。”** 换言之，他不赞成对作家的写作活动加以限制。

这在一部分知识分子中起了很大的欺骗作用，人们以为盼望多年的出版自由，要由国王的恩准而实现了。《莱茵报》在 1842 年 1 月发表的一篇文章中写道：“新的书报检查令使我们充满了巨大的欢乐，也充满了新的勇气和信心，虽然我们还没有获得出版自由，但是我们已经有了一个法令，这个法令如果得到正确理解和运用，就将对政治生活的发展起到无限的促进作用。”***

在一片欢呼和谢恩声中，只有马克思发出了声讨圣诞敕令的檄文，揭露了新国王在自由主义外衣下控制出版的险恶用心。

马克思于 1842 年 2 月写下了《评普鲁士最近的书报检查令》，全文约 1.9 万字，发表于《德国现代哲学和政论界轶文集》1843 年第 1 卷，署名“莱茵省一居民”。该文一针见血地揭露了普鲁士专制政府的真正意图。这是马克

* 中国人民大学新闻系：《马克思恩格斯论报刊》，中国人民大学出版社，1958，第 95 页。

** 中共中央马克思恩格斯列宁斯大林著作编译局：《马克思恩格斯全集》（第一卷），人民出版社，1995（第 2 版），第 107 页。

*** 郭大俊等：《马克思恩格斯早期探索理论与现实关系的理路及启示》，人民出版社，2023，第 181–182 页。

思见诸报刊的第一篇政论作品。他在这篇文章中全面阐述了出版自由的思想。

2. 阅读提示

在这篇文章中，马克思运用理性的武器，从笔调、倾向、功能和才能四个方面批判新法令的虚伪与反动，进而对普鲁士的整个书报检查体系进行了无情的剖析和鞭挞。

首先，马克思指出，新法令用所谓的“严肃和谦逊”的笔调来限制出版自由。他说：“你们赞美大自然令人赏心悦目的千姿百态和无穷无尽的丰富宝藏，你们并不要求玫瑰花散发出和紫罗兰一样的芳香，但你们为什么却要求世界上最丰富的东西——精神只能有一种存在形式呢？”马克思指出，“一片灰色就是这种自由所许可的唯一色彩”。

其次，马克思指出，新法令强调“倾向”是任何书报检查的“主要标准”，而恰恰是追究倾向的法律取消了公民在法律面前的平等。这种法律不是团结的法律，而是破坏团结的法律；这种法律是真正的特权，是一个党派用来对付另一个党派的法律。

再次，新法令在禁止发表“使用侮辱个别人的词句和作出败坏其名誉的判断”的口实下，剥夺了报刊的批评与监督权利。

又次，马克思还指出，新法令强调必须由“完全正派可靠的人”，即在“学术才能、地位与品格”各方面为官方认可的人充任编辑。马克思认为，这种“完全正派可靠的人”是哪一个国家都找不出来的，而且在上述三个条件中，学术才能和品格都是极其不确定的东西；相反，“地位”倒是一种极其确定的东西，于是“地位”就成了确定编辑人选的决定性标准。

最后，马克思提出：“整治书报检查制度的真正而根本的办法，就是废除书报检查制度，因为这种制度本身是恶劣的，可是各种制度却比人更有力量。”

3. 文献原文

评普鲁士最近的书报检查令

我们不是那种心怀不满的人，不会在普鲁士新的书报检查法令公布之前就声明说：

即使丹纳士人带来礼物，我还是怕他们[1]。相反，因为新的检查令允许对已经颁布的法律进行讨论，哪怕这种讨论和政府的观点不一致，所以，我们现在就从这一检查令本身谈起。**书报检查**就是官方的批评。书报检查的标准就是批评的标准，因此，就很难把这种标准同批评分割开来，因为它们是建立在同一个基础上的。

当然，对于检查令序言中所表述的**一般倾向**，每个人都只能表示赞同：

> "为了使新闻出版现在就能摆脱那些未经许可的、违背陛下旨意的限制，国王陛下曾于本月10日下诏王室内阁，明确反对使写作活动受到各种无理的约束。国王陛下承认公正的、合乎礼貌的公众言论是重要的而且必需的，并授权我们再度责成书报检查官切实遵守1819年10月18日书报检查法令第2条的规定。"

当然！既然书报检查是必要的，那么公正的、自由的书报检查就更加必要了。

可是，这里有一点马上就会使人们感到有点诧异，那就是上述法律的**日期**。该法律颁布的日期是1819年10月18日。怎么？难道这是一项由于时势所迫而废除了的法律吗？看来不是，因为现在不过是**"再度"**责成书报检查官必须遵守这一法律。由此可见，这一法律1842年以前一直存在，不过没有实施罢了。正因为如此，现在才又提起它，"为了"使新闻出版**"现在就"**能摆脱那些未经许可的、违背陛下旨意的限制。

尽管有了法律，但是新闻出版物到目前为止仍然受到种种未经许可的限制，这就是从上述书报检查令的序言中得出的直接结论。

上面的话是**针对法律**，还是**针对书报检查官**呢？

我们未必**有理由**能肯定说是后一种情况。在22年当中，保护公民的最高利益即**他们的精神**的主管机关，一直在进行非法的活动，这一机关的权力简直比罗马的书报检查官还要大，因为它不仅管理个别公民的行为，而且甚至管理公众精神的行为。在组织完善的、以自己的行政机关自豪的普鲁士国家里，政府高级官员的这种不负责任的行为，这种一贯的不忠诚的行为，难道可能发生吗？还是国家总是盲目地挑选最无能的人去担任最艰巨的职务呢？最后，也许是普鲁士国家的臣民已根本不可能起来抗议这种违法的行为吧？难道普鲁士的所有作者都如此愚昧无知，连与自己生存有关的法律也不知道吗？还是他们的胆子太小，竟不敢要求实施这种法律呢？

假如我们把过错推在书报检查官身上，那么这不仅会败坏他们本身的名誉，而且会败坏普鲁士国家和普鲁士作者的名誉。

况且，如果书报检查官二十多年来一直进行无视法律的非法活动，那就会提供令人信服的证据，说明新闻出版需要的是别的保证，而不是给如此不负责任的人物发出的这种一般性的指令。那就会证明书报检查制度骨子里隐藏着一种用任何法律都无法消除的

---

1 维吉尔《亚尼雅士之歌》第2部第49行。丹纳士人在这里指希腊人。——编者注

根本缺陷。

可是，如果说书报检查官很中用，不中用的是法律，那么，为什么还要再度求助于法律去反对正是它本身所造成的祸害呢？

或者，也许为了造成一种改善的假象而不从本质上去改善事物，才需要把制度本身的客观缺点归咎于个人吧？虚伪自由主义的手法通常总是这样的：在被迫让步时，它就牺牲人这个工具，而保全事物本身，即制度。这样就会转移从表面看问题的公众的注意力。

对事物本身的愤恨就会变成对某些人的愤恨。有些人以为人一变换，事物本身也就会起变化。人们的注意力就从书报检查制度转移到了个别书报检查官身上，而那一伙专看官方眼色行事的卑劣作者，便放心大胆地反对那些不受宠幸的人，对政府却称颂备至。

在我们面前还有一个困难。

某些报纸的记者认为，书报检查令就是新的书报检查法令。他们错了，不过他们的这种错误是情有可原的。1819 年 10 月 18 日的书报检查法令只应当暂时有效，即到 1824 年为止有效，如果不是现在的书报检查令告诉我们上述法令从来没有被实施过，那么直到今天它仍然是一项临时性的法律。

1819 年的法令也是一项过渡性措施，不过，当时规定了一定的期限——五年，可以期望颁布永久性法律，而新的检查令却没有规定任何期限；其次，当时期望颁布的是关于新闻出版自由的法律，而现在期望颁布的则是关于书报检查的法律。

另一些报纸的记者则认为，这个书报检查令是旧的书报检查法令的翻新。检查令本身将驳倒他们这种错误的看法。

我们认为，书报检查令是可能要颁布的书报检查法的精神的预示。在这一点上，我们是严格遵循 1819 年书报检查法令的精神的，根据这一法令，邦的法律和命令对新闻出版具有同样的作用（参看上述法令第 16 条第 2 款）。

现在我们再回过头来看看检查令。

> “根据这一法律〈即根据第 2 条规定〉书报检查不得阻挠人们对真理作严肃和谦逊的探讨，不得使作者受到无理的约束，不得妨碍书籍在书市上自由流通。”

书报检查不得阻挠的对真理的探讨，在这里有了更具体的规定：这就是严肃和谦逊的探讨。这两个规定要求探讨注意的不是内容，而无宁说是内容以外的某种东西。这些规定一开始就使探讨脱离了真理，并硬要它把注意力转移到某个莫名其妙的第三者身上。可是，如果探讨老是去注意这个由法律赋予挑剔权的第三者，难道它不是会忽视真理吗？难道真理探讨者的首要义务不就是直奔真理，而不要东张西望吗？假如我必须记住用指定的形式来谈论事物，难道我不是会忘记谈论事物本身吗？

真理像光一样，它很难谦逊；而且要它对谁谦逊呢？对它本身吗？真理是检验它自身和谬误的试金石。[1]那么是**对谬误吗**?

如果谦逊是探讨的特征，那么，这与其说是害怕谬误的标志，不如说是害怕真理的标志。谦逊是使我寸步难行的绊脚石。它就是规定在探讨时要对得出结论感到恐惧，它是一种对付真理的预防剂。

其次，真理是普遍的，它不属于我一个人，而为大家所有；真理占有我，而不是我占有真理。我只有构成我的精神个性的形式。“风格如其人。”可是实际情形怎样呢！法律允许我写作，但是不允许我用自己的风格去写，我只能用另一种风格去写！我有权利表露自己的精神面貌，但是首先必须使这种面貌具有一种指定的表情！哪一个正直的人不为这种无理的要求脸红，而宁愿把自己的脑袋藏到罗马式长袍里去呢？至少可以预料在那长袍下面有一个丘必特的脑袋。指定的表情只不过意味着“强颜欢笑”而已。

你们赞美大自然令人赏心悦目的千姿百态和无穷无尽的丰富宝藏，你们并不要求玫瑰花散发出和紫罗兰一样的芳香，但你们为什么却要求世界上最丰富的东西——精神只能有一种存在形式呢？我是一个幽默的人，可是法律却命令我用严肃的笔调。我是一个豪放不羁的人，可是法律却指定我用谦逊的风格。一片灰色就是这种自由所许可的唯一色彩。每一滴露水在太阳的照耀下都闪现着无穷无尽的色彩。但是精神的太阳，无论它照耀着多少个体，无论它照耀什么事物，却只准产生一种色彩，就是官方的色彩！精神的最主要形式是欢乐、光明，但你们却要使阴暗成为精神的唯一合适的表现；精神只准穿着黑色的衣服，可是花丛中却没有一枝黑色的花朵。精神的实质始终就是真理本身，而你们要把什么东西变成精神的实质呢？谦逊。歌德说过，只有怯懦者才是谦逊的[2]，你们想把精神变成这样的怯懦者吗？也许，这种谦逊应该是席勒所说的那种天才的谦逊[3]？如果是这样的话，那你们就先要把自己的全体公民、特别是你们所有的书报检查官都变成天才。况且，天才的谦逊当然不像文雅的语言那样，避免使用乡音和土语，相反，天才的谦逊恰恰在于用事物本身的乡音和表达事物本质的土语来说话。天才的谦逊是要忘掉谦逊和不谦逊，使事物本身突现出来。精神的谦逊总的说来就是理性，就是按照事物的本质特征去对待各种事物的那种普遍的思想自由。

其次，根据特利斯屈兰·善第所下的定义：严肃是肉体为掩盖灵魂缺陷而做出的一种虚伪姿态[4]。如果严肃不应当适合这个定义，如果严肃的意思应当是注重实际的严肃态度，那么这整个规定就会失去意义。因为我把可笑的事物看成是可笑的，这就是对它采取严肃的态度；对不谦逊仍然采取谦逊的态度，这也就是精神的最大的不谦逊。

严肃和谦逊！这是多么不固定的、相对的概念啊！严肃在哪里结束，诙谐又从哪里

1　斯宾诺莎《伦理学》第 2 部分第 43 命题。——编者注

2　歌德《总结》。——编者注

3　席勒《论素朴的和伤感的诗》。——编者注

4　劳 · 斯特恩《特利斯屈兰 · 善第先生的生平和见解》第 1 卷第 11 章。——编者注

开始呢？谦逊在哪里结束，不谦逊又从哪里开始呢？我们的命运不得不由书报检查官的脾气来决定。给书报检查官指定一种脾气和给作者指定一种风格一样，都是错误的。要是你们想在自己的美学批评中表现得彻底，你们就得禁止过分严肃和过分谦逊地去探讨真理，因为过分的严肃就是最大的滑稽，过分的谦逊就是最辛辣的讽刺。

最后，这是以对真理本身的完全歪曲的和抽象的观点为出发点的。作者的一切活动对象都被归结为“真理”这个一般观念。可是，同一个对象在不同的个人身上会获得不同的反映，并使自己的各个不同方面变成同样多的不同的精神性质；如果我们撇开一切主观的东西即上述情况不谈，难道对象的性质不应当对探讨发生一些哪怕是最微小的影响吗？不仅探讨的结果应当是合乎真理的，而且得出结果的途径也应当是合乎真理的。对真理的探讨本身应当是真实的，真实的探讨就是扩展了的真理，这种真理的各个分散环节在结果中是相互结合的。难道探讨的方式不应当随着对象而改变吗？当对象欢笑的时候，探讨却应当摆出严肃的样子；当对象令人讨厌的时候，探讨却应当是谦逊的。这样一来，你们就既损害了主体的权利，也损害了客体的权利。你们抽象地理解真理，把精神变成了枯燥地记录真理的裁判官。

也许不必去为这些玄妙的玩意儿伤脑筋？对真理是否干脆就应该这样去理解，即凡是政府的命令都是真理，而探讨只不过是一种既多余又麻烦的、可是由于礼节关系又不能完全取消的第三者？看来情况差不多就是如此。因为探讨一开始就被认为是一种同真理对立的东西，因此，它就要在可疑的官方侍从——严肃和谦逊（当然俗人对牧师应该采取这种态度）的伴随下出现。政府的理智是国家的唯一理性；诚然，在一定的时势下，这种理智也必须向另一种理智及其空谈作某些让步，但是到那时，后一种理智就应当意识到：别人已向它让了步，而它本来是无权的，因此，它应当表现得谦逊而又恭顺，严肃而又乏味。伏尔泰说过：除了乏味的体裁之外，其余的一切体裁都是好的。但在这里，乏味的体裁却是独一无二的体裁，只要指出《莱茵省等级会议辩论情况》就足以证明这一点。既然如此，为什么不干脆恢复那美好的旧式的德国公文体裁呢？请随意写吧，可是写出来的每一个字都必须同时是对自由的书报检查机关的阿谀奉承之词，而书报检查机关也就会让你们那既严肃又谦逊的言论顺利通过。可千万不要失去虔敬的意识啊！

法律强调的并不是真理，而是谦逊和严肃。因此，一切——严肃，谦逊，首先是真理，都会引起怀疑，因为在这种真理的不确定的范围背后，看来还隐藏着一种非常确定、非常可疑的真理。检查令接着指出：

> “因此，无论如何不应该按照某种心胸狭窄的、超出这一法律界限的意旨来实行书报检查。”

这一法律首先指的就是1819年的检查法令的第2条，可是检查令接着又援引了这个书报检查法令的总的“精神”。要把上面的两种规定结合起来是很容易的，因为书报检查法令的第 2 条就是该法令的精神的集中体现，而它的其余各条则是这种精神的更具体的划分和更详尽的规定。我们认为，对上述精神的以下几种表述最能说明这种精神的特征：

第 7 条：“科学院与各大学到目前为止所享有的免受书报检查的自由，在今后五年内将被取消。”

第 10 款：“本临时决议自即日起生效，有效期五年，期满之前，联邦议会应切实研究通过何种办法才能够实施联邦条例第 18 条中提出的有关新闻出版自由的各项统一规定。随后就应该对德国境内新闻出版自由的合法界限作出最后决定。”

有这样一种法律，哪里还存在新闻出版自由，它就取消这种自由，哪里应当实行新闻出版自由，它就通过书报检查使这种自由变成多余的东西——这样的法律不能认为是有利于新闻出版的。上述的第 10 款也干脆承认，暂时用书报检查法来代替联邦条例第 18 条中提出的、可能有一天要实行的新闻出版自由。这种移花接木的做法至少表明，时势要求对新闻出版加以限制，法令就是由于不信任新闻出版界而产生的。为了替这种不得人心的做法辩解，甚至硬说这是一项有效期限只有五年的临时措施，可是，遗憾得很，它的有效期限竟达 22 年之久。

从检查令的下面一句话中我们就可以看出，检查令是如何陷于自相矛盾的，它一方面不允许按照超出法令界限的意旨来实行书报检查，但另一方面又规定书报检查应当超出这种界限：“当然，书报检查官也可以允许人们坦率地讨论国内事务。”书报检查官可以这样做，但不一定要这样做，因为这不是非做不可的。仅仅这种慎重的自由主义就已经非常肯定地不仅超出了书报检查法令的精神，而且也超出了它的特定要求。旧的书报检查法令，即在检查令中引用的第 2 条，不仅不准坦率地讨论普鲁士的事务，甚至也不准坦率地讨论中国的事务。检查令这样解释：“凡对任何国家中存在的图谋推翻国家制度的政党作赞许的叙述的一切企图，均属于这一范围”，即属于破坏普鲁士邦和德意志联邦其他各邦的安全的范围。在这种情况下，难道还允许对中国或土耳其的国内事务进行坦率的讨论吗？既然如此遥远的情况都威胁着德意志联邦的脆弱的安全，那么每一句对内部事务表示不满的话又怎能不威胁它的安全呢？

这样一来，检查令在自由主义方面就超出了书报检查法令第 2 条的精神（超出的内容以后就会清楚，不过，既然这种超出被说成是法令第 2 条的结论，那它在形式上就是值得怀疑的，其实检查令只明智地引用了法令第 2 条的前一半，但又责成书报检查官按照第 2 条条文本身办事），而在非自由主义方面，检查令也同样超出了书报检查法令的范围，它在对报刊的旧有的限制之外又加上了新的限制。

上述书报检查法令的第 2 条指出：

> “它的〈书报检查的〉目的是：与宗教的一般原则相违背的一切均应杜绝，不管个别宗教党派和国内允许存在的教派的见解和教义如何。”

1819 年，理性主义还占统治地位，这种理论把一般的宗教理解为所谓理性的宗教。这种理性主义的观点也就是书报检查法令的观点，可是这个法令太不彻底，它的目的是要保护宗教，但它的观点却是反宗教的。这种把宗教的一般原则同它的实际内容和规定性分割开来的做法，正是同宗教的一般原则相抵触的。因为每种宗教都认为，它同其他各种特殊的、虚构的宗教的区别，正在于它的特殊本质，正是由于它有这种规定性，它才是真正的宗教。新的书报检查令在它引用的第 2 条中省略了附加的限制条文，根据这一条文的规定，个别宗教党派和教派都不享有神圣不可侵犯的权利。不仅如此，检查令还作了如下的解释：

> “凡以轻佻的、敌对的方式反对一般的基督教或某一教理的行为，均不应容忍。”

旧的书报检查法令绝口不谈基督教，相反，它把宗教同所有个别的宗教党派和教派区别开来。新的书报检查令则不仅把宗教改成了基督教，而且还加上了某一教理几个字。这就是我们那种已经基督教化的科学的滑稽产物！新的书报检查令又给新闻出版造好了新的枷锁，谁还能否认这一点呢？据说，既不能一般地反对宗教，也不能特殊地反对宗教。或者，你们也许以为，“轻佻的、敌对的”这几个字眼已使新的锁链变成了玫瑰花环吧？轻佻、敌对，说得多么巧妙啊！“轻佻的”这个形容词是要求公民行为端庄正派，这是一个对众人公开的字眼，“敌对的”这个形容词则是对书报检查官偷偷地说的，它是“轻佻”在法律上的解释。在检查令中我们还能找到许多玩弄这种巧妙手法的例子：对公众用的是一套主观的、使人面红耳赤的字眼，对书报检查官用的则是另一套客观的、使作者不禁脸色发白的字眼。盖有封印的上谕简直也可以用这种手法谱成乐曲了。

书报检查令陷入了多么令人惊奇的矛盾！只有那种不彻底的攻击才是轻佻的，这种攻击只针对现象的个别方面，由于它本身不够深刻和严肃，因而不能涉及事物的本质；正是仅仅对特殊事物本身的攻击，才是轻佻的。因此，如果禁止对一般基督教的攻击，那么，只有对它的轻佻的攻击才是许可的了。相反，对宗教的一般原则，对宗教的本质，以及对特殊事物（就它是本质的表现而言）的攻击，都是敌对的。攻击宗教只能采取轻佻的或者敌对的方式，第三种方式是不存在的。当然，检查令的这种不彻底性只是一种假象，因为这种不彻底性的立足点就是这样一种假象：似乎对宗教进行某些攻击也是许可的。但只要不带偏见，一眼就可看出这种假象只是一种假象而已。对于宗教，既不能用敌对的方式去攻击，也不能用轻佻的方式去攻击，既不能一般地去攻击，也不能特殊地去攻击，这就是说，根本不许攻击。

可是，如果同 1819 年的书报检查法令有明显矛盾的检查令要给哲学方面的书刊带上新的枷锁，那它至少应当表现得很彻底，能使宗教方面的书刊摆脱以前理性主义的法令加在它身上的旧枷锁。因为该法令曾宣布书报检查的目的也是“反对把宗教信条狂热地搬到政治中去，防止由此引起的概念混乱”。新的检查令虽然非常慎重，在自己的解释中对这一规定只字未提，但在引用法令第2条时仍然采纳了这一规定。什么叫作把宗教信条狂热地搬到政治中去呢？这就是说，要让宗教信条按其独特的本性去决定国家，也就是说，要使宗教的特殊本质成为国家的准则。旧的书报检查法令有权反对这种概念混乱，因为它允许批评特殊的宗教，允许批评这种宗教的特定内容。但旧法令依据的是你们自己所蔑视的、平凡而肤浅的理性主义。而你们这些甚至把国家的个别细小方面都建立在信仰和基督教上的人，你们这些希望建立基督教国家的人，怎么还能够提出要书报检查避免这种概念混乱呢？

政治原则和基督教宗教原则的混淆已成了官方的信条。现在让我们来简单地解释一下这种混淆。如果只谈作为公认的宗教的基督教，那么在你们国家里就有天主教徒和新教徒。他们都会向国家提出同样的要求，就像他们对国家都负有同样的义务一样。他们会撇开自己的宗教分歧而一致要求：国家应该是政治理性和法的理性的实现。可是，你们却想建立一个基督教国家。如果你们的国家成了一个路德派的基督教国家，那么对天主教徒来说，这个国家就会成为一个并非他们所属、必然会被他们当作异端教会加以屏弃的教会，成为一个内在本质同他们正相抵触的教会。反过来也是一样。如果你们把基督教的一般精神说成是你们国家的特殊精神，那么你们就是从你们所受的新教的教育出发来决定什么是基督教的一般精神。虽然最近的事态已向你们表明，政府的个别官员划不清宗教和世俗、国家和教会之间的界限，但是你们还在决定什么是基督教国家。关于这种概念混乱，不应当由书报检查官作出决定，而应当由外交家去谈判。最后，如果你们把某一种教义当作无关紧要的教义而加以屏弃，那你们所持的就是异端的观点。假如你们把自己的国家称为一般的基督教国家，那你们就是以委婉的方式承认它是非基督教国家。因此，要么你们根本禁止把宗教搬到政治中去（但是你们不愿意这样做，因为你们想使之成为国家支柱的并不是自由的理性，而是信仰，对你们来说，宗教就是对现存事物的普遍肯定）；要么你们就允许把宗教狂热地搬到政治中去，二者必居其一。让宗教按照自己的方式去从事政治吧，可是你们又不愿意这样做，因为在你们看来，宗教应当支持世俗的事物，但是，世俗的事物可不要受宗教支配。你们既然把宗教搬到政治中去，那么，企图按照世俗的方式规定宗教在政治中应当以什么姿态出现，这是不折不扣的、甚至是反宗教的狂妄要求。谁由于宗教的冲动而想和宗教结合在一起，谁就得让宗教在一切问题上都有决定权。或者，也许你们把宗教理解为对你们自己的无限权力和英明统治的崇拜吧？

新的书报检查令的正统精神还以其他方式同旧的书报检查法令的理性主义发生冲

突。旧的法令把制止“损害道德和良好习俗的行为”也列为书报检查的一项任务。检查令则把这一处当作法令第 2 条的引文加以引用。但是，如果说检查令的解释在宗教方面作了某些补充，那么在道德方面这个解释却漏掉了某些东西。对道德和良好习俗的损害变成了对“礼仪、习俗和外表礼貌”的破坏。我们可以看到，作为道德的道德，作为这个世界（它受自己的规律支配）的原则的道德正在消失，而代替本质的却是外表的现象、警察的尊严和传统的礼仪。谁该得到荣誉，就把荣誉给谁，在这里，我们看到了真正的彻底性。道地的基督教立法者不可能承认道德是一种本身神圣的独立领域，因为他们把道德的内在的普遍本质说成是宗教的附属物。独立的道德要损害宗教的普遍原则，宗教的特殊概念是同道德相抵触的。道德只承认自己普遍的和合乎理性的宗教，宗教则只承认自己特殊的现实的道德。因此，根据这一检查令，书报检查应该排斥像康德、费希特和斯宾诺莎这样一些道德领域内的思想巨人，因为他们不信仰宗教，并且要损害礼仪、习俗和外表礼貌。所有这些道德家都是从道德和宗教之间的根本矛盾出发的，因为道德的基础是人类精神的自律，而宗教的基础则是人类精神的他律。书报检查制度所进行的令人讨厌的革新，一方面表现为它的道德良心的减弱，另一方面则表现为它的宗教良心的大大强化；现在我们撇开这种讨厌的革新不谈，再来看看比较令人高兴的东西——让步。

> “由此特别可以得出结论说，凡对整个国家管理机关或个别部门作出评价的作品，凡根据业已颁布或尚待颁布的法律的内在价值对这些法律进行讨论、揭露错误和缺点、指出或提出改进办法的作品，只要措辞合乎礼貌，倾向善良，就不能仅仅因为它们不符合政府的精神而拒绝发表。”

探讨要谦逊和严肃，这是新检查令和旧的书报检查法令的共同要求，可是，新检查令认为，措辞合乎礼貌和内容真实同样都是不够的。对于检查令来说，倾向才是它的主要标准，而且是它的贯穿始终的思想，但是在法令中甚至连“倾向”这个字眼也找不到。这种倾向究竟是什么，这一点新的检查令只字未提。可是，从下面一段引文中可以看出，对检查令来说，倾向是多么重要：

> “这方面必要的前提是，对政府措施发表的见解，其倾向不是敌对的和恶意的，而是善意的。这就要求书报检查官具有良好的愿望和鉴别的能力，善于区别这两种不同的情况。与此相适应，书报检查官也必须特别注意准备出版的作品的形式和语调，一旦发现作品因感情冲动、激烈和狂妄而带有有害的倾向，应不准其印行。”

这样一来，作者就成了最可怕的恐怖主义的牺牲品，遭到了涉嫌的制裁。追究倾向的法律，即没有规定客观标准的法律，是恐怖主义的法律；在罗伯斯比尔执政时期，国家在危急情况下所制定的就是这样的法律，在罗马皇帝们在位时期，国家在腐败不堪的情况下所制定的也是这样的法律。凡是不以当事人的行为本身而以他的思想作为主要标准的法律，无非是对非法行为的实际认可。与其把我要留胡子的想法当作剪胡子的标准，倒不如像那位俄国沙皇[1]所做的那样，干脆让御用的哥萨克人把所有人的胡子统统剪掉。

只是由于我表现自己，只是由于我踏入现实的领域，我才进入受立法者支配的范围。对于法律来说，除了我的行为以外，我是根本不存在的，我根本不是法律的对象。我的行为就是法律在处置我时所应依据的唯一的东西，因为我的行为就是我为之要求生存权利、要求现实权利的唯一东西，而且因此我才受到现行法的支配。可是，追究倾向的法律不仅要惩罚我所做的，而且要惩罚我在行动以外所想的。所以，这种法律是对公民名誉的一种侮辱，是一种危害我的生存的法律。

我可以随便挣扎，设法摆脱困境，但是事态决不会因此而有丝毫改变。我的生存遭到了怀疑，我的最隐秘的本质，即我的个性被看成是一种坏的个性，而且由于这种意见我要受到惩罚。法律之所以惩罚我，并不是因为我做了坏事，而是因为我没有做坏事。其实，我之所以受到惩罚，是因为我的行为并不违法，只是由于这一点，我就迫使好心肠的、善意的法官去追究我那非常慎重、并未见诸行动的坏的思想。

追究思想的法律不是国家为它的公民颁布的法律，而是一个党派用来对付另一个党派的法律。追究倾向的法律取消了公民在法律面前的平等。这是制造分裂的法律，不是促进统一的法律，而一切制造分裂的法律都是反动的；这不是法律，而是特权。一些人有权干另一些人无权干的事情，这并不是因为后者缺乏什么客观品质（像小孩子不会缔结条约那样），不，不是这样，而是因为他们的善良意图，他们的思想遭到了怀疑。即使公民起来反对国家机构，反对政府，道德的国家还是认为他们具有国家的思想。可是，在某个机关自诩为国家理性和国家道德的举世无双的独占者的社会中，在同人民根本对立因而认为自己那一套反国家的思想就是普遍而标准的思想的政府中，当政集团的龌龊的良心却臆造了一套追究倾向的法律，报复的法律，来惩罚思想，其实它不过是政府官员的思想。追究思想的法律是以无思想和不道德而追求实利的国家观为基础的。这些法律就是龌龊的良心的不自觉叫喊。那么怎样才能使这种法律付诸实施呢？这要通过一种比法律本身更令人气愤的手段——侦探，或者通过认为所有写作流派都是值得怀疑的这样一种事先协定，由此，当然又要追究某人是属于哪一种流派的。在追究倾向的法律中，立法的形式是同内容相矛盾的，颁布这一法律的政府疯狂地反对它本身所体现的东西，即反对那种反国家的思想，同样，在每一种特殊的场合下，政府对自己的法律来说就好像是一个颠倒过来的世界，因为它用双重的尺度来衡量事物。对一方是合法的东西，对另一方却是违法的东西。政府所颁布的法律本身就是被这些法律奉为准则的那种东西的直接对立面。

1 彼得一世。——编者注

新的书报检查令也陷入了这种自身固有的对立之中。它在指摘新闻出版界时痛斥为反国家行为的一切事情，它自己全都照干不误，并且以此作为书报检查官应尽的职责，这样，它就陷入了矛盾。

譬如，检查令禁止作者怀疑个别人或整个阶级的思想，但是同时它又允许书报检查官把全体公民分成可疑的和不可疑的两种，分成善意的和恶意的两种。新闻出版被剥夺了批评的权利，可是批评却成了政府批评家的日常责任。但事情并不限于这种本末倒置。在报刊内部，反国家的因素在内容方面表现为某种特殊的东西，在形式方面则是某种普遍的东西，即要交给公众评判的东西。

可是，现在事情颠倒过来了：现在，特殊的东西在内容方面表现为合法的东西，而反国家的东西却表现为国家的意见，即国家法；就形式而论，反国家的因素现在表现为一种普遍光芒照不到的、远离公开自由的发表场所而被赶进政府批评家的办公厅里去的特殊东西。又如，检查令想要保护宗教，同时又破坏了所有宗教的最普通的基本原则——主观思想的神圣性和不可侵犯性。检查令宣布，心灵的法官是书报检查官，而不是上帝。又如，检查令禁止使用侮辱个别人的词句和作出败坏其名誉的判断，可是它又使你们每天都忍受检查官作出的侮辱性的、败坏你们名誉的判断。又如，检查令想要消灭居心叵测或不明真相的人散布的流言蜚语，可是，由于它把判断从客观内容的范围硬搬到主观意见或任性的范围中去，它就迫使书报检查官相信并转而散布这种流言蜚语，相信并转而从事不明真相和居心叵测的人所进行的那种侦探活动。又如，国家的意图不应当受到怀疑，但检查令却正好从怀疑国家出发。又如，好的外表不应当用来掩饰任何坏的思想，但检查令本身就是建立在骗人的假象之上的。又如，检查令指望增强民族感情，但它本身却是建立在玷辱民族的观点之上的。有人要求我们的行为合乎法律，要求我们尊重法律，同时我们又必须尊重那些把我们置于法律之外而以任性取代法的制度。我们必须绝对承认人格原则，尽管书报检查制度有缺陷，我们还要信任书报检查官；你们却肆意践踏人格原则，你们竟不根据行为来判断人，而根据对人的行为动机的看法来判断人。你们要求谦逊，但你们的出发点却是极大的不谦逊，你们竟把个别官员说成是能窥见别人心灵和无所不知的人，说成是哲学家、神学家、政治家，并把他们同德尔斐城的阿波罗相提并论。你们一方面要我们把尊重不谦逊作为义务，但另一方面又禁止我们不谦逊。把类的完美硬归之于特殊的个体，这才是真正的不谦逊。书报检查官是特殊的个体，而新闻出版界却构成了类。你们命令我们信任，同时又使不信任具有法律效力。你们把自己的国家制度估计得如此之高，竟认为这些制度能使软弱无能的、平凡的人——官员成为神圣的人，能替他们把不可能的事情变为可能。可是，你们又非常不信任自己的国家机构，竟害怕私人的孤立的意见，因为你们把新闻出版界看成是私人。在你们看来，官员们在处理问题时完全没有个人纠葛，没有怨恨，不会感情用事，不会心胸狭窄，也没有人类的弱点。而没有个人纠葛的东西，思想，你们却加以怀疑，认为其中充满了个人的阴谋和主观的卑鄙意图。检查令要求对官员阶层无限信任，而它的出发点却是对非官员阶层的无限不信任。可是，为什么我们就不应当以德报德、以怨报怨呢？为什么我们就不应当认为这一官员阶层才是值得怀疑的呢？品格也是一样。同秘密行事的批评家的品格相比，公开说话的批评家的品格从一开始就应该受到不抱偏见的人们的更大尊敬。

凡总的说来是坏的东西就始终是坏的，不论体现它的是谁，是私人的批评家还是政府任命的批评家；不过，在后一种场合下，这种坏的东西会得到批准，并被上面认为是为在下面实现好事情所必需的东西。

追究倾向的书报检查和书报检查的倾向，这就是新的自由的检查令送来的礼物。要是我们对检查令的以下几点规定采取某种不信任的态度，那么谁也不会因此而指摘我们。

“凡使用侮辱个别人的词句和作出败坏其名誉的判断的作品，均不得发表。”好一个不得发表！对侮辱性的、败坏名誉的判断作出客观的规定，倒要比这种宽大为怀好得多。

“凡怀疑个别人的或者〈意味多深长的“或者”啊！〉整个阶级的思想的作品，使用党派名称和进行类似人身攻击的作品，也同样不得发表。”可见，划分等级、攻击整个阶级和使用党派名称的做法都是不能容忍的。可是，人为了要使一切东西对他来说都是存在的，他就必须像亚当那样给它们都起个名称；党派名称对政治性报刊来说则是一种必要的范畴，因为：

> “正如扎萨弗拉斯医生所说的，
> 为了能医好每一种疾病，
> 我们首先就得给它起一个名称。”[1]

以上这一切都属于人身攻击。究竟应该怎么办呢？攻击个别人是不许可的；同样，攻击阶级、一般的东西和法人也都是不许可的。国家不愿意容忍（这是正确的）任何侮辱和任何人身攻击；可是，通过“或者”这个不显眼的词，一般的东西也归入人身攻击之列。通过“或者”加进了一般的东西，而通过一个小小的“和”字，我们又终于看到，原来这里所谈的只是人身攻击。但这就极其轻易地造成了如下的结果：既不准报刊对官员进行任何监督，也不准报刊对作为个别人组成的某一阶级而存在的机构进行任何监督。

> “如果书报检查能按照这些根据 1819 年 10 月 18 日书报检查法令的精神制定的指令来实行，这将为合乎礼貌的、公正的公众言论提供足够的活动场所；并能期望，这将引起人们对祖国利益的更大关注，从而增强他们的民族感情。”

---

1 维兰德《新阿马迪斯》第 2 部分第 17 首歌第 36 节。——编者注

根据这些指令办事，就能为合乎礼貌的，即书报检查认为是合乎礼貌的公众言论提供非常足够的活动场所，这一点我们是承认的；“活动场所”[1]这个词选得十分恰当，因为这种场所是为以玩把戏为乐事的报刊预备的。但公正的公众言论是否能得到这种活动场所，公正是否能找到容身之地，那就只有让有洞察力的读者去判断了。至于检查令所表示的期望，那么民族感情自然能够得到增强，就像送来的绳索会增强土耳其人的民族感情一样。可是，既谦逊又严肃的报刊究竟能不能引起人们对祖国利益的关注，这个问题我们交给报刊本身去解决。服用奎宁养不胖消瘦的报刊。不过，也许我们已把上述引文的意义看得太严重了。如果我们只把它看成是玫瑰花环上的一个钓钩，也许会更确切地猜中它的意义。可能在这个自由主义的钓钩上挂着一颗价格极其含糊的珠宝。让我们更仔细地来看一下。一切都要看上下文来决定。增强人们的民族感情并引起人们对祖国利益的关注，这是前面援引的重要条文所表达的期望，现在却悄悄地变成了一种隐藏着对我们那些可怜而虚弱的报纸施加新压迫的命令。

> “如果这样办，那就能指望：政治性著作和报刊也将更清楚地了解自己的使命，它们在获得更丰富的材料的同时也将学会使用比较适当的语调，今后将不屑于转载居心叵测或不明真相的记者在外国报纸上发表的那些内容贫乏的新闻，或去登载各种流言蜚语和人身攻击的议论，以投合读者的好奇心，——这是书报检查无疑应当采取措施加以制止的趋向。”

检查令指望，如果这样办，政治性著作和报刊将更清楚地了解自己的使命，如此等等。可是，更清楚的了解并不是通过发号施令就能做到的；这不过是一种期待中的成果，而希望只不过是希望而已。但检查令是非常讲求实际的，它不会满足于希望和善良的愿望。善意的检查令赋于报刊一种在今后改善自己状况的希望作为新的优待，但同时它却剥夺了报刊目前享有的权利。由于希望改善自身状况，报刊失去了在目前还享有的东西。它遭到了可怜的桑乔·潘萨的命运：侍医剥夺了他的全部食物，使他不致因消化不良而不能很好地去完成公爵交办的任务。

同时，我们不应当放过机会，要号召普鲁士的作者学会使用这种合乎礼貌的笔法。上述引文的开头一句就这样指出：“如果这样办，那就能指望：……”一系列的规定都取决于这一冒号，譬如说：政治性著作和报刊将更清楚地了解自己的使命，它们将学会使用比较适当的语调，如此等等，它们将不屑于转载外国报纸上发表的那些内容贫乏的通讯等等。所有这些规定都还是属于希望的范围以内的，“这是书报检查无疑应当采取措施加以制止的趋向”，可是，借破折号同上文连接起来的这一结束语，却免除了书报检查官去等待报刊得到预期改善的那种无聊任务，同时这一结束语还授权书报检查官毫

1　德文“Spielraum”既有“活动场所”的意思，又有“游戏场所”的意思。——编者注

不踌躇地删去不合他的口味的东西。截肢手术代替了内科治疗。

> “然而，为了接近这一目的，在批准新的报刊和新的编辑时务必谨慎行事，把报刊托付给完全正派可靠的人去主持，这些人的学术才能、地位与品格是他们的意图严正、思想方式忠诚的保证。”

在开始详细分析之前，我们先来谈谈总的看法。对新编辑即以后所有的编辑的批准，务必“谨慎行事”，当然，这种批准是听凭国家当局即书报检查机关来决定的；而旧的书报检查法令至少在取得一定保证的情况下却把编辑的遴选交由出版者按自己的意愿处理：

> “第9条。书报检查总局有权向报纸出版者声明，如出版者提名的编辑不堪信任，应即另聘；或者，如出版者愿意留用原编辑，应为原编辑交纳由我们内阁的上述各部根据书报检查总局建议而规定的保证金。”

在新的书报检查令中则出现了一种完全不同的深奥，可以说出现了一种精神的浪漫主义。旧的书报检查法令要求外在的、实际的、因而也是由法律规定的保证金，只要有了这种保证金做保，就是不受欢迎的编辑也能得到任用；检查令则剥夺了报刊出版者本人的全部意志。根据检查令的规定，政府的先见之明、当局的异常谨慎和洞察能力，都应当同内在的、主观的、不由外界决定的品质有关。可是，如果浪漫主义的不确定性、敏感的内心世界和主观的激昂情绪都变成了下面这种纯外在的现象，即外在的偶然性已不再表现为它那种实际的确定性和局限性，而表现为某种奇妙的灵光、表现为某种虚构的深奥和壮观，那么，检查令也未必能逃脱这种浪漫主义的命运。

报刊（整个新闻业都属于这一范围）的编辑应当由完全正派可靠的人担任。检查令首先指出“学术才能”是这种完全正派可靠的品格的保证。至于书报检查官究竟能不能具有对各种各样学术才能作出判断的学术才能，检查令对这一点没有提出丝毫怀疑。既然在普鲁士有这么一批政府所熟悉的万能天才（每个城市里至少有一个书报检查官），那么，这批博学多才的人物为什么不以作者的身分出现呢？要是这些因人数众多、更因博学多才而显得声势浩大的官员们一旦崛起，用自己的声势去压倒那些仅仅用某一种体裁写作、而且连用这种体裁写作的才能也未经官方验证的可怜作者们，那么，这就会比用书报检查更快地消灭报刊中的一切混乱现象。这些老谋深算的、像罗马的鹅一样只要嘎嘎叫几声就可以挽救卡皮托利诺山的人们，为什么一声也不响呢？这些人实在太克制了。他们在学术界无声无臭，但是政府了解他们。

可是，假如这些人真正是一些哪一个国家也找不出来的人才（因为任何国家都没有见过完全由万能的天才和博学的才子组成的整个阶级），那么，挑选这些人才的人所具有的天才又该比他们高出多少啊！为了证明在学术界无声无臭的官员们的确有万能的学术才能，这些挑选者又该具有多么神秘的法术啊！我们在这种博学多才的官僚的阶梯上登得越高，接触到的人物也就越令人惊奇。一个拥有一批完善的报刊作为支柱的国家，是不是值得把这些人才变成一批有缺点的报刊的看守人呢？使一种完善的东西沦为对付不完善的东西的工具，这样做是不是适当呢？

你们所任命的这种书报检查官的人数越多，新闻出版界改进的机会就越少。你们把自己军队中身强力壮的汉子抽调出来，使他们成为不健康者的医生。

只要你们像庞培那样跺一下脚，从政府的每一幢大厦中就会跳出一个全副武装的帕拉斯·雅典娜来。孱弱无力的报刊在官方报刊面前就会化为乌有。只要光明出现，黑暗就会消失。让你们的光放射出来吧，不要隐藏。我们不要有弊病的书报检查制度，因为甚至你们自己也不相信它是十全十美的，请给我们一种完善的报刊吧，这只要你们下一道命令就行了；几个世纪以来中国一直在提供这种报刊的范本。

然而，使学术才能成为报刊作者唯一的和必要的条件，这正是精神的使命，而不是保护特权，又不是要求遵守惯例，难道不是这样吗？难道这种条件不正是事物本身的条件，而不是特定人物的条件吗？

遗憾的是，书报检查令竟打断了我们对它的称颂。除了学术才能这种保证之外，它还提出了地位和品格方面的保证。地位和品格！

品格这样紧跟着地位，就好像是从地位中派生出来的一样。因此，我们首先就从地位谈起。地位被紧紧地夹在学术才能和品格之间，使人几乎要怀疑这种做法的居心是否纯正。

学术才能是一般要求，这是多么明显的自由主义啊！地位是特殊的要求，这是多么明显的非自由主义啊！把学术才能同地位扯在一起，这又是多么虚伪的自由主义啊！既然学术才能和品格都是极其不确定的东西，相反，地位却是一种极其确定的东西；那么，我们为什么不可以得出结论说，根据必然的逻辑规律，不确定的东西要依赖确定的东西，并从它那里得到支持和内容呢？由此可见，如果书报检查官在解释检查令时说，地位是学术才能和品格借以在社会中表现出来的外在形式，尤其因为书报检查官本身的职位就保证他们的这种观点就是国家的观点，难道这样一来他们就算是犯了一个严重的错误吗？而不这样解释，至少下面的一些问题就根本无法理解：为什么学术才能和品格还不能作为作者的充分的保证呢？为什么地位是第三个必要的保证呢？可是，如果书报检查官陷入了自相矛盾的境地，如果这些保证之间很少有联系，或者甚至从来互不相干，那他们又应该怎样进行选择呢？可是，选择是少不了的，因为总得有人来担任报纸和杂志的编辑工作啊！书报检查官可能认为，没有地位保障的学术才能和品格都是成问题的，因为它们都是不确定的。而且，学术才能和品格离开地位而单独存在，这当然会使他们感到奇怪。相反，要是有了地位，书报检查官是不是还可以对品格和学问表示怀疑呢？在这种场合，书报检查官更多的是相信他们自己，而不是国家的判断；在相反的场合，他们更多的也是相信作者，而不是国家。难道书报检查官会这样不识事体、居心不良吗？当然，不能这样设想，而且，肯定谁也没有这样设想。因为遇到疑难时，地位是决定性的标准，所以总的说来，它也就是绝对地起决定作用的东西。

因此，如果说过去检查令是由于自己的正统信仰而同书报检查法令发生冲突，那么现在它则是由于自己的浪漫主义而同书报检查法令发生冲突，因为浪漫主义同时始终是带有倾向的诗歌。保证金这种实际的真正保证变成了一种观念上的保证，而这种观念上的保证又变成了一种具有神奇的虚构的意义的、完全现实的个人的地位。保证的意义也起了同样的变化。现在已不是由出版者来选择那种需要他向当局担保的编辑，而是由当局替他选择向当局本身担保的编辑了。旧法令关心的是由出版者的保证金作保的编辑的工作；新检查令则不谈编辑的工作，而只谈编辑的身分；它要求的是体现为身分的特定的个性，而出版者的保证金就应当使它获得这种个性。新的检查令像旧的法令一样，也具有外在的性质。不过，旧的法令按照自己的本性宣布了某种实际上确定的东西并对它加以限制，而检查令则赋予纯粹的偶然性以空想的精神，并以普遍性的激情宣布了某种纯粹个人的东西。

但是，如果说浪漫主义的检查令在编辑问题上使最外在的确定性具有最亲切的不确定性的语调，那么，它在书报检查官问题上就使最暧昧的不确定性具有法律上的确定性的语调。

> “在任命书报检查官时也应采取同样谨慎的态度，务使书报检查官一职确由那些经证明思想可靠和能力合格的人去担任，即由完全无愧于该职务所要求的那种光荣的信任的人去担任；这种人既慎重，又有洞察力，他们善于区别事物的形式与本质，当作品的内容与倾向本身已证实没有必要加以怀疑时，他们又善于十分得体地抛开怀疑。”

在这里，不再谈向作者要求的那种地位和品格，而是提出经证明思想可靠，因为地位本来就有了。然而，更值得注意的是：向作者要求的是学术才能，而向书报检查官要求的则是不附加任何规定的能力。除了政治问题以外，全部贯串着理性主义精神的旧法令，在第3条中要求的是“有学术修养的”、甚至是“开明的”书报检查官。在检查令中，这两个附加语都不见了，同时，它向书报检查官要求的并不是如人们所理解的那种特定的、已发展并变成了实际能力的作者的才能，而是才能的萌芽即一般的能力。由此可见，才能的萌芽对现实的才能应起书报检查官的作用，虽然按照事物的本性来说，它们之间的关系分明应该是颠倒过来的。最后，我们在这里顺便提一下，对书报检查官能力的实际内容并没有更详细的规定，因而这种能力的性质当然是模棱两可的。

其次，书报检查官一职应由“完全无愧于该职务所要求的那种光荣的信任”的人去担任。这种规定强调必须选择受人信任的人去担任书报检查官的职务，即认为这种人要完全无愧于（将会无愧于？）别人寄予的那种光荣的信任（而且是完全的信任）；关于这种累赘而虚伪的规定，就用不着详细分析了。

最后，书报检查官应当是这样的人："这种人既慎重，又有洞察力，他们善于区别事物的形式与本质，当作品的内容与倾向本身已证实没有必要加以怀疑时，他们又善于十分得体地抛开怀疑。"

可是恰恰相反，检查令在前面却是这样规定的：

> "与此相适应〈即与追究倾向相适应〉，书报检查官也必须特别注意准备出版的作品的形式和语调，一旦发现作品因感情冲动、激烈和狂妄而带有有害的倾向，应不准其印行。"

这样一来，书报检查官就必须时而根据形式去判断倾向，时而又根据倾向去判断形式。如果说作为检查书报标准的内容以前就已经完全消失，那么现在形式也正在消失中。只要倾向是好的，形式的缺陷就无关紧要了。即使作品并不十分严肃和谦逊，即使它们看起来感情冲动、激烈和狂妄，也没有关系，——谁会害怕这种粗糙的外表呢？必须善于把形式和本质区别开来。因此，规定的任何外表必然都被抛弃，而检查令最终必然是完全陷入自相矛盾的境地，因为用以辨别倾向的一切东西，反倒要由倾向来确定，而且反倒要用倾向来辨别。爱国者的激烈就是一种神圣的热情，他们的感情冲动就是一种恋人的激情，他们的狂妄就是一种自我牺牲的忠诚，这种忠诚是无限的，因而不可能是温和的。

所有的客观标准都已消失了，人身关系成了关键，能称之为保证的只有书报检查官的得体的处事方式。那么书报检查官能违反什么呢？能违反得体的处事方式。而处事不得体并不是犯罪。作者的什么东西遭到了威胁呢？他们的生存。哪一个国家曾经让个别官员的得体的处事方式来决定整个阶级的生存呢？

我再说一遍：所有的客观标准都已消失了。从作者方面来说，倾向是向他们要求的和给他们规定的最后内容。倾向作为一种无定形的意见，在这里表现为客体；倾向作为一种主体，作为关于意见的意见，则被归结为书报检查官的得体的处事方式，而且是他们的唯一规定。

可是，如果书报检查官的专横（承认独断意见的权利就是承认专横的权利）是被巧妙地伪装成客观规定的逻辑结论，那么检查令则完全有意识地表现了无条件享有信任的总督府的专横，而这种对总督的信任就是报刊的最后保证。由此可见，书报检查的一般本质是建立在警察国家对它的官员抱有的那种虚幻而高傲的观念之上的。公众的智慧和良好愿望被认为甚至连最简单的事情也办不成，而官员们则被认为是无所不能的。

这一根本缺陷贯穿在我们的一切制度之中。譬如在刑事诉讼中，法官、原告和辩护人都集中在一个人身上。这种集中是同心理学的全部规律相矛盾的。可是，官员是超乎心理学规律之上的，而公众则是处于这种规律之下的。不过，有缺陷的国家原则还是情有可原的，但当它不够正直因而表现得不彻底时，那就是不可原谅的了。官员的责任想必比公众的责任大得无可比拟，正如官员的地位比公众高得无可比拟一样。正是在唯有彻底性才能证明原则的正确并使它在自己的范围内具有法的原则的地方，原则被抛弃了，也正是在这里，采用了截然相反的原则。

书报检查官也就是原告、辩护人和法官三位一体的人。书报检查官被委任去管理精神，然而他是不负责任的。

假如书报检查受普通法庭的支配（诚然，这在还没有客观的书报检查法以前是不可能的），那么它就只可能有暂时忠诚的性质。可是，最恶劣的手段却莫过于把书报检查又交给书报检查机关去评判，例如，把它又交给某一个总督或最高书报检查委员会去评判。

我们在报刊和书报检查的关系方面所谈的一切，同时也就说明了书报检查同最高书报检查机关的关系，说明了作者同最高书报检查官的关系，虽然在这里也插入了一个中间环节。但这是同样的一种关系，只是处在较高阶段上而已。要使事物保持原状，同时又企图用更换人员的办法使它具有另一种本质，这真是荒谬绝伦的做法。如果一个实行高压的国家想成为忠诚的国家，那它就会自己取消自己；那样一来，每一级都要求实行同样的压制和同样的反压制。最高书报检查机关也必定会受到检查。为了不致陷入这种恶性循环，人们就决定采取不忠诚的态度，于是，在第三级或第九十九级就会发生不法行为。由于官僚国家没有清楚地认识到这一点，所以它力图要把不法行为的范围至少抬到人们看不见的高度，这样就以为不法行为已经消失了。

整治书报检查制度的真正而根本的办法，就是废除书报检查制度，因为这种制度本身是恶劣的，可是各种制度却比人更有力量。我们的意见可能是正确的，也可能是不正确的，不过无论如何，新的检查令终究会使普鲁士的作者要么获得更多的现实的自由，要么获得更多的观念的自由，也就是获得更多的意识。

当你能够想你愿意想的东西，并且能够把你所想的东西说出来的时候，这是非常幸福的时候[1]。

卡 · 马克思写于 1842 年 2 月初—2 月 10 日
第一次用德文发表于《德国现代哲学和
政论界轶文集》1843 年版第 1 卷
署名：莱茵省一居民

原文是德文
中文根据《马克思恩格斯全集》
1975 年历史考证版第 1 部分
第 1 卷翻译

选自中共中央马克思恩格斯列宁斯大林著作编译局：《马克思恩格斯全集》（第一卷），人民出版社，1995（第 2 版），第 107-135 页

1　塔西佗《历史》第 1 篇第 1 节。——编者注

4. 复习问题

（1）仔细阅读《评普鲁士最近的书报检查令》一文，分析马克思认为普鲁士的书报检查令在哪些方面表现是非法的？

（2）如何理解人民报刊应该是“人民日常思想和感情的表达者”？

（3）仔细阅读《评普鲁士最近的书报检查令》一文，文中表现出了马克思的什么出版自由思想？

（4）如何理解马克思的出版自由思想？

5. 思维训练

（1）如何理解马克思的出版自由思想与西方资产阶级的出版自由存在的实质性不同？

（2）如何理解马克思的出版自由思想与我国当前马克思主义新闻观的一脉相承性？

二、人民报刊应该是“人民日常思想和感情的表达者”

——马克思：关于《莱比锡总汇报》的查禁

1. 写作背景

《莱比锡总汇报》是德国一家日报，1837 年创刊，19 世纪 40 年代初的资产阶级激进派报纸。在萨克森出版的《莱比锡总汇报》刊登了德国著名诗人、小资产阶级民主主义者海尔维格批评普鲁士国王的一封信，1842 年 12 月 28 日，该报在普鲁士境内遭到查禁。《莱比锡总汇报》被查禁后并没有立即停刊，而是在萨克森出版到 1843 年 4 月 1 日。

《莱比锡总汇报》被查禁后立即在普鲁士报刊界引起轩然大波，但各方看法不一。针对这一事件，马克思写了《〈莱比锡总汇报〉在全普鲁士境内的查禁》（写于 1842 年 12 月 31 日，载于 1843 年 1 月 1 日《莱茵报》）、《〈莱比锡总汇报〉的查禁和〈科隆日报〉》（写于 1843 年 1 月 3 日，载于 1843 年 1 月 4 日《莱茵报》）、《好报刊和坏报刊》（写于 1843 年 1 月 5 日，载于 1843 年 1 月 6 日《莱茵报》）、《答一家“中庸”报纸的攻击》（写于 1843 年 1 月 7 日，载于 1843 年 1 月 8 日《莱茵报》）等 7 篇文章，以抗议专制政府对进步报刊的迫害。该组文章层层深入，深刻地批判了普鲁士政府扼杀进步报刊的种种罪恶。后来，这组文章被收入《马克思恩格斯全集》第一卷。

2. 阅读提示

这组文章比较系统地表达了马克思革命民主主义思想阶段的主要新闻观点，第一次提出了“人民报刊”的概念，对人民报刊思想的内容进行了较为全面的阐述，是研究马克思早期报刊思想的重要文章。马克思提出的人民报刊思想主要包含以下内容：

只有人民报刊才是真正的报刊，因为人民报刊处于人民之中，真诚地感受人民的希望与忧患、热爱与憎恨、欢乐与痛苦。

由于德国人民刚刚觉醒，人民精神还很年轻，人民报刊也很年轻，不免出现种种报刊职业上的不成熟现象。如果容许发展本身，那么就应当允许报刊出现这样那样的毛病。报刊的本质是纯洁的和真实的，这些毛病会变成它强身健体的“药剂”。

人民报刊是一个有机的活的群体，这个群体中的各个具体报刊是整个人民报刊的必要组成部分。人民报刊体系的形成，要求各家报刊充分自由地表现出自己的特性，各家报刊在特性和内容方面相互补充。在这种情况下，和谐地融合了人民精神的一切真正要素的人民报刊才能形成。

必须承认报刊有自己的内在规律，这种规律是不以人的意志为转移的，外部压力和专横暴戾都不可能改变规律自身。

衡量是否成为真正的报刊的标志之一，是看它是否用事实描写事实，是否表达社会舆论。而不真实的思想必然会不由自主地伪造事实，产生歪曲和撒谎。

报刊的合法存在不应取决于它的思想方式，如同法典和法庭不应为思想方式而存在一样，即使某种思想方式是恶劣的。

3. 文献原文

《莱比锡总汇报》在普鲁士邦境内的查禁

科隆 12 月 31 日。德国报刊在**看来**是不祥的预兆下进入新的一年。**《莱比锡总汇报》**最近刚刚在普鲁士各省被查禁这一事实，正颇为令人信服地打破轻信者对将来的巨大让步所抱的各种沾沾自喜的幻想。既然在**萨克森书报检查制度**下出版的《莱比锡总汇报》是由于讨论普鲁士的问题而被查禁的，那么与此同时，希望**不受检查地**讨论我们国内问题的想法也就一并遭到了禁止。这是谁也不会否认的实际结论。

对《莱比锡总汇报》提出的主要责难大致如下：

> “该报接连不断地登载传闻，这些传闻后来至少有一半被证明是谣言。此外，该报不是立足于事实，而是紧盯着动机；尽管该报在这方面的见解常常是错误的，但它总是以不容争议的庄重语调，而且往往带着充满敌意的激情来发表这些见解。该报的

行为是反复无常的、‘轻率的’、‘不老成的’，一言以蔽之，该报行为不端。”

假定所有这些指控都是有根有据的，那么，试问这些指控是用来反对《莱比锡总汇报》**任意行事的特性**呢，还是用来反对刚刚崛起的、年轻的**人民报刊必然具有的特性**呢？问题所涉及的仅仅是**某一种**报刊的存在呢，还是**真正的**报刊即**人民报刊**的不存在呢？

法国的、英国的以及所有的报刊，在初创时的做法都同德国报刊一样，而且所有这些报刊当然也都受到了同样的责难。报刊只是而且只应该是“人民（确实按人民的方式思想的人民）日常思想和感情的”**公开的**“表达者，诚然这种表达往往是充满激情的、夸大的和失当的”。因此，如同生活本身一样，报刊总是常变常新，永远也不会老成持重。它生活在人民当中，它真诚地同情人民的一切希望与忧患、热爱与憎恨、欢乐与痛苦。它把它在希望与忧患之中倾听来的东西公开地报道出来，并尖锐地、充满激情地、片面地对这些东西作出自己的判断，它这样做是同它的感情和思想在当时所处的激动状态相吻合的。今天它所报道的事实或所发表的见解中的错误之处，明天它自己就会推翻。它表现出真正“朴实的”政治态度，在一般情况下，连报刊的敌人对这种政治态度也是很喜爱的。

最近对年轻“报刊”纷纷提出的责难是相互排斥的。有人说，请看看吧，**英国**和**法国的**报纸所采取的政治态度是多么坚定、稳妥和明确。这些报纸以实际生活为基础，它们的观点就是**现存的老成的**势力的观点。它们并不强迫人民去接受任何学说，它们自己便是人民及其党派的真正学说，而你们并不表达人民的思想和利益，你们只是**捏造**这些思想和利益，或者说得更确切些，只是偷偷地把它们塞给人民。你们创造政党的精神，而不是这种精神创造了你们。因此，人们忽而责备报刊要对**没有**政党负责，忽而又责备报刊想**弥补**这种缺陷并创立政党。可是事情很明显，凡是报刊**年轻**的地方，人民的精神也就**年轻**，而刚刚觉醒的人民精神公开表达出来的**日常**政治思想，同那种已经在政治斗争中成长壮大并充满自信的人民精神所表达的政治思想相比，就显得不够老成、不够确定、不够周密。首先，刚刚具有政治觉悟的人民对某一事件的**事实**准确性不像对这一事件赖以产生影响的**道德**实质那样关心；不管人们认为这是事实还是杜撰，事件的道德实质始终是人民的思想、忧虑和希望的体现，是一种**真实**的童话。人民看到自己这种本质在它的报刊的本质中反映出来，如果它看不到这一点，它就会认为报刊是某种**无关紧要的东西**而不屑一顾，因为人民不让自己受骗。所以，即使年轻的报刊每天都使自己遭到非议，即使恶劣的激情渗入报刊，人民还是通过它来了解自己的状况，并且知道，报刊中尽管存在着种种由于怀有敌意或缺乏理智而产生的毒素，但报刊的本质总是真实的和纯洁的，这种毒素会在报刊的永不停息的滚滚激流中变成真理和强身健体的药剂。人民知道，它的报刊为它承担着各种罪过，并为它忍受着屈辱；为了它的荣誉，它的报刊正在抛弃高傲、自负和刚愎自用的作风，成为现代荆棘丛中一棵道德精神的玫瑰。

所以，我们应该把对《莱比锡总汇报》的种种责难看作是针对年轻的人民报刊、因而也就是针对真正的报刊的责难，因为十分明显，报刊不经过渊源于其本质的必然发展阶段，就不可能成为真正的报刊。我们应当把对人民报刊的指摘看作对人民政治精神的指摘。虽然如此，我们在本文的开头还是把对于德国报刊的预兆只描绘成**看来**是不祥的预兆。事情也正是这样，因为反对任何一种存在的斗争都是这一存在得到认可和这一存在的现实性与力量的**最初形式**。所以，只有斗争才能不仅使政府，而且使人民、使报刊自己相信报刊具有真正的和必然的存在权利。只有斗争才能表明，这种权利究竟是一种让步还是一种必然，是一种幻觉还是一种真实。

卡 · 马克思写于 1842 年 12 月 31 日
载于 1843 年 1 月 1 日《莱茵报》第 1 号

原文是德文
中文根据《马克思恩格斯全集》
1975 年历史考证版第 1 部分
第 1 卷翻译

选自中共中央马克思恩格斯列宁斯大林著作编译局：《马克思恩格斯全集》（第一卷），人民出版社，1995（第 2 版），第 351–354 页

《莱比锡总汇报》的查禁和《科隆日报》

科隆 1 月 3 日。**《科隆日报》**在 12 月 31 日发表了一篇注有“莱比锡 27 日”字样的通讯，这篇通讯几乎是用一种欢呼的语调报道了《莱比锡总汇报》被查禁的消息。可是在昨天这里收到的《国家报》上，查禁这家报纸的内阁指令所署的日期却是 12 月 28 日。这个谜容易解开，只要说明下列情况就够了：《莱比锡总汇报》被查禁的消息是 12 月 31 日从这里的邮局收到的，而《科隆日报》认为不但可以**编造**出一篇通讯，而且还可以**编造**出一名通讯记者，并且硬把它**自己的声音**说成是从可爱的莱比锡市发出的。《科隆日报》的“商人式的”幻想是如此“精明圆滑地”混淆了概念。这种幻想把《科隆日报》报馆搬到莱比锡去了，因为《莱比锡总汇报》报馆不可能设在科隆。如果《科隆日报》编辑部在比较冷静的考虑之后，还妄图为自己的幻想把戏辩护，说它是确凿的真情实事，那么我们就不得不再报道一件与这篇神秘的莱比锡通讯有关的**事实**了，这件事实

> “完全越出了礼貌的界限，甚至我们这里的每一个中庸而慎重的人”都会认为，“这是一种不可理解的**轻率举动**”。

至于说到《莱比锡总汇报》被查禁这件事，我们已发表了我们的意见。我们承认《莱比锡总汇报》被指摘的那些缺点并不是纯粹捏造的。但我们认为，这是由**人民报刊的实质**本身所产生的一些缺点，因此，如果人们还打算容许报刊有一个发展过程，那就应该容许它在发展过程中产生这些缺点。

《莱比锡总汇报》并不代表德国**所有的**人民报刊，但它是这种报刊的一个必要组成部分。在人民报刊正常发展的情况下，构成人民报刊实质的各个分子都应当首先各自形成自己的**特征**。这样，人民报刊的整个机体便分成许多各不相同的报纸，它们具有各种不同而又相互补充的特征，例如，一家报纸如果主要关心政治学，另一家则主要关心政治实践，一家如果主要关心**新**思想，另一家则主要关心**新**事实。只有在人民报刊的各个分子都有可能毫无阻碍地、独立自主地**各向一面**发展，并使自己成为各种不同的独立报刊的条件下，**"好的"**人民报刊，即和谐地融合了**人民精神**的一切**真正**要素的人民报刊才能形成。那时，每家报纸都会充分地体现出真正的道德精神，就像每一片玫瑰花瓣都散发出玫瑰的芬芳并表现出玫瑰的特质一样。但要使报刊完成自己的使命，首先必须不从外部为它规定任何使命，必须承认它具有连植物也具有的那种通常为人们所承认的东西，即承认它具有自己的**内在规律**，这些规律是它所不应该而且也不可能任意摆脱的。

卡·马克思写于 1843 年 1 月 3 日
载于 1843 年 1 月 4 日《莱茵报》第 4 号

原文是德文
中文根据《马克思恩格斯全集》
1975 年历史考证版第 1 部分
第 1 卷翻译

（选自中共中央马克思恩格斯列宁斯大林著作编译局：《马克思恩格斯全集》（第一卷），人民出版社，1995（第 2 版），第 396—397 页）

好报刊和坏报刊

科隆 1 月 5 日。关于**"好"**报刊和**"坏"**报刊的区别，我们已经听到过一些抽象的言论。现在让我们用一个具体例子来说明这种区别吧！

1 月 5 日的《埃尔伯费尔德日报》在一篇注明写于埃尔伯费尔德的文章中以"好报刊"自诩。1 月 5 日的《埃尔伯费尔德日报》同时又刊登了这样一则简讯：

> "柏林 12 月 31 日。此间对《莱比锡总汇报》被查禁一事，整个说来没有什么反应。"

相反，《杜塞尔多夫日报》却同《莱茵报》一致，它报道说：

“**柏林** 1 月 1 日。《莱比锡总汇报》被断然查禁一事，在这里引起了极大的轰动，因为柏林人都非常喜欢读这份报纸……”

请看，究竟哪一种报刊，“好”报刊还是“坏”报刊，才是“**真正的**”报刊！哪一种报刊说的是事实，哪一种报刊说的是**希望**出现的事实！哪一种报刊代表着社会舆论，哪一种报刊在歪曲社会舆论！那么，哪一种报刊应该受到**国家的信任**呢？

《科隆日报》的声明[1]不能使我们满意。它“几乎是用一种欢呼的语调”报道了《莱比锡总汇报》被查禁的消息，对此我们曾发表评论；而它在对我们这篇评论的答复中却只谈**有关日期**的问题，甚至只谈一处刊误的问题。《科隆日报》自己想必也明白，在“这个谜容易解开，只要说明下列情况就够了：《莱比锡总汇报》被查禁的消息是 12 月 31 日从这里的邮局收到的”这段话中，有关的日期应该是“12 月 30 日”；只是由于刊误才出现文中的那个日期。《莱茵报》，还有《科隆日报》正是在 12 月 30 日中午从这里的邮局收到这个消息的，必要时我们可以证实这一点。

卡·马克思写于 1843 年 1 月 5 日
载于 1843 年 1 月 6 日《莱茵报》第 6 号

原文是德文
中文根据《马克思恩格斯全集》
1975 年历史考证版第 1 部分
第 1 卷翻译

选自中共中央马克思恩格斯列宁斯大林著作编译局：《马克思恩格斯全集》（第一卷），人民出版社，1995（第 2 版），第 398–399 页

4. 复习问题

（1）仔细阅读《〈莱比锡总汇报〉在全普鲁士境内的查禁》一文，分析马克思所认为的人民报刊应具有什么特点？

（2）如何理解人民报刊“如同生活本身一样，报刊总是常变常新，永远也不会老成持重。它生活在人民当中，它真诚地同情人民的一切希望与忧患、热爱与憎恨、欢乐与痛苦”。

（3）仔细阅读这一组文章，理解马克思的人民报刊思想。

1　指 1843 年 1 月 5 日《科隆日报》第 5 号刊登的文章《〈莱比锡总汇报〉的查禁和〈科隆日报〉》。——编者注

5. 思维训练

有人认为，21 世纪是信息时代，马克思的人民报刊思想在现阶段已经过时了，无法指导信息时代的新闻实践。你如何看待这种观点？

三、报纸要“使人民和人民的日刊发生不断的、生动活泼的联系”

——马克思和恩格斯：《〈新莱茵报·政治经济评论〉出版启事》

1. 写作背景

《新莱茵报·政治经济评论》是马克思和恩格斯创办的时事评论性杂志。《新莱茵报》被迫停刊后，马克思和恩格斯先后流亡英国。马克思从来没有放弃过以某种形式重新出版自己机关刊物的想法。马克思把自己的意图写信告诉了恩格斯，他认为，为了对 1848—1849 年欧洲革命做出科学的总结，使革命年代产生的思想系统化，暂时以杂志的形式重新出版无产阶级的定期刊物是非常必要的。恩格斯到达伦敦后，他们一起进行了新刊物的筹办工作。为表明原《新莱茵报》的编辑们没有屈服于普鲁士警察对报纸的迫害，并准备一有机会就使报纸复刊，故杂志定名为《新莱茵报·政治经济评论》，主编仍是马克思。马克思到处筹集资金，寻找发行人。最后，康·施拉姆以发行人的身份同汉堡舒贝特书局签订了出版《新莱茵报·政治经济评论》的合同。

《新莱茵报·政治经济评论》的任务，是根据前一时期的历史唯物主义的分析，总结 1848—1849 年的欧洲革命，说明新的历史形势特点，进一步研究革命的无产阶级政党的策略。

《〈新莱茵报·政治经济评论〉出版启事》由马克思和恩格斯合写，以杂志发行人康·施拉姆的名义发表，写于 1849 年 12 月 15 日。马克思在 1849 年 12 月 19 日将《〈新莱茵报·政治经济评论〉出版启事》原文寄给法兰克福的约·魏德迈，请他登在《新德意志报》上。于是启事登在了下列各报上：伯尔尼日报》（1849 年 12 月 27 日）；《西德意志报》（1850 年 1 月 8 日）；

《新德意志报》（1850 年 1 月 16 日、1 月 26 日、2 月 5 日）；《杜塞尔多夫日报》（1850 年 1 月 10 日）；《瑞士国民报》（1850 年 1 月 10 日）。

《新莱茵报 · 政治经济评论》杂志于 1850 年 3 月至 11 月在伦敦编辑，在汉堡印刷，共出版 6 期，最后一期合刊（5、6）出版于 1850 年 11 月底。由于没有按时筹到必要的款项，杂志延期到 1850 年 3 月 6 日出版了第 1 期。封面上注明的出版地点，除编辑所在地伦敦和杂志印刷地汉堡，还有纽约，因为 1848—1849 年德国革命的参加者有许多流亡在美国，马克思和恩格斯希望在那里找到发行杂志的基地。他们估计有可能出现新的革命高潮，所以打算在不久以后改为周刊，然后改为日报。但是这一计划最终没有实现。

杂志为德文。杂志的绝大多数文章都是马克思和恩格斯写的，其中包括马克思的著作《法兰西阶级斗争》、恩格斯的著作《德国维护帝国宪法的运动》《德国农民战争》和他们写的许多国际评论及书评。1850 年 11 月第 5—6 期合刊出版后，由于德国警察的迫害和资金缺乏，马克思和恩格斯打算继续出版的一切努力都没有成功。但是这 6 期杂志基本上完成了原定的任务，对 1848—1849 年的欧洲革命做了理论上的总结。

2. 阅读提示

《〈新莱茵报 · 政治经济评论〉出版启事》是作为广告在德语区报纸上广泛传播的，说明了《新莱茵报 · 政治经济评论》的出版意义和订阅办法。

这则启事对新闻学的贡献在于它阐述了报纸和评论杂志的不同特点。他们指出："报纸最大的好处，就是它每日都能干预运动，能够成为运动的喉舌，能够反映丰富多彩的每日事件，能够使人民和人民的日刊发生不断的、生动活泼的联系。至于杂志，当然就没有这些长处。不过杂志也有杂志的优点，它能够更广泛地探讨各种事件，并且只谈最主要的问题。杂志可以详细地科学地研究作为整个政治运动的基础的经济关系。"

3. 文献原文

卡·马克思和弗·恩格斯
《新莱茵报·政治经济评论》出版启事

《新莱茵报·政治经济评论》

将于1850年1月开始出版

主编

卡尔·马克思

本杂志以《新莱茵报》为名，应视为该报的**延续**。本杂志的任务之一，就是发表一些探讨过去事件的评论来阐述《新莱茵报》被迫停刊以来的一段时期。

报纸最大的好处，就是它每日都能干预运动，能够成为运动的喉舌，能够反映丰富多彩的每日事件，能够使人民和人民的日刊发生不断的、生动活泼的联系。至于杂志，当然就没有这些长处。不过杂志也有杂志的优点，它能够更广泛地探讨各种事件，并且只谈最主要的问题。杂志可以详细地科学地研究作为整个政治运动的基础的经济关系。

目前这个表面上平静的时期，正应当用来剖析前一革命时期，说明正在进行斗争的各党派的性质，以及决定这些党派生存和斗争的社会关系。

本杂志每月一期，每期至少5印张。每季订价25银格罗申，订费在收到第1期时付清。零售每期10银格罗申。本杂志由汉堡舒伯特公司负责发行。

希望《新莱茵报》的朋友们在当地索取订单，并尽快地将订单寄交本人。寄给本杂志的稿件及待评的新书，请自付邮资。

《新莱茵报》出版负责人

康·施拉姆

1849年12月15日于伦敦切尔西金斯路安德森街4号

卡·马克思和弗·恩格斯写于1849年12月15日

载于1949年12月27日《伯尔尼日报》第361号

原文是德文

中文根据《马克思恩格斯全集》

1975年历史考证版第1部分

第10卷翻译

选自中共中央马克思恩格斯列宁斯大林著作编译局：《马克思恩格斯全集》（第十卷），人民出版社，1998（第2版），第115–116页

4. 复习问题

（1）如何理解《新莱茵报·政治经济评论》的主要内容和任务?

（2）如何理解无产阶级新闻事业的党性原则?

5. 思维训练

（1）请结合实例，判断分析我国当前新闻事业坚持党性原则是否过时？为什么?

（2）请结合实例，分析在当前复杂的社会背景下，新闻媒体应如何坚持党性原则?

四、马克思主义是党报的办报方针

——列宁：《〈火星报〉编辑部声明》

1. 写作背景

19 世纪末 20 世纪初，世界无产阶级革命中心逐渐转移到俄国，俄国工人运动、农民运动和学生运动蓬勃发展。随着革命形势的发展，马克思主义开始在俄国传播，并出现了许多马克思主义团体和小组，蓬勃发展的工人运动、农民运动和学生运动，向俄国工人阶级提出了领导革命运动的任务，建立一个新型的无产阶级政党的条件已经成熟。

当时俄国的状况是：俄国日益发展的革命形势向工人阶级提出了领导革命运动的任务。要完成这一任务，就需要有一个在马克思主义基础上建立起来的统一集中的新型政党。1898 年 3 月，几个城市的马克思主义小组和协会的 9 名代表，在明斯克召开代表大会，大会虽然宣告了俄国社会民主工党的建立，但没有制定党纲和党章，没有把分散的地方党组织真正联系起来，大会选出的中央委员会不久就被逮捕，各地工人运动内部机会主义派别“经济派”的影响继续扩大。会后不久，中央委员会被破坏，中央委员会的代表被逮捕。建立统一的马克思主义政党的任务尚未完成。在这种情况下，改变党在组织上、思想上的涣散状况，建立一个能领导和组织革命运动的统一集中的党就成了当务之急。

为了建立这样的政党，列宁认为首先要从办报入手。他反对简单地用召开代表大会选出中央领导机关的办法来建党。他认为，社会民主党人应当把创办全俄政治报纸这个工作作为“最近期间的全部活动内容”*，因为“没有这样的机关报，地方工作仍然是狭隘的手工业方式。不通过一种报纸把党的正确的代表机关建立起来，党的成立在很大程度上仍然是一句空话”**。列宁指出，之所以必须集中一切力量创办这样一份报纸还因为俄国社会民主党所

* 中共中央马克思恩格斯列宁斯大林著作编译局：《列宁全集》（第四卷），人民出版社，2013（第 2 版增订版），第 168 页。

** 中共中央马克思恩格斯列宁斯大林著作编译局：《列宁全集》（第四卷），人民出版社，2013（第 2 版增订版），第 168 页。

处的环境同欧洲其他国家很不相同。其他欧洲国家的工人除了出版报纸，还有许多公开活动的形式和组织活动的方式，如竞选、人民会议等。而在俄国，在取得政治自由前，俄国社会民主党人只有而且必须用秘密出版的革命报纸来代替这一切。这就是说，没有革命报纸，就不可能有思想统一的、纪律严明的坚强的党，也不可能广泛地组织整个工人运动。

1900年初，列宁和劳动解放社的普列汉诺夫等人商讨了办报的有关事宜，并且亲自拟定了出版计划。经过紧张的工作，第1期《火星报》于1900年12月24日在德国的莱比锡正式出版。列宁为《火星报》的出版写了《〈火星报〉编辑部声明》，由《火星报》以专页形式出版，并秘密运入俄国散发，现被编入《列宁全集》第2版第4卷。

列宁是《火星报》的创办者和组织者。列宁在《火星报》创刊号上发表的文章《我们运动的迫切任务》中写道："工人运动脱离了社会民主党，就会变得无足轻重，并且必然会堕入资产阶级的泥潭，因为只从事经济斗争，工人阶级就会失去自己的政治独立性，成为其他党派的尾巴"*，"有了坚强的组织严密的党，某一次的罢工也能够变成政治示威，变成对政府的一次政治胜利。有了坚强的组织严密的党，个别地区的起义也能够发展成胜利的革命"**。《火星报》创刊后不久就迁往慕尼黑出版。自1902年7月起改在伦敦出版，1903年春天起又改在日内瓦出版。

* 中共中央马克思恩格斯列宁斯大林著作编译局:《列宁全集》（第四卷），人民出版社，2013（第2版增订版），第334页。

** 中共中央马克思恩格斯列宁斯大林著作编译局:《列宁全集》（第四卷），人民出版社，2013（第2版增订版），第336页。

最初参加《火星报》编辑部的有列宁、格·瓦·普列汉诺夫、马尔托夫、亚·尼·波特列索夫、帕·波·阿克雪里罗得和维·伊·查苏利奇。编辑部的秘书起初是因·格·斯米多维奇，1901年4月起由娜·康·克鲁普斯卡娅担任。列宁实际上是《火星报》的主编和领导者。列宁在《火星报》上发表了有关党的建设和俄国无产阶级斗争的各种根本问题的文章，对国际生活中的重大事件做了评论。《火星报》在国外出版后，秘密运往俄国翻印和传播。《火星报》成了团结党的力量、聚集和培养党的干部的中心，在建立俄国马克思主义政党方面起了重大的作用。《火星报》在俄国许多城市成立了俄国社会民主工党列宁火星派的小组和委员会。1902年1月在萨马拉举行了火星派代表大会，建立了《火星报》俄国组织常设局。

在列宁的倡议和亲自参加下，《火星报》编辑部制定了党纲草案，筹备了俄国社会民主工党第二次代表大会，这次代表大会宣布《火星报》为党的中央机关报。根据俄国社会民主工党第二次代表大会的决议，《火星报》编辑部改由列宁、普列汉诺夫、马尔托夫三人组成。但是马尔托夫坚持保留原来的六人编辑部，拒绝参加新的编辑部，因此《火星报》第46–51号是由列宁和普列汉诺夫二人编辑的。后来普列汉诺夫转到了孟什维主义的立场上，要求把原来的编辑都吸收进编辑部，列宁不同意这样做，于1903年10月19日（11月1日）退出了编辑部。《火星报》第52号是由普列汉诺夫一人编辑的。1903年11月13日（26日），普列汉诺夫把原来的编辑全部增补进编辑部以后，《火星报》由普列汉诺夫、马尔托夫、阿克雪里罗得、查苏利奇和波特列索夫编辑。因此，从第52号起，《火星报》变成了孟什维克的机关报。人们将第52号以前的《火星报》称为旧《火星报》，而把孟什维克的《火星报》称为“新《火星报》”。1905年5月第100号以后，普列汉诺夫退出了编辑部。《火星报》于1905年10月停刊，最后一号是第112号。

2. 阅读提示

《〈火星报〉编辑部声明》一文中明确指出，《火星报》创办的目的是用来解决建党的问题。该文中所体现的新闻思想主要体现在：

关于党报的马克思主义办报方针：宣传马克思主义，公开分歧，进行同志式的论战。列宁从创办《火星报》起，为党报制定了马克思主义的办报方针，强调党报必须宣传马克思主义的基本原理；从俄国的实际出发，具体阐述和创造性地发展马克思主义，以指导俄国的革命运动；坚决地同企图修正马克思主义基本原理的国内外的机会主义进行斗争，捍卫马克思主义；倡导开展同志式的论战，为言论自由和批评自由创造条件和提供保证，促使马克思主义的真理愈辩愈明，把全党统一在马克思主义的旗帜下。

关于党报的作用：宣传、鼓动。列宁认为，通过报纸集中地、系统地向群众进行革命的宣传鼓动，传播马克思主义思想，批判机会主义观点，讨论党的策略纲领，就能改变党内思想混乱、组织涣散的状况，为建党打下良好的群众基础和思想基础。

关于党报的办报任务：重建党。列宁在他制定的办报纲领中规定，报纸要坚决同俄国和西欧的机会主义划清界限，创造性地运用和发展马克思主义理论，建立无产阶级政党的牢固的思想基础和组织基础。报纸应当在意识形态领域的斗争中始终不渝地贯彻马克思主义路线，批判诱使工人阶级脱离革命运动或怂恿他们走改良主义道路的修正主义者。

列宁总结了俄国工人运动和社会民主工党的经验，得出了如下结论：报纸不能只限于宣传和鼓动，还应当担负革命力量的组织作用，成为实际上把俄国社会民主工党各地方委员会和团体联合成为统一的马克思主义政党的主要手段。列宁创办和领导的《火星报》，成功地担负和完成了这一历史使命。

3. 文献原文

《火星报》编辑部声明

（1900 年 8 月下旬）

编辑部的话

在政治报纸《火星报》出版的时候，我们认为有必要谈一谈我们的意图和我们对自己的任务的理解。

我们正处在俄国工人运动和俄国社会民主党历史上极端重要的时刻。近几年来社会民主主义思想在我国知识界传播之快，是异常惊人的，而与这一社会思潮相呼应的却是工业无产阶级的独立产生的运动。工业无产阶级开始联合起来同自己的压迫者斗争，他们开始如饥似渴地向往社会主义。到处都出现工人小组和知识分子社会民主党人小组，地方性的鼓动小报广为流传，社会民主主义的书报供不应求，政府变本加厉的迫害已阻挡不住这个运动了。监狱中拥挤不堪，流放地也有人满之患，几乎每个月都可以听到俄国各地有人被“抓获”、交通联络站被侦破、书报被没收、印刷所被封闭的消息，但是运动在继续发展，并且席卷了更加广大的地区，它日益深入工人阶级，愈来愈引起社会上的注意。俄国经济的整个发展进程、俄国社会思想和俄国革命运动的全部历史，将保证社会民主主义工人运动最终冲破重重障碍而向前发展。

可是，另一方面，最近时期我们的运动特别明显的主要特点，就是运动的分散状态，即运动的所谓手工业性质：地方小组的产生和活动，相互之间并没有联系，甚至（这一点尤其严重）与一直在同一中心活动的小组也没有联系；没有树立传统，没有继承性，地方书报也完全反映出分散状态，反映出同俄国社会民主党已经树立的东西缺乏联系。

这种分散状态是不符合波澜壮阔的运动的要求的，我们认为这种情况使当前成了运动发展的紧要关头。运动本身迫切要求巩固，要求具有一定的形态和组织，然而这种向运动的高级形式过渡的必要性，远非各地做实际工作的社会民主党人所能认识的。相反，在相当广的范围内，存在着思想动摇的情况，倾心于时髦的“对马克思主义的批评”和“伯恩施坦主义”，散布所谓“经济派”的观点，这样就必然力图阻碍运动，使它停留在低级阶段，把建立领导全体人民进行斗争的革命政党的任务推到次要地位。在俄国社会民主党人中间，可以看到这一类思想动摇；狭隘的实际主义不从理论上来阐明整个运动，有把运动引上歧途的危险，**这都是事实**。凡是直接了解我们大部分组织的实际情况的人，对这一点是不会怀疑的。而且有些著作也证明了这一点，只要指出《信条》、《〈工人思想99报〉增刊》（1899年9月）或彼得堡"工人阶级自我解放社"[1]的宣言就够了。《信条》已经引起了理所当然的抗议，《〈工人思想报〉增刊》非常露骨地表现了贯穿**整个**《工人思想报》的倾向，彼得堡"工人阶级自我解放社"的宣言也是本着这种"经济主义"的精神拟就的。《工人事业》断言，《信条》只不过代表极个别人的意见，《工人思想报》的倾向不过是反映了该报编辑部的思想混乱和不通情理，并不是俄国工人运动进程本身的特殊思潮，这种说法是**完全错误的**。

与此同时，有一些著作家一直被读者不无根据地认为是"合法"马克思主义的著名代表，在他们的作品中，向资产阶级辩护论的观点转变的迹象愈来愈明显了。这一切所产生的结果就是涣散状态和无政府状态，因此，伯恩施坦这个原马克思主义者，或者更确切些说，这个原社会党人才能历数自己的成就，才能在书刊上扬言在俄国进行活动的社会民主党人大多是他的信徒而不受驳斥。

我们不想夸大情况的危险性，但是闭眼不看这种危险性，其害处更大；因此我们衷心拥护"劳动解放社"的决定——恢复出版书报的活动，并着手进行有系统的斗争来反对歪曲社会民主主义和把它庸俗化的企图。

由此得出一个具有实际意义的结论：我们俄国社会民主党人应该团结起来，全力以赴地建立一个巩固的党，这个党要在革命的社会民主主义的统一旗帜下进行斗争。这个任务早就由1898年的代表大会确定了，那次代表大会建立了俄国社会民主工党，发表了党的《宣言》。我们既然是这个党的党员，就完全赞同《宣言》的基本思想，而且认为《宣言》的重要意义在于公开宣布了我们党的目的。因此，对我们党员来说，关于当前迫切任务的问题是：为了把党重新建立在尽可能稳固的基础上，我们应当采取怎样的行动计划？

通常对这个问题的回答是：必须重新选举中央机构并委托它恢复党的机关报。但是，在我们处于涣散状态的时期，这种简单的办法未必合适。

建立和巩固党，也就是建立和巩固全体俄国社会民主党人的统一，而由于上述原因，这种统一不是下一道命令就可以办到的，不是只根据某一次代表会议的决定就可以实现的，必须经过一番努力。首先，必须做到巩固的思想一致，排除意见分歧和思想混乱，——恕我们直言，这种情况目前在俄国社会民主党人当中还普遍存在；必须用党的纲领来巩固思想一致。其次，必须建立一个组织，专门负责各个运动中心的联络工作，完整地和及时地传递有关运动的消息，正常地向俄国各地供应定期报刊。只有建立起这样的组织，

1　工人阶级自我解放社是俄国经济派的一个小组织，1898年秋在彼得堡成立，只存在了几个月。说明该社宗旨的宣言所署日期是1899年3月，载于同年7月在伦敦出版的民粹派刊物《前夕》杂志。该社还公布过它的章程，印发过几份给工人的传单。

建立起俄国的社会主义邮递工作，党才能稳固地存在，党才能成为真正的事实，从而成为强大的政治力量。我们决心要为实现这个任务的前一半，即创办坚持原则的、能够从思想上统一革命的社会民主党的共同的刊物贡献自己的力量，我们认为，这是当前运动的迫切要求，是恢复党的活动的必要的准备步骤。

正如我们已经说过的那样，还必须经过一番努力才能达到俄国社会民主党人在思想上的统一，为此，我们认为必须公开地全面讨论当前“经济派”、伯恩施坦派和“批评派”提出的原则上和策略上的基本问题。在统一以前，并且为了统一，我们首先必须坚决而明确地划清界限。不然，我们的统一就只能是一种假象，它会把现存的涣散状态掩盖起来，妨碍彻底清除这种涣散状态。因此很清楚，我们不打算把我们的机关报变成一个形形色色的观点简单堆砌的场所。相反，我们将严格按照一定的方针办报。一言以蔽之，这个方针就是马克思主义；我们大概也没有必要再补充说，我们主张不断发展马克思和恩格斯的思想，坚决反对爱德·伯恩施坦、彼·司徒卢威和其他许多人首先提出而目前甚为流行的那些似是而非的、暧昧不明的和机会主义的修正。虽然在讨论一切问题时我们持有自己一定的观点，但是，我们决不反对同志之间在我们的机关刊物上进行论战。为了弄清目前各种意见分歧的深度，为了全面讨论争论的问题，为了同革命运动中不同观点的代表、甚至不同地区或不同“职业”的代表不可避免的走极端现象作斗争，在全体俄国社会民主党人和觉悟工人面前公开展开论战是必要的和适当的。正如上面已经指出的，我们甚至认为，对显然分歧的观点不作公开的论战，竭力把涉及重大问题的意见分歧掩盖起来，这正是当前运动中的一个缺陷。

我们不想一一列举已经列入我们机关报的工作规划的那些问题和题目，因为这个规划本身就是从目前形势下即将出版的政治报纸应该是怎样一种报纸这个总概念产生的。

我们将尽量使全体俄国同志把我们的出版物看作自己的机关刊物，在这里，每个小组都来报道一切有关运动的消息，都来介绍自己的经验，发表自己的看法，提出自己对文章的要求，作出自己对社会民主党的出版物的评价，总之，每个小组都来谈谈它对运动的贡献和在运动中的收获。只有在这个条件下，才可能建立真正是全俄社会民主党的机关报。只有这种机关报才能把运动引上政治斗争的康庄大道。帕·波·阿克雪里罗得说：“要扩大我们宣传鼓动工作和组织工作的范围，充实它们的内容。”这句话应当成为决定俄国社会民主党人最近的将来活动的口号，因此我们就把这个口号列入我们机关报的工作规划。

我们不仅向社会党人和有觉悟的工人发出号召。我们的号召也是向一切备受现行政治制度压迫和蹂躏的人们发出的，我们为他们提供版面去揭露俄国专制制度的一切丑恶现象。

谁把社会民主党理解为一个只搞无产阶级自发斗争的组织，谁就会满足于只搞地方性的鼓动工作和“纯工人的”书报。我们不是这样理解社会民主党的。我们认为它是一个反对专制制度、同工人运动紧密联系的革命政党。只有组织成这样一个政党的无产阶级，即现代俄国最革命的阶级，才能够完成它所肩负的历史任务：把全国一切民主分子团结在自己的旗帜下，进行顽强的斗争，彻底战胜万恶的制度，完成历代先人的未竟之业。

*　*　*

每号报纸的篇幅约为 1—2 印张。

鉴于报纸在俄国处于秘密状态，出版日期不能预定。

我们有各方的支持，——外国的一些社会民主党的著名人士答应为我们撰稿，“劳动解放社”（格·瓦·普列汉诺夫、帕·波·阿克雪里罗得、维·伊·查苏利奇）直接参加我们的工作，俄国社会民主工党的若干组织以及一些俄国社会民主党人团体都答应支持我们。

1900 年作为《火星报》的专页出版　　　　译自《列宁全集》俄文第 5 版第 4 卷第 354-360 页

选自中共中央马克思恩格斯列宁斯大林著作编译局：《列宁全集》（第四卷），人民出版社，2013（第 2 版增订版），第 311−318 页

4. 复习问题

（1）请分析列宁认为应该如何利用报纸来解决建党的问题。

（2）请分析《〈火星报〉编辑部声明》所体现的列宁的新闻思想。

5. 思维训练

（1）请结合中国共产党早期办报的实践，分析报纸在我国建党过程中的作用。

（2）请分析在新媒体环境下，我国媒体应如何办好党报党刊。

五、党报必须“成为真正的政治报纸”

——列宁：《从何着手？》

1. 写作背景

列宁为1901年5月出版的《火星报》写了一篇社论《从何着手？》，撰写和发表该文所处的时期是刚成立的俄国社会民主党由于沙皇警察的破坏正处于涣散状态而亟须重建的时期，也是担负重建党的重要任务的全俄马克思主义政治报《火星报》的初创时期。社论发表后，产生了极大的影响和作用，俄国各地马克思主义小组纷纷以单行本的形式印发，在俄国国内流传很广。

1900年12月24日《火星报》创刊，然而，在列宁设想的这个机关报《火星报》创刊和列宁有关创办全俄政治性机关报的几篇论述发表之后，“经济派”仍然鼓吹恐怖手段，力图减小政治组织和政治鼓动工作的作用。为此，列宁专门撰写了《从何着手？》一文发表在《火星报》上，以进一步强调建立战斗的党组织和在群众中进行鼓动工作的巨大意义，以及创办全俄政治报的具体设想和它对重建党的决定性作用。

2. 阅读提示

《从何着手？》一文的导火线来自党内的“经济派”在《工人事业》上发表的《历史性的转变》一文。全文大致可以分为两个部分：前一部分用马克思主义的观点对“经济派”的言论进行回击；后一部分重点强调了创办全俄政治报以进行鼓动宣传并担任组织工作即建立巩固的无产阶级政党的设想，并阐述了全俄政治报具有鼓动、宣传和组织等作用。列宁的新闻思想主要体现在第二部分。具体而言：

深入论述了无产阶级报刊的任务和作用。列宁第一次在文章中提出：“报纸的作用并不只限于传播思想、进行政治教育和争取政治上的同盟者。报纸不仅是集体的宣传员和集体的鼓动员，而且是集体的组织者。”这成为以后马克思主义报刊的重要办报思想。

提出了报纸工作在党的建设中的重大作用。列宁认为，通过报纸不仅从思想上把党凝为一体，而且从组织上把各个地方组织统一为一个巩固的党，并具体地提出了建立统一的“党的代办员网”的计划。其最终目的在于培养政治领袖。

3. 文献原文

从何着手？[1]

（1901 年 5 月）

“怎么办？”这个问题，近几年来特别突出地提到了俄国社会民主党人的面前。问题不在于选择道路（像 80 年代末 90 年代初那样），而在于我们在已经确定的道路上应当采取哪些实际步骤，到底应当怎么做。问题在于实际行动的方法和计划。斗争性质和斗争方法问题对于从事实际活动的党来说是一个基本问题；应当承认，这个问题在我们这里还没有解决，还有一些重大的意见分歧，这些分歧暴露出令人感到痛心的思想上的不坚定和动摇。一方面，力图削减和缩小政治组织工作和政治鼓动工作的“经济主义”派别[2]还远没有死亡。另一方面，只会迎合每个新的“潮流”而不会区别眼前要求同整个运动的基本任务和长远需要的无原则的折中主义派别，还和过去一样趾高气扬。大家知

---

1 《从何着手？》一文原为《火星报》第 4 号社论，在俄国国内和国外流传很广。俄国国内一些地方的社会民主党组织还曾把它印成单行本。列宁在本文中提出的和后来在《怎么办？》一书（见本版全集第 6 卷）中详细发挥的组织思想和策略思想，是在俄国创建马克思主义政党的实践活动的指针。

2 经济主义派别是指 19 世纪末—20 世纪初俄国社会民主党内的经济派这一国际机会主义的俄国变种。其代表人物是康·米·塔赫塔廖夫、谢·尼·普罗柯波维奇、叶·德·库斯柯娃、波·尼·克里切夫斯基、亚·萨·皮凯尔（亚·马尔丁诺夫）、弗·彼·马赫诺韦茨（阿基莫夫）等，经济派的主要报刊是《工人思想报》（1897—1902 年）和《工人事业》杂志（1899—1902 年）。经济派主张工人阶级只进行争取提高工资、改善劳动条件等的经济斗争，认为政治斗争是自由派资产阶级的事情。他们否认工人阶级政党的领导作用，崇拜工人运动的自发性，否定向工人运动灌输社会主义意识的必要性，维护分散的和手工业的小组活动方式，反对建立集中的工人阶级政党。经济主义有诱使工人阶级离开革命道路而沦为资产阶级政治附庸的危险。列宁对经济派进行了始终不渝的斗争。他在《俄国社会民主党人抗议书》（见本版全集第 4 卷）中尖锐地批判了经济派的纲领。列宁的《火星报》在同经济主义的斗争中发挥了重大作用。列宁的《怎么办？》一书（见本版全集第 6 卷），从思想上彻底地粉碎了经济主义。

道，这一派的巢穴就是《工人事业》杂志[1]。它最近的“纲领性的”声明，即那篇采用《历史性的转变》这样一个堂皇的标题的堂皇的文章（《〈工人事业〉杂志附刊》[2]第6期），十分清楚地证实了我们的上述看法。昨天还在向“经济主义”献媚，对严厉谴责《工人思想报》[3]愤愤不平，把普列汉诺夫关于同专制制度作斗争的问题的提法加以“缓和”，今天却已经在引用李卜克内西的话：“假使形势在24小时内发生变化，那么策略也必须在24小时内加以改变”，现在已经在谈论建立“坚强的战斗组织”来向专制制度发动直接的攻击，向它发动冲击，谈论“在群众中进行广泛的革命的政治的鼓动”（请看，多么带劲，又是革命的，又是政治的！），“不断号召举行街头抗议”，“举行带有鲜明的〈原文如此！〉政治色彩的街头示威”，等等，等等。

1 《工人事业》杂志（《Рабочее Дело》）是俄国经济派的杂志，国外俄国社会民主党人联合会的机关刊物，1899年4月—1902年2月在日内瓦出版，共出了12期（9册）。该杂志的编辑部设在巴黎，担任编辑的有波·尼·克里切夫斯基、帕·费·捷普洛夫、弗·巴·伊万申和亚·萨·马尔丁诺夫。该杂志支持所谓“批评自由”这一伯恩施坦主义口号，在俄国社会民主党的策略和组织问题上持机会主义立场。聚集在《工人事业》杂志周围的经济主义的拥护者形成工人事业派。工人事业派宣扬无产阶级政治斗争应服从经济斗争的机会主义思想，崇拜工人运动的自发性，否认党的领导作用。他们还反对列宁关于建立严格集中和秘密的组织的思想，维护所谓“广泛民主”的原则。《工人事业》杂志支持露骨的经济派报纸《工人思想报》，该杂志的编辑之一伊万申参加了这个报纸的编辑工作。在俄国社会民主工党第二次代表大会上，工人事业派是党内机会主义极右派的代表。列宁在《怎么办？》（见本版全集第6卷）中批判了《工人事业》杂志和工人事业派的观点。

2 《〈工人事业〉杂志附刊》（《Листок Рабочего Дела》）是国外俄国社会民主党人联合会机关刊物《工人事业》杂志的不定期附刊，1900年6月—1901年7月在日内瓦出版，共出8期。

3 《工人思想报》（《Рабочая Мысль》）是俄国经济派的报纸，1897年10月—1902年12月先后在彼得堡、柏林、华沙和日内瓦等地出版，共出了16号。头几号由“独立工人小组”发行，从第5号起成为彼得堡工人阶级解放斗争协会的机关报。参加该报编辑部的有尼·尼·洛霍夫（奥尔欣）、康·米·塔赫塔廖夫、弗·巴·伊万申、阿·亚·雅库波娃等人。该报号召工人阶级为争取狭隘经济利益而斗争。它把经济斗争同政治斗争对立起来，认为政治斗争不在无产阶级任务之内，反对建立马克思主义的无产阶级政党，主张成立工联主义的合法组织。它贬低革命理论的意义，认为社会主义意识可以从自发运动中产生。列宁在《俄国社会民主党中的倒退倾向》和《怎么办？》（见本版全集第4卷和第6卷）等著作中批判了《工人思想报》的观点。

《工人事业》杂志这样快就领会了我们在《火星报》创刊号上提出的纲领[1]，知道要建立一个不仅争取个别的让步，而且还要直接夺取专制制度堡垒的坚强的有组织的党，对于这一点，我们本来可以表示满意，但是这些人没有任何坚定的观点，这种情况却可能把我们的满意完全打消。

当然，《工人事业》杂志抬出李卜克内西来是徒劳无益的。在 24 小时内可以改变某个专门问题上的鼓动策略，可以改变党组织某一局部工作的策略，可是，要改变自己对于是否在任何时候和任何条件下都需要战斗组织和群众中的政治鼓动这个问题的看法，那不要说在 24 小时内，即使在 24 个月内加以改变，也只有那些毫无原则的人才办得到。借口什么环境不同和时期变化，这是滑稽可笑的。在任何“平常的、和平的”环境中，在任何“革命士气低落”的时期，建立战斗组织和进行政治鼓动都是必要的。不仅如此，正是在这样的环境中和在这样的时期，上述工作尤其必要，因为到了爆发和发动时期再去建立组织那就太晚了；组织必须建立好，以便随时能够立即展开自己的活动。“在 24 小时内改变策略”！但是要改变策略，就必须先要有策略；没有一个在任何环境和任何时期都善于进行政治斗争的坚强的组织，就谈不到什么系统的、具有坚定原则的和坚持不懈地执行的行动计划，而只有这样的计划才配称为策略。请看实际情况：人们对我们说，“历史时机”向我们党提出了一个“完全新的”问题——恐怖手段问题。昨天，政治组织和政治鼓动问题是“完全新的”问题，今天，恐怖手段问题又是“完全新的”问题了。听到这些完全忘掉自己身世的人谈论起根本改变策略的问题，不是令人感到奇怪么？

幸亏《工人事业》杂志说错了。恐怖手段问题完全不是什么新的问题，我们只要简

---

1 指《火星报》创刊号的社论《我们运动的迫切任务》一文（见本版全集第 4 卷）。

《火星报》（《Искра》）是第一个全俄马克思主义的秘密报纸，由列宁创办。创刊号于 1900 年 12 月在莱比锡出版，以后各号的出版地点是慕尼黑、伦敦（1902 年 7 月起）和日内瓦（1903 年春起）。参加《火星报》编辑部的有：列宁、格·瓦·普列汉诺夫、尔·马尔托夫、亚·尼·波特列索夫、帕·波·阿克雪里罗得和维·伊·查苏利奇。编辑部的秘书起初是因·格·斯米多维奇，1901 年 4 月起由娜·康·克鲁普斯卡娅担任。列宁实际上是《火星报》的主编和领导者。他在《火星报》上发表了许多文章，阐述有关党的建设和俄国无产阶级的阶级斗争的基本问题，并评论国际生活中的重大事件。

《火星报》在国外出版后，秘密运往俄国翻印和传播。《火星报》成了团结党的力量、聚集和培养党的干部的中心。在俄国许多城市成立了俄国社会民主工党列宁火星派的小组和委员会。1902 年 1 月在萨马拉举行了火星派代表大会，建立了《火星报》俄国组织常设局。

《火星报》在建立俄国马克思主义政党方面起了重大的作用。在列宁的倡议和亲自参加下，《火星报》编辑部制定了党纲草案，筹备了俄国社会民主工党第二次代表大会。这次代表大会宣布《火星报》为党的中央机关报。

根据俄国社会民主工党第二次代表大会的决议，《火星报》编辑部改由列宁、普列汉诺夫、马尔托夫三人组成。但是马尔托夫坚持保留原来的六人编辑部，拒绝参加新的编辑部，因此《火星报》第 46–51 号是由列宁和普列汉诺夫二人编辑的。后来普列汉诺夫转到了孟什维主义的立场上，要求把原来的编辑都吸收进编辑部，列宁不同意这样做，于 1903 年 10 月 19 日（11 月 1 日）退出了编辑部。《火星报》第 52 号是由普列汉诺夫一人编辑的。1903 年 11 月 13 日（26 日），普列汉诺夫把原来的编辑全部增补进编辑部以后，《火星报》由普列汉诺夫、马尔托夫、阿克雪里罗得、查苏利奇和波特列索夫编辑。因此，从第 52 号起，《火星报》变成了孟什维克的机关报。人们将第 52 号以前的《火星报》称为旧《火星报》，而把孟什维克的《火星报》称为新《火星报》。

1905 年 5 月第 100 号以后，普列汉诺夫退出了编辑部。《火星报》于 1905 年 10 月停刊，最后一号是第 112 号。

略地提一下俄国社会民主党的既定观点就够了。

在原则上，我们从来没有拒绝而且也不可能拒绝恐怖手段。这是一种军事行动，在一定的战斗时机，在军队处于一定的状况时，在一定的条件下，它是完全适用的，甚至是必要的。可是问题的实质就在于：目前提出来的恐怖手段，并不是作为作战军队的一种行动，一种同整个战斗部署密切联系和相适应的行动，而是作为一种独立的、同任何军队无关的单独进攻的手段。的确，在没有中央革命组织而地方革命组织又软弱无力的情况下，恐怖行动也只能是这样。因此，我们坚决宣布，这种斗争手段在目前情况下是不合时宜的，不妥当的，它会使最积极的战士抛开他们真正的、对整个运动来说最重要的任务，它不能*瓦解*政府的力量而只会*瓦解*革命的力量。请回想一下最近发生的事件吧。我们亲眼看到广大的城市工人和城市"平民"群众奋起投入斗争，而革命者却没有一个领导者和组织者的总部。在这样的条件下，最坚决的革命者采取恐怖行动，不是只会削弱那些唯一可以寄予极大希望的战斗队伍么？不是只会使革命组织同那些愤愤不平的、起来反抗的、准备斗争的、然而分散的并且正因为分散而显得软弱无力的群众之间的联系中断么？而这种联系正是我们胜利的唯一保证。我们决不想否认单独的英勇突击的意义，可是我们的责任是要竭力告诫人们不要醉心于恐怖行动，不要把恐怖行动当作主要的和基本的斗争手段，而现在有许许多多的人非常倾心于这种手段。恐怖行动永远不能成为经常的军事行动，它至多只能成为发动决定性冲击时的手段之一。请问，我们现在是否可以号召发动决定性的冲击呢？《工人事业》杂志显然认为是可以的。至少，它是在高喊："组成冲击队吧！"可是这仍旧是一种失去理智的狂热。我们的军事力量大部分是志愿兵和起义者。我们的常备军只是几支人数不多的队伍，而且就是这几支队伍也还没有动员起来，它们彼此之间没有联系，还不能组成作战队伍，更不用说组成冲击队了。在这种情况下，凡是能够认清我们斗争的总的条件，而且在事变历史进程的每个"转变"中不忘记这些条件的人都应当懂得，我们当前的口号不能是"发动冲击"，而应当是"对敌人的堡垒组织正规的围攻"。换句话说，我们党的直接任务，不能是号召现有的一切力量马上去举行攻击，而应当是号召建立革命组织，这一组织不仅在名义上而且在实际上能够统一一切力量，领导运动，即随时准备支持一切抗议和一切发动，并以此来扩大和巩固可供决战之用的军事力量。

二三月事件[1]的教训是很深刻的，现在大概不会有人在原则上反对这种结论了。可是

1 指1901年2—3月间在彼得堡、莫斯科、基辅、哈尔科夫、喀山、雅罗斯拉夫尔、华沙、比亚韦斯托克、托木斯克、敖德萨和俄国其他城市发生的大学生和工人的大规模政治游行示威、集会和罢工。游行示威和罢工的导火线是当年1月沙皇政府把参加大学生集会的183个基辅大学生送去当兵(参看列宁的《183个大学生被送去当兵》一文，本版全集第4卷)。各地游行队伍被沙皇政府派来的警察和哥萨克驱散，游行群众遭到毒打。3月4日（17日）在彼得堡喀山教堂附近广场上举行的游行示威遭到特别残酷的镇压，参加游行示威的数千名大学生和工人中，有数百人受到毒打，其中数人被打死，多人受伤致残。1901年二三月事件证明俄国革命形势日益高涨，工人运动发展到了一个新的阶段，从经济罢工转为政治罢工和游行示威。

现在要求我们的，不是在原则上而是在实际上解决问题。要求我们不仅懂得需要有什么样的组织来进行什么样的工作，而且要制定出一定的组织**计划**，以便能够从各方面着手建立组织。鉴于问题的迫切重要性，我们想提出一个计划草案来请同志们考虑。关于这个计划，我们在准备出版的一本小册子[1]里将作更详细的发挥。

我们认为，创办全俄政治报应当是行动的出发点，是建立我们所希望的组织的第一个实际步骤，并且是我们使这个组织得以不断向深广发展的基线。首先，我们需要报纸，没有报纸就不可能系统地进行有坚定原则的和全面的宣传鼓动。进行这种宣传鼓动一般说来是社会民主党的经常的和主要的任务，而在目前，在最广大的居民阶层已经对政治、对社会主义问题产生兴趣时，这更是特别迫切的任务。现在比过去任何时候都更加迫切地需要进行集中的和经常的鼓动工作，用以补充靠个人影响、地方传单、小册子等方式进行的零散的鼓动工作；而要进行这种集中的和经常的鼓动工作，就必须利用定期的报刊。报纸出版（和发行）号数多少和是否按时，可以成为衡量我们军事行动的这个最基本最必要的部门是否坚实可靠的最确切的标准，这样说看来并不是夸大。其次，我们需要的是全俄的报纸。假使我们不能够用报刊上的言论来统一我们对人民和对政府的影响，或者说在我们还不能够做到这点以前，要想去统一其他更复杂、更困难然而也是更有决定意义的影响手段，那只能是一种空想。无论在思想方面，或者在实践、组织方面，我们的运动的缺点首先就在于自己的分散性，在于绝大多数社会民主党人几乎完全陷入纯粹地方性的工作中，这种地方性的工作会缩小他们的眼界和他们的活动范围，限制他们从事秘密活动的技能和水平的提高。因此，我们上面所说的那种不坚定和动摇的最深刻的根源，正是应当从这种分散性中去寻找。而为了克服这个缺点，为了把各个地方的运动合成一个全俄的运动，**第一步**就应当是创办全俄的报纸。最后，我们需要的报纸还必须是**政治**报纸。没有政治机关报，在现代欧洲就不能有配称为政治运动的运动。没有政治机关报，就绝对实现不了我们的任务——把一切政治不满和反抗的因素聚集起来，用以壮大无产阶级的革命运动。我们已经迈出了第一步，我们已经在工人阶级中间激起进行“经济”揭露，即对工厂进行揭露的热情。我们还应当再前进一步，在一切稍有觉悟的人民阶层中激起进行**政治**揭露的热情。不必因为目前政治揭露的呼声还显得无力、稀少和怯懦而感到不安。其所以如此，并不是因为大家都容忍警察的专横暴虐，而是因为那些能够并且愿意进行揭露的人还没有一个说话的讲坛，还没有热心听讲并且给讲演人以鼓舞的听众；他们在人民中间还完全看不到那种值得向它控诉“至高无上的”俄国政府的力量。而现在这一切都在极其迅速地变化着。这样一种力量现在已经有了，这就是革命的无产阶级。无产阶级已经证明它不仅愿意听从和支持政治斗争的号召，而且决心

1　指列宁的《怎么办？（我们运动中的迫切问题）》一书（见本版全集第6卷）。该书于1902年3月由斯图加特狄茨出版社出版。

勇敢地投入斗争。现在我们已经能够并且应当建立一个全民的揭露沙皇政府的讲坛；——社会民主党的报纸就应当是这样的讲坛。俄国工人阶级与俄国社会其他阶级和阶层不同，它对政治知识经常是感兴趣的，它经常（不仅在风暴时期）迫切要求阅读秘密书刊。在有这样广泛的要求的条件下，在已经开始培养有经验的革命领导者的条件下，在工人阶级的集中化已经使工人阶级实际上成为大城市工人区、大小工厂区的主人的条件下，创办政治报已经成为无产阶级完全办得到的事情。而通过无产阶级，报纸还可以深入到城市小市民、乡村手工业者和农民中间去，成为真正的人民的政治报纸。

但是，报纸的作用并不只限于传播思想、进行政治教育和争取政治上的同盟者。报纸不仅是集体的宣传员和集体的鼓动员，而且是集体的组织者。就后一点来说，报纸可以比做脚手架，它搭在正在建造的建筑物周围，显示出建筑物的轮廓，便于各个建筑工人之间进行联络，帮助他们分配工作和观察有组织的劳动所获得的总成绩。依靠报纸并通过报纸自然而然会形成一个固定的组织，这个组织不仅从事地方性工作，而且从事经常的共同性工作，教育自己的成员密切注视政治事件，思考这些事件的意义及其对各个不同居民阶层的影响，拟定革命的党对这些事件施加影响的适当措施。单是技术上的任务——保证正常地向报纸提供材料和正常地发行报纸——就迫使我们去建立统一的党的地方代办员网，这些代办员彼此间要密切联系，了解总的情况，习惯于经常按时执行全国性工作中的各种零星任务，并组织一些革命行动以检验自己的力量。这种代办员网[1]将是我们所需要的那种组织的骨干。这种组织，其规模之大使它能够遍布全国各地；其广泛性和多样性使它能够实行严密而精细的分工；其坚定性使它在任何情况下，在任何“转变关头”和意外情况下都能始终不渝地进行**自己**的工作；其灵活性使它善于一方面在占绝对优势的敌人集中全部力量于一点的时候避免同他公开作战，另一方面又利用这个敌人的迟钝，在他最难料到的地点和时间攻其不备。今天我们面临的还是比较容易完成的任务——支持在大城市的街头游行示威的学生。明天我们就可能面临更困难的任务，例如，支持某个地区的失业工人的运动。后天我们就必须站在自己的岗位上，以革命的姿态参加农民的暴动。今天我们必须利用政府向地方自治机关进攻所造成的紧张的政治形势。明天我们就必须支持人民反对沙皇的某个凶恶的走狗的骚动，帮助人民用抵制、抨击、游行示威等等方法来教训他，使他不得不作公开的让步。只有靠正规军经常活动才能使战斗准备达到这种程度。假如我们集中自己的力量来办共同的报纸，那么，这样的工作不仅可以培养和造就出最能干的宣传员，而且可以培养和造就出最有才干的组织者，最有才能的党的政治领袖，这些领袖在必要的时候，能够提出进行决战的口号并且领导这个决战。

1　自然，这样的代办员只有在同我们党的各地的委员会（团体、小组）密切联系的条件下，才能有成效地进行工作。而且一般说来，我们所拟定的整个计划，当然也只有在各地的委员会的积极支持下才能实现。这些委员会在党的统一方面已经采取了许多措施，我们相信它们不是今天就是明天一定能够以这种或那种形式争取到这个统一。

最后，为了避免可能引起的误会，我还想再说几句话。我们一直都只是讲有系统的有计划的准备，可是我们决不是想以此说明，专制制度只有在正规的围攻或有组织的冲击下才会垮台。这种观点是一种荒谬的学理主义。相反，专制制度完全可能由于各方面随时都可能发生的某一次自发的爆发或无法预料的政治冲突的压力而垮台，而且从历史上看来，这种可能性是更大的。但是，任何一个政党，只要不是陷入冒险主义，就决不会把自己的活动建筑在指望这种爆发和冲突上面。我们应当走自己的路，坚持不懈地进行自己的有系统的工作。我们愈是不指靠偶然性，我们就愈不会由于任何“历史性的转变”而手足无措。

载于 1901 年 5 月《火星报》第 4 号　　　　译自《列宁全集》俄文第 5 版第 5 卷第 1–13 页

选自中共中央马克思恩格斯列宁斯大林著作编译局：《列宁全集》（第五卷），人民出版社，2013（第 2 版增订版），第 1–10 页

4. 复习问题

（1）请分析文章所认为的无产阶级报刊的任务和作用是什么。

（2）请分析文章所体现的列宁的新闻思想。

（3）如何理解“报纸可以比做脚手架，它搭在正在建造的建筑物周围，显示出建筑物的轮廓，便于各个建筑工人之间进行联络，帮助他们分配工作和观察有组织的劳动所获得的总成绩”？

5. 思维训练

比较分析列宁的新闻思想与马克思和恩格斯的新闻思想的异同。

六、新闻宣传必须“完全符合党的政策”

——毛泽东：《增强报刊宣传的党性》

1. 写作背景

1937年7月抗日战争全面爆发后，经历了十年内战的中国共产党和国民党在团结抗战的旗帜下实现了第二次合作，并在此基础上建立了抗日民族统一战线。

全面抗日战争初期，国民党在国共合作、抵抗日本侵略和政治改革等方面都表现了较大的积极性。抗日战争进入战略相持阶段后，随着日军对正面战场军事压力的减轻，国民党开始执行消极抗日、积极反共的政策。1939年1月，国民党五届五中全会制定了“溶共”“防共”“限共”“反共”的方针。此后，国民党顽固派除了在国统区加紧防范和镇压抗日民主力量，还在各地制造针对八路军、新四军的军事摩擦，发动了一次又一次的反共高潮。其后果最严重、影响最恶劣的是1941年1月震惊中外的“皖南事变”，给新四军造成了重大损失。

对于国民党的反共政策及行为，中国共产党站在自卫的立场上，进行了有理、有利、有节的坚决斗争，使国民党发动的反共高潮均以失败告终。同时，随着苏德战争和太平洋战争的爆发，国际局势发生了新变化，中国的抗日战争成为世界反法西斯战争的一部分。中国共产党对国民党采取团结的政策，在揭露和批评国民党反共政策和行为的同时，仍然坚持维护抗日民族统一战线。

从1942年6月开始，中国共产党采取了一系列措施，推进两党和谈，一致抗日。1942年7月7日中共中央发表了《为纪念抗战五周年宣言》，强调“中国各抗日党派不但在抗战中应是团结的，而且在抗战后也应是团结的。战后的中国应当是独立的与各友邦发生平等互惠关系的中国，而不是殖民地半殖民地或附庸国，战后的中国应当是统一的和平的中国，而不是分裂的内部互相战争的中国”*，同时也强调，“必须按照合理原则改善国共两党及一切抗日党派间的关系，加强国内团结，不给日寇以任何挑拨离间的机会。我们愿尽自己的能力来与国民党当局商讨解决过去国共两党间的争论问题，来与国民党及各抗日党派商讨争取抗战最后胜利及建设战后新中国的一切有关问题”。** 正如毛泽东所分析，当时国共两党处在一种复杂的关系之中，但国际形势的好转势必影响中国，也有利于改善两党的关系。但当时也有部分同志对国际政治形势认识不清，不能透彻理解中央的路线方针，在新闻宣传中出现了若干不适合党的政策的事件。

* 中共中央文献研究室、中央档案馆：《建党以来重要文献选编（一九二一—一九四九）》（第十九册），中央文献出版社，2011，第356页。

** 中共中央文献研究室、中央档案馆：《建党以来重要文献选编（一九二一—一九四九）》（第十九册），中央文献出版社，2011，第357页。

《增强报刊宣传的党性》便是在这种背景下出现的，是毛泽东同志针对当时局势，对党的新闻工作作出的一系列具体指示，目的是使党的通讯社及报纸的宣传完全符合党的政策，使宣传增强党性，从而更好地起到党的革命工作的宣传者和组织者的作用，服务于党的中心工作。

2. 阅读提示

《增强报刊宣传的党性》全文由三部分组成：第一部分是给陈毅的电报，提出了党的报刊的宣传工作一定要服从党的当前纲领；第二部分是为中共中央书记处起草的给各中央局、中央分局的指示，提出了党的通讯社和报纸的宣传要增强党性，完全符合党的政策；第三部分是给中央晋绥分局书记林枫的电报，提出党的领导机构要经常注意通讯社和报社的新闻政策及社论方针。

毛泽东针对当时部分地区忽视新闻宣传的党性问题，要求各级党政机关“认识通讯社及报纸是革命政策与革命工作的宣传者组织者这种伟大的作用”，“改正过去不讨论新闻政策及社论方针的习惯，抓紧对通讯社及报纸的领导，务使通讯社及报纸的宣传完全符合党的政策，务使我们的宣传增强党性”。

3. 文献原文

增强报刊宣传的党性[1]

（1942 年 9 月、10 月）

一、务使报刊宣传服从于党的政策

目前已至促成国共好转，恢复两党谈判，使新四军恢复合法地位，以便坚持抗战的时期。关于打磨擦仗方面，已电李先念[2]今后极力避免，并设法与周围国军改善关系。其他部队，请你加以注意。在宣传方面，亦请注意向宣传人员说明，极力避免谈国民党坏处及作国共好坏比较。范长江[3]头两篇通讯很好，已载解放[4]及广播，第三篇不适当，故未发表，请向他说明目前政策，并代我向他致慰问。苏北报纸刊物请你抓紧，务使它们的宣传服从于党的当前政策。

（九月十五日）

二、克服宣传人员中闹独立性的倾向

最近一个时期内各地宣传曾发生若干不适合目前党的政策的事件。例如，新华社太行分社发表参政会通电主张召集国是会议，山东分社发表东北军一一一师反对国民党人员的通电，苏北分社发表反对国民党的新闻，晋西北分社发表某友军致新军[5]五周年纪念贺电（足以影响友军之地位），均是和我党目前政策不适合的。查各地中央局、中央分局对当地通讯社工作及报纸工作注意甚少，对宣传人员及宣传工作缺乏指导，尚不认识通讯社及报纸是革命政策与革命工作的宣传者组织者这种伟大的作用，尚不懂得领导人员的很多工作应该通过报纸去做。西北中央局已经发表了一个关于报纸工作的决定，各地亦应仿此办理，改正过去不讨论新闻政策及社论方针的习惯，抓紧对通讯社及报纸的领导，务使通讯社及报纸的宣传完全符合于党的政策，务使我们的宣传增强党性，拿《解放日报》所发表的关于如何使报纸增强党性的许多文件去教育我们的宣传人员，克服宣传人员中闹独立性的错误倾向。

（十月二十八日）

---

1 本篇一是毛泽东给中共中央华中局代书记、新四军代军长陈毅的电报；本篇二是毛泽东为中共中央书记处起草的给各中央局、中央分局的指示；本篇三是毛泽东给中央晋绥分局书记林枫的电报。

2 李先念，当时任新四军第五师师长兼政治委员。

3 范长江，当时任华中新华社、华中新华日报社社长。

4 指《解放日报》。

5 新军，是抗日战争初期在中国共产党领导和影响下发展起来的山西人民抗日武装。

三、经常注意掌握新闻政策和社论方针

新华社晋西北分社十八日将邓宝珊[1]对新军五周年纪念贺电播来延安。除令延安总社不要发表外，请你对晋西北分社及《晋西日报》加以指导。此类电报只能口传，不能发表，以免影响邓宝珊之地位。此外，整个通讯社及报社的新闻政策及社论方针，分局必须经常注意，加以掌握，使我们的宣传完全符合党的政策。

（十月二十八日）

根据新华社一九八三年版
《毛泽东新闻工作文选》刊印

选自中共中央文献研究室，新华通讯社：《毛泽东新闻工作文选》，新华出版社，2014，第139—140页

4. 复习问题

（1）请分析如何坚持报刊宣传的党性。

（2）请分析《增强报刊宣传的党性》中所体现的毛泽东新闻思想。

5. 思维训练

结合实际分析在当前的形势下，我国的党报党刊如何坚持宣传的党性。

1 邓宝珊，当时任国民党军第二十一军团军团长，所部驻陕西榆林。

七、“我们的报纸要靠全党来办”

——毛泽东：《对晋绥日报编辑人员的谈话》

1. 写作背景

《对晋绥日报编辑人员的谈话》是毛泽东在1948年4月2日与《晋绥日报》编辑人员的一次谈话纪要。

1948年3月26日，毛泽东离开延安东渡黄河，来到了山西兴县蔡家崖中共中央晋绥分局所在地。此次毛泽东来晋绥，是为了前往西柏坡与已先期到达那里开展工作的刘少奇、朱德会合，最终完成党中央迁往西柏坡的历史性使命。

毛泽东的到来，对晋绥边区党政部门是一件大事。当时分局领导向毛泽东汇报了工作，毛泽东于4月1日在晋绥干部会议上作了讲话，对晋绥分局的工作作出了重要指示。与毛泽东同行的中宣部部长陆定一到兴县后，来到《晋绥日报》所在地高家村检查工作，报社同志向他提出要求，希望请毛主席同大家见面并作讲话。毛泽东应允后于4月2日在蔡家崖中共中央晋绥分局所在地，同报社及新华社晋绥总分社的同志见面，并与他们进行了亲切的谈话，这就是著名的《对晋绥日报编辑人员的谈话》。

《晋绥日报》的前身是1940年9月18日创刊的晋西南区党委机关报《抗战日报》，1946年7月1日改名为《晋绥日报》，1949年5月1日停刊，总共出版2171期。《晋绥日报》作为解放战争时期中共中央晋绥分局的机关报，在中国共产党党报发展史上具有重要地位。它开创了党的新闻事业的许多优良传统，同时为中华人民共和国的新闻事业培养了大批领导干部和业务骨干，成为当时解放区报刊中的一面旗帜。

本文是毛泽东新闻思想的经典著述，既是中国共产党党报理论的集中概括，又是毛泽东新闻思想发展的重要标志，成为指导我国新闻事业的纲领性文件。

2. 阅读提示

在《对晋绥日报编辑人员的谈话》一文中，毛泽东对《晋绥日报》在新闻工作中经历的“左、右”两条战线的斗争作了全面的总结，提出在新闻工作中要经常开展反右和反“左”两条战线斗争。毛泽东的讲话，精辟地阐述了无产阶级党报理论的几个基本问题：

关于无产阶级党报的作用与任务，毛泽东指出：“报纸的作用和力量，就在于它能使党的纲领路线，方针政策，工作任务和工作方法，最迅速最广泛地同群众见面。”

关于办报的路线与方针，毛泽东指出：“我们的报纸也要靠大家来办，靠全体人民群众来办，靠全党来办，而不能只靠少数人关起门来办。”

关于无产阶级党报的风格，毛泽东指出：“我们党所办的报纸，我们党所进行的一切宣传工作，都应当是行动的，鲜明的，尖锐的，毫不吞吞吐吐的，这是我们革命无产阶级应有的战斗风格。”

关于党报工作者的学习与修养问题，毛泽东认为：“报纸工作人员为了教育群众，首先要向群众学习。”

3. 文献原文

对晋绥日报编辑人员的谈话

（1948 年 4 月 2 日）

我们的政策，不光要使领导者知道，干部知道，还要使广大的群众知道。有关政策的问题，一般地都应当在党的报纸上或者刊物上进行宣传。我们正在进行土地制度的改革。有关土地改革的各项政策，都应当在报上发表，在电台广播，使广大群众都能知道。群众知道了真理，有了共同的目的，就会齐心来做。这和打仗一样，要打好仗，不光要干部齐心，还要战士齐心。陕北的部队经过整训诉苦以后，战士们的觉悟提高了，明了了为什么打仗，怎样打法，个个磨拳擦掌，士气很高，一出马就打了胜仗。群众齐心了，一切事情就好办了。马克思列宁主义的基本原则，就是要使群众认识自己的利益，并且团结起来，为自己的利益而奋斗。报纸的作用和力量，就在它能使党的纲领路线，方针政策，工作任务和工作方法，最迅速最广泛地同群众见面。

在我们一些地方的领导机关中，有的人认为，党的政策只要领导人知道就行，不需要让群众知道。这是我们的有些工作不能做好的基本原因之一。我党二十几年来，天天做群众工作，近十几年来，天天讲群众路线。我们历来主张革命要依靠人民群众，大家动手，反对只依靠少数人发号施令。但是在有些同志的工作中间，群众路线仍然不能贯彻，他们还是只靠少数人冷冷清清地做工作。其原因之一，就是他们做一件事情，总不愿意向被领导的人讲清楚，不懂得发挥被领导者的积极性和创造力。他们主观上也要大家动手动脚去做，但是不让大家知道要做的是怎么一回事，应当怎样做法，这样，大家怎么能动起来，事情怎么能够办好？要解决这个问题，根本上当然要从思想上进行群众路线的教育，同时也要教给同志们许多具体办法。办法之一，就是要充分地利用报纸。办好报纸，把报纸办得引人入胜，在报纸上正地宣传党的方针政策，通过报纸加强党和群众的联系，这是党的工作中的一项不可小看的、有重大原则意义的问题。

同志们是办报的。你们的工作，就是教育群众，让群众知道自己的利益，自己的任务，和党的方针政策。办报和办别的事一样，都要认真地办，才能办好，才能有生气。我们的报纸也要靠大家来办，靠全体人民群众来办，靠全党来办，而不能只靠少数人关起门来办。我们的报上天天讲群众路线，可是报社自己的工作却往往没有实行群众路线。例如，报上常有错字，就是因为没有把消灭错字认真地当做一件事情来办。如果采取群众路线的方法，报上有了错字，就把全报社的人员集合起来，不讲别的，专讲这件事，讲清楚错误的情况，发生错误的原因，消灭错误的办法，要大家认真注意。这样讲上三次五次，一定能使错误得到纠正。小事如此，大事也是如此。

善于把党的政策变为群众的行动，善于使我们的每一个运动，每一个斗争，不但领导干部懂得，而且广大的群众都能懂得，都能掌握，这是一项马克思列宁主义的领导艺术。我们的工作犯不犯错误，其界限也在这里。当着群众还不觉悟的时候，我们要进攻，那是冒险主义。群众不愿干的事，我们硬要领导他们去干，其结果必然失败。当着群众要求前进的时候，我们不前进，那是右倾机会主义。陈独秀机会主义的错误，就是落后于群众的觉悟程度，不能领导群众前进，而且反对群众前进。这些问题有许多同志还不懂得。我们的报纸要好好地宣传这些观点，使大家都能明白。

报纸工作人员为了教育群众，首先要向群众学习。同志们都是知识分子。知识分子往往不懂事，对于实际事物往往没有经历，或者经历很少。你们对于一九三三年制订的《怎样分析农村阶级》的小册子，就看不大懂；这一点，农民比你们强，只要给他们一说就都懂得了。崞县两个区的农民一百八十多人，开了五天会，解决了分配土地中的许多问题。假如你们的编辑部来讨论那些问题，恐怕两个星期也解决不了。原因很简单，那些问题你们不懂得。要使不懂得变成懂得，就要去做去看，这就是学习。报社的同志应当轮流出去参加一个时期的群众工作，参加一个时期的土地改革工作，这是很必要的。在没有出去参加群众工作的时候，也应当多听多看关于群众运动的材料，并且下工夫研究这些材料。我们练兵的口号是："官教兵，兵教官，兵教兵。"战士们有很多打仗的实际经验。当官的要向战士学习，把别人的经验变成自己的，他的本领就大了。报社的同志也要经常向下边反映上来的材料学习，慢慢地使自己的实际知识丰富起来，使自己成为有经验的人。这样，你们的工作才能够做好，你们才能担负起教育群众的任务。

《晋绥日报》在去年六月的地委书记会议以后，有很大进步。内容丰富，尖锐泼辣，有朝气，反映了伟大的群众斗争，为群众讲了话。我很愿意看它。但是从今年一月开始纠正“左”的偏向以后的这一时期，你们的报纸却有点泄气的样子，不够明确，不够泼辣，材料也少了，使人不大想看。你们现在正在检查工作，总结经验，这样很好。总结了反右反“左”的经验，使头脑清醒起来，你们的工作就会有改进。

《晋绥日报》在去年六月以后进行的反对右倾的斗争，是完全正确的。在反右倾的斗争中，你们作得很认真，充分地反映了群众运动的实际情况。对于你们认为错误的观点和材料，你们采用编者按语的形式加以批注。你们的批注后来也有缺点，但是那种认真的精神是好的。你们的缺点主要是把弓弦拉得太紧了。拉得太紧，弓弦就会断。古人说：“文武之道，一张一弛。”现在“弛”一下，同志们会清醒起来。过去的工作有成绩，但也有缺点，主要是“左”的偏向。现在作一次全面的总结，纠正了“左”的偏向，就会做出更大的成绩来。

在我们纠正偏差的时候，有的人把过去的工作看得毫无成绩，认为完全错了。这是不对的。这些人没有看到，党领导了那么多的农民得到土地，打倒了封建主义，整顿了党的组织，改进了干部的作风，现在又纠正了“左”的偏向，教育了干部和群众。这不是很大的成绩吗？对于我们的工作，对于群众的事业，应当采取分析的态度，不应当否定一切。过去发生“左”的偏向，是因为大家没有经验。没有经验，就难免要犯错误。从没有经验到有经验，要有一个过程。去年六月到现在的短短时期内，经过反右和反“左”的斗争，使大家都知道了反右、反“左”是怎么一回事。没有这样一个过程，大家是不会知道的。

经过检查工作、总结经验以后，我相信，你们的报纸会办得更好。应当保持你们报纸的过去的优点，要尖锐、泼辣、鲜明，要认真地办。我们必须坚持真理，而真理必须旗帜鲜明。我们共产党人从来认为隐瞒自己的观点是可耻的。我们党所办的报纸，我们党所进行的一切宣传工作，都应当是生动的，鲜明的，尖锐的，毫不吞吞吐吐。这是我们革命无产阶级应有的战斗风格。我们要教育人民认识真理，要动员人民起来为解放自己而斗争，就需要这种战斗的风格。用钝刀子割肉，是半天也割不出血来的。

根据人民出版社一九九一年版
《毛泽东选集》第四卷刊印

选自中共中央文献研究室，新华通讯社：《毛泽东新闻工作文选》，新华出版社，2014，第188-192页

4. 复习问题

（1）仔细阅读《对晋绥日报编辑人员的谈话》一文，分析毛泽东认为党报应该如何宣传党的政策方针。

（2）分析《对晋绥日报编辑人员的谈话》中所体现的毛泽东新闻思想。

5. 思维训练

结合实例评析“我们党所办的报纸，我们党所进行的一切宣传工作，都应当是生动的，鲜明的，尖锐的，毫不吞吞吐吐。”

八、新闻媒体的批评“要实行‘开、好、管’的方针”

——毛泽东：《报纸上的批评要实行“开、好、管”的方针》

1. 写作背景

中华人民共和国成立初期，以毛泽东同志为核心的党的第一代中央领导集体十分重视开展批评与自我批评，反映在新闻事业上，就是非常支持新闻机构有效地发挥舆论监督作用，以此促进新生政权的巩固和发展。1950年4月，中共中央就认识到“今天大陆上的战争已经结束，我们的党已经领导着全国的政权，我们工作中的缺点和错误很容易危害广大人民的利益，而由于政权领导者的地位，领导者威信的提高，就容易产生骄傲情绪，在党内党外拒绝批评，压制批评”*，而且“如果我们对于我们党的人民政府的及所有经济机关和群众团体的缺点和错误，不能公开地及时地在全党和广大人民中展开批评与自我批评，我们就要被严重的官僚主义所毒害，不能完成新中国的建设任务”**。因此，中共中央专门作出《中共中央关于在报纸刊物上展开批评和自我批评的决定》，特规定“在一切公开的场合，在人民群众中，特别在报纸刊物上展开对于我们工作中一切错误和缺点的批评与自我批评”***。

在中共中央的领导下，各级党委和政府高度重视，新闻机构和广大新闻工作者积极热情地投入工作，运用多种形式广泛、深入、有效地开展新闻批评，形成了中华人民共和国成立初期一段时间里有声有色的新闻批评热潮。

尽管如此，中共中央认为新闻机构的行动离中央的要求还有很大差距，因此曾责成各级党委和新闻机构，进一步充分认识新闻批评的作用、意义，加大其工作力度。毛泽东对此也十分关注。1954年4月，在与当时的中共中央宣传部副部长胡乔木的一次谈话中，他明确提出报纸批评的“开、好、管”的三字方针。3个月后，即1954年7月17日，体现毛泽东报纸批评思想、以

* 中共中央文献研究室：《建国以来重要文献选编》（第一册），中央文献出版社，1992，第190页。

** 中共中央文献研究室：《建国以来重要文献选编》（第一册），中央文献出版社，1992，第190页。

*** 中共中央文献研究室：《建国以来重要文献选编》（第一册），中央文献出版社，1992，第190页。

更具体的标准严格要求开展新闻批评工作的重要文件《中共中央关于改进报纸工作的决议》，由党中央政治局通过并公布。

2. 阅读提示

毛泽东在谈话中关于报纸批评的“开、好、管”的三字方针，实质上从三个方面对报纸批评进行了规定：

报纸批评要有正确的态度。毛泽东所说的“开”，就是指各级党委、政府和报社都要深刻认识到报纸批评的重要性和特殊意义，要以积极主动的姿态肯定、鼓励、支持报纸进行新闻批评，要把它放在各自日常工作中的重要位置上。

报纸批评要注意效果。毛泽东认为，开展报纸批评要考虑“效果”的问题。所谓的“好”，正是要求报纸批评要产生好的效果，起到积极的作用。那么，什么是“好”？毛泽东指出的标准是“要对人民有利”。要达到一个目标，需要讲究批评的操作艺术问题。对此，毛泽东认为，报纸批评的对象、批评的态度、批评的程序等，都要认真思考，“什么事应指名批评，什么事不应指名，要经过研究”。

报纸批评要加强管理。毛泽东强调把报纸批评看作一项有系统、涉及面广的工作，因此主张由各级党委出面，把这项工作抓起来、管起来，以保证报纸批评的顺利开展。

3. 文献原文

报纸上的批评要实行“开、好、管”的方针[1]

（1954 年 4 月）

关于报纸上的批评，要实行“开、好、管”的三字方针。

开，就是要开展批评。不开展批评，害怕批评，压制批评，是不对的。

好，就是开展得好。批评要正确，要对人民有利，不能乱批一阵。什么事应指名批评，什么事不应指名，要经过研究。

1　这是毛泽东对胡乔木等的一次谈话。

管，就是要把这件事管起来。这是根本的关键。党委不管，批评就开展不起来，开也开不好。

根据新华出版社一九八三年版
《毛泽东新闻工作文选》刊印

选自中共中央文献研究室，新华通讯社：《毛泽东新闻工作文选》，新华出版社，2014，第222页

4. 复习问题

（1）在报纸上开展批评，如何落实“开、好、管”的方针？

（2）仔细阅读《报纸上的批评要实行“开、好、管”的方针》一文，分析文中所体现的毛泽东新闻思想。

5. 思维训练

（1）结合实例评析报纸批评与舆论监督的异同。

（2）分析毛泽东新闻思想对马克思、恩格斯、列宁的新闻思想的继承与发展。

九、党报“是党联系群众的桥梁”

——刘少奇：《对华北记者团的谈话》

1. 写作背景

1947 年 5 月，时任中共中央书记处书记刘少奇受中共中央委托离开延安前往华北，入驻河北省平山县西柏坡村开辟新的工作区，并直接分管新闻宣传工作。1948 年 7 月下旬，中共中央华北局机关报《人民日报》和新华社华北总分社的几十名新闻工作者组成华北记者团，准备随部队前往新解放地区开展调查研究和新闻工作。动身之前，记者团成员就新形势下如何开展新闻工作提出不少疑难问题，请求党中央给予指导。为此，新华社华北分社建议让记者团到西柏坡的总社学习，更希望党中央领导能够给予当面指示。新华社总社同意了华北分社的请求。刘少奇知悉此事后，也表示支持，并高度重视此次培训。在刘少奇的建议下，培训班增加了政治、经济、军事等多方面的学习内容，并将原计划一周的学习时间延长至三周。在培训班上，刘少奇、彭真、廖承志、胡乔木等多位中央负责同志作了关于新闻宣传工作的报告。10 月 2 日，刘少奇的谈话是其中最重要的一篇。

刘少奇结合当时解放区的工作实际和 1947 年土地改革报道中的经验教训，集中对新形势新任务下党的新闻工作，特别是记者团到各地后所面临的一些理论与实践问题作了深刻阐述。该谈话高屋建瓴、思想深邃、观点鲜明、说理透彻，具有很高的理论价值和重要的现实指导意义。该谈话与 1948 年 4 月 2 日毛泽东《对晋绥日报编辑人员的谈话》一样，成为中国共产党关于新闻工作的经典文献，在中国共产党新闻思想史上占有重要位置。

2. 阅读提示

学习这篇谈话应着重领会以下几个重要观点：

第一是论述了新闻工作的使命和功能。刘少奇在谈话中指出："新闻工作很重要，党很重视这个工作"，"新闻工作的影响是很大的"，"工作做得好，就很好；做得不好，就要受历史的处罚"。刘少奇还从党的历史发展的角度，强调了党报的重要性。

第二是阐述了新闻工作的方针原则和方法。在谈话中，刘少奇明确指出："我们党必须和广大群众保持密切的联系"，"我们党要通过千百条线索和群众联系起来，报纸工作就是千百条线索中很重要的一条。报纸工作如果做不好，就是最厉害的脱离群众，就会发生很危险的情况"。如何才能不脱离群众，发挥桥梁作用呢？刘少奇要求记者要到各地去，把群众的呼声、要求、困难、经验以至工作中的错误反映上来，变成新闻、通讯，反映给各级党委，反映给中央。

第三是对新闻工作者队伍建设提出了严格的要求。如何才能成为人民的通讯员、人民的记者呢？刘少奇提出了四个条件：一是要有正确的态度，要全心全意为人民服务。要把人民的要求、困难、呼声、趋势、动态真实地反映出来。他告诫记者："你们的笔，是人民的笔，你们是党和人民的耳目喉舌。你们不能采取轻率的、哗众取宠的、'客里空'式的态度，而应当采取负责的、谨慎的、严肃的态度去做工作。"二是必须独立地做相当艰苦的工作。三是要有马列主义理论修养。不熟悉马列主义，不提高理论水平，工作是做不好的。四是要熟悉党的路线和政策。

刘少奇《对华北记者团的谈话》是马列主义的理论与中国新闻实践相结合的重要文献，用马列主义理论总结了中国共产党领导新闻工作的实践经验，对指导我国新形势下的新闻工作仍有着深刻的现实意义。

3. 文献原文

对华北记者团的谈话[1]

（一九四八年十月二日）

同志们：

很久以前，就想和你们做新闻工作的同志们谈一次话，我过去只和新华社同志谈过，和多数同志没谈过。谈到办报，我是外行，没办过报，没写过通讯，只是看过报，因此，你们工作中的甘苦我了解得不真切。但是，作为一个读者，我可以向你们提点要求。你们写东西是为了给人家看的，你们是为读者服务的。看报的人说好，你们的工作就是做好了。看报的人从你们那里得到材料，得到经验，得到教训，得到指导，你们的工作就是做好了。

报纸办得好，就能引导人民向好的方面走，引导人民前进，引导人民团结，引导人民走向真理。如果办得不好，就存在着很大的危险性，会散布落后的错误的东西，而且会导致人民分裂，导致他们互相磨擦。因此，新闻工作的影响是很大的。你们的工作做得好，就很好；做得不好，就要受历史的处罚。

新闻工作很重要，党很重视这个工作。党历来的文件、书刊都曾说明党报的重要性。《联共党史》[2]说了党报的重要性，说明它组织和团结了群众，起了指导革命的作用，而且说它是“中心”。俄国在创立社会民主工党的时候，列宁认为，要首先搞清思想界限，宣传党应该如何建设，方针是什么，路线是什么，然后再来建党[3]。原则问题没搞清楚，建党建不好。如何把原则性的问题搞清楚？办报，办全国性的报纸，使报纸起中心一环的作用。

我们党必须和广大群众保持密切的联系，如果和群众联系不好，就要发生危险，就会象安泰[4]一样被人扼死。共产党也会被人扼死的哩！党什么也不怕，就怕这一项。美帝国主义，我们是从来不怕的，原子弹，我们也是不怕的。党的第一次全国代表大会，只有十二个代表，手无寸铁，就说要打倒帝国主义、打倒军阀。帝国主义，地主阶级，资产阶级，都不足怕。我们根据马列主义分析的结果，知道它们要死亡的，无产阶级硬是要发展的，这是历史的必然。所以，我们没有什么可怕的，这是从总的方面来说的。但是，我们就是怕脱离群众。因此，我们到处宣传这一点，每个共产党员都要宣传这一点，在

---

1 一九四八年九十月间，中共中央为了改进和加强新闻工作，在河北省平山县西柏坡村召集人民日报社、新华社华北总分社的部分记者进行学习。这个谈话是在这次学习的集会上发表的，通常称为“对华北记者团的谈话”。

2 《联共党史》即一九三八年由联共（布）中央特设委员会主编、联共（布）中央审定的《苏联共产党（布）历史简明教程》。

3 参见列宁《〈火星报〉编辑部声明》（《列宁全集》第4卷，人民出版社1958年版，第316页）。

4 安泰是希腊神话中的巨人，地神之子。他在同对手搏斗时，只要身不离地，就能从母亲大地身上吸取力量，所向无敌。后被对手举在空中扼死。

任何地方、任何时候，都要和群众密切联系，而且不断地巩固扩大这种联系。现在，我们和群众是有联系的，但是还不够；要说已经联系得够了，工作做好了，那比一万美国军队还可怕，因为不再要求不断巩固扩大同群众的联系了。甚至有人说，老百姓算什么，有点官僚主义算什么！这就比一百万美国军队更可怕。

我们所说的和人民群众联系，主要是指和劳动人民的联系，而且我们要不断地巩固和扩大这种联系，一天也不能中断，叫做时时刻刻保持和群众的联系。

这是讲联系群众的重要性。那末，怎样联系群众呢？怎样巩固与扩大这种联系呢？

列宁说，党要通过千百条线索和群众联系起来。是的，我们党要通过千百条线索和群众联系起来，而你们的工作、你们的事业，就是千百条线索中很重要的一条。报纸每天和群众见面，每天把党的政策告诉群众。军队是党联系群众的桥梁，人民代表会、合作社等也是党联系群众的桥梁。没有这些桥梁，党和人民群众的联系就断了，党和人民之间就有了鸿沟，因此必须有这些桥梁。千座桥，万条线，主要的一个就是报纸。

报纸要能够密切联系群众，那是很好的；但是，如果给群众以错误的东西，散布坏影响，散布错误的思想、错误的理论、错误的政策，把群众中的消极因素、落后因素、破坏因素鼓动起来，就要犯大的错误。因此，报纸工作如果做不好，就是最厉害的脱离群众，就会发生很危险的情况。

办报是联系群众很重要的工作，你们就是做这个工作的。

有的同志说，做新闻工作没有兴趣，没有味道，担心是不是有前途。很明白，这是不懂得你们工作的重要性，自己轻视自己。当然，除了新闻工作，还有别的重要工作，打仗、生产都是重要工作。不能这样讲，“只有我重要”。要了解，除开前方有军队打仗，后方有人办工厂，有人做党的工作等，还需要你们，这是必要的社会分工。

党是依靠你们的。党怎样领导人民呢？除了依靠军政机关、群众团体领导人民之外，更多更频繁的是依靠报纸和通讯社。现在我们铁路不大通，邮政也不大通，和广大群众通点消息，就靠新华社、广播台了。中央就是依靠你们这个工具，联系群众，指导人民，指导各地党和政府的工作的。

人民也是依靠你们的。人民想和中央通通气，想和毛主席通通气，有所反映，有所要求，有所呼吁。许多人不会写字，邮路不通，电报不通，见毛主席很难见到。本来天天见面就好了，可是办不到。你们记者是要到各地去的，人民依靠你们把他们的呼声、要求、困难、经验以至我们工作中的错误反映上来，变成新闻、通讯，反映给各级党委，反映给中央，这就把党和群众联系起来了。

我们的报纸现在有几十种，将来全国会有几百种，如果能比较真实、全面、深刻地把群众的情绪、要求、意见反映出来，那不知会起多大的作用。你们要和群众生活在一起，了解他们真正的情绪和要求，看他们反对什么，拥护什么，要求什么，把这些东西反映出来。不相关的人看看也许就算了，相关的人就会好好注意，就得到了你们的帮助。我们要了解群众，向群众学习。不经过和群众有联系的干部，不经过人代会，不经过你们，就没有别的办法，那就危险得很。我们坐在这里，危险得很哩！搞错了没有？这是我们经常要考虑的问题。

党依靠你们的工作，指导群众，向群众学习。因此，你们做得好，对党对人民的帮助就大；做不好，帮助就不大；如做错，来个“客里空”[1]，故意夸大，反映得不真实，就害死人了。因此，这是个很严肃的工作，一定要认真负责地从事你们的事业，要对党对人民有很大的责任心。搞“客里空”是会受处罚的。有些资产阶级的记者是靠拍马屁吃饭的。在我们党内，有没有喜欢别人吹拍的戈尔洛夫[2]呢？有的。你批评他，他不高兴；你给他吹吹拍拍，他高兴了。因此，“客里空”还有点地位，因为党内还有资产阶级影响，“客里空”还能靠这点残余吃饭。不过这不可靠，哪一天一说整党，就糟糕了，靠资产阶级影响得彩的“客里空”一下子就不行了，这是他们应该有的前途。不靠广大人民吃饭，不靠真理吃饭，你的事业就靠不住。如果你的事业建筑在人民利益与真理上面，那才是可靠的。这样，即使你批评了别人，吃了人家一顿骂，也不要怕。只要我们的工作建立在党的路线、方向上，即便一时不得彩，也不要怕，要能坚持，要有点硬劲，要有点斗争性，要象鲁迅那样有骨头，没有骨头，是硬不起来的。为了人民的事业，你们要经得起风霜，要经得起风浪，要受点锻炼，要学得经验。你们不受多次波折，怎么能锻炼出来！

你们就要出去了，要到群众中去了。听说你们在这里学习后，把握增大了，信心提高了，这很好。又听说你们感到知道的东西很少，担心下去会碰到困难，把握还不够，信心还不高。你们还年轻、幼稚，还不成熟，还不能自立，这些党是看到了的。怎么办呢？要不断学习。你们可以互相学习，也可以看国民党的报纸，看外国通讯社的报道，人家有许多东西不比你们写得差，甚至还好些。如果你们的工作完全建立在这三个星期的学习上，那是不够的。你们要看一看，做新闻工作需要些什么条件，需要些什么知识，自己必须独立学习、努力学习。这样，你们就有了主动性。

你们的工作还没有上路，我的估计是这样子的。你们的工作还有些象豆芽，还在生长的阶段，但是生命力很强，将来是会上路的。那时你们对工作就会是熟练的、顺手的了。党老早就办报了，办报的人还没有上路，这是不是估计过低了呢？如果估计过低，那就对不起了，如果估计得对，你们就警惕。

为什么说你们还没有上路呢？这是有理由的。共产党办一件事情，要重新创造，要积累经验，一时办不好，并不奇怪。即使如此，我们也不比资产阶级落后。资产阶级办

---

1 “客里空”是苏联剧本《前线》中的一个惯于捕风捉影、捏造事实的新闻记者。后来我国新闻界借以泛指那些脱离事实、虚构浮夸、说空话的新闻报道作风。

2 戈尔洛夫是苏联剧本《前线》中的一个高傲自大、故步自封的前线总指挥。

报是经过好多年才上路的，把办了几十年的《申报》[1]和刚办的《人民日报》[2]比较一下，我们进步并不慢。说我们进步不慢是不是就要骄傲呢？不是的。你们是给人民办报，是人民的记者、通讯员，人民给你们的任务，是否都已办好了？还没有，还没有上路。我是就这个标准来估计的。

你们要有主动学习的精神，独立地把你们的事业做好。这三个星期的学习，当作一个开始。你们要根据这个方向努力学习，创造条件，增加知识，把工作做好。

你们过去为党为人民做了许多工作，是有成绩的。但是，曾经犯过错误，在人民中的影响是很不好的。可是我们没有责备办报的同志，更没有责备你们，因为这怪不得你们。依照你们现有的条件，还不可避免地犯些错误。这怪我们没有把新华社、报纸掌握好，我们是批评自己的。但是应当向你们讲清楚，你们过去做错了许多事。过去的责任不追究，要追究的话，我们负责。

我们有个要求，希望你们能成熟起来，我作为一个读者把这个要求提出来。你们的任务是写给读者看，读者就是你们的主人，他说你们的工作没做好，那就等于上级说的，你们没有话讲。

为了把工作做好，要具备一些什么条件呢？

第一，要有正确的态度。你们是人民的通讯员，是人民的记者，要全心全意为人民服务。

你们要了解人民群众中的各种动态、趋向和对党的方针政策的反映。人民包括各阶层，要加以区别。要善于分析具体情况，看各阶层人民有什么困难、要求和情绪。要采取忠实的态度，把人民的要求、困难、呼声、趋势、动态，真实地、全面地、精采地反映出来。“精”，就不是拉杂，“采”，就是漂亮，挂点“采”，读起来爱读。你写得不“精”，人家看不了那么多，你写得不“采”，人家不愿意看。所以要拣重要的写，重要的就是“精”的。要做到真实，就要全面，缺一面就不是真理。

你们写东西要考虑对象。这就是说每写一篇稿子，就要考虑这篇稿子大体上是写给谁看的。要区别全国与地方，你写给新华社的稿子，是面向全国的，包括蒋管区，而且还有外国人。你们就要考虑，他们需要什么，哪些东西多了，哪些又少了。如果你写一篇太行的通讯，要给各解放区看，就要估计到他们对太行需要知道些什么，怎样写才使他们更有兴趣。如果是报道经验，就要考虑太行的某一经验有无一般性。各解放区都适用的经验，哪怕只是一个村的，他们也要看的。有的经验并没有一般性，只适合太行用，那就不要详细介绍，人家不看，因为他们那里没有这个问题。

你们的报道一定要真实，不要加油加醋，不要戴有色眼镜。群众对我们，是反对就

1　《申报》1872 年在上海创刊，1949 年上海解放时停刊。

2　《人民日报》当时是中共中央华北局的机关报，1948 年 6 月 15 日创刊。1949 年 8 月，中央决定将《人民日报》改为中共中央的机关报。

是反对，是欢迎就是欢迎，是误解就是误解，不要害怕真实地反映这些东西。唯物论者是有勇气的，绝不要添加什么，绝不要带着成见下乡。党的政策到底对不对，允许你们去考察。如果发现党的政策错了，允许你们提出，你们有这个权利。如果你们看到党的政策大体上是对的，但是还有缺点，也要提出来。这是不是不相信党的政策呢？不是的。党的政策是否正确要在群众实践中考验。你们要把党的政策执行结果如实告诉我们，中央时刻在准备考验自己的政策。中央是这个样子，各级党委也应该是这样子。如果政策有错误，就修正它，如果它是不完全的，就把它补充得完全起来。马列主义的领导，应该如此。因之，鼓励你们去考察，依照你们的材料、看法提出问题来，如果政策正确，就说正确，如果政策错了，就说错了。你们不仅可以这样做，而且你们的任务就是如此——在群众中考察党的政策执行得怎样。你们不要怕反映黑暗的东西，当然，有的是不宜发表的。你们要从各方面去考察，用各方面的材料证明自己的判断。第一是真实，不要过分，再就是全面、深刻。

说到全面、深刻，应该说，不深刻不会全面，提不到理论高度，是不会全面的，那只能是零碎的、现象的、无系统的。全面，就要综合，要总结，要提到政策、理论的高度。提不到理论高度，就不能认识事物的本质。理论的东西就是要“透”，不是光说明现象、皮毛，而且能说明内部的联系。

要全面，就不要笼统地讲，得分析。一个政策在执行时，要看各阶级、各阶层有什么意见，各种人有什么意见，看这个政策什么人拥护，什么人反对，什么人怀疑。如果该拥护的却反对起来了，就要看是政策的问题，还是执行的问题。你们的责任，就是要从各方面把事情搞清楚之后，再下判断。考察不清楚，就没完成任务，你的通讯人家就不会相信，因为没有材料，没有分析。问题不在于人家是不是相信，而在于你是不是把事情搞得清楚。你们应敢于说：“相信我的通讯吧，不会有危险的。”你们要负起这个责任。

你们去访问，不论访问什么人，要得到群众的真心话，是很不容易的。对于新闻记者，在资本主义社会里，很少有人对他们讲真话。在我们这里，马克思主义的新闻记者，所遇到的不会这样了。但即使如此，如你问群众，今年的公粮怎么样，所得的回答是“很好很好”，你就报道个好，这不一定真实，因为你听的是表面的话。你们要和群众深谈，要从各方面考察，找出普遍现象。否则，这种反映就不真实。如果能够真实、全面、深刻地把群众情绪反映出来，作用就很大。人民的呼声，人民不敢说的、不能说的、想说又说不出来的话，你们说出来了。如果能够经常作这样的反映，马克思主义的记者就真正上路了。群众就会拥护你们，你一到那里，群众就会找你反映情况。那时，记者在群众中威信高的、低的，影响大的、小的，就看出来了，现在还看不大出来。你们的工作做好了，党和群众会报答你们的。但是，这是结果，不能当作目的去追求。如果你着急，马上想搞一个全国出名，那只能是“客里空”。你们的笔，是人民的笔，你们是党和人民的耳目喉舌。你们不能采取轻率的、哗众取宠的、“客里空”式的态度，而应当采取负责的、谨慎的、严肃的态度去做工作。

第二，必须独立地做相当艰苦的工作。凡不愿独立地做艰苦工作的人，任何事情也做不好。你们要切记这一点。艰苦工作，首先思想上要艰苦，要做理论的、系统的工作，而且是独立地去做。人家叫你们去做什么就做什么是不行的。你们要真实地反映情况，独立地去作判断，就要到处去看，去问，就要读马列的书，做许多研究工作。光靠在这里学习三个星期，下去还不能把事情做好，还有很多东西要学。比方说，有时从群众中听到一句话，这句话是真是假，到底是什么意思，下个判断并不容易。没有经验，没有理论上、方法上的修养，就没法判断。有的同志说，过去走了“干部路线”，现在要走群众路线，只提倡群众当家，反对干部当家。哪里会有不要干部的群众路线？那只能变成群众要怎样办就怎样办。群众怎样当家？总要选派代表吧，不能几百万人一齐当家吧，干部还不就是他们的代表。许多同志认不清这一点，把群众当家和干部当家对立起来，是错误的。为什么看不出来？因为缺乏马克思主义理论，缺乏独立的思考，不能在分析之后加以正确的判断。

第三，要有马列主义理论修养。要做马克思主义记者，却不大懂马克思主义，基本问题就在这里。你们不提高理论修养，工作是做不好的。

有的同志在北平时写得很多，很有人看，可是一到我们这里，写不出来了。他们说没有“自由”，一篇稿子改来改去，把“创造性”给限制了。不是的，如果你写违反马列主义的东西，当然要限制，必须限制的吧。比方说，你写一篇文章，倒是生动活泼，但内容却是只要群众当家，否定干部的作用，这种“创造性”是要限制的。问题在于你当了党报的记者，不是在北平墙报上、不是在《大公报》[1]上写文章，这一点要搞清楚。在蒋管区写东西，有百分之三十的马列主义，群众就欢迎，呱呱叫；在我们的报上如果有百分之三十的非马列主义，就得挨骂。

你们缺乏经验，特别是缺乏马列主义理论，看问题不是马列主义观点，而是别的观点，比方小资产阶级观点等，这样，写东西的盲目性就很大。

因此，要提高理论水平，要熟悉马列主义，特别要学习唯物史观、认识论，学习阶级分析的方法。你们学习这些，不是看一遍书就行，而是要不断地学，直到能够运用，有能力看出别人用得对不对。那时，写东西就自由了。不熟悉马列主义，就不自由，你们现在还没有获得这种自由。共产党记者最可宝贵的知识，是理论知识，在这方面，你们特别缺少。所以，要继续学习，不只要三个星期，要三个月、三年、三十年，努力把

1　《大公报》1902 年在天津创刊。曾先后出上海、汉口、重庆、桂林、香港等版。解放后，上海版于 1949 年 6 月 17 日发表《大公报新生宣言》，继续出版。其后移至天津，又迁北京，1966 年停刊。现有香港《大公报》。

马列主义学好。

第四，要熟悉党的路线和政策。为了及时地正确地宣传党的路线和政策，就要经常学习、研究，时刻注意党的各项方针政策的执行情况。自己不懂的问题，应当勤问，可以写信问你们的上级。不懂得党的路线，是搞不好工作的。你们还要懂得两条路线的斗争，善于用两条战线斗争的方法来办报。坚定地执行党的正确路线，既批评左的倾向，又批评右的倾向。这是基本的方法，马列主义的方法。不否定左和右的谬误，就没法肯定真理；要确定真理，就得否定谬误。

你们不仅要宣传党的政策，还要在群众的实践中去考察政策是不是正确，有没有缺点，这里就表现出你们的创造性了。你能了解群众的真正情绪，他就不能；你能有力地宣传党的政策，他就不能；你写得真实、精采，他就不能；你能发现党的政策的缺点，他就不能。你的创造性就表现在这里，党不是限制而是鼓励这种创造性。但是，无政府主义、资产阶级、小资产阶级的东西，不能任其泛滥。写这些东西的人说是发展他的个性，其实是发展他那个阶级的党性。我们要的是无产阶级的党性、个性，如果你有接近群众的个性，有全面深刻反映劳动人民心理之个性，这是好的。如果你讨厌群众，有喜欢反映地主、资产阶级思想感情之个性，那是不行的。

具备了以上四个条件，工作就可以做好。但是，你们现在还不够，还要学习。当然，如果感情还在地主、富农、资产阶级那里，那就不只是学习问题了，不过学习也会好些。相信你们是为人民服务的，即使有点地、富、资产阶级观点，也是不自觉的。希望你们继续努力改造自己，端正为人民服务的态度，学会接近劳动人民的本事，加强马列主义的修养，熟悉党的路线政策，不怕独立地做相当艰苦的工作，把人民的新闻工作做好。

选自中共中央文献编辑委员会：《刘少奇选集》（上卷），人民出版社，1981，第396-407页

4. 复习问题

（1）仔细阅读《对华北记者团的谈话》一文，分析文中所体现的刘少奇的新闻思想。

（2）如何理解《对华北记者团的谈话》一文对指导我国新形势下新闻工作的深刻的现实意义。

5. 思维训练

结合刘少奇对记者的要求与当今社会对记者的新要求，谈谈如何遵守记者的职业道德。

十、党报要“围绕现阶段的中心工作”

——邓小平：《在西南区新闻工作会议上的报告》

1. 写作背景

1950 年 5 月 16 日，时任中共中央西南局第一书记、西南军政委员会副主席和西南军区政治委员邓小平，出席了西南区新闻工作会议并作报告。这是邓小平第一次就新闻宣传工作作系统、深入的论述。当时中华人民共和国刚成立不久，西南区乃至全国百废待兴，需要各条战线紧密围绕党的中心任务展开工作，新闻工作也不例外。邓小平的报告的核心就是论述新闻工作如何围绕中心任务展开工作。这是邓小平极为少见的一篇关于新闻工作的专门讲话。这篇讲话中的新闻思想在今天仍具有重要的指导意义。

2. 阅读提示

邓小平 1950 年 5 月 16 日所作的《在西南区新闻工作会议上的报告》，主要从以下几个方面谈了关于新闻工作的重要思想：

运用报纸是实现领导的最有效、最广泛的方式。邓小平一开始就指出：“拿笔杆是实行领导的主要方法。领导同志要学会拿笔杆。”这种方法，比开会、个别谈话等领导方法更有优势，因为“用笔写出来传播就广，而且经过写，思想就提炼了，比较周密”，“所以用笔领导是领导的主要方法”。当然，“拿笔有多种”，其中“作用最广泛的是写文章登在报纸上和出小册子，再就是写好稿子到广播电台去广播。出报纸、办广播、出刊物和小册子，而又能做到密切联系实际，紧密结合中心任务，这在贯彻实现领导意图上，就比其他方法更有效、更广泛，作用大得多”。正因如此，邓小平强调：“要同各地区领导同志谈通，说明拿笔杆的重要、新闻工作的重要，不懂得用笔杆子，这个领导本身就是很有缺陷的。”办好报纸要有三个条件：结合实际、联系群众、批评与自我批评。第一，结合实际。邓小平根据地方性新闻媒体的实际情况，从两个方面来谈如何“结合实际”这个问题。一方面，“要办好地方报纸”，需要正确对待和处理上级新闻部门发的一般消息。另一方面，报纸要“结合当时当地的中心任务”。第二，联系群众。邓小平认为，领导干部必须联系群众，为此就要“反对官僚主义和命令主义”，而且“哪怕是辛辛苦苦的官僚主义也好，哪怕是艰苦奋斗的命令主义也好，都在反对之列”。第三，开展批评与自我批评。邓小平指出：“报纸最有力量的是批评与自我批评。”他认为这样做有很大的好处，即“过去报喜不报忧，现在也报忧了，这就可以医治自满和麻痹”。因此“批评与自我批评要大大发扬”，但是“我们还很不够”。正确的做法是：“领导上，党委和政府，要全力支持通讯员写批评稿，现在敢说话的人太少，要鼓励说话。”

在谈到办报方法时，邓小平说：“从领导来看，办报是大家办报；从新闻工作者自己来看，也是大家办报。”前一个“大家办报”，主要是指领导必须紧密团结、依靠广大新闻工作者而不能唱独角戏；后一个“大家办报”，则是指新闻工作者必须依靠、发动人民群众的力量。这种办报方法，实际上是党的群众工作路线在新闻工作中的具体运用和充分体现。

邓小平在中华人民共和国成立之初就对新闻工作作出了比较全面、系统的阐述，邓小平的这些新闻思想，现在看来仍然闪烁着睿智、深邃的光芒，在新闻工作实践中发挥着重要的指导作用。

3. 文献原文

在西南区新闻工作会议上的报告

（一九五〇年五月十六日）

拿笔杆是实行领导的主要方法。领导同志要学会拿笔杆。开会是一种领导方法，是必需的，但到会的人总是少数，即使做个大报告，也只有几百人听。个别谈话也是一种领导方法，但只能是“个别”。实现领导最广泛的方法是用笔杆子。用笔写出来传播就广，而且经过写，思想就提炼了，比较周密。所以用笔领导是领导的主要方法，这是毛主席告诉我们的。凡不会写的要学会写，能写而不精的要慢慢地精。

拿笔有多种。党和政府写决议、指示、计划，发电报，这是很重要的，但指示、电报只能传达到一定范围的干部。任何政策如果只同干部见面，不同群众见面，是不能发生效果的。拿笔杆子中，作用最广泛的是写文章登在报纸上和出小册子，再就是写好稿子到广播电台去广播。出报纸、办广播、出刊物和小册子，而又能做到密切联系实际，紧密结合中心任务，这在贯彻实现领导意图上，就比其他方法更有效、更广泛，作用大得多。

“笔杆子太重”，不会写，怎么办？要同各地区领导同志谈通，说明拿笔杆的重要、新闻工作的重要，不懂得用笔杆子，这个领导本身就是很有缺陷的。写文章也不是很困难，主要是要意思好。领导同志具备这个条件：了解情况比较多，看问题比较全面、正确。技术方面的问题是次要的，自己努力，别人帮助，慢慢就会提高。领导同志不愿意写文章，新闻工作同志要主动去做工作。他不愿写，总有一个理由，“不会写，写不了”，或者“没有功夫”，那就主动找他，“你讲我写”，或者找接近领导而又能写的同志来写。但首先还是要领导同志亲自写，新闻工作同志主动帮助，有计划地组织稿件。这样就可以逐步解决领导机关、领导同志运用报纸、领导报纸的问题。办好报纸有三个条件：结合实际、联系群众、批评与自我批评。这三条离开了领导也搞不好，报纸就没有力量，容易变成“有闻必录”。所以办好报纸的前提在领导。

要办好地方报纸。《新华日报》[1]最近有进步。我们的报纸要登中央发的一般消息，但作为地方报纸，新华社总社的广播稿不一定全用，要适当选择、改编、压缩、提炼，要考虑对象，能不能看那么多，看了懂不懂。有的小报就比大报办得更结合实际，更切合群众需要，更通俗活泼。当然，需要办大报的地方（大城市）必须办大报，但不是都要办大报。

报纸要结合实际，结合当时当地的中心任务。新华社总社发来的稿件应该重视，但比较好编。领导同志和办报同志的主要精力要放在当地新闻上，要大量刊登本区人民的工作和生活情况。报社要时时和领导取得联系，根据本地当前任务的变化，随时调整自己的报道方针。不久前《新华日报》写了一篇专论，讲的是剿匪中的情况，内容主要是批评。正确不正确？也正确。合不合时宜？不合时宜。正确与否要考虑到时间、地点、条件等因素来判断。在剿匪已经有了成绩，部队又很艰苦很努力的情况下，主要去批评就不合时宜了。放在一个月以前则刚合时宜。这说明我们的同志对剿匪的实际情况了解不够。现在报纸的影响比过去大了，有些不正确的东西在报上一表扬，就糟了。前几年很多干部不看报，现在不同了，报纸有威信，看到报纸讲什么就要照着去做。很多地方看到报纸批评了的做法，就秘密地改，这就是报纸的作用。社会上很多人看报，看共产党什么态度，人民政府政策如何，要从报上找自己需要的东西，解决自己的问题。正因为干部群众都重视报纸，我们就要很慎重。

1　这里的《新华日报》，是中共中央西南局的机关报。一九四九年十二月十日在重庆创刊，一九五四年八月三十一日停刊。

西南区今天的中心任务是什么？从全区说，一是剿匪，二是完成征粮、税收、公债[1]任务，三是领导生产（主要是农业生产），四是调整工商业、救济失业人员。为了实现这些任务，要召开人民代表会或农民代表会。下一步是今冬明春的减租，也是从全西南提出的。

这些任务完成得怎样？剿匪方面，四川剿匪有很多好经验，报纸要报道，但又不能让土匪完全了解我们的战术。报纸要宣传剿匪政策，宽大与镇压相结合。首恶必办，胁从不问，立功受奖。什么叫胁从不问？“不问”是说不问罪，也就是不治罪。有的问都不问一下就放了，这就错了。总要教育教育，坦白一下，群众取保，才能释放啊。总的说，剿匪见效。贵州、云南的情况又各有不同。报纸必须抓住每个地方的特点，这就是指导性。

征收公粮，一般开始时都是轰轰烈烈，但后来很难收上来。万县解决这个问题的办法比较恰当，要好好介绍、表扬，这就是实现领导。报纸要用评论、社论加上一连串的报道来领导交公粮。

领导生产，整个情况不算坏。毛主席指示新区要保持原有的生产水平，不使降低，老区还要“长一寸”[2]，这就不容易。当前，农民的生产积极性有了提高。但是开荒不要鼓励，开荒要砍树，现在四川最大的问题是树林少。有的地方报告，他们从佃富农那里调剂了一部分土地给贫农，据说是自愿的。这样的事报纸不能写社论表扬，不能写消息传播。生产中主要一条方针是不要乱动。凡是无把握的事要慎重一些，先研究一番，或者写个东西，说这个好，但也存在哪些危险性，使群众从另一方面再考虑，这也就是领导。

调整工商业，主要是城市。我们的政策是调节劳资，两利兼顾，否则对整个国民经济不利。我们要扶助有益于国计民生的私营工商业，鼓励私人生产的积极性。资方要改善管理，降低成本。最近报上登了些私营纱厂解决困难的报道，应该登，用私营企业的榜样来实现对私营企业的领导。我们扶植进步的、有前途的私营企业，没有前途的要指导转产。调整工商业涉及三个方面的问题，一资、二劳、三公，一切都要引导到发展生产力。共产党就是为发展社会生产力的，否则就违背了马克思主义理论。上海一件纱卖五百万元[3]，这里要九百万元，谁来买？不能把关税壁垒搬到三峡来，再来个封建割据。据说有的工商业家对我们的政策有抵触，但他又确实在改，那就好，改好了会感到我们的政策对他是有帮助的。我们正处在大改革之中，破坏是难免的。管理非常不合理的要垮，投机的也要垮。香烛纸钱等迷信品的生产是没有前途的。有些东西的生产现在要减少，但十年之后还会有发展，如化妆品。我们要引导工商业向健全的方向发展。物价稳定对

1　公债即国家举借的债务。这里指一九五〇年一月中央人民政府为取得解放战争的彻底胜利、迅速恢复经济和安定人民生活而发行的人民胜利折实（即以实物为计算标准）公债。

2　这是解放战争时期毛泽东发出的号召，原文为：“军队向前进，生产长一寸，加强纪律性，革命无不胜。”

3　这里指当时流通的旧人民币。中国人民银行自一九五五年三月一日起发行新人民币代替旧人民币，新人民币一元等于旧人民币一万元。

工商业有好处，最近一些贷款也是在这个基础上才贷出的。对贷款要进行指导，指定用途。例如贷给民生公司二十多亿，指定买煤、修船，这样也解决了煤矿业和机器业的一些问题。钱贷出去以后要检查，使之用到适当的地方，否则就造成无政府状态。有些东西生产超过市场需要太多，销不出去就有了问题，要指导转产。

失业主要在大城市。据说重庆有五万人（全市工人二十五万），贵阳一万人（全市工人三万），成都两万人。对失业人员，要妥善安排和救济。

解决以上这些问题，主要是开各界人民代表会，这是联系群众最好、最主要的办法。在干部中要进行整风，反对官僚主义和命令主义。哪怕是辛辛苦苦的官僚主义也好，哪怕是艰苦奋斗的命令主义也好，都在反对之列。

中央要公布土地法[1]，要无例外地领导各阶层人民学习，因为都牵涉到。学得好，为明年土改[2]作准备，也为今年减租[3]作准备。报纸要组织学习、讨论，使党内党外都知道。“十目所视，十手所指”[4]，大家都学习了，了解了，就不容许干部乱干了，对整个领导有好处。

上面说的这些问题，都是报纸要实现领导的任务。在突出的方面要集中力量，有的时候用整版来登，用一个月时间，发表一连串的评论、社论来宣传和贯彻。这样人们就注意了。有没有力量，不仅是质，也有量的问题。质是要准确性，量也要加大，各方面围绕于此，才有力量。

开展批评与自我批评，《新华日报》最近做得好一些。过去报喜不报忧，现在也报忧了，这就可以医治自满和麻痹。报纸最有力量的是批评与自我批评。中央过去表扬了几个报，主要因为他们实现了批评与自我批评，是非弄得很清楚，应该做的和不应该做的弄得很明确。报纸搞批评，要抓住典型，有头有尾，向积极方面诱导，有时还要有意识地作好坏对比。这样的批评与自我批评才有力量，才说明是为了改进工作，而不是消极的。什么叫生动活泼？不在文字长短，而是要写出生动的过程，而且有结果。我们有的批评往往只是把问题摆出来了，没有下文。描写过程也不能冗长。批评与自我批评要大大发扬，我们还很不够。领导上，党委和政府，要全力支持通讯员写批评稿，现在敢说话的人太少，要鼓励说话。对有些与事实不符的批评，必要时也要提醒和说明。

1　土地法指《中华人民共和国土地改革法》。一九五〇年六月三十日中央人民政府颁布施行。

2　土改即土地改革，这里指中华人民共和国成立后，中国共产党领导广大农民废除封建的土地所有制，实现农民的土地所有制的改革运动。一九五〇年六月，中央人民政府颁布《中华人民共和国土地改革法》。同年冬起，在新解放区陆续开展了土地改革运动。到一九五二年冬，除台湾省和一部分少数民族地区以外，全国的土地改革基本结束，使三亿无地或少地的农民（包括老解放区农民在内）分得了约七亿亩土地和其他生产资料。

3　抗日战争爆发后，晋冀鲁豫边区的抗日民主政权为改善根据地人民的生活，动员人民支持抗战及解决财政困难，曾陆续颁发过有关减租减息、合理负担法令。减租减息法令的要点是：地租，一般以实行二五减租为原则，即不论何种租佃形式，均按原租额减去百分之二十五，利息一般减到不超过一分半。合理负担法令的要点是：按资产及收入多少规定纳税的比例，除少数最贫困者得免征外，其余的人均须按照比例纳税，但最高不超过每人全年收入的百分之三十至三十五。解放战争时期和建国初期，在新解放的地区也曾实行过减租减息政策，解放战争时期在一些地方也实行过合理负担政策。

4　见《礼记·大学》。原文是：“十目所视，十手所指，其严乎。”

从领导来看，办报是大家办报，从新闻工作者自己来看，也是大家办报。报纸真的同实际、同群众联系好了，报纸办好了，对领导是最大的帮助。常常有这样的情况：党和政府听不到的，报纸能听到，它能摸到社会的脉搏。目前最突出的问题是什么，把读者来信加以综合研究，常常就能看出来。

任何一个任务不是一家报纸所能完成的。各家报纸接触面不同，要各方面努力，才能把党和政府的声音普遍传播到各阶层群众中去。

选自邓小平：《邓小平文选》（第一卷），人民出版社，1994（第二版），第145-150页

4. 复习问题

（1）仔细阅读《在西南区新闻工作会议上的报告》一文，分析本文中所体现的邓小平的新闻思想。

（2）如何理解《在西南区新闻工作会议上的报告》一文对指导我国新形势下新闻工作的深刻的现实意义。

5. 思维训练

结合我国目前报纸媒体发展的整体状况，思考如何在新媒体环境下办好党报。

十一、新闻媒体要“弘扬主旋律”，“以正确的舆论引导人”

——江泽民：《江泽民同志视察人民日报社时的讲话》

1. 写作背景

冷战结束后，两极对立的世界格局向多极化方向转变，国际局势跌宕起伏、风云变幻。进入新的历史时期，我国新闻宣传工作面临着许多前所未有的新情况、新问题。进入 20 世纪 90 年代后，我国高度集中的计划经济体制向社会主义市场经济体制转变，我国相对封闭的社会进一步向全方位对外开放转变。这一方面有利于吸收全人类文明的优秀成果，另一方面也使西方的思想文化、意识形态和价值观念等大量涌入，增加了人们在是非鉴别和行为选择上的复杂性，也增加了舆论引导的难度。随着科技进步的日新月异，特别是互联网在全世界范围的迅猛发展，媒体信息对人类生活的影响在广度和深度上都发生了重大变化，使人们思想活动的独立性、多元性、差异性明显增强，同时影响人民群众思想和行为的因素也日益多样化。

新的时代呼唤新的新闻理论来指导新的实践。20 世纪 80 年代末以来，江泽民针对当时的新闻工作发表了多次重要讲话，如：江泽民在中共中央宣传部举办的新闻工作研讨班上发表重要讲话《关于党的新闻工作的几个问题》（1989 年 11 月 28 日），江泽民在接见解放军报社师以上干部时做了重要讲话《在接见〈解放军报〉社师以上干部时的讲话》（1996 年 1 月 2 日），江泽民在视察人民日报社时发表重要讲话《舆论导向正确是党和人民之福》(1996 年 9 月 26 日）等。在这些讲话中，江泽民全面地回答了新的历史条件下党的新闻工作的地位作用、根本任务、政治要求、基本方针、重要原则、纪律保证、发展动力、组织保证和党的领导等一系列基本问题，形成了一个比较完备的理论体系，标志着我们党对新时期新闻宣传工作的规律性认识达到了一个新的高度。

江泽民1996年9月26日在视察人民日报社时发表的重要讲话全文，以《江泽民同志视察人民日报社时的讲话》为标题刊登在《人民日报》1996年10月21日第1版，收录至《江泽民文选》（第一卷）时，标题为《舆论导向正确是党和人民之福》*。

* 江泽民：《江泽民文选》（第一卷），人民出版社，2006，第563-568页。

2. 阅读提示

江泽民在《舆论导向正确是党和人民之福》中，把新闻事业和舆论导向在国家生活中的地位和作用上升到了前所未有的高度，认为新闻舆论关系到党和国家的前途与命运，关系到人民的祸与福，是党的生命所系的事业。

舆论工作是党和国家前途和命运所系的工作。江泽民强调："历史经验反复证明，舆论导向正确与否，对于我们党的成长和壮大，对于人民政权的建立和巩固，对于人民的团结和国家的繁荣富强，具有重要作用。舆论导向正确，是党和人民之福；舆论导向错误，是党和人民之祸。党的新闻事业与党休戚与共，是党的生命的一部分。可以说，舆论工作就是思想政治工作，是党和国家的前途和命运所系的工作。"

新闻舆论领导权要牢牢掌握在忠于马克思主义、忠于党、忠于人民的人手里。江泽民在讲话中对新闻舆论的领导权问题十分重视，他明确指出："我们党一贯强调，要把新闻舆论的领导权牢牢掌握在忠于马克思主义、忠于党、忠于人民的人手里。"

新闻舆论单位要坚持正确的舆论导向。江泽民在讲话中把舆论导向放到了前所未有的重要高度，强调新闻舆论单位一定要把坚定正确的政治方向放在一切工作的首位，坚持正确的舆论导向；新闻舆论工作要紧紧围绕经济建设这个中心，服从和服务于全党全国工作的大局。这在任何时候都不能模糊，不能动摇。

要坚持政治家办报。党报所肩负的重大政治责任，要求从事这一工作的人必须具备很高的政治素质。江泽民指出："报社的同志要有大局意识、全局观念，坚持政治家办报。"党报"不管在什么时候什么情况下，都要在思想上、政治上同党中央保持高度一致"，"登什么，不登什么，怎么登，都要从全局出发，从党和人民的整体利益出发"。

办好新闻事业，要有一支高素质的新闻队伍。江泽民要求新闻工作者应打好"五个根底"，即要打好理论、路线根底，要打好政策，法律、纪律根底，要打好群众观点根底，要打好知识根底，要打好新闻业务根底。他还指出新闻工作者要坚持发扬党的新闻工作的优良作风：一是敬业的作风，热爱党的新闻事业，献身党的新闻事业；二是实事求是的作风，报实情，讲真话；三是艰苦奋斗的作风，不怕苦，不怕累，有时还要不怕危险、不怕牺牲；四是清正廉洁的作风，自觉抵制拜金主义、享乐主义、极端个人主义思想的侵蚀，恪守职业道德，坚决反对搞有偿新闻；五是严谨细致的作风，一丝不苟，精益求精，严防差错；六是勇于创新的作风，新闻事业是常干常新的事业，是有着广阔的驰骋空间的事业，在坚持党的新闻工作的基本方针和原则的前提下，新闻工作者应当不断开拓新的报道领域，不断探索新的报道形式，不断采用新的报道手法，不断写出富有新意的优秀作品。

3. 文献原文

舆论导向正确是党和人民之福[1]

（一九九六年九月二十六日）

今天，我想和同志们着重谈谈舆论导向问题。在全国宣传思想工作会议上，我曾经讲过四句话：以科学的理论武装人，以正确的舆论引导人，以高尚的精神塑造人，以优秀的作品鼓舞人。宣传思想工作部门和单位，要把最好的东西奉献给人民，用最好的东西去武装人、引导人、塑造人、鼓舞人。新闻单位在这四个方面都可以发挥重要作用，尤其在以正确的舆论引导人方面负有重大而光荣的使命。

大家知道，经济基础决定上层建筑，上层建筑对经济基础又有巨大的反作用，这是马克思主义的一个基本观点。新闻舆论，作为上层建筑、意识形态的一个重要组成部分，由于其自身的特点和优势，同社会政治、经济、文化生活的各个领域都有密切的联系，都会产生广泛而深刻的影响。在新闻传播手段还不够发达的时代是如此，在新闻传播手段越来越现代化的今天更是如此。

历史经验反复证明，舆论导向正确与否，对于我们党的成长和壮大，对于人民政权的建立和巩固，对于人民的团结和国家的繁荣富强，具有重要作用。舆论导向正确，是党和人民之福；舆论导向错误，是党和人民之祸。党的新闻事业与党休戚与共，是党的生命的一部分。可以说，舆论工作就是思想政治工作，是党和国家的前途命运所系的工作。因此，我们党一贯强调，要把新闻舆论的领导权牢牢掌握在忠于马克思主义、忠于党、

1 这是江泽民同志视察人民日报社时讲话的主要部分。

忠于人民的人手里；新闻舆论单位一定要把坚定正确的政治方向放在一切工作的首位，坚持正确的舆论导向；新闻舆论工作要紧紧围绕经济建设这个中心，服从和服务于全党全国工作的大局。这在任何时候都不能模糊、不能动摇。

我们党的老一代革命家都非常重视新闻工作。毛泽东同志曾经指出："一张省报，对于全省工作，全体人民，有极大的组织、鼓舞、激励、批判、推动的作用。"[1]省报是如此，作为党中央机关报的《人民日报》更是如此。在改革开放新的历史条件下，邓小平同志也指出："要使我们党的报刊成为全国安定团结的思想上的中心。"[2]我们要深刻领会这些指示的精神，用以指导我们的新闻工作。

全国各族人民正在为实现国民经济和社会发展"九五"计划和二〇一〇年远景目标纲要所确定的宏伟蓝图而奋斗，开局不错，总的形势是好的。但是，在前进道路上，还有很多困难和问题有待克服和解决。敌对势力没有也不会放弃对我国实施西化、分化的政治图谋。我们要有清醒的头脑，抓住机遇，深化改革，扩大开放，促进国民经济稳定、持续发展和社会全面进步，坚决维护安定团结的政治局面。要居安思危，顺利的时候要有防范风险之备。

《人民日报》办得如何，对全国的报纸和整个新闻界有重大的示范作用、导向作用。因此，同样是实行舆论引导，人民日报社的同志就显得担子格外重、责任格外大。在这方面，人民日报社积累了丰富的经验，也有过深刻的教训。经验和教训总结了，都是宝贵的财富，都不应该忘记。希望《人民日报》旗帜鲜明地坚持党性原则，坚持以邓小平建设有中国特色社会主义理论和党的基本路线为指导，不管在什么时候什么情况下，都要在思想上、政治上同党中央保持高度一致，弘扬爱国主义、集体主义、社会主义的主旋律，热情歌颂人民群众在改革和建设中的奋斗业绩，鼓舞人民群众为振兴中华而艰苦奋斗。同时，对消极腐败现象也要进行批评和揭露，发挥舆论监督作用。报社的同志要有大局意识、全局观念，坚持政治家办报，正确处理改革、发展、稳定的关系，登什么，不登什么，怎么登，都要从全局出发，从党和人民的整体利益出发。在坚持正确的舆论导向的前提下，要讲求宣传艺术，提高引导水平，努力使自己的宣传报道更加贴近生活、贴近读者，使广大读者喜闻乐见。

新闻事业能不能办好，关键在有没有一支高素质的新闻队伍。我们要通过加强思想政治工作，把广大新闻工作者的积极性、主动性、创造性充分调动起来。各新闻单位要加强协调，形成强大合力，在两个文明建设中发挥更大作用。近几年来，中央宣传部门和新闻界在形成合力方面进行了积极探索，积累了有益经验，希望加以总结提高，以便做得更好。

1　见毛泽东《给刘建勋、韦国清的信》（《毛泽东文集》第 7 卷，人民出版社 1999 年版，第 338 页）。

2　见邓小平《目前的形势和任务》（《邓小平文选》第 2 卷，人民出版社 1994 年版，第 255 页）。

邓小平同志提出："思想战线上的战士，都应当是人类灵魂工程师。"[1]人类灵魂工程师是一种很高的评价，是一项很高的要求，要真正做得好，是很不容易的。教育者必须先受教育。为了更好地担负起以正确的舆论引导人的任务，新闻工作者，特别是共产党员和领导干部，必须努力提高自己的思想政治素质和业务素质。新闻战线的同志特别是中青年同志，既要志存高远，又要脚踏实地，在打好思想政治和业务根底上，老老实实地下一番真功夫、苦功夫。

要打好理论、路线根底。要坚持马克思列宁主义、毛泽东思想、邓小平建设有中国特色社会主义理论，坚持党的基本路线，用以指导自己的思想和工作。理论、路线根底打好了，不管情况多么复杂、形势怎样变化，都会保持坚定正确的政治立场和政治方向。

要打好政策、法律、纪律根底。要牢牢掌握中央的方针政策，牢牢掌握国家法律法规，严守新闻工作纪律。新闻工作是政治性、政策性极强的工作，新闻工作者如果对党的方针政策和国家法律法规不懂不熟悉，那就宣传不好，甚至出现误导，给党和人民的事业带来不应有的损失。

要打好群众观点根底。新闻工作、党报工作，说到底，也是群众工作，是我们党联系群众的重要纽带。密切联系群众，是新闻工作者的必修课和基本功。大家要牢固树立群众观点，同广大人民群众同呼吸、共命运，善于做调查研究工作，紧扣时代的脉搏，倾听群众的心声，多写出反映改革开放和社会主义现代化建设的好作品来。

要打好知识根底。知识就是力量。首先要努力掌握与自己的业务工作直接有关的知识，同时还要博览群书，哲学、政治、经济、法律、历史、文学等方面的书籍都应读一些，科技知识也应尽可能多学一些。希望我们的新闻队伍中多出一些既懂政治、学识又渊博的编辑、记者、评论员。

要打好新闻业务根底。新闻工作，无论编辑、采访，都需要有业务能力，特别是要有很好的文学修养。现在，报纸上刊登的许多报道，主题好，内容好，语言也很精彩，使人在受教育的同时，也得到美的享受。但是，也有一部分新闻作品不讲究辞章文采，文字干巴巴的，翻来覆去老是那么几句套话；也有的哗众取宠，乱造概念，词句离奇，使人看不懂，这种不良文风应加以纠正。要大力提倡新闻工作者苦练基本功。

在新的历史时期，仍要坚持发扬党的新闻工作的优良作风。一是敬业的作风，热爱党的新闻事业，献身党的新闻事业。二是实事求是的作风，报实情，讲真话。三是艰苦奋斗的作风，不怕苦，不怕累，有时还要不怕危险、不怕牺牲。四是清正廉洁的作风，自觉抵制拜金主义、享乐主义、极端个人主义思想的侵蚀，恪守职业道德，坚决反对搞有偿新闻。五是严谨细致的作风，一丝不苟，精益求精，严防差错。六是勇于创新的作风，新闻事业是常干常新的事业，是有着广阔的驰骋空间的事业，在坚持党的新闻工作的基

1　见邓小平《党在组织战线和思想战线上的迫切任务》（《邓小平文选》第3卷，人民出版社1993年版，第40页）。

本方针和原则的前提下，新闻工作者应当不断开拓新的报道领域，不断探索新的报道形式，不断采用新的报道手法，不断写出富有新意的优秀作品。

选自江泽民：《江泽民文选》（第一卷），人民出版社，2006，第 563-567 页

4. 复习问题

（1） 仔细阅读《舆论导向正确是党和人民之福》一文，思考新闻事业为什么需要坚持正确的舆论导向。

（2）分析《舆论导向正确是党和人民之福》一文体现的江泽民的新闻思想。

5. 思维训练

江泽民在《舆论导向正确是党和人民之福》中指出："历史经验反复证明，舆论导向正确与否，对于我们党的成长和壮大，对于人民政权的建立和巩固，对于人民的安定团结和国家的繁荣富强，具有重要作用。舆论导向正确，是党和人民之福；舆论导向错误，是党和人民之祸。党的新闻事业与党休戚与共，是党的生命的一部分。"

结合当前实际，谈谈你对此问题的认识。

十二、新闻媒体要“增强新闻报道的亲和力、吸引力、感染力”

——胡锦涛：《在人民日报社考察工作时的讲话》

1. 写作背景

2008年6月20日，在《人民日报》创刊60周年之际，时任中共中央总书记、国家主席、中央军委主席胡锦涛和时任中共中央政治局常委李长春来到人民日报社考察工作，胡锦涛在考察时发表了重要讲话。

2. 阅读提示

胡锦涛《在人民日报社考察工作时的讲话》深入阐述了新闻宣传工作的重要地位，深刻分析了新闻宣传工作面临的形势和任务，明确提出了新闻宣传工作的根本要求。《在人民日报社考察工作时的讲话》提出了一系列新闻宣传工作的重大理论观点和重要工作部署，丰富和发展了马克思主义新闻观关于新闻宣传的重要思想，是对改革开放以来新闻宣传工作理论成果和实践经验的系统总结，具有十分重要的指导意义。这次讲话的主要内容可以概括如下：

关于新闻舆论性质、地位、作用的论述，胡锦涛指出：“做好新闻宣传工作，关系党和国家工作全局，关系改革和经济社会发展大局，关系国家长治久安。”胡锦涛强调：“新闻宣传工作要高举旗帜、围绕大局、服务人民、改革创新，坚持正确舆论导向，提高舆论引导能力，营造良好舆论环境，更好地发挥宣传党的主张、弘扬社会正气、通达社情民意、引导社会热点、疏导公众情绪、搞好舆论监督的重要作用。”

关于坚持党性原则的论述，胡锦涛指出：“必须坚持党性原则，牢牢把握正确舆论导向。舆论引导正确，利党利国利民；舆论引导错误，误党误国误民。”对于如何坚持党性原则，胡锦涛指出：“要牢固树立政治意识、大局意识、责任意识、阵地意识，把坚持正确导向放在新闻宣传工作的首位，坚持团结稳定鼓劲、正面宣传为主，唱响主旋律，打好主动仗，更加自觉主动地为人民服务、为社会主义服务、为党和国家工作大局服务。要增强政治敏锐性和政治鉴别力，严格宣传纪律，做到守土有责，在重大问题、敏感问题、热点问题上把好关、把好度。”

关于做好新闻宣传工作根本要求的论述，胡锦涛指出：“坚持以人为本，是做好新闻宣传工作的根本要求。要坚持把实现好、维护好、发展好最广大人民的根本利益作为新闻宣传工作的出发点和落脚点，坚持贴近实际、贴近生活、贴近群众，把体现党的主张和反映人民心声统一起来，把坚持正确导向和通达社情民意统一起来。”胡锦涛强调要“深入实际，多报道人民群众的工作生活，多反映人民群众的利益要求，多宣传人民群众中涌现的先进典型，激励全体人民信心百倍地创造美好生活”。

对于主流媒体和新兴媒体建设，胡锦涛提出“加强主流媒体建设和新兴媒体建设，形成舆论引导新格局”的总体目标。具体而言，胡锦涛指出：“要从社会舆论多层次的实际出发，把握媒体分众化、对象化的新趋势，以党报党刊、电台电视台为主，整合都市类媒体、网络媒体等多种宣传资源，努力构建定位明确、特色鲜明、功能互补、覆盖广泛的舆论引导新格局。”

3. 文献原文

在人民日报社考察工作时的讲话

（2008 年 6 月 20 日）

同志们：

在人民日报创刊60周年之际，我们来到人民日报社，看望大家。首先，我代表党中央，向人民日报创刊60周年表示热烈的祝贺！向报社全体工作人员和离退休老同志致以诚挚的问候！向全国新闻宣传战线的同志们致以崇高的敬意！

人民日报是党中央机关报，党中央对人民日报始终非常重视和关心。60年来，人民日报坚持正确办报方向，积极宣传党的理论和路线方针政策，积极宣传中央的重大决策部署，及时传播国内外各领域的信息，讴歌真善美，鞭挞假恶丑，为我们党团结带领人民夺取革命、建设、改革的重大胜利作出了重要贡献。特别是改革开放以来，人民日报深入宣传中国特色社会主义理论体系，深入宣传改革开放和社会主义现代化建设的巨大成就，深入宣传广大干部群众团结奋进的先进事迹，高唱奋进凯歌，弘扬民族精神，为激励全党全国各族人民积极投身改革开放的伟大事业作出了积极贡献。今年以来，人民日报在宣传党的十七大精神，特别是在抗击低温雨雪冰冻灾害、维护西藏社会稳定、筹办北京奥运会、抗震救灾等重大报道中发挥了很好的舆论引导作用。中央对人民日报的工作是充分肯定的。

新闻舆论处在意识形态领域的前沿，对社会精神生活和人们思想意识有着重大影响。当今社会，随着经济社会快速发展和科技不断进步，信息传递和获取越来越快捷，新闻舆论的作用越来越突出。做好新闻宣传工作，关系党和国家工作全局，关系改革和经济社会发展大局，关系国家长治久安。我们要充分认识新闻宣传工作的重大意义，更好地发挥新闻宣传工作在推动经济发展、引导人民思想、培育社会风尚、促进社会和谐等方面的重要作用。

当前，全党全国各族人民正在为实现党的十七大提出的各项任务而奋斗。在前进道路上，我们面临着难得的机遇，也面临着严峻的挑战。我们既要抓住机遇、乘势而上，不断推动经济社会又好又快发展，又要迎接挑战、居安思危，时刻准备应对各方面的困难和风险。特别值得注意的是，当前，世界范围内各种思想文化交流、交融、交锋更加频繁，“西强我弱”的国际舆论格局还没有根本改变，新闻舆论领域的斗争更趋激烈、更趋复杂。在这样的情况下，新闻宣传工作任务更为艰巨、责任更加重大。

全面贯彻党的十七大精神，高举中国特色社会主义伟大旗帜，以邓小平理论和“三个代表”重要思想为指导，深入贯彻落实科学发展观，继续解放思想，坚持改革开放，推动科学发展，促进社会和谐，夺取全面建设小康社会新胜利，开创中国特色社会主义事业新局面，需要新闻宣传工作在打牢全党全国各族人民团结奋斗的共同思想基础方面发挥积极作用，在传播社会主义核心价值体系方面发挥积极作用，在为推进党和国家事业发展凝聚强大精神力量方面发挥积极作用，在营造健康向上、丰富生动的主流舆论方面发挥积极作用，在促进社会和谐方面发挥积极作用。新闻战线的同志一定要充分认识肩负的重大责任，保持奋发有为的精神状态，发扬认真负责的工作作风，兢兢业业做好新闻宣传工作，进一步引导广大干部群众把思想统一到党的十七大精神上来，把力量凝聚到实现党的十七大提出的各项任务上来。当前，新闻宣传工作尤其要为做好抗震救灾和恢复重建、推动经济社会又好又快发展、筹办北京奥运会等工作作出积极贡献。

新形势下，新闻宣传工作要高举旗帜、围绕大局、服务人民、改革创新，坚持正确舆论导向，提高舆论引导能力，营造良好舆论环境，更好地发挥宣传党的主张、弘扬社会正气、通达社情民意、引导社会热点、疏导公众情绪、搞好舆论监督的重要作用。要把提高舆论引导能力放在突出位置，进行深入研究，拿出切实措施，取得新的成效。

第一，必须坚持党性原则，牢牢把握正确舆论导向。舆论引导正确，利党利国利民；舆论引导错误，误党误国误民。要牢固树立政治意识、大局意识、责任意识、阵地意识，把坚持正确导向放在新闻宣传工作的首位，坚持团结稳定鼓劲、正面宣传为主，唱响主旋律，打好主动仗，更加自觉主动地为人民服务、为社会主义服务、为党和国家工作大局服务。要增强政治敏锐性和政治鉴别力，严格宣传纪律，做到守土有责，在重大问题、敏感问题、热点问题上把好关、把好度。

第二，必须坚持以人为本，增强新闻报道的亲和力、吸引力、感染力。坚持以人为本，是做好新闻宣传工作的根本要求。要坚持把实现好、维护好、发展好最广大人民的根本利益作为新闻宣传工作的出发点和落脚点，坚持贴近实际、贴近生活、贴近群众，把体现党的主张和反映人民心声统一起来，把坚持正确导向和通达社情民意统一起来，尊重人民主体地位，发挥人民首创精神，保证人民的知情权、参与权、表达权、监督权。要面向基层、服务群众、深入实际，多报道人民群众的工作生活，多反映人民群众的利益要求，多宣传人民群众中涌现的先进典型，激励全体人民信心百倍地创造美好生活。同时，要注重在报道新闻事实中体现正确导向，在同群众交流互动中形成社会共识，在加强信息服务中开展思想教育，用事实说话、用典型说话、用数字说话，化解矛盾，理顺情绪，引导各方面群众共同前进。

第三，必须不断改革创新，增强舆论引导的针对性和实效性。新闻宣传工作必须坚持解放思想、实事求是、与时俱进，适应国内外形势的新变化，顺应人民群众的新期待，以改革创新精神做好工作。要坚持用时代要求审视新闻宣传工作，按照新闻传播规律办事，创新观念、创新内容、创新形式、创新方法、创新手段，努力使新闻宣传工作体现时代性、把握规律性、富于创造性，不断提高舆论引导的权威性、公信力、影响力。要认真研究新闻传播的现状和趋势，深入研究各类受众群体的心理特点和接受习惯，加强舆情分析，主动设置议题，善于因势利导。要完善新闻发布制度，健全突发公共事件新闻报道机制，第一时间发布权威信息，提高时效性，增加透明度，牢牢掌握新闻宣传工作的主动权。在这次抗震救灾斗争中，我们及时公布震情灾情和抗震救灾情况，深入宣传抗震救灾中涌现出来的先进集体和模范人物，大力弘扬抗震救灾的伟大精神，为鼓舞广大干部群众坚定信心、团结一致做好抗震救灾各项工作发挥了重要作用，赢得了广大干部群众高度评价，也得到了国际社会好评。其中的成功经验值得认真总结，并要形成制度长期坚持。

第四，必须加强主流媒体建设和新兴媒体建设，形成舆论引导新格局。要从社会舆论多层次的实际出发，把握媒体分众化、对象化的新趋势，以党报党刊、电台电视台为主，整合都市类媒体、网络媒体等多种宣传资源，努力构建定位明确、特色鲜明、功能互补、覆盖广泛的舆论引导新格局。要把发展主流媒体作为战略重点，加大支持力度，扩大覆盖面和影响力。互联网已成为思想文化信息的集散地和社会舆论的放大器，我们要充分认识以互联网为代表的新兴媒体的社会影响力，高度重视互联网的建设、运用、管理，努力使互联网成为传播社会主义先进文化的前沿阵地、提供公共文化服务的有效平台、促进人们精神生活健康发展的广阔空间。

第五，必须切实抓好队伍建设，增强凝聚力和战斗力。做好新闻宣传工作，关键在班子、在队伍、在人才。要大力加强新闻宣传战线领导班子建设，把思想政治坚定、组织能力突出、熟悉新闻宣传工作、富有改革创新精神的优秀干部选拔到领导岗位上来，确保新闻宣传工作的领导权牢牢掌握在忠于马克思主义、忠于党、忠于人民的人手里。要坚持马克思主义新闻观，深化“三项学习教育”活动，引导广大新闻宣传工作者不断提高思想政治水平、增强业务本领，努力建设一支政治强、业务精、作风正、纪律严的新闻宣传队伍。要加强对中青年骨干的培养锻炼，采取多种措施培养造就更多人民群众喜爱的名记者、名编辑、名评论员、名主持人。广大新闻宣传工作者要加强自身思想道德修养，带头实践社会公德，恪守职业道德，做积极实践社会主义荣辱观的表率。

人民日报具有辉煌的历史、优良的传统，一代又一代人为党的新闻宣传事业付出了大量心血、作出了重要贡献，是一支党和人民信赖的队伍。希望人民日报的同志认真贯彻中央精神，加倍努力工作，求真务实，开拓创新，勤奋敬业，团结和谐，进一步把人民日报办好，让党放心，让人民满意。

（2008 年 6 月 21 日《人民日报》）

选自胡锦涛：《在人民日报社考察工作时的讲话》，人民出版社，2008，第 1–8 页

4. 复习问题

（1）仔细阅读《在人民日报社考察工作时的讲话》一文，分析文中所体现的马克思主义新闻观对新闻宣传工作的根本要求。

（2）仔细理解《在人民日报社考察工作时的讲话》一文，分析文中所体现的胡锦涛的新闻思想。

5. 思维训练

分析 21 世纪以来新兴媒体迅速发展对新闻宣传工作提出的挑战，以及有哪些应对之策。

十三、宣传思想工作要“树立以人民为中心的工作导向”

——习近平：《把宣传思想工作做得更好》

1. 写作背景

2013 年 8 月 19 日至 20 日，全国宣传思想工作会议在北京召开，习近平总书记出席会议并发表重要讲话。习近平深刻阐述了事关宣传思想工作长远发展的一系列重大理论问题和现实问题，进一步明确了做好宣传思想工作的方向目标、重点任务和基本遵循。习近平在全国宣传思想工作会议上所作的重要讲话，为新时代党的宣传思想工作提供了根本遵循和行动指南。

2. 阅读提示

党的十八大以来，关于宣传思想工作，党中央还召开了文艺工作座谈会、党的新闻舆论工作座谈会、网络安全和信息化工作座谈会、哲学社会科学工作座谈会、全国网络安全和信息化工作会议等多次重要会议。在这些会议的讲话中，习近平都强调了宣传思想工作的重要性及如何做好宣传思想工作，这一系列讲话体现了习近平对马克思主义新闻观的传承、发展和创新。

关于宣传思想工作地位和作用的论述，习近平指出：“意识形态工作是党的一项极端重要的工作。”习近平进一步指出：“宣传思想工作就是要巩固马克思主义在意识形态领域的指导地位，巩固全党全国人民团结奋斗的共同思想基础。”

关于党性和人民性的关系的论述，习近平指出：“党性和人民性从来都是一致的、统一的。”对于如何坚持党性，习近平指出：“坚持党性，核心就是坚持正确政治方向，站稳政治立场，坚定宣传党的理论和路线方针政策，坚定宣传中央重大工作部署，坚定宣传中央关于形势的重大分析判断，坚决同党中央保持高度一致，坚决维护党中央权威。”对于如何坚持人民性，习近平指出：“坚持人民性，就是要把实现好、维护好、发展好最广大人民根本利益作为出发点和落脚点，坚持以民为本、以人为本。要树立以人民为中心的工作导向，把服务群众同教育引导群众结合起来，把满足需求同提高素养结合起来，多宣传报道人民群众的伟大奋斗和火热生活，多宣传报道人民群众中涌现出来的先进典型和感人事迹，丰富人民精神世界，增强人民精神力量，满足人民精神需求。” 习近平对党性和人民性的重要论断，不仅澄清了人们在党性和人民性关系上的模糊认识，而且为宣传思想工作在中国特色社会主义新时代和新的舆论格局中更好地体现党的主张、更好地反映人民心声指明了前进方向。

关于宣传思想工作重要方针的论述，习近平指出，要“坚持团结稳定鼓劲、正面宣传为主”，“必须坚持巩固壮大主流思想舆论，弘扬主旋律，传播正能量，激发全社会团结奋进的强大力量”。

关于国际传播工作的论述，习近平指出：“在全面对外开放的条件下做宣传思想工作，一项重要任务是引导人们更加全面客观地认识当代中国、看待外部世界。”对于如何做好国际传播工作，习近平指出：“宣传阐释中国特色，要讲清楚每个国家和民族的历史传统、文化积淀、基本国情不同，其发展道路必然有着自己的特色；讲清楚中华文化积淀着中华民族最深沉的精神追求，是中华民族生生不息、发展壮大的丰厚滋养；讲清楚中华优秀传统文化是中华民族的突出优势，是我们最深厚的文化软实力；讲清楚中国特色社会主义植根于中华文化沃土、反映中国人民意愿、适应中国和时代发展进步要求，有着深厚历史渊源和广泛现实基础。”

习近平在全国宣传思想工作会议上所作的重要讲话，成为新时代指引我国宣传思想战线开创新局面的强大思想武器和行动纲领。

3. 文献原文

把宣传思想工作做得更好[1]

（二〇一三年八月十九日）

宣传思想工作一定要把围绕中心、服务大局作为基本职责，胸怀大局、把握大势、着眼大事，找准工作切入点和着力点，做到因势而谋、应势而动、顺势而为。

经济建设是党的中心工作，意识形态工作是党的一项极端重要的工作。党的十一届三中全会以来，我们党始终坚持以经济建设为中心，集中精力把经济建设搞上去、把人民生活搞上去。只要国内外大势没有发生根本变化，坚持以经济建设为中心就不能也不应该改变。这是坚持党的基本路线一百年不动摇的根本要求，也是解决当代中国一切问题的根本要求。同时，只有物质文明建设和精神文明建设都搞好，国家物质力量和精神力量都增强，全国各族人民物质生活和精神生活都改善，中国特色社会主义事业才能顺利向前推进。

宣传思想工作就是要巩固马克思主义在意识形态领域的指导地位，巩固全党全国人民团结奋斗的共同思想基础。党员、干部要坚定马克思主义、共产主义信仰，脚踏实地为实现党在现阶段的基本纲领而不懈努力，扎扎实实做好每一项工作，取得“接力赛”中我们这一棒的优异成绩。领导干部特别是高级干部要把系统掌握马克思主义基本理论作为看家本领，老老实实、原原本本学习马克思列宁主义、毛泽东思想特别是邓小平理论、“三个代表”重要思想、科学发展观。党校、干部学院、社会科学院、高校、理论学习中心组等都要把马克思主义作为必修课，成为马克思主义学习、研究、宣传的重要阵地。新干部、年轻干部尤其要抓好理论学习，通过坚持不懈学习，学会运用马克思主义立场、观点、方法观察和解决问题，坚定理想信念。

要深入开展中国特色社会主义宣传教育，把全国各族人民团结和凝聚在中国特色社会主义伟大旗帜之下。要加强社会主义核心价值体系建设，积极培育和践行社会主义核心价值观，全面提高公民道德素质，培育知荣辱、讲正气、作奉献、促和谐的良好风尚。

党性和人民性从来都是一致的、统一的。坚持党性，核心就是坚持正确政治方向，站稳政治立场，坚定宣传党的理论和路线方针政策，坚定宣传中央重大工作部署，坚定宣传中央关于形势的重大分析判断，坚决同党中央保持高度一致，坚决维护党中央权威。所有宣传思想部门和单位，所有宣传思想战线上的党员、干部都要旗帜鲜明坚持党性原则。坚持人民性，就是要把实现好、维护好、发展好最广大人民根本利益作为出发点和落脚点，坚持以民为本、以人为本。要树立以人民为中心的工作导向，把服务群众同教

1　这是习近平同志在全国宣传思想工作会议上讲话的要点。

育引导群众结合起来，把满足需求同提高素养结合起来，多宣传报道人民群众的伟大奋斗和火热生活，多宣传报道人民群众中涌现出来的先进典型和感人事迹，丰富人民精神世界，增强人民精神力量，满足人民精神需求。

坚持团结稳定鼓劲、正面宣传为主，是宣传思想工作必须遵循的重要方针。我们正在进行具有许多新的历史特点的伟大斗争，面临的挑战和困难前所未有，必须坚持巩固壮大主流思想舆论，弘扬主旋律，传播正能量，激发全社会团结奋进的强大力量。关键是要提高质量和水平，把握好时、度、效，增强吸引力和感染力，让群众爱听爱看、产生共鸣，充分发挥正面宣传鼓舞人、激励人的作用。在事关大是大非和政治原则问题上，必须增强主动性、掌握主动权、打好主动仗，帮助干部群众划清是非界限、澄清模糊认识。

在长期实践中，我们党的宣传思想工作积累了十分丰富的经验。这些经验来之不易、弥足珍贵，是做好今后工作的重要遵循，一定要认真总结、长期坚持，并在实践中不断丰富和发展。“明者因时而变，知者随世而制。”[1]宣传思想工作创新，重点要抓好理念创新、手段创新、基层工作创新，努力以思想认识新飞跃打开工作新局面，积极探索有利于破解工作难题的新举措新办法，把创新的重心放在基层一线。要继续推进文化体制改革，推动文化事业全面繁荣和文化产业快速发展，建设社会主义文化强国。

在全面对外开放的条件下做宣传思想工作，一项重要任务是引导人们更加全面客观地认识当代中国、看待外部世界。宣传阐释中国特色，要讲清楚每个国家和民族的历史传统、文化积淀、基本国情不同，其发展道路必然有着自己的特色；讲清楚中华文化积淀着中华民族最深沉的精神追求，是中华民族生生不息、发展壮大的丰厚滋养；讲清楚中华优秀传统文化是中华民族的突出优势，是我们最深厚的文化软实力；讲清楚中国特色社会主义植根于中华文化沃土、反映中国人民意愿、适应中国和时代发展进步要求，有着深厚历史渊源和广泛现实基础。中华民族创造了源远流长的中华文化，中华民族也一定能够创造出中华文化新的辉煌。独特的文化传统，独特的历史命运，独特的基本国情，注定了我们必然要走适合自己特点的发展道路。对我国传统文化，对国外的东西，要坚持古为今用、洋为中用，去粗取精、去伪存真，经过科学的扬弃后使之为我所用。

对世界形势发展变化，对世界上出现的新事物新情况，对各国出现的新思想新观点新知识，我们要加强宣传报道，以利于积极借鉴人类文明创造的有益成果。要精心做好对外宣传工作，创新对外宣传方式，着力打造融通中外的新概念新范畴新表述，讲好中国故事，传播好中国声音。

宣传思想部门承担着十分重要的职责，必须守土有责、守土负责、守土尽责。宣传思想部门工作要强起来，首先是领导干部要强起来，班子要强起来。各级宣传部门领导同志要加强学习、加强实践，真正成为让人信服的行家里手。

1　见西汉桓宽《盐铁论·忧边》。

做好宣传思想工作必须全党动手。各级党委要负起政治责任和领导责任，加强对宣传思想领域重大问题的分析研判和重大战略性任务的统筹指导，不断提高领导宣传思想工作能力和水平。要树立大宣传的工作理念，动员各条战线各个部门一起来做，把宣传思想工作同各个领域的行政管理、行业管理、社会管理更加紧密地结合起来。

选自习近平：《习近平著作选读》（第一卷），人民出版社，2023，第 147–151 页

4. 复习问题

（1）有人质疑“你是替党说话还是替人民说话”“你是站在党的一边还是站在人民的一边”，这些说法是否正确？为什么？

（2）认真阅读《把宣传思想工作做得更好》一文，分析文中体现的习近平的新闻思想。

5. 思维训练

阅读《把宣传思想工作做得更好》一文，谈谈你对“意识形态工作是党的一项极端重要的工作”的理解。

十四、新闻舆论工作“各个方面、各个环节都要坚持正确舆论导向”

——习近平：《坚持党的新闻舆论工作的正确政治方向》

1. 写作背景

中共中央总书记、国家主席、中央军委主席习近平 2016 年 2 月 19 日在北京主持召开党的新闻舆论工作座谈会并发表重要讲话。他强调，党的新闻舆论工作是党的一项重要工作，是治国理政、定国安邦的大事，要适应国内外形势发展，从党的工作全局出发把握定位，坚持党的领导，坚持正确政治方向，坚持以人民为中心的工作导向，尊重新闻传播规律，创新方法手段，切实提高党的新闻舆论传播力、引导力、影响力、公信力。

党的十八大以来，以习近平同志为核心的党中央高度重视党的新闻舆论工作，多次研究有关问题，作出重要部署。召开这次党的新闻舆论工作座谈会，目的是推动新闻舆论战线适应形势发展，积极改革创新，以全面提高工作能力和水平。

为召开这次座谈会，2016 年 2 月 19 日，习近平到人民日报社、新华社、中央电视台 3 家中央新闻单位进行了实地调研。当天下午，习近平在人民大会堂主持召开党的新闻舆论工作座谈会，并发表重要讲话《坚持党的新闻舆论工作的正确政治方向》。

2. 阅读提示

《坚持党的新闻舆论工作的正确政治方向》从战略和全局的高度、历史和现实的角度，深刻阐述了党的新闻舆论工作的地位作用、职责使命、原则要求等一系列重大理论和实践问题，彰显了强烈的创新意识、时代精神和明确的实践指向，为做好新时代党的新闻舆论工作提供了强大思想武器。

习近平指出："在新的时代条件下，党的新闻舆论工作的职责和使命是，高举旗帜、引领导向，围绕中心、服务大局，团结人民、鼓舞士气，成风化人、凝心聚力，澄清谬误、明辨是非，联接中外、沟通世界。"习近平指出，要承担起这个职责和使命，必须把政治方向摆在第一位，牢牢坚持党性原则，牢牢坚持马克思主义新闻观，牢牢坚持正确舆论导向，牢牢坚持正面宣传为主。

习近平强调，做好党的新闻舆论工作，事关旗帜和道路，事关贯彻落实党的理论和路线方针政策，事关顺利推进党和国家各项事业，事关全党全国各族人民凝聚力和向心力，事关党和国家前途命运，必须从党的工作全局出发把握党的新闻舆论工作，做到思想上高度重视、工作上精准有力。

习近平强调，党的新闻舆论工作坚持党性原则，最根本的是坚持党对新闻舆论工作的领导。党和政府主办的媒体是党和政府的宣传阵地，必须姓党。党的新闻舆论媒体的所有工作，都要体现党的意志、反映党的主张，维护党中央权威、维护党的团结，做到爱党、护党、为党；都要增强看齐意识，在思想上政治上行动上同党中央保持高度一致；都要坚持党性和人民性相统一，把党的理论和路线方针政策变成人民群众的自觉行动，及时把人民群众创造的经验和面临的实际情况反映出来，丰富人民精神世界，增强人民精神力量。

习近平指出，新闻舆论工作各个方面、各个环节都要坚持正确舆论导向。各级党报党刊、电台电视台要讲导向，都市类报刊、新媒体也要讲导向；新闻报道要讲导向，副刊、专题节目、广告宣传也要讲导向；时政新闻要讲导向，娱乐类、社会类新闻也要讲导向；国内新闻报道要讲导向，国际新闻报道也要讲导向。

习近平强调，团结稳定鼓劲、正面宣传为主，是党的新闻舆论工作必须遵循的基本方针。做好正面宣传，要增强吸引力和感染力。真实性是新闻的生命。要根据事实来描述事实，既准确报道个别事实，又从宏观上把握和反映事件或事物的全貌。舆论监督和正面宣传是统一的。新闻媒体要直面工作中存在的问题，直面社会丑恶现象，激浊扬清、针砭时弊，同时发表批评性报道要事实准确、分析客观。

习近平指出，随着形势发展，党的新闻舆论工作必须创新理念、内容、体裁、形式、方法、手段、业态、体制、机制，增强针对性和实效性。要适应分众化、差异化传播趋势，加快构建舆论引导新格局。要推动融合发展，主动借助新媒体传播优势。要抓住时机、把握节奏、讲究策略，从时度效着力，体现时度效要求。要加强国际传播能力建设，增强国际话语权，集中讲好中国故事，同时优化战略布局，着力打造具有较强国际影响的外宣旗舰媒体。

习近平强调，媒体竞争关键是人才竞争，媒体优势核心是人才优势。要加快培养造就一支政治坚定、业务精湛、作风优良、党和人民放心的新闻舆论工作队伍。

3. 文献原文

坚持党的新闻舆论工作的正确政治方向[1]

（二〇一六年二月十九日）

在新的时代条件下，党的新闻舆论工作的职责和使命是，高举旗帜、引领导向，围绕中心、服务大局，团结人民、鼓舞士气，成风化人、凝心聚力，澄清谬误、明辨是非，联接中外、沟通世界。要承担起这个职责和使命，坚持正确政治方向是第一位的。要做到以下几点。

第一，牢牢坚持党性原则。党性原则是党的新闻舆论工作的根本原则。党管宣传、党管意识形态、党管媒体是坚持党的领导的重要方面。党性原则不仅要讲，而且要理直气壮讲，不能躲躲闪闪、扭扭捏捏。二〇〇六年，我在浙江工作时，对浙江省做好新闻舆论工作提出了十二个字的要求，即“为党为民、激浊扬清、贵耳重目”，其中就把为党为民放在第一位来强调。

坚持党性原则，最根本的是坚持党对新闻舆论工作的领导。党和政府主办的媒体是党和政府的宣传阵地，必须姓党，必须抓在党的手里，必须成为党和人民的喉舌，“党报党刊一定要无条件地宣传党的主张”[2]。无论时代如何发展、媒体格局如何变化，党管媒体的原则和制度不能变。

坚持党性原则，必须自觉在思想上政治上行动上同党中央保持高度一致。报刊、通讯社、电台、电视台、新闻网站的所有工作都必须体现党的意志、反映党的主张，必须维护党中央权威、维护党的团结，做到爱党、护党、为党。要增强看齐意识，自觉向党中央看齐，自觉向党的理论和路线方针政策看齐，自觉向党中央决策部署看齐。要增强战略定力、站稳政治立场，在“乱花渐欲迷人眼”[3]的诱惑干扰面前，保持“乱云飞渡仍从容”[4]的政治定力，决不能发表同党中央不一致的声音，决不能为错误思想言论提供传

1 这是习近平同志在党的新闻舆论工作座谈会上讲话的一部分。

2 见邓小平《目前的形势和任务》（《邓小平文选》第2卷，人民出版社1994年版，第272页）。

3 见唐代白居易《钱塘湖春行》。

4 见毛泽东《七绝·为李进同志题所摄庐山仙人洞照》（《毛泽东诗词集》，中央文献出版社2003年版，第105页）。

播渠道。

坚持党性原则，必须加深对党性和人民性关系的认识。这个问题，我在全国宣传思想工作会议上重点讲了。在中国共产党领导的社会主义中国，党性和人民性是一致的、统一的。我们党以全心全意为人民服务为根本宗旨，没有自己的特殊利益，体现党的意志就是体现人民的意志，宣传党的主张就是宣传人民的主张，坚持党性就是坚持人民性。党性寓于人民性之中，没有脱离人民性的党性，也没有脱离党性的人民性。那些“你是替党讲话，还是替老百姓讲话”、“你是站在党的一边，还是站在群众一边”的论调，把党性和人民性对立起来，在思想上是糊涂的，在理论上是错误的，在实践上是有害的。

坚持党性，新闻舆论工作才能有明确的立场和指向；坚持人民性，新闻舆论工作才能获得活力源泉和动力根基。只有坚持党性原则，坚持以人民为中心的工作导向，才能确保新闻媒体始终为人民服务，而不是为少数人服务。新闻媒体要把对党负责和对人民负责统一起来、把服务群众同教育引导群众结合起来、把满足需求同提高素养结合起来，更好把党的理论和路线方针政策变成人民群众的自觉行动，及时把人民群众创造的经验和面临的实际情况反映出来，丰富人民精神世界，增强人民精神力量。

坚持党管媒体原则，还有一些重要问题要深入研究，还有很多工作要做。

我多次讲，过不了互联网这一关，就过不了长期执政这一关。党管媒体，不能说只管党直接掌握的媒体。党管媒体是把各级各类媒体都置于党的领导之下，这个领导不是“隔靴搔痒式”领导，方式可以有区别，但不能让党管媒体的原则被架空。

管好用好互联网，是新形势下掌控新闻舆论阵地的关键，重点要解决好谁来管、怎么管的问题。有些人企图让互联网成为当代中国最大的变量。要把党管媒体的原则贯彻到新媒体领域，所有从事新闻信息服务、具有媒体属性和舆论动员功能的传播平台都要纳入管理范围，所有新闻信息服务和相关业务从业人员都要实行准入管理。有关部门要认真研究，拿出管用的办法。

第二，牢牢坚持马克思主义新闻观。新闻观是新闻舆论工作的灵魂。山无脊梁要塌方，人无脊梁会垮掉。党的新闻舆论工作必须挺起精神脊梁。古人说：“先立乎其大者，则其小者弗能夺也。”[1]对党的新闻舆论工作来说，这个“大”，就是马克思主义新闻观。要深入开展马克思主义新闻观教育，把马克思主义新闻观作为党的新闻舆论工作的“定盘星”，引导广大新闻舆论工作者做党的政策主张的传播者、时代风云的记录者、社会进步的推动者、公平正义的守望者。

一些人宣扬西方新闻观，标榜西方媒体是“社会公器”、“第四权力”、“无冕之王”，鼓吹抽象的绝对的“新闻自由”。少数人打着“新闻自由”的旗号，专挑重大政治原则说事，公然攻击中国共产党的领导体制和我国社会主义制度。有的不顾起码的是非曲直，

1　见《孟子·告子上》。

以骂主流为乐、反主流成瘾，怪话连篇，谎话连篇。表面上，西方媒体也有很多负面报道，但仔细看看，这些负面报道主要有三类，一类是对其他国家的负面报道，再一类是对丑闻、色情、血腥、暴力、名人、隐私等黄赌毒、星性腥等报道，第三类是一些小题大做、“小骂大帮忙”的报道，而涉及资本主义制度根本的严肃话题报道和讨论微乎其微。如果世界其他地方特别是同西方意识形态不同的地方发生街头抗议事件，甚至发生暴力恐怖活动，西方媒体就会将其描绘为争取“民主”、“自由”、“人权”和“反抗暴政”的行动，不惜版面、时间进行渲染。对社会主义中国，西方媒体总是戴着有色眼镜，抹黑、丑化、妖魔化中国可谓无所不用其极。

所以说，任何新闻舆论都有鲜明的意识形态属性，没有什么抽象的绝对的自由。我们要认清西方所谓“新闻自由”的本质，自觉抵制西方新闻观等错误观点的影响。

第三，牢牢坚持正确舆论导向。舆论导向正确，就能凝聚人心、汇聚力量，推动事业发展；舆论导向错误，就会动摇人心、瓦解斗志，危害党和人民事业。这一点，全党同志特别是新闻舆论战线的同志要时刻牢记。要坚持以正确舆论引导人，做到所有工作都有利于坚持中国共产党领导和我国社会主义制度，有利于推动改革发展，有利于增进全国各族人民团结，有利于维护社会和谐稳定。讲导向，这是最重要、最根本的导向。

有人说，新闻报道只是一种信息发布和信息传播，有什么就报道什么，无所谓导向问题。这种看法是不对的。“文者，贯道之器也。”[1]任何新闻报道，都有导向，报什么、不报什么、怎么报都包含着立场、观点、态度。新闻报道既要报道国内外新闻事件，更要传达正确的立场、观点、态度，引导人们分清对错、好坏、善恶、美丑，激发人们向上向善的精神力量。

要把坚持正确舆论导向贯穿新闻采集、撰写、编排、发布各个环节，落实到采写人员、编辑人员、审看人员、签发人员身上，层层把关、人人负责。各级党报党刊、电台电视台要讲导向，都市类报刊、新媒体也要讲导向；新闻报道要讲导向，副刊、专题节目、广告宣传也要讲导向；时政新闻要讲导向，娱乐类、社会类新闻也要讲导向；国内新闻报道要讲导向，国际新闻报道也要讲导向。有人认为，娱乐类、社会类新闻等不必过于强调导向，尺度可以宽一些。这种认识是不对的，至少是不全面的。如果这类新闻中充斥着纸醉金迷、花天酒地、勾心斗角、炫耀财富、移情别恋、杀人越货等方面的内容，充斥着有关大款、老板、名人、明星等人物的八卦新闻，就不能对人民群众起到正面引导作用。要让主旋律和正能量主导报刊版面、广播电台、电视荧屏，主导网络空间、移动平台等传播载体，不能搞两个标准、形成“两个舆论场”。

第四，牢牢坚持正面宣传为主。团结稳定鼓劲、正面宣传为主，是党的新闻舆论工作必须遵循的基本方针。没有团结稳定，什么事情也做不成。我们之所以要强调团结稳

1 见唐代李汉《昌黎先生集序》。

定鼓劲、正面宣传为主，是因为：一方面，我国社会积极正面的事物是主流，消极负面的东西是支流，要正确认识主流和支流、成绩和问题、全局和局部的关系，集中反映社会健康向上的本质，客观展示发展进步的全貌，使之同我国改革发展蓬勃向上态势相协调；另一方面，我们正在进行具有许多新的历史特点的伟大斗争，面临的挑战和困难前所未有，必须激发全党全社会团结奋进、攻坚克难的强大力量，调动各方面积极性、主动性、创造性。这样，党的新闻舆论工作才能起到应有作用。

做好正面宣传，要注重提高质量和水平，增强吸引力和感染力。有人说，正面宣传很简单，材料是现成的，剪刀加浆糊就能完成。也有人说，正面宣传不好做，做出来也没多少人爱看。事实并不是这样，我们做的许多弘扬正能量的节目在社会上影响很大，收视率也很高。正面宣传要用心用情做，让群众爱听爱看，不能搞假大空式的宣传，不能停留在不断重复喊空洞政治口号的套话上，不能用一个模式服务不同类型的受众，那样的宣传只会适得其反。

坚持团结稳定鼓劲、正面宣传为主，涉及怎样看待真实性这个重大问题。“忠信谨慎，此德义之基也。虚无谲诡，此乱道之根也。”[1]真实性是新闻的生命，事实是新闻的本源，虚假是新闻的天敌。新闻的真实性容不得一丁点马虎，否则最真实的部分也会让人觉得不真实。要根据事实来描述事实，不能根据愿望来描述事实，同时要坚持马克思主义立场、观点、方法，搞清楚是个别真实还是总体真实，不仅要准确报道个别事实，而且要从宏观上把握和反映事件或事物的全貌。

我们这么大一个国家，十三亿多人口，每天发生着大量事件，也存在着大量问题。新闻媒体是社会舆论的发射器，也是社会舆论的放大器。如果只看到黑暗、负面，看不到光明、正面，虽然报道的事情是真实发生的，但这是一种不完全的真实。一叶障目、不见泰山，攻其一点、不及其余，尽管这一叶、这一点确实存在，但从总体上看却背离了真实性。同时，除了一因一果，更要注意一因多果、一果多因、多因多果、互为因果、因果转换等复杂情况，避免主观片面、以偏概全。有些事情特别是一些没有什么意义的事情，不报道不会产生什么社会影响，而一旦经过媒体传播和放大就会造成相当大的社会影响。连篇累牍、不厌其烦地报道各类负面消息，社会就会缺乏精气神，甚至人心就会散掉。

我这样说，不是说只能讲正面，不能讲负面，关键是要从总体上把握好平衡。舆论监督和正面宣传是统一的，而不是对立的。新闻媒体要直面我们工作中存在的问题，直面社会丑恶现象和阴暗面，激浊扬清，针砭时弊。对人民群众关心的问题、意见大反映多的问题，要积极关注报道，及时解疑释惑，引导心理预期，推动改进工作。从目前批评报道的实际状况看，既有新闻单位不大善于批评的问题，也有被批评者包括一些领导

1　见东汉王符《潜夫论 · 务本》。

机关、领导干部不习惯不适应批评的问题。有些地方和部门遇到敏感复杂事件，习惯于采取"捂盖子"的做法，有的还通过宣传部门"灭火"。这种观念和做法在信息社会无异于掩耳盗铃。对舆论监督要有承受力，不能怕自己的"形象"、"利益"受到损害而限制媒体采访报道。同时，媒体发表批评性报道，事实要真实准确，分析要客观，不要把自己放在"裁判官"的位置上。涉及重大政策问题的批评，可以通过内部渠道向上反映，不宜公开在媒体上反映。

坚持团结稳定鼓劲、正面宣传为主，也不是说就当好好先生、当东郭先生、当开明绅士。对社会上存在的思想认识问题，要加强正面引导，通过摆事实、讲道理，明辨理论是非、澄清模糊认识。对重大政治原则和大是大非问题，要敢于交锋、敢于亮剑。对恶意攻击、造谣生事，要坚决回击、以正视听。前一段时间，网上有一股诋毁、恶搞、丑化英雄人物的歪风，我们一些主流媒体及时发声，用史实说话，为英雄正名，发挥了弘扬正气作用。

我说过，宣传思想战线的同志要当战士、不当绅士，不做"骑墙派"和"看风派"，不能搞爱惜羽毛那一套。宣传思想战线的同志要履行好自己的神圣职责和光荣使命，以战斗的姿态、战士的担当，积极投身宣传思想领域斗争一线。这也就是毛泽东同志所说的："我们必须坚持真理，而真理必须旗帜鲜明。我们共产党人从来认为隐瞒自己的观点是可耻的。我们党所办的报纸，我们党所进行的一切宣传工作，都应当是生动的，鲜明的，尖锐的，毫不吞吞吐吐。这是我们革命无产阶级应有的战斗风格。我们要教育人民认识真理，要动员人民起来为解放自己而斗争，就需要这种战斗的风格。"[1]

选自习近平：《习近平著作选读》（第一卷），人民出版社，2023，第 451−459 页

4. 复习问题

（1）仔细阅读《坚持党的新闻舆论工作的正确政治方向》一文，结合实际分析新闻媒体为何要牢牢坚持党性原则。

（2）仔细阅读《坚持党的新闻舆论工作的正确政治方向》一文，分析习近平对马克思主义新闻观的继承和发展。

5. 思维训练

（1）有人认为，娱乐类、社会类新闻等不必过于强调导向，尺度可以宽一些，

1　见毛泽东《对晋绥日报编辑人员的谈话》（《毛泽东选集》第 4 卷，人民出版社 1991 年版，第 1322 页）。

请分析这种说法是否正确，为什么？

（2）如何理解西方“新闻自由”的本质？

（3）习近平在《坚持党的新闻舆论工作的正确政治方向》中说：“我多次讲，过不了互联网这一关，就过不了长期执政这一关”，请谈谈你的理解。

十五、国际传播工作要“讲好中国故事”

——习近平：《加强国际传播能力建设，展示真实、立体、全面的中国》

1. 写作背景

进入新时代以来，我国发展取得举世瞩目的伟大成就，综合国力显著增强，人民生活水平明显提升，中华民族伟大复兴迈出坚实步伐，但我国的崛起也被西方国家视为对其主导的霸权秩序的威胁与挑战。习近平总书记指出：“各种敌对势力绝不会让我们顺顺利利实现中华民族伟大复兴，这就是为什么我们要郑重提醒全党必须准备进行具有许多新的历史特点的伟大斗争的一个原因。”* 面对世界百年未有之大变局加速演进的外部环境，站在推进中华民族伟大复兴事业兴衰成败的高度，我国迫切需要增强国际话语权、提升中华文化影响力，为我国改革发展稳定创造有利的外部舆论环境。

* 中共中央文献研究室：《习近平关于社会主义文化建设论述摘编》，中央文献出版社，2017，第 208 页。

中共中央政治局 2021 年 5 月 31 日下午就加强我国国际传播能力建设进行第三十次集体学习，中共中央总书记习近平主持学习并发表重要讲话。习近平强调：“讲好中国故事，传播好中国声音，展示真实、立体、全面的中国，是加强我国国际传播能力建设的重要任务。要深刻认识新形势下加强和改进国际传播工作的重要性和必要性，下大气力加强国际传播能力建设，形成同我国综合国力和国际地位相匹配的国际话语权，为我国改革发展稳定营造有利外部舆论环境，为推动构建人类命运共同体作出积极贡献。”

2. 阅读提示

国际传播工作是新时代宣传思想文化事业和国家文化软实力的重要对外窗口，是国际舆论格局的前沿斗争阵地，也是世界文明交流互鉴的核心实践领域。习近平总书记高度重视国际传播能力建设，指出当前外宣工作处于历史最好时期，同时也面临最大压力，强调要全面加强和改进国际传播工作，深化文明交流互鉴，形成同我国综合国力和国际地位相匹配的国际话语权，增强中华文明传播力影响力。

习近平总书记关于国际传播工作的一系列思想观点论断，是对新时代党和国家外宣工作实践的规律性认识，是习近平文化思想的重要组成部分，为新时代全面加强国际传播能力建设、增强中华文明传播力影响力提供了强大思想武器和科学行动指南。

3. 文献原文

加强国际传播能力建设，展示真实、立体、全面的中国[1]

（2021 年 5 月 31 日）

讲好中国故事，传播好中国声音，展示真实、立体、全面的中国，是加强我国国际传播能力建设的重要任务。要深刻认识新形势下加强和改进国际传播工作的重要性和必要性，下大气力加强国际传播能力建设，形成同我国综合国力和国际地位相匹配的国际话语权，为我国改革发展稳定营造有利外部舆论环境，为推动构建人类命运共同体作出积极贡献。

我们党历来高度重视对外传播工作。党的十八大以来，我们大力推动国际传播守正创新，理顺内宣外宣体制，打造具有国际影响力的媒体集群，积极推动中华文化走出去，有效开展国际舆论引导和舆论斗争，初步构建起多主体、立体式的大外宣格局，我国国际话语权和影响力显著提升，同时也面临着新的形势和任务。必须加强顶层设计和研究布局，构建具有鲜明中国特色的战略传播体系，着力提高国际传播影响力、中华文化感召力、中国形象亲和力、中国话语说服力、国际舆论引导力。

要加快构建中国话语和中国叙事体系，用中国理论阐释中国实践，用中国实践升华中国理论，打造融通中外的新概念、新范畴、新表述，更加充分、更加鲜明地展现中国故事及其背后的思想力量和精神力量。要加强对中国共产党的宣传阐释，帮助国外民众认识到中国共产党真正为中国人民谋幸福而奋斗，了解中国共产党为什么能、马克思主义为什么行、中国特色社会主义为什么好。要围绕中国精神、中国价值、中国力量，从政治、经济、文化、社会、生态文明等多个视角进行深入研究，为开展国际传播工作提供学理支撑。要更好推动中华文化走出去，以文载道、以文传声、以文化人，向世界阐

1　这是习近平在主持中共十九届中央政治局第三十次集体学习时的讲话要点。

释推介更多具有中国特色、体现中国精神、蕴藏中国智慧的优秀文化。要注重把握好基调，既开放自信也谦逊谦和，努力塑造可信、可爱、可敬的中国形象。

要广泛宣介中国主张、中国智慧、中国方案，我国日益走近世界舞台中央，有能力也有责任在全球事务中发挥更大作用，同各国一道为解决全人类问题作出更大贡献。要高举人类命运共同体大旗，依托我国发展的生动实践，立足五千多年中华文明，全面阐述我国的发展观、文明观、安全观、人权观、生态观、国际秩序观和全球治理观。要倡导多边主义，反对单边主义、霸权主义，引导国际社会共同塑造更加公正合理的国际新秩序，建设新型国际关系。要善于运用各种生动感人的事例，说明中国发展本身就是对世界的最大贡献、为解决人类问题贡献了智慧。

要深入开展各种形式的人文交流活动，通过多种途径推动我国同各国的人文交流和民心相通。要创新体制机制，把我们的制度优势、组织优势、人力优势转化为传播优势。要更好发挥高层次专家作用，利用重要国际会议论坛、外国主流媒体等平台和渠道发声。各地区各部门要发挥各自特色和优势开展工作，展示丰富多彩、生动立体的中国形象。

要全面提升国际传播效能，建强适应新时代国际传播需要的专门人才队伍。要加强国际传播的理论研究，掌握国际传播的规律，构建对外话语体系，提高传播艺术。要采用贴近不同区域、不同国家、不同群体受众的精准传播方式，推进中国故事和中国声音的全球化表达、区域化表达、分众化表达，增强国际传播的亲和力和实效性。要广交朋友、团结和争取大多数，不断扩大知华友华的国际舆论朋友圈。要讲究舆论斗争的策略和艺术，提升重大问题对外发声能力。

各级党委（党组）要把加强国际传播能力建设纳入党委（党组）意识形态工作责任制，加强组织领导，加大财政投入，帮助推动实际工作、解决具体困难。各级领导干部要主动做国际传播工作，主要负责同志既要亲自抓，也要亲自做。要加强对领导干部的国际传播知识培训，发挥各级党组织作用，形成自觉维护党和国家尊严形象的良好氛围。各级党校（行政学院）要把国际传播能力培养作为重要内容。要加强高校学科建设和后备人才培养，提升国际传播理论研究水平。

选自习近平：《习近平谈治国理政》（第四卷），外文出版社，2022，第316−318页

4. 复习问题

（1）阅读《加强国际传播能力建设，展示真实、立体、全面的中国》一文，分析习近平关于加强国际传播能力建设的思想。

（2）结合实际分析我国如何构建中国话语和中国叙事体系。

5. 思维训练

中国于2021年、2022年、2023年相继提出了全球发展倡议、全球安全倡议、全球文明倡议三大全球性重要倡议，反映了新时代中国鲜明的全球治理观，已经引起世界各国的高度关注。

结合《加强国际传播能力建设，展示真实、立体、全面的中国》一文，思考如何讲好新时代中国的治理故事。

中 编

民国时期新闻传播经典文献导读

一、媒体应“主持正论公理，以廓清腐秽”

——黄远生：《少年中国之自白》

二、“新闻纸之职务”

——徐宝璜：《新闻学》（节选）

三、“布衣之宰相，无冕之帝王”

——邵飘萍：《新闻记者之地位与资格》（节选）

四、“立言记事，态度要严肃”

——胡政之：《1947 年在上海馆编辑部会上的讲话》

五、“不党、不卖、不私、不盲”的“同人志趣”

——张季鸾：《本社同人之志趣》

六、“言论自由，为报界切肤之问题”

——戈公振：《中国报纸进化之概观》

七、“访问之前，必须研究对手”

——任白涛：《应用新闻学》（节选）

八、“时代的转变，使我们企望有适应新时代的新闻记者产生出来”

——谢六逸：《新时代的新闻记者》

九、“新闻的定义，就是新近发生的事实的报道”

——陆定一：《我们对于新闻学的基本观点》

十、“新的文风，应当打破一切固定的格式”

——胡乔木：《报纸和新的文风》

十一、“新闻学是新兴的科学”

——黄天鹏：《四十年来中国新闻学之演进》

十二、“进行全面的新闻采访和新闻供给”

——胡愈之：《抗战新阶段中新闻记者的任务》

十三、“用团结的集体的力量，以解决我们自身和当前新闻事业的困难”

——范长江：《青年记者学会组织的必要和前途》

十四、“采取审查原稿的办法，对于舆论的反映及文化的开展实有其莫大的妨碍”

——邹韬奋：《（再）论审查书报原稿的严重性》

十五、“新华日报的党性和它的人民性是一致的”

——熊复：《检讨和勉励——读者意见总结》

一、媒体应“主持正论公理，以廓清腐秽”

——黄远生：《少年中国之自白》

1. 写作背景

《少年中国》周刊，1912年11月在北京创刊。黄远生、蓝公武、张君劢三人创办，黄远生任主编。每期八开四张八页，设有论说、时评、纪事、杂录、茶余酒后、小说等栏目。《少年中国》周刊以文笔尖锐、分析精到、切中时弊而著称，被支持袁世凯的人称为“总统府之督察院”。黄远生、蓝公武、张君劢因此被称为“新中国三少年”。

阅读《少年中国之自白》，需要了解三大背景：

一是黄远生其人。黄远生，江西九江人，原名黄为基，字远庸，远生是他的笔名，1885年出身于书香门第，1904年中光绪甲辰进士，成为清末最后一批进士中最年轻的一位。但他并未立即投身官场，反而以新进士之资格赴日本中央大学修读法科。留日期间，黄远生坚持与时俱进，勤奋向学，对日语、英语和法律、政治等现代科学知识有了充分的了解。1909年，黄远生学成归国，被清政府任命为邮传部员外郎兼参议厅行走和编译局纂修官。然而，黄远生不甘心“以极可爱之青年之光阴，而潦倒于京曹”*，遂在辛亥革命后脱离官场，专职从事新闻业，进而成为著名新闻记者和政论家，是中国第一个以新闻采访和写作著名于世的人，被誉为“中国第一个真正现代意义上的记者”**。

黄远生的新闻生涯起始于创办和主编《少年中国》。此后，他又编辑过《庸言》，并担任上海《时报》《申报》《东方日报》驻北京的特约记者和北京《亚细亚日报》的撰述，还经常为《国民公报》《论衡》和《东方杂志》撰稿。他长于采访，勤于写作，以擅长写新闻通讯著称，是我国新闻通讯的奠基人。此外，继承了“时务文体”的黄远生在政论方面也颇具特色，往往能够“围绕一个新闻事件，提供大量的背景材料，揭示事件的本质，分析其利弊得失，

* 黄远庸：《远生遗著》（卷一），商务印书馆，1924，第129页。

** 刘英：《现代名记者研究》，线装书局，2012，第1页。

预示其发展趋势”*。

*李良荣：《中国报纸文体发展概要》，福建人民出版社，1985，第54-55页。

黄远生曾为袁世凯政府机关报北京《亚细亚日报》写过文章。因此，尽管他曾在1913年10月宣布脱离一切政党而独立，也曾对袁世凯的黑暗统治进行过无情的揭露和批评，但始终得不到国民党人的谅解。袁世凯准备复辟帝制的时候，曾对他进行多方拉拢。他为了摆脱袁世凯的纠缠，于1915年9月避往上海，在报纸上刊登启事表明反对帝制的立场，12月初避往美国，又在报纸上发表反对帝制的声明。然而，就在他到达旧金山不久，国民党美洲支部即派刺客将他枪杀，那时他年仅31岁。他去世后，其挚友林志钧将他的文章收集整理，出版了《远生遗著》。

二是发刊词的性质。发刊词一般是指在刊物创刊号上明确刊物宗旨、性质等方面的说明性文章。它是面向读者的第一次亮相，也是编辑的“办刊宣言”，有助于加强读者对报刊的了解，能帮助报刊迅速扩大影响。

虽然《少年中国之自白》没有出现在《少年中国》周刊的首期上，却毋庸置疑地充当了发刊词的角色，明确了《少年中国》的办刊宗旨。一方面，这篇文章陈述了周刊的出版动机。黄远生说，“今请述少年中国发行之动机”，是因为“神州之正气日以消绝，遂令堕心丧气，亲见大难之将至”。面对这种状况，黄远生认为作为舆论机关的报纸应该“发挥公论于一二”，“一新政治或社会之空气”，应“主持正论公理，以廓清腐秽，而养国家之元气”，使“百年之后，吾黄种犹有再兴之日”。黄远生还说：“吾少年中国之发行，亦仅积鲠在喉，不能不吐。幸以三人积鲠相同，乃遂相共而倾吐之。”另一方面，这篇文章也表达了黄远生对袁世凯的态度。黄远生力主办报要向“有权责之人督责”。他在《少年中国之自白》中重点说了对袁世凯的态度，即“以公明督责，督责此最有权力者”。他说：“希望于各党派或言论界者，在以公明之心，政治之轨道，忠告袁公。”“本报对袁之宗旨，实系为国家让一步，不愿绝对排之，亦欲勉袁进一步，而愿普天下皆以公明之正义督责之，而我今则为前驱者也，为其牺牲者也，持论或有偏激，宗旨决不少变者也。”

三是中华民国初年的政治环境。辛亥革命之后，中华民国得以建立。但是，限于资产阶级的软弱性和妥协性，辛亥革命没能彻底完成反帝反封建的任务，中国半殖民地半封建社会的性质也没有得到根本的改变，革命果实更是被袁世凯窃取。

此时的黄远生，对袁世凯是抱有幻想的。他认为当时“袁总统之势力魄力经验，中国今日无可比偶”，当之无愧是时代强人，有五大长处：①意志镇静，能御变故；②经验丰富，周悉情伪；③见识闳远，有容纳之量；④强干奋发，勤于治事；⑤拔擢材能，常有破格之举，能尽其死力。但是，这并不意味着黄远生就是袁世凯一派的人士，而是其改良主义思想局限性的体现。他的文章，不是为袁世凯服务，而是尽一个新闻记者的本职，把事件公正客观地报道给读者，只是在表达上难免带有一些主观色彩。当然，黄远生在维护袁世凯之权威的同时，也针对袁世凯的违法独裁进行了善意的批评，并试图规劝袁世凯不要走上倒行逆施的歧路，否则，“袁总统者，在世界历史上虽永不失为中国怪杰之资格。而在吾民国历史上，终将为亡国之罪魁”。

这种矛盾的态度，显示出黄远生对袁世凯的复杂情绪。一方面，他对袁世凯掌握全国政权、振兴中华民族抱有极大的希望。另一方面，他对袁世凯破坏法制搞专制独裁又表现出极大反感。这就不难理解为什么 1915 年袁世凯逼迫黄远生为其报刊撰写支持帝制文章时，黄远生最初躲避，继而只得作了一篇“似是而非的，表示对于帝制之意”*，随后愤然离去，并在上海发表启事宣布反对帝制的举动。

* 刘英：《现代名记者研究》，线装书局，2012，第 3 页。

虽然学界对黄远生的政治态度一直存在争议，但从全局来看，黄远生思想的复杂性不过是当时中国众多知识分子思想变迁的缩影。作为一个担忧中国前途命运并为之作出努力的进步文人，黄远生在新闻领域的巨大贡献更有值得挖掘和重拾的价值。

2. 阅读提示

《少年中国之自白》一文，主要论述了两大方面的内容：一出版之动机；二对袁之感情。

为什么出版《少年中国》？黄远生解释道，中华民国成立之后，“神州之正气日以消绝，遂令堕心丧气”。而号称“议论文章之国”的言论界，则日渐消沉，“趋于暮气，趋于权势，趋于无聊之意识，不足以表见国民真正之精神”。实际上，此时的中国报界虽名义上步入“黄金时代”，各种报纸蜂拥而出，但拥有者或为大总统或为政府或为政党或为官员或为巨商，并没有发挥报纸应有之价值。在这种情况下，黄远生认为作为舆论机关的报纸应该“发挥公论于一二”，“一新政治或社会之空气”，应“主持正论公理，以廓清腐秽，而养国家之元气……百年之后，吾黄种犹有再兴之日”。因此，《少年中国》的发行，“亦仅积鲠在喉，不能不吐。幸以三人积鲠相同，乃遂相共而倾吐之”。

而就知识分子本身而言，“夫人生之最惨，莫惨于良心之所不欲言者，而以他故，不能不言。良心之急于倾吐者，而乃不得尽言，而身死或族灭乃次之”，这种“良心式的表达”实际上是中国知识分子文人论政传统在新兴媒体产生发展之后的一种崭新渠道，并且这种表达自王韬、梁启超等人开始后，在黄远生这里发生了一个质的变化，即知识分子的参政不仅是政论文章，还有了新闻报道的形式、新闻记者的身份。这是此前没有的。因此，黄远生借陈述《少年中国》的出版动机，提出了自己的希望：“吾国大有识者，蕴其伤心之血之泪，幸勿吞声呜咽于暗室之中，消磨于醇酒妇人之下。及今且一吐之，且大吐之，犹得挽回国家元气于一二，则亡国之后，犹将赖之。”

怎么样对待袁世凯？黄远生表现出明显的两重性：一方面，他认同和钦佩袁世凯的能力，“袁总统之势力魄力经验，中国今日无可比偶”；另一方面，他忠告袁世凯，如若再骄视一切，用中国之所有供其作为政治闹剧的材料，那么袁世凯“在吾民国历史上，终将为亡国之罪魁”，这种强烈的语气，既是不满与批判，更是监督和劝解。

实际上，相比政治上的攻击，新闻人的身份使黄远生更多时候强调的是一种监督者的立场，“以公明督责，督责此最有权力者”，即以“公明”二字来监督袁世凯。“本报对袁之宗旨，实系为国家让一步，不愿绝对排之，亦欲勉袁进一步，而愿普天下皆以公民之正义督责之，而我今则为其前驱者也，为其牺牲者也。持论或有偏激，宗旨决不少变者也。”这种思想继承了资产阶级维新派“监督政府”的办报思想，亦与当代强调新闻监督的政策紧密相连。在这一层面上，黄远生痛恨那些溜须拍马的报人，“袁总统以马为鹿，我亦不敢以为马。袁总统以粪为香，我亦不敢以为臭。此其人，除为袁氏之家奴或走狗外，有何用处，我不知之矣？”这实际上也是对报人独立人格的一种警醒。

值得提醒的是，对于新闻监督，无论是黄远生的态度，还是当下的要求，都必须联系历史与实际来审视，不能一味批判。

3. 文献原文

《少年中国之自白》

一出版之动机　　二对袁之感情

自少年中国出版后，内外之议论蜂起，有谬奖过甚者，有妄相揣度者，亦有平日同志以矫激相规者。记者窃不料以此浅薄之著作，而过蒙海内之推重至此，因以验凡人生精力之所激射，则必有一部分之感应。无论正负，皆不能不名为此精力所激射之效果，故精力愈奋，则其感应愈深愈速，因以知吾辈少年，决不可不从奋斗努力上做工夫。悲观消极之说，决无当也。

第一，今请述少年中国发行之动机，不佞及同社二君，其于社会无所建树，言不足重于天下，斯固然矣。然以良心不死，乃不能不时时有伤心触目之悲。今日国中之伤心人之伤心之远过于吾辈者，亦岂少数。然所谓稳健云云者之意识，梏之四围之情势，梏之党见，梏之醇酒妇人，又复梏之国民之精神。神州之正气日以消绝，遂令堕心丧气。亲见大难之将至，而不为之动心。今外人号我为议论文章之国，固可耻已。然议论文章，亦何尝非国家之元素。希腊之雄辩家，中古之文学派，近世之革命哲学，其于历史上占何等价值，众所知也，故议论文章不足耻，其可耻者，乃系举国言论，趋于暮气，趋于权势，趋于无聊之意识，不足以表见国民真正之精神。今吾国言论界之可悲，尚未至此，然其不可不根本廓清，以新民气而葆国光，殆内外所同认，同人等虚薄无似，亦未敢以此自任。但种种伤心，怀之已久。动作进止，如或诏之。局天蹐地，无可自容。当夫酒酣耳热，或冥心独往之时，觉吾等生今之世，实以旦夕间粉骨碎身，令我皮骨为灰、为土、为飞尘、为野马为快。幸及未死，得倾心沥血，以吐其积郁。以冀幸当局者，或少数之同志，或异志者之一览而见省焉，斯固尚矣，即令此少数者见而作呕。见而大怒，见而大鄙薄之，则吾之积郁固已一快。朝从屠沽游，暮拉驺卒饮，此意不可道，有若茹大鲠。吾少年中国之发行，亦仅积鲠在喉，不能不吐。幸以三人积鲠相同，乃遂相共而倾吐之。用力至俭，无藉于外援。发机至微，无所用其考虑。盖起意只此三人，三人者定谋于立谈，而举事于旬日。发行之后，自视欿然，然其动机之纯白清洁，则可昭告于天地鬼神。同人等将誓守此，以发挥公论于一二。夫人生之最惨，莫惨于良心之所不欲言者，而以他故，不能不言。良心之所急于倾吐者，而乃不得尽言，而身死或族灭乃次之。今尽吾党良心之所欲言者，以一新政治或社会之空气，其他则让之世之能建功名而立大业者，斯同人等固定之宗旨也。夫社会未达于理想政治，尤易接近罪恶，此固中外所同然。在彼皆有一国之元气足以支持，而在我则元气消沈，惟恃此虚伪之模仿、恶劣之手段、腐秽之习惯，以为立国，而与外竞，其何以存。今全国心理，疑贰相乘，几不信世间有真正爱国之人。或真正公理之发现，惟是手段与习惯，交相为用，以演成今日之现象。盖国家之基础，窳朽极矣，一摧拉之间，便可崩折。故吾人今日以为中国优秀分子，必当分二派努力。一派，则实际躬亲政治及社会之事业者，以贞固稳健之道持之。一派，则屏绝因缘，脱离偏倚，主持正论公理，以廓清腐秽，而养国家之元气。今中国无不亡之术，而有必亡之机。犹得及今，培持元气，固植根本，即令国社尽屋。而意大利之中兴，日耳曼国之再建，脱兰斯法耳之苦战，斐利滨之独立，百年之后，吾黄种犹有再兴之日。若长此沈沈，奄然待尽，究令人不亡我。而尸居余气之国。亦决非血气男子之所能涵忍而生存，此同人等所固持之意见也。同人等虽未敢以爱国之雄辩家或文学家自任，然甚望吾国大有识者，蕴其伤心之血之泪，幸勿吞声呜咽于暗室之中，消磨于醇酒妇人之下。及今且一吐之，且大吐之，犹得挽回国家元气于一二，则亡国之后，犹将赖之。我少年中国，特为君等之前驱之牺牲耳。我之述此，非急急自白，亦以此物此志而已。

第二，则吾人须述对待袁总统之感想。夫国家危殆之秋，非明定专责不足救亡，钳制与妒嫉，实为祸根，此记者所承认也。又袁总统之势力魄力经验，中国今日无可比偶。维持危亡，惟斯人任之，亦记者所承认也。然国内少数优秀对袁之心理，除绝对与袁立于反对之地位者外，（今已无之）其皆渐由绝对的倚赖，而渐变为分明的督责。而向立于反对之地位者，乃反由绝对的排斥，而变为绝对的倚赖。前之倚赖，或尚有为国之心。今之倚赖，则直是希慕虚荣，变厥初志。综之，今日绝对排袁，人人知其危险。然绝对倚赖，试问何以立国？故吾侪今日所希望于各党派或言论界者，在以公明之心，政治之轨道，忠告袁公，以渐迎前途一线之曙光。若不然，则惟有推倒耳。若既排斥之，复又拥戴之，既拥戴之，复又谩骂而盗贼之，其人可谓以国家为儿戏者耳。然因拥戴之遂倚赖之，因倚赖之遂神圣之，袁总统以马为鹿，我亦不敢以为马；袁总统以粪为香，我亦不敢以为臭。此其人，除为袁氏之家奴或走狗外，有何用处，我不知之矣。今举国非无爱国之人，然其对袁，多以儿戏或奴隶之心出之，此我之所不解者也。吾国人习惯，有两种反对之心理：其未近权势也，则倨慢以凌之；其既近权势也，则牺牲一切以媚之。排外与媚外之交迭，即此心理之见端。某敢痛哭以告国人曰，此等根性不改，则亡国之祸，即是天理昭彰，报应不爽。故本报对袁之宗旨，实系为国家让一步，不愿绝对排之，亦欲勉袁进一步，而愿普天下皆以公明之正义督责之，而我今则为其前驱者也，为其牺牲者也。持论或有偏激，宗旨决不少变者也。自本报出世后，言论界遂发生一种政治与社会问题之争，谓本报督责当道过急，而不知社会之不可补救，非一方面之罪恶，记者不幸不能与之同意。今论者无论提出何种学说，然断不能谓政治非养成社会之一大动力。又断不能谓言论家之立言，不当专向有权责之人督责，而专凭空发论，以罪责无踪无迹之社会。今东西之持社会改革说者，吾亦稍知一二。然其立论，未有不向大权责之人，或专门一种阶级立说者。而我奈何反之，此其误一也。又凡哲学家研究人类有自由意思与否，实为一大争论。然综言之，主持论理或政治者，则多崇人心之自由。迷信物质者，则等人类若机械。凡一国之存，必以自由之人类立国，决不能以机械之人类立国。又一国之士气发达，必先有独立自尊，以为匪我其谁之意，决不能一切万事归过于社会。孟子曰，万物皆备于我；又曰，豪杰之士，虽无文王犹兴；又曰，我无他，我善养吾浩然之气；又曰，其自反而缩者，虽千万人吾往。一国中之赖有志士仁人者，赖有此耳。今吾国人之议论国事者，不从政治学伦理学立说，而乃专就社会云云者立说。一似中国乃彼凭吊流连之孤墟，而特以供彼人所研究之人类学、考古学、之参考者。爱国心之薄弱如此，士气之隳丧如此，又非仅对待袁氏一人心理之误而已也。其他则另有一说，谓今日系责任内阁制度，袁总统不负责任，不应专责袁总统。本报发愤立愿，将对于今之总统、政府、政党、议院、及言论界，尽相当之忠告。所注目者。决非袁总统一人，然究以袁总统一人言之。今日中国，事实上已否实行责任内阁，袁总统是否在不负责任之列，此当诉之国民常识之公判矣。今以责任内阁制，为理想之政治家，既不能厉行督责，期于必行，于事实上已从根本打破，乃又掩蔽事实。而从空理上立论，为袁总统放开生路，窃谓忠于议论国事者，不当尔尔也。大抵袁总统之为人，并非不可与为善之人。然自其受政以来，则善日少而恶日多者，此由于其本身之原因者半。由于其左右及政党政客之原因者亦半，今试更详言之。袁总统之为人，意志镇静，能御变故，其长一也；经验丰富，周悉情伪，其长二也；见识闳远，有容纳之量，其长三也；强干奋发，勤于治事，其长四也；拔擢材能，常有破格之举，能尽其死力，其长五也。有此五长，而乃善日少而恶日多者，一由智识之不能与新社会相接，一由公心太少，而自扶植势力之意太多。综言之，则新智识与道德之不备而已，故不能利用其长于极善之域，而反以济恶，既自愿手执政权者十余年。天下之大，变故之繁，无不为其牢笼而宰御，则益骄视一切，以为天下事不过如此，于是其手段日以老辣，其执行益以勇往，乃至举中国之人物为供奔走，尽中国国家之所有，供其政治演剧之材料。某今敢断言于此，长此不变以终古。袁总统者，在世界历史上虽永不失为中国怪杰之资格，而在吾民国历史上，终将为亡国之罪魁。夫以其明达闳远，举世难得之资，若令其左右能尽职而忠规，议院能守法以监督，言论界能秉公劝告，则向能利用潮流以立功名。不愿逆斗潮流以取咎戾之袁总统，未必不能进化。今则彼有牢笼驾御之长，而世之稍有智识者，皆必求得其牢笼驾御以为快。或始谩骂之，而终倚赖之。或始倚赖之，而终遂神圣之。雀入之大水为蛤，鹰化为鸠。雀耶蛤耶，鹰耶鸠耶，是一是二，不得而知之矣。故吾党今日所急者，乃在发扬中国之元气，而以公明督责，督责此最有权力者。吾党浅薄无似，未敢遂曰胜任。顾愿为此公明之舆论之先驱可也，之牺牲可也。我之述此，非急急自白，亦此物此志耳，此物也，此志也。其将为灰为土为飞尘为野马耶，抑遂能光大发挥于我神圣之中华民国，而遂能为少年中国之先驱耶、牺牲耶，我等不复计之矣。

（原载于《少年中国》周刊 1912 年 12 月 12 日）

选自黄远庸：《远生遗著》（卷一），商务印书馆，1924，第 8–15 页，原稿使用标点均为顿号，本书所用标点为编者加注

4. 复习问题

（1）认真阅读《少年中国之自白》，分析黄远生的媒介使命观？

（2）结合时代背景，如何理解黄远生对袁世凯的态度的复杂性？

5. 思维训练

（1）阅读《远生遗著》，系统归纳黄远生的新闻思想？

（2）结合历史和现实，评价黄远生在文章中提出的“主持正论公理，以廓清腐秽”的意义，对当下做好舆论监督有哪些价值？

二、“新闻纸之职务”

——徐宝璜：《新闻学》（节选）

1. 写作背景

无论是徐宝璜先生，还是徐宝璜先生所著的《新闻学》，在中国新闻事业史上都具有划时代的意义。

徐宝璜，字伯轩，江西九江人。我国最早的新闻学者、新闻教育家。1912年，十八岁的徐宝璜从北京大学毕业。次年，他考取官费留学资格，进入美国密歇根大学攻读新闻学、经济学。1916年回国，他先担任北京《晨报》编辑，不久应蔡元培之聘，担任北京大学文科教授兼校长室秘书。1918年10月，他与校长蔡元培等共同发起成立北京大学新闻学研究会，被推为副会长、新闻学导师和会刊《新闻周刊》编辑主任，并代蔡元培负责处理日常事务，定期为会员讲授新闻学基本知识，开我国新闻教育先河，被誉为我国“新闻教育界第一位大师”和“新闻学界最初开山祖”。从1920年起，他先后在北平民国大学、朝阳大学、中国大学、平民大学等校讲授新闻学、经济学等课程，并一度担任平民大学新闻系主任、《晨报》主笔。1930年6月1日，徐宝璜因患风寒痰症逝世，终年仅36岁。

1919年12月1日，北京大学新闻学研究会出版徐宝璜先生的《新闻学》，原是作者在北京大学教授“新闻学大意”的讲稿，经多次修改而成。这是我国第一本新闻学著作。蔡元培先生为其作序，称之为“在我国新闻界实为破天荒之作”。此前，中国虽有悠久的新闻传播历史，近代新闻传播事业亦蓬勃发展，但是直到《新闻学》的出版，新闻学才改变了“新闻无学”的尴尬局面。当时，邵飘萍主办的《京报》评价此书：“《新闻学》以前中国无专门研究新闻之书籍，有之自先生始，虽仅五六万字，以言简赅精当，则无出其右者。在中国新闻学史上，有不可抹灭之价值，无此书，人且不知新闻为学，新闻要学，他无论矣。”*

* 黄天鹏：《新闻学纲要序》（1930年8月），载徐宝璜：《徐宝璜新闻学论集》，北京大学出版社，2008，第177页。

徐宝璜是第一个将西方的新闻学思想系统地介绍到中国的学者，他在美国学习的经历使他形成了一套完整的西方新闻学理论体系，这在《新闻学》中有明显的体现。这种中西方思想交流的形式，是一种文化的涵化，表现为两种文化渐进的交流和影响。换言之，世界的眼光从徐宝璜的《新闻学》开始就投射到中国新闻学的创立过程中，此后任白涛、邵飘萍、戈公振都有类似的贡献。值得一提的是，中国新闻学的创立根植在五四运动的洪流中，一开始就注入了“新闻本位”的思想，与此前梁启超等新闻学启蒙者有很大的不同。同时，无论是徐宝璜、任白涛，还是邵飘萍、戈公振，都既是掌握世界新闻学研究前沿的学者，又是中国现代新闻业的从业者，因而西方的新闻学基本理论与中国当时最高水平的新闻实践相结合，是中国新闻学创立时期的特色。

2. 阅读提示

新闻纸之职务，按照徐宝璜的表述，实际就是报纸的职责与任务。徐宝璜概括的新闻纸职务为六个方面：供给新闻、代表舆论、创造舆论、输灌知识、提供道德和振兴商业。

对于供给新闻，徐宝璜首先指出，真正的新闻有两个构成要件：“确实”与“新鲜”。新闻的供给，关系着社会舆论是否健全，进而关系到国家在政治、社会、经济等领域的重大举措，因此，“新闻纸当力求供给新闻，既不可因威迫利诱或个人之关系，以非新闻而假充新闻，亦不可因一种关系而没收重要新闻，致社会无研究与立论之根据”。同时，随着世界交流范围的日益扩大，新闻纸不能安于一隅，不可仅以登载本国政治上之要闻而自足也，而是要具有国际眼光，扩大国际新闻报道。

对于代表舆论，徐宝璜着重分析了“代表”二字今昔的不同。“昔则仅为对于政府而代表国民之舆论也，今则又应对于世界而代表国人之舆论；昔则似仅代表国民而监督政府也，今则又应代表国民向政府有所建议或要求。”他强调，新闻纸代表的必须是多数国民的意见，如果代表的仅是一人或一党的意见，则是机关报所为，不足以称为代表舆论。

对于创造舆论，徐宝璜认为新闻纸不仅应代表舆论，还要“立在社会之前，创造正当之舆论”。对此，他归纳了三种方法：①登载真正之新闻，以为阅者判断之根据；②访问专家或要人，发表其谈话；③发表精确之社论，以唤起正常之舆论。

徐宝璜在《新闻纸之职务》一文中总结，供给新闻、代表舆论和创造舆论这三项，是新闻纸最重要的职责，除此三项重要职责，输灌知识、提倡道德和振兴商业也是新闻纸应尽的职责，不可偏废。

3. 文献原文

《新闻学》（节选）

第二章　新闻纸之职务

"新闻纸"之名词，在英文为Newspaper，在日文为"新闻"，国人亦简称曰"报纸"，曰"报章"，曰"新闻"或曰"报"。其职务有六：为供给新闻，代表舆论，创造舆论，输灌知识，提倡道德，及振兴商业。而前三者，尤为重要。兹分别讨论之。

（一）供给新闻。新闻者，乃多数阅者所注意之最近之事实也。（其说明见次章）故第一须确实。凡闭门捏造，以讹传讹，或颠倒事实之消息，均非新闻。第二须新鲜。明日黄花之消息，亦不能认为新闻。盖新闻有如鲜鱼。鱼过时稍久，则失其味。新闻逾时稍久，其价值不失亦损矣。

以真正之新闻，供给社会，乃新闻纸之重要职务，亦于社会有极大之关系。盖自民权发达以来，各国政治上社会上经济上之大事，多视其舆论为转移，而舆论之健全与否，又视其所根据之事实究竟正确及详细与否以为定。舆论之以正确详细之事实为根据者，必属健全，若所根据者并非事实则健全之舆论无望矣。新闻纸者，最能常以关于各种问题之消息，供给社会者也。舆论之根据，实在其掌握中。如以新闻相供给，则社会有正当之根据，自发生正当之舆论，诸事自可得正当之解决。若所供给者为非新闻，则舆论之根基既已动摇，健全何有？故新闻纸当力求供给新闻。既不可因威迫利诱或个人之关系，以非新闻而假充新闻，亦不可因一种关系而没收重要新闻，致社会无研究与立论之根据。

近人注意之事物，日益加多。新闻既为阅者所注意之事实，故其范围近亦较前扩大，且有日益扩大之势。新闻现不限于本埠及本国之要事也，自世界交通日便各国发生密切关系以来，他国之要事，亦为吾人所注意，故亦为新闻。此所以最近美国威尔逊总统之病状，日有专电，登于各国新闻纸之重要新闻栏内也。又新闻现不限于政治上之大事也，即社会上之大事，亦为众所注意，故亦为新闻。此所以各国劳动团体之举动，见登于各国之新闻纸，而吾国自"五四运动"以来，学生界之消息亦为国内各报所十分注意也。

故新闻纸之欲尽供给新闻之职务者，不可仅以登载本国政治上之要闻而自足也。

（二）代表舆论。代表舆论，亦新闻纸重要职务之一。西人常云："新闻纸者，国民之喉舌也。"国内各报出版时，其发刊词亦多曰，"将代表舆论"。可见此职务，早为世所公认。不过"代表"二字之解释，今昔颇有不同。昔则仅为对于政府而代表国民之舆论也，今则又应对于世界而代表国人之舆论；昔则似仅代表国民而监督政府也，今则又应代表国民向政府有所建议或要求。新闻纸欲尽代表舆论之职，其编辑应默察国民多数对于各重要事之舆论，取其正当者，著论立说，代为发表之。言其所欲言而又不善言者，言其所欲言而又不敢言者，斯无愧矣。若仅代表一人或一党之意思，则机关报耳，不足云代表舆论也。新闻纸亦社会产品之一种，故亦受社会之支配。如因原为机关报，而显然发表与国民舆论相反之言论，则必不见重于社会，而失其本有之势力，如洪宪时代之《亚细亚日报》等是也。

欧美各国之政府，大抵均重视舆论，一政策之取舍，一事之兴革，往往视舆论为转移，不仅于国会中求舆论之所在，且于重要新闻纸之言论中，觇舆论之趋向。即外国政府，亦复注意及之，因知其本国政府之行动，多少必受其言论之影响也。吾国政府，对于舆论，素不重视，且封闭报馆之事，时有所闻，遂致新闻纸为保存自身计，常不敢十分代表舆论。否则注册于外国政府，以博得言论自由。此诚为莫大之憾事！在政府固为不智，然新闻纸即因此畏首畏尾，置职务于不尽，亦为不可。盖为舆论殉，为正谊殉，本为光荣之事。况全国报纸，如能同起而代表舆论，则政府虽有意干涉，亦莫可如何哉。

（三）创造舆论。新闻纸不仅应代表舆论也，亦应善用其势力，立在社会之前，创造正当之舆论，而纳人事于轨物焉。此种创造的职务，世界之大新闻社，无不重视之。我国戊戌以后，上海发行之《苏报》《警钟报》《民呼报》等报，亦均注重创造舆论之报纸也。至创造之方法有三：一为登载真正之新闻，以为阅者判断之根据。群众心理，对于几件大事，常有一定之善恶判断。如营私舞弊，拍卖国家权利，均举世所谓恶行也。急公好义，举世所谓善行也。世如果有营私舞弊或拍卖国家权利之人，新闻纸只须将其劣迹，振笔直书，"和盘托出"，则舆论自必起而攻之，不待新闻纸之鼓动。二为访问专家或要人，而发表其谈话。多数国民，对于当面之问题，往往因其事属专门，或内容复杂，而无一定之主张。新闻纸应于此时访问专家或要人，征求其意见而公布之，以备国民之参考。正当舆论，常可因此而发生。三为发表精确之社论，以唤起正当之舆论。编辑本自己之学识与热忱，细心研究各种兴革之事，常著切实之论说，说明其理由与办法，以提倡之。初或无甚反应，然历时稍久，必能使社会觉悟，因发生正当之舆论，使应兴之事果兴，应革之事果革。然非编辑有纯洁之精神，高尚之思想，远大之眼光，不足以语此也。

（四）输灌智识。新闻纸之在文明各国，已成社会教育最有力之机关，在文化运动中，占甚重要之地位。故输灌智识，遂亦为其重要职务之一矣。为尽此职务起见，欧美大报，每日采集世界各处之正当新闻而登载之，如是阅者不出屋而可知天下大事。又对于教育、商业、科学、美术，特立专栏，请有专门智识之人编辑之。亦有于星期日，增加篇幅，登载专篇，或论政治，或讲学术，或记最新之发明，或叙游历之见闻者。如是阅者破少许之工夫，即可得很多有用之智识。又设立问答栏，备阅者之质疑或请教，如其良友然。有人称之为阅者每日之图书馆，及贩卖知识之杂货店，诚确喻也。吾国报纸，近虽亦有对于世界各种之大事，为明了之记载，并介绍学术与思潮者。然多数则对于新闻，偏重本国政治之消息，事虽琐碎，亦多夹杂其中，对于学术及思潮，丝毫不为介绍。而香艳诗词，诲淫小说，某某之风流案，某某之秘史，反日日登载。此所以吾国之民智不进，而民德日衰也。

（五）提倡道德。新闻纸应立在社会之前，导其入正当之途径，故提倡道德，亦为新闻纸职务之一。使新闻纸素得社会之信任，则恶者因其劣行登载而受舆论之攻击，善者因其善行登载而受舆论之赞扬，虽不必发生严如斧钺，或荣如华衮之力量，然足以惩恶励善，则毫无疑也。至学术之介绍，思潮之输入，新闻之正当，均足使阅者注意于正当之事业，亦为事实。吾国报纸，虽无不以提倡道德自命，然查其新闻，常不确实，读其论说，常欠平允，往往使是非不明，致善者灰心而恶者张胆。更观其广告，则诲淫之药品，冶游之指南，亦登之而无所忌讳。甚至为迎合社会心理以推广销路起见，于附张中或附印小报，登载“花国新闻”，香艳诗词，导淫小说，及某某之艳史等件。且有广收妓寮之广告并登妓女之照片，为其招徕生意者。是不惟不提倡道德，反暗示阅者以不道德之事。既损本身之价值，亦失阅者之信任，因阅者将渐视其为一种消闲品耳。此于记者之道德，亦大有关系。因迎合社会，乃贱者之所为，与敲诈同为不德也。

（六）振兴商业。广告者，商业之媒介也。而新闻纸之广告，尤为有力。美国各大报，近对于广告，多采取廓清政策。既排除诲淫之广告，即虚伪欺人者，亦不收登。如是其广告，不啻商业新闻，深得社会之信任，商业因之颇为振兴。又聘请有专门智识之人，编辑商业专栏，登载金融贸易物价市况种种消息，既敏且详，亦足助商业之发达。各大报事业如是者，盖因认振兴商业，为其职务之一也。

综上所述，可见新闻纸之职务甚重。新闻事业，为神圣事业；新闻记者，对于社会，负有重大之责任。彼以颠倒是非，博官猎贿，或专以致富为目的而办新闻纸者，乃新闻事业之罪人也。

选自徐宝璜：《新闻学》，中国传媒大学出版社，2018，第3–7页，本书所用标点为编者加注

4. 复习问题

（1）徐宝璜认为，新闻纸要承担哪几个方面的职务？

（2）仔细阅读文章，说出新闻纸可以通过哪些途径代表舆论？并结合中国近代新闻史或者当下的新闻实践，进行案例说明。

（3）为什么徐宝璜会将“提倡道德”列为新闻纸的职务之一？这一观点在现实新闻操作中有什么意义？

5. 思维训练

（1）阅读徐宝璜的《新闻纸之性质与价值》《新闻纸与社会之需要》等文献发现，徐宝璜后期几乎不再提新闻纸“创造舆论”的职责，而以“指导舆论”代替之：“新闻纸不仅代表舆论已也，对于不正当之舆论，应指导之而入正途；群众误解之事理，予以明白之解释，使得正确之评判，造成真正之舆论。”“报纸评论时事之目的，除为民众喉舌代表舆论外，尚应立于社会之前，为社会之导师，指导舆论，以纳人事于轨物焉。”如何理解这一变化？

（2）供给新闻是徐宝璜提出的新闻纸的第一职务，也表达了中国新闻学创立时期浓厚的新闻本位思想，试比较徐宝璜、任白涛、邵飘萍、戈公振等人的新闻本位思想的差异。

（3）试将徐宝璜提出的“新闻纸之职务”与西方早期传播学学者拉斯韦尔、赖特、施拉姆、拉扎斯菲尔德、默顿等人关于大众传播的社会功能学说进行对比，分析其异同及背后原因。

三、“布衣之宰相，无冕之帝王”

——邵飘萍：《新闻记者之地位与资格》（节选）

1. 写作背景

邵飘萍，原名镜清，浙江东阳人，革命烈士，中国近代新闻史上著名报人。

1886年10月11日，邵飘萍出生于浙江东阳的一个寒儒家庭。1909年，他从浙江省立高等学堂毕业后回金华任教，其间被《申报》聘为特约通讯员，为其撰写通讯。1911年，他到杭州拜访新闻界前辈杭辛斋，与杭辛斋联合创办《汉民日报》，并发表署名“振青”的评论文章抨击社会丑恶现象，开始了职业报人生涯。

1913年8月10日，他因“扰害治安”和涉嫌参与讨伐袁世凯的罪名入狱，《汉民日报》被封。获救后，邵飘萍于1914年暂避日本，进入东京法政大学学习。在日期间，他也没有放弃新闻工作，与同乡组建了“东京通讯社”，为国内各报提供“东京特别通讯”。1915年底，邵飘萍返回上海，应邀任《申报》《时报》《时事新报》主笔，发表了大量抨击袁世凯称帝的文章，笔锋犀利，直接影响了时局。1916年他又出任《申报》驻京特派记者，成为中国新闻史上第一个享有特派员称号的记者。此后两年多时间，他共撰写了223篇“北京特别通信”，内容多为国是。“北京特别通信”反应迅速，富有见解，开新闻报道新风气，一时风靡全国。在京期间，邵飘萍还于1916年7月创办了“北京新闻编译社”，自编本国新闻，翻译重要外电。1918年10月，32岁的邵飘萍辞去第一大报特派记者之职，自筹资金创办《京报》，开始了独立办报、唤醒民众的新闻救国之路。

邵飘萍不仅在新闻业务上成绩卓著，而且在新闻理论、新闻教育方面也颇有建树。1918年10月14日，邵飘萍与北京大学校长蔡元培等发起成立了北京大学新闻研究会（翌年2月19日，该会改组为“北京大学新闻学研究会”），并担任导师。这是我国第一个新闻学研究团体，被称为中国“报业教育之发端”。11 月 3 日，邵飘萍首次授课，听课的学生包括后来成为中国共产党早期党员的毛泽东、高君宇、谭平山等进步青年。1919 年后，邵飘萍更加进步，出版了《综合研究各国社会思潮》《新俄国之研究》，歌颂十月革命，向国人介绍马克思主义思想，强调科学社会主义是“马克思科学研究的成果，授劳动者以必胜之券”。1922 年在《北京厂甸春节会调查与研究》序言中，他提出“欲改造现实之社会，宜先明现实社会中事物之真象”等进步主张。1925 年，在李大钊和罗章龙介绍下，他秘密地加入了中国共产党，对共产主义运动作了大量的报道。1926 年 4 月 26 日，邵飘萍在北京天桥被奉系军阀政府以“宣传赤化”的罪名杀害。1936 年，毛泽东在延安与美国记者斯诺谈话时，评价说：“特别是邵飘萍，对我帮助很大。他是新闻学会的讲师，是一个自由主义者，一个具有热烈理想和优良品质的人。”*1949 年 4 月，毛泽东亲自批文追认其为革命烈士。1986 年，中共中央组织部正式确认邵飘萍的中国共产党党籍。此时，距这位以笔为枪、抵抗强权的报人以身殉报殉国已经过去了整整 60 年。

* 埃德加 · 斯诺：《西行漫记》，董乐山译，生活 · 读书 · 新知三联书店，1979，第 127 页。

《新闻记者之地位与资格》一节出自邵飘萍的《新闻学总论》一书。《新闻学总论》是他继《实际应用新闻学》之后的又一部重要论著。两书之中，《实际应用新闻学》主要整理了他的新闻学教学讲义的内容，以他自己的采访实践经历为主要内容，融合了他对欧美国家、日本新闻事业考察后的认识，是对新闻采访和写作、记者修养等新闻实践的理论概括。《新闻学总论》则论述了报业的性质、任务、新闻学的基本概念、新闻法制观点等内容，还简要地介绍了我国新闻事业发展的历史。这两本书可以说是邵飘萍的呕心沥血之作，最大的贡献就是将大众对新闻的理解从经验性认知上升到新闻学理的层面，成为中国新闻学理论的重要奠基之作。

邵飘萍作为中国新闻理论与实务的开拓者，被后人誉为“新闻全才”“乱世飘萍”“铁肩辣手，快笔如刀”等。邵飘萍历来主张新闻记者是“布衣之宰相，无冕之帝王”，是“社会之公人，是居于统治者和被统治者之外的第三者”，报纸应该监督政府，还应该教育民众、唤醒民众。在《京报》创刊词《本报因何而出世乎》中，邵飘萍提出了这样的办报宗旨：必从政治教育入手。树不拔之基，乃万年之计，治本之策。必使政府听命于正当民意之前，是即本报之所作为也！

2. 阅读提示

《新闻记者之地位与资格》一节是邵飘萍对新闻记者职业定位与职业要求的集中概括。

为什么提出这个问题？邵飘萍曾在《从新闻学上批评院秘厅对新闻界之态度》中有所解释，一方面政府当局不知新闻机关与新闻记者为何物，另一方面新闻机关与新闻记者难免有少数不自重其地位人格者。因此，“尤当警告从事新闻事业之人，先自认其地位人格，庶不致为政府所轻视也”。

对于新闻记者的职业定位，邵飘萍认为新闻记者应是“社会之公人”，因为“记者之职务，谓其目的在于本社之利益，无宁谓在于社会之公益”。这一思想，与他一贯坚持的新闻社是社会公共机关，新闻媒体是社会公器的观点密切相连。为此，新闻记者应努力保持独立，坚守“第三者之地位”，“避免加入于任何名义之团体，以始终立乎筑于真理事实之上之第三者的高垒”。在这个意义上可以说，记者之职业与法官有类似之处：“法官之对于两造，必其心目中皆认为无关系者，否则易致审判不公。新闻记者不宜加入于何种运动，即如法官之应与两造皆无关系为同一理解。”

对于新闻记者应具有的素质，邵飘萍认为精神与体格必须同时健全。其中，于精神而言，分为知识与德性两大部分。新闻记者之知识，除关于新闻学之研究外，如政治、经济、法律、社会学及其他之科学等，平时必有数种专门之特长；新闻记者之德性，第一重要的事情就是保持“人格之尊严与独立”，据此，新闻记者应努力冲破各种包围，抵御各种诱惑，“以重重铁甲保护其人格”，使自己的人格“始终完全保存高置于‘非卖品’之列”。

另外，“虚怀与倔强”这两种看似矛盾的性格对记者来说也不可少。“虚怀”能够使记者知错就改，具备民主作风，避免“言论专制”；“倔强”可使记者“不为污浊之环境所诱惑”，即使被加以种种胁迫，然新闻记者意志之坚定如故。所谓“富贵不能淫，威武不能屈，乃新闻记者保持人格之必要条件”。“更有要者，新闻记者之天职，在平社会之不平。”这实际上也是对记者品性与气质的要求，也暗合了他在《我国新闻学进步之趋势》一文中提出的“新闻记者之尽职，以道德为基础，以侠义勇敢为先驱，而归于责任心之坚固”的理念。

3. 文献原文

新闻学总论（节选）

第二章　新闻记者之地位与资格

第五节　社会之公人

此所谓新闻记者，乃包含外交、编辑两大部分。从事于新闻之搜集、纪载、评论诸职务者为限，不能与其他发行、广告、会计等从事于新闻业者相混同。社员之应分别“记者与非记者”，颇有重要之意味，盖因两者之地位、性质及其职务之范围完全不同。若与其他社员一律视之，则殊足损害其职务之圆满。一言蔽之，新闻记者，乃“社会之公人”也。

欲择一社会中地位与新闻记者相似之职务，以作比拟司法机关之法官与学校之教授颇皆有一部分相同之处。司法总长可以任命法官，而不能干涉法官之审判；大学校长可以聘请教授，而不能视教授为一普通佣雇之职员。新闻记者之对于社长，亦然不能如其他社员之绝对受社长指挥。因其同时对于社会，须负公正无私之责任。故记者之与社长，除俸给问题以外，其地位资格以及人格的权威与社长并无高下。从另一方面观察之，其所负新闻记者之责任，有时且较诸社长为重要。盖社长仅为一社事务之主宰者，而新闻记者则为社会之公人故也。

若充新闻社之社长者，不兼记者之职务，而仅为营业方面股东之代表，则上述之关系尤当明白认识，不能随资本主之使唤而自损其地位之尊严。新闻社在营业方面，社长代表股东之利害，其与社员之关系，与银行公司殊无少异。故对社员（非记者）应有随时可以指挥命令之权，于此即当严正区分社员中记者与非记者之别。盖非记者之社员（如发行、广告、会计、工场中职员等）其职务之目的，在专谋一社之利益，离去本社即绝无责任可言。至于记者之职务，谓其目的在于本社之利益，无宁谓为在于社会之公益。因其精神与肉体之劳动，大抵皆为对于外交内政之研究探索，如何与国家有利？如何与国民有益？如何供给多数人以兴味？范围不限于一社，而以公平确实、正直无私为其职务之生命。彼当觉悟系代表社会多数人之利害，不当仅为一社计利害也。然其最后之结果，苟某社之记者能事事不失公平确实、正直无私之原则，社会多数之同情，不期自集于一社。一社之发展，其原力悉在乎是，殆较诸非记者之活动为有力。此记者与非记者所以应严格区分之理由，最后则社会之公益与一社之私益仍可以使之一致焉。

新闻记者就职于某社，为日夜不休之精神劳动与肉体劳动（运思作文，奔走探访等），以其知识与文词，易得相当之酬报，其人格则始终完全保存高置于“非卖品”之列。社会方面于观其知识文词之外，更以人格为要件，而共许以社会公人之地位。因是社会得其益，而直接受大影响者，即为一社之事业。故各国之大新闻社，既对于记者或非记者之区分甚为重视，则一社之中编辑部自居独立之地位，其所主张不受营业方面之干涉，然后可以凡事公平正直，不因社中一时一事的利害发生矛盾之失态，而其结果则编辑部能独立而注重社会多数利益者。其事业之发展，必较他社为迅速，此社会信仰关系始可谓必然之势。是故新闻记者之就职于一社，与银行公司中佣雇之人大异其性质。换言之，新闻记者之与社长股东并非资本家与劳动者之关系。因前章曾言新闻社为社会公共机关，无股东与顾客之别，且记者即读者，读者即记者，则记者之地位可认为社会公众所推举，使在新闻社中司发言之使命者。故非社长或资本主所可任意左右之，亦非社会中之一部分人所可任意左右之。能悟此旨，则社会公人之意义可以完全明了，而新闻记者自身之觉悟，亦即可本此义以守而勿失矣。

第六节　精神体格之健全

凡为新闻记者，无论其所司之职或系外交，或系编辑，或任批评，第一要在精神之充满，且将各种问题时时萦绕于脑府，警戒不怠，惟恐其逃逸后时剖析分毫，惟恐其理解疏漏。故精神方面之训练不成熟者，决不足以充新闻记者。所谓精神方面之训练，可分为知识与德性两大部分。新闻记者之知识，除关于新闻学之研究外，如政治、经济、法律、社会学及其他之科学等，平时必有数种专门之特长。各国之语言文字，尤为诸种学科以外，必不可少之练习。而知识方面为新闻记者所当特别异于常人者，即须具有最普遍最丰富之“高等的常识”是也。世每有专门学者，对于彼之所学有甚深之研究，有特别之发明，然此类专门博士，可以居大学之讲座，而不能任新闻社之记者。因其于某种专门学科之外，不免所知之事物甚少，故不足以应千变万化、内容复杂之新闻。新闻记者则眼光四射，尽其天才时间之所能及，无所不读，无所不听，养成普遍丰富之高等的常识。无论纪载何事，与何种人接谈，对于凡事凡物皆有相当之理解。是因其平时耳目所触，无不十分注意，积之既久，其脑筋遂如百科全书，应有尽有，不至动辄暴露俗语所谓“外行”与失态。是故新闻记者既须奋勇于职务，更当时时勤学，自强不息。其心目中每日必有新知识增加，虽不敢谓无所不知，而常识之丰富，殆非一般人或专门学者之所能及，此新闻记者知识方面之第一必要条件也。

所谓“高等的常识”者，与世人所称之常识，比较有异。盖世人所称之普通常识，大约中学毕业或与之有同等学力者，即可称有普通常识之人。然苟以之充职务较为繁重之新闻记者，则嫌其不足。必也对于专门学者之意见有充分了解之程度，对于专门的事件之纪述有明确观察之识力，而尤在平时即有头脑明晰之素养，其所具理解，足为裁量多数事物之尺度。而上述所谓必须有数种专门之特长者，则视所任职务而人各不同。例如政治部记者，以政治、法律、外交为必要；经济部记者，以财政、经济、金融、产业为必要；社会部记者，范围愈广，除对于政治、经济须有常识外，关于社会学、都市之设施、劳动问题、犯罪问题等更有研究之必要。此外，则欲为优秀的新闻记者，不问其分业上所担任之属何职，尚有共通必须注意之两事：（一）为世界新潮中之思想问题，应时时追随研究，以与本国之情形对照，切勿为新时势中之落伍者。（二）为本国文学之修养，无论为纪事体或辩论体，必使白话文言皆能简洁明快，下笔迅速，既可以省时间，又充分足以自达其所见，且略含有美术之意味。除去纪述某问题之理由见解外，其文词亦具几分动人之魔力，此在我国更不能谓非必要事也。惟新闻纸中之文章，与普通所谓古文词章又大不相同而已。总之，新闻记者为“斗智”之壮士，古人所谓“一物不知儒者之耻”，在说明知识方面，此言却可以借用。以下试再述新闻记者之德性问题，因若有知识而无德性，则人格不完，不能谓为精神之已健全也。

新闻记者应具之德性，与一般人并无大异，其第一重要者曰：人格之尊严与独立。上节于论“记者或非记者之当区别”时，已略及之。惟新闻记者所处之地位环境，及其活动时所用之手段，有易损及人格之尊严与独立者，差之毫厘，谬以千里，故不可不特别注意。盖新闻记者之地位，操舆论之柄，握是非褒贬之权，充其范围，足以左右全国，惊动世界。近世各国之怪杰，如拿破仑、俾士麦等，莫不思设法以利用之。因是政治上、社会上日夜攻击、牵引、包围、诱惑，于其旁者，殆可谓与其人之资格声望为比例而无所不有。世界自有新闻纸以来，记者之中途陷溺堕落于若辈之手者，殆不知若干人矣。苟欲永久立于言论权威之地位，第一当时时战胜此类难关，而以重重铁甲保护其人格。不堕落则飞升，故最易驰誉于中外者，亦新闻记者之地位也。至新闻记者活动之手段，交际不能纯以道德为标准。惟视与新闻之有无关系，且待人接物，一本平等之观念，不问其所处地位之何若，在新闻记者之眼光视之，悉为供给新闻材料之人而已。有时极重要之新闻，因侍役之一言而得探索之径路。故新闻记者，又不能专以阶级为交际之标准，必使人人视为可亲，而人人视为不可犯，此新闻记者交际之要诀。彼只能摆大人先生之架子，或流于足恭谄谀之态度者，皆不足以使职务圆满成功也明矣。

以下再论体格方面。新闻记者之业务，每与普通卫生之原则背驰。其最无法避免者：（一）睡眠时间比常人为少，（二）饮食无适宜之量与时，（三）脑筋之终日不得休息，（四）晨夕奔驰，不能为适当之休息与运动。医学博士汤尔和先生为余作《实际应用新闻学》序文，其中有数语曰：“新闻记者之生活直与常人异趣。语其大概，可以饮食无节、起居不时二语括之，即此二端，已犯养生大戒。据医家统计，凡贫血、便秘、神经衰弱之流，新闻家必占多数。其故可知，身体不能坚强，则从事精神操作者，凡观察言论行为举措无一而非失策。”此专门学者之言，可为新闻记者当头之一棒喝。新闻记者生活之环境如此，故非体格极健全者，亦决不足以充新闻记者。以余自身之经验言之，十三年以来，日蹈上述之险象，而从未有五日以上卧床之病；且所处地位，决不能有三日完全休息，而日夜操作。侍役皆不胜其劳，必有两人轮流，方足供余之使令。然且一无所成，而早衰之象已见。由今思之，似新闻记者最活动之时期，当在年龄二十五与四十之间，下此恐无能为役矣。然则欲预备为新闻记者，于知识之外，当时时注意于体格练成极强坚之身体。窃谓我国民之大可悲观者，为青年之不注意于卫生。每至学问稍有所成，而躯壳已为废物。凡神经衰弱与肺痨之症，率多见于青年学子之中，此国民至危之现象也。一校之数百人中，或无十一可以任新闻记者劳剧之操作者，此问题而无圆满解答，则以上所言皆为虚语矣。固不仅新闻记者须有坚强之身体，惟新闻记者之摧折尤甚，故成一极重大之问题。今欲研究补救之方法，可分事前、事后言之。事前之准备，积极的为有益之修养，消极的防无谓之消耗。所谓有益之修养，于常人卫生方法之外，应注意于运动；运动之与新闻职业有关系者，如自行车之使用，徒步之练习，开汽车之技艺等等，皆为周身运动，且与将来之职业亦有效益。至防无谓之消耗，则难以尽言，惟青年之各自善于体会而已。若论事后之补救，则不外于无规则之中，力求劳力之经济。而尤有要者，第一在头脑之冷静。头脑冷静者，运思则精深入微，而立刻可以抛下。所谓状若木鸡，静穆如处女，乃休养神经之善法。且凡事处于第三者之地位，只观察他人之是非成败，而无庸有所喜怒哀乐于其间。此心理与生理之大有关系者，尚有一种休养神经之方法，则非终日对于一事锲而不舍，可交换运思，以求精神之活泼。以上数者并用，脑筋中乃能包含极复杂之事件，而丝丝入扣，毫不纷乱，最后且有特别之精神快乐。如吾人探索一事，其初茫无头绪，及尽得内容，豁然大悟，则其慰安有非寻常之欢娱所能敌其趣味者。吾人十余年来之所以乐此不疲，非必嗜痂甘跖，亦因其中之有至乐存也。

第七节　第三者之高垒

“布衣之宰相，无冕之帝王”，为时时闻诸世人所与新闻记者之尊称。拿破仑常言：“新闻记者之一团，不具何等武装，却比一联队之精强敌兵为可惧。”此皆认识新闻记者之地位与势力者极有意味之观察也。

新闻记者手秃笔一枝，然非武力强权所能夺彼之背后。依彼之笔锋而定其行动之方向者，不知有数万或数十百万之国民，且由新闻纪事而成之史料，经数千万年之后，皆无法可以消灭其痕迹。

但从另一方面而观察新闻记者，有时又可认为孤立而最乏抵抗能力之人。因凡由彼而发生之势力，乃潜移默化之效果，与彼并无明了直接之关系。彼之言论，或为多数国民行动之原力，然决不引以为功而据为己有。是故新闻记者之心目中，无所谓敌，亦无所谓友。观其无敌，似乎甚强；观其无友，则又似甚弱。既非属于社会之第一阶级，亦非属于社会之第二阶级。盖彼之态度，与治者及被治者之间，皆无何等之联属，惟奉其纯诚忠悫之全生涯于真理事实之前。

理想的新闻记者之生命，惟在真理与事实之权化。彼之觉悟、勇气、侠义、良心、感情、智慧等种种神圣光明之要素，悉集中于真理与事实之一途。因是忘其小我，抛弃其小主观，罗列世界上一切事物于真理与事实的X光线之下。

由上之理论归纳之，新闻记者第一层之觉悟，即知自身无论处于何种境遇，皆当确守第三者之高垒而勿失。故惟以真理与事实为标准，不知有友亦不知有敌。例如当政局动摇之际，新闻记者之议论，往往举足可以为重轻，然苟确守第三者之地位，则无论政府党与非政府党皆无彼所粘着之足迹。彼既熟知政府党所采用之主张策略，但同时即谙悉非政府党之态度与立场，而对双方皆无加入协同之义务。换言之，彼不问何时何地，皆常保其超越的与独立的透明无色之精神。

新闻记者所处第三者之地位，不但见之于政治，即凡一切团体之行动，彼亦不肯贸然加入焉。盖既为团体，则必有特殊之利害目的与色彩关系，亦有自称单纯无色，仅为社交的俱乐部之性质者，然必伴以团体的心理，鲜有不与第三者之地位矛盾者也。至于政治上所称中立派或无所属者，似无党派之拘束，然其政治上之行为，必仍依彼辈之共通的心理而活动，否则即不成为“中立派或无所属者”之名称。故新闻记者于可能的范围宁避免加入于任何名义之团体，以始终立乎筑于真理事实之上之第三者的高垒焉。

所谓第三者之高垒，苟具体说明其境界，则新闻记者之写字台而已。新闻记者于手一枝秃笔在写字台上，将所探得之新闻诚实纪载、批评之外，决不从事于实际的何种运动。世人之从事于政治、外交或社会的团体之发起及组织者，无论其名义如何正大，而深探其内层，则上述弊病之外，尚不能完全离去两种原因：（一）为于其表面名义之外，尚隐含有某项作用；（二）于为国家，为社会热心运动之外，尚隐有使自己造成声望之目的。此两者非必与其表面上之名义相矛盾，故不宜完全加以排斥。但究因有此两点之故，使事实之真象稍蒙障翳。新闻记者既须时时保守客观的态度，自以绝不加入为合于理论。余之对于团体运动，即抱此种态度者，虽时常有人以私谊之关系勉强拉入，或片面主张即擅为列名于其中，然大概皆不出席，亦并不发表何等意见。因吾人自有以第三者身份发表意见之场所（报纸上为限），决不愿使自身新闻记者之地位与上述之两点发生何等关系也。每见有号称新闻记者而为其所接近之人开会演说，又自己大书特书发通信稿以送各新闻社登载者，在吾人视之，胥为不正当之行动而已。

余尝以新闻记者比之于法官。法官之对于两造，必其心目中皆认为无关系者，否则易致审判之不公。新闻记者不宜加入于何种运动，即如法官之应与两造皆无关系为同一理解。有时纵遇自己之新闻，然纪载批评时，亦必将两种人格分离，而以“他”称呼自己，于事实之外，不能增加一丝一毫之他种意味。例如余一旦因事被捕，自思确系为无罪者，而纪载此项新闻，亦须与他人之为我纪载无异，不杂入以丝毫感情作用，更不能捏造何等事由而加不利于对方之仇敌。能如是方不失为公平真确，以建树新闻记者之权威。若因与己稍有关系之故，遂颠倒黑白以惑世人，然最后之结果，必有他人能发其覆也。是故文明国之新闻纸，虽属两党之机关新闻，然甲党纪载乙党之新闻，与乙党之自己所载无异，即甲党欲攻击乙党，亦只能对于事实加以反对之批评，而万万不能擅改其事实，抹杀其真相。能如是，则政治上、社会上，自可减少若干无意识之纠纷，双方之防御攻击，皆以事实为标准。执此以衡诸我国之新闻界，觉相差距离未免太远矣。

最后，尚须一言以解世人之迷惑。世每有讥新闻记者为只能坐而言，不能起而行者，所谓“纸上谈兵”，殆对于新闻记者最可菲薄之点也，不知此实陷于根本错误者。新闻记者之职务，只许坐而言，不许起而行；若欲起而行，则当辞去新闻记者之职务。惟“纸上谈兵”云云，似有不负责任之意味。此又不然。新闻记者之纸上谈兵，必皆根据真理与事实，固与所谓不负责任者大异其趣者也。

第八节　虚怀与倔强

新闻记者之照见一切事物，有如不染纤尘之明镜。因镜之本身乃完全空虚，完全无色，然后一切事物之映入，皆不稍改其真相，妍媸悉露，善恶毕呈，是即所谓“毫无成见”者是也。若先加色彩于镜面，未免事物亦随之变其色彩矣。故新闻记者之“虚怀若谷”，比诸无论何人为尤要。前章曾言，新闻纸所纪载之消息，非必可谓绝对无误，新闻记者若以虚怀处之，则无庸固执最初之所闻，“昨非今是”仍无害于新闻之价值。以理想言，新闻纸上之更正，固不可使之常见，否则或至渐失读者之信仰。然从另一方面观察，彼固执主观的认定，至一误再误，而始终不肯屈服于真理与事实之前者，其流弊岂不更大耶？然则两者相较，于其主观的错误到底，至死不悟与文饰己过，不如客观的随事实之判明，而屈从真理与事实。况纪载一种事件，必以后而详者为正确，若最初不无错误，正不妨立即补救，以详确之纪载，使第一次所误载者自归于消灭。若不能虚怀从事，耻最初之错误，竟至擅改事实以求不与第一次所载者矛盾，其最后读者信仰之全失，决不若立即纠正者之尚可挽回一部分矣。

其次，关于误载新闻被害者之要求更正，新闻记者尤当以虚怀迎之。夫新闻纸既为社会公共机关，国民舆论代表，且监督而兼指导之天职，有似于检察官之侦察预审。须知检察官对于嫌疑被告之口供须令其自认为记录无误，然后可作审判之证据。倘供者谓“这一句话我不是这样说的”，则当时即应允许其更改。惟仍证以他项材料，不能全听一面之词而已。而重视其口供，允许其修改，则正法庭之公平处耳。新闻之请求更正亦然。记者一接其来函，不问其如何措词，均应虚怀而为之研究。因为社会公共机关之新闻社，彼亦有与记者平等之发言权也。倘记者所调查实为完全真确，则可词严义正以拒绝其所请求。若彼之请求而果有理由，错误实在于记者，是除却诚恳为之更正外，无他道矣。余尝谓人与人之关系，决不容有丝毫专制性质之存在。而专制不仅政府可以行之，有权力之新闻记者，不屈从真理与事实，惟逞主观的意气，以为我即颠倒是非黑白而人竟无如我何？是即可谥之曰："言论专制。"文明社会中，决不能容许其存在者也。此亦虚怀之运用，为新闻记者所当特加注意者。

新闻记者须有高等的常识，须有数种专门之学问，前已述之。但天下事物之千变万化，所谓处世穷理，决非一人之脑筋可以应付而无误，于此又不可忘虚怀之效用。以余自身之经验，凡遇有一才一艺之长于我者，我即对此一材一艺不惜师事之。他日发生与某一材一艺有关系之新闻时，彼即为我最优良之顾问也。故余在新闻纸上所发表之论说，敢谓十之四五乃从多数顾问处得来者。因学问分业之关系，彼之专心以研究一种学科，必较吾人之有如"垃圾马车"者为精而且博，能合多数专门人才以充吾一新闻记者之顾问，自可以不问议论何事皆绝无"外行"之失态矣；但又须知朋友之结合，必在平日无事时，且不虚怀则决不能有诚恳之交谊，即此"以人才择友"一端。虚怀之意义，顾不甚重大也哉！（注意：所谓人才，不问何种阶级，何种职业。）

新闻记者所以能纳善而完其职务，全有赖于虚怀之美德。然同时又似有一种相反之性质，实则非相反也。惟应用之方面不同，一所以纳善，一所以拒恶。故"倔强"亦为新闻记者应具之性格。

倔强性格应用之方面，在使意志固定，自信力坚强，而不为污浊之环境所诱惑。即加以种种胁迫，然新闻记者意志之坚定如故。所谓"富贵不能淫，威武不能屈"，乃新闻记者保持人格之必要条件。夫新闻记者所处之地位，易受各方温和或激烈手段所侵迫，于上节曾略述之。且新闻记者为精神生活之伟人，物质上所受之报酬，每较他种职业为微薄；况如我国之社会，则新闻记者之生活尤有不安全之恐慌。彼视此为争名夺利之暂时的手段，借作蟾宫之捷径，曾无几时即"得鱼而忘筌"者，盖项背相望也。故必坚苦卓绝之士，蒙患难冒危险，知人生于世之真价，视他人之富贵势力如浮云；且虽幽囚受辱而安之若素，是皆所谓"倔强"性质之表现。更有要者，新闻记者之天职，在平社会之不平。故苟见有强凌弱众暴寡之行为，必毅然伸张人道而为弱者吐不平之气，使豪暴之徒，不敢逞其志，不能不屈伏于舆论之制裁。凡此皆须有倔强之性质者乃敢为之，自身之利害却有所不顾。新闻记者所以为社会之公人，其价值亦即在此耳。

选自邵飘萍：《新闻学总论》，北京京报馆，1924，第26–48页，本书所用标点为编者加注

4. 复习问题

（1）仔细阅读文章，并结合时代背景，理解邵飘萍为什么称新闻记者之德性第

一重要的事情就是保持“人格之尊严与独立”？

（2）为什么邵飘萍强调最普遍最丰富之“高等的常识”是新闻记者知识方面之第一必要条件？

（3）如何理解文章当中“虚怀与倔强”这一对看似矛盾的关系？

5. 思维训练

（1）邵飘萍在文章中强调的“社会之公人”“第三者之高垒”与马克思主义新闻观中强调的党性原则矛盾吗？如何辩证地看待邵飘萍的新闻思想？

（2）新媒体时代，要成为一名优秀的新闻记者，应该具备哪些方面的知识？邵飘萍“高等的常识”的观点有哪些当代价值？

（3）现实中，记者能够具备“布衣之宰相，无冕之帝王”的地位吗？为什么？可以通过哪些途径保障新闻记者的权益？

四、“立言记事，态度要严肃”

——胡政之：《1947 年在上海馆编辑部会上的讲话》

1. 写作背景

《大公报》由英敛之 1902 年创办于天津，是迄今中国发行时间最长的中文报纸，也是中华人民共和国成立之前影响力最大的报纸之一。长期以来，《大公报》以“忘己之为大，无私之谓公”为宗旨，虽也有历史和认识上的局限，但一直是中国民间报纸的优秀代表。抗日战争期间，《大公报》高举自由主义旗帜，坚持效忠国家民族，以笔为枪，与日本侵略势力进行了艰苦卓绝的斗争，体现了中国新闻工作者的良知和坚韧。抗日战争胜利后，《大公报》上海版和天津版于 1945 年 11 月 1 日、12 月 1 日相继复刊，形成了一报多刊的辉煌局面。

正当《大公报》逐渐恢复生机时，1947 年《大公报》受到国民党施加的前所未有的压力，不断有流氓、特务到上海南京路《大公报》报馆门前叫骂，诬蔑《大公报》“靠卢布吃饭，为共匪宣传”，民国路编辑部还曾被军队包围，声称编辑部“窝藏共产党员”。此前一年的下关惨案中，记者高集遭到殴打。1947 年，记者唐振常被中统拘捕，后经解救释放。同年，国民党《中央日报》于 1947 年 12 月 30 日发表社论，诬陷上海《大公报》“掀起学潮，淆乱是非，颠倒黑白，危害青年”*，并指名叫骂《大公报》总编辑王芸生。时局艰难，报社前途未卜，但身为总经理的胡政之并未屈服。他频繁奔波于上海、天津、重庆等地，先后发表《在上海馆编辑部会上的讲话》（1947 年 7 月 5 日）、《在上海馆编辑会议上的讲话》（1947 年 7 月 14 日）、《对津馆经理部同人的讲话》（1947 年 7 月 18 日）、《对天津馆编辑部同人的讲话》（1947 年 7 月 21 日）、《在上海馆社评委员会上的讲话》（1947 年 8 月 25 日）、《认清时代维护事业 对渝馆编辑部同人的讲话》（1947 年 11 月 27 日）等文章，为各馆职员打

* “爱护学校，爱惜自己！”《中央日报》，1947 年 12 月 30 日，第 2 版。

气鼓劲。本书所选这篇文章就是他在 1947 年 10 月 22 日上海馆编辑部会上的讲话。

显然，1947 年对于《大公报》来说，可谓多事之秋。

2. 阅读提示

文章首先用较大篇幅陈述了《大公报》的历史和现状。胡政之指出，抗日战争期间，大敌当前，情势紧急，《大公报》的方针是唤起民众，抗战到底，因此对政府措施拥护多、批评少。但是抗日战争结束后，国家的主要矛盾已经不是对外御敌，《大公报》按照民间报纸的定位，又逐渐回归到民间立场，逐渐多替老百姓讲话，多揭发政府的种种弊端。这种符合《大公报》一直以来书生报国、文人论政的努力，却遭到了谩骂和仇恨。

胡政之指出，近十年来，由于内外环境，《大公报》在国内外都颇有声誉，地位大大提高，这就导致了报馆同人的平日是是非非和少数表现出不必要的骄矜，让被批评者感觉不顺眼。另外，当局者面临军事上、政治上、经济上的种种危机，面对《大公报》的揭露批评，也是非常不情愿的，这就导致了报馆同人被捕等危险的局面。尽管同人被营救出来，但是面临这些危机，大家应该从公私两方面谨慎应对：

就公而言，《大公报》对于内战，仍然是主张和平。因此，报纸应该成为舆论的中心，一般民众对国家大事多不关心，《大公报》就要肩负起普及政治教育的使命。同时，要警戒报馆内部对立的心理。要知晓“左”“右”是相对的，不是绝对的，而且相反适足相成。只要同人们遇事求心安理得，一切便没有问题。

就私而言，《大公报》不可结私仇，不可伤害个人，处事接物要谦虚，以免招致同业间或任何其他方面的嫉妒，执笔为文时，万万要设身处地，切不可使任何人感觉受我报声光的压迫。立言记事，态度要严肃。批评一件事情要堂堂正正、光明磊落，切忌嬉笑怒骂、逞快一时。要立得正，能够站得稳，横逆之来既不可免，危险性总比较小些。

胡政之是一个具有理想主义热情的专业记者，他真诚希望《大公报》能够“真正站在新闻立场，以舆论影响社会，以消息传布民情”*。综观胡政之公私两方面的谨慎应对举措，既是民间报纸在激烈政局中挣扎的表现，也是新闻专业主义在职业报人身上的体现。特别是“立言记事，态度要严肃”一话，

* 陈纪滢：《胡政之与大公报》，掌故出版社，1974，第 76 页。

是对所有新闻从业人士永恒的提醒。

3. 文献原文

沪馆编辑部会议胡总经理谈话全文

三十六年七月九日　梅焕藻记

自从五月二十日南京游行学生被打事件发生以来，我报可以说遭逢了多事之秋，这也证明了《大公报》是和国家共利害的。民国十五年我和其他几位同人接办本报，那时不过抱了书生报国，文人论政的志愿。以后的种种变迁和史无前例的八年抗战，在那时是未曾考虑到的。

在八年的抗战期间，大环境（整个国家）固然艰苦，但是小环境（我们自身）倒还舒服。这是因为抗战期间，我们的篇幅小，而且在空前国难的大前提下，言论方针也容易订定。不过，到了抗战的后期，我记得曾经一再提醒同人说我报的困难将随胜利以俱来。

抗战最初发生的时候，大敌当前，情势紧急，我报的方针是唤起民众，抗战到底，因此对政府的措施，拥护多而批评少。过了三四年，我在香港和季鸾先生商定要逐渐多替老百姓讲话。不久之后，除了在言论方面依上述决定而行，还开放了“读者投书”。

三十四年八月，胜利来临。我们是民间报纸，当然要回到民间的独立的立场，但同时只要我们认为政府的政策是对的，我们仍然拥护它。不幸的是：在我们认为当然的，在政府硬以为我们变更态度。我们对于接收的种种弊端曾经无情地予以揭发。我们的作为一方面帮助了政府，使它明了了接收官员的不法；一方面为民喉舌，的确使老百姓高兴感激。凡事有利便有弊，我们的揭发得罪了一部分有特殊势力的人。适逢其会，南京的《救国日报》出来了，该报主持人也是接收人员之一。如同大家所知道的，《救国日报》是靠谩骂《大公报》过日子的。该报攻击我们，起初还是个人的行为，后来其他的接收人员，见有“纸燃”可以利用，便推波助澜，从而极力支持之。这时候我从美国回来，在南京听说有人向最高当局进谗言，说《大公报》馆里面有共党分子，当局虽不深信，却也认为外勤同事或驻外人员中不免有之。一切的怨毒都证明了我的预料，即胜利之后我报的困难只会加多，不会减少。

对于《救国日报》的谩骂我们不辩。对于外间说我们是政学系的机关报，我们也不辩。这是什么道理呢？这是因为我们的言论要与天下共见，任何巧妙的宣传总归不能改变事实。

近十年来，由于内外环境，我报不但在国内著声光，就在国外也薄有虚名。我报国内外的地位高了，同人中便不免有少数不自觉而骄矜。我们平日是是非非，被批评的人已经不高兴，现在同人中既有少数表现出不必要的骄矜，他们便更加觉得不顺眼。另一方面，当局者面临军事上、政治上、经济上种种危机，徘徊歧途，烦恼特甚。眼见别人家的逢迎备至，而我们翘然独异，自然也是一百个不高兴，破坏我们的人见有机可乘，遂进谗言，因此有五月二十日以后的种种。

除了破坏分子和嫉恨我们的同业，我们另外还有仇人。如果我们漫不经心，这些仇人的存在我们竟会不加注意的。在今日的社会里做好人难，做坏人易。一般人不但常常以耳代目，而且专门喜欢揣测背景，研究动机。换句话说，就是不容许有特立独行的精神。譬如说，我们主张一件事，完全因为那件事于国家有益，但是喜欢揣测研究的人们非要做一番推敲的工夫不可。结果，不是说我们动机如何如何，便是说我们背景如何如何。他们甚至于还要做些事不干己，损人不利己的工作。这一点是值得大家警觉的。

被捕的同人现在都已恢复自由，虽然一二人还留有"帽子"，我以为是不足重视的。我国政界有一恶习，就是官家只有错拿没有错放。假使一顶"帽子"也不留，试问捉人者将如何交代？

《大公晚报》上许多尖锐刻薄的文字，不知有多少人曾经对我指出其不妥，甚至有人说上海不能控制重庆。我也未尝不一再去信重庆，希望改善，可惜同人未予深切注意。从事新闻事业根本是带有危险性的，何况中国还在乱局之中？何况中国还没有民主，没有自由？现在总动员案已经通过，显出了一个弓上弦刀出鞘的局面。我们全体同人更应小心火烛，一刻也疏忽不得。

然而，今后我们应当如何应付呢？关于这一问题，我想就公私两方面来说：

就公而言，我们的根本方针不容变更。对于内战，我们仍是主张和平。纵使现局之下暂不率直要求和平，三五个月之后——那时候战局一定还是相持不决——我们不仍是可以要求和平？一般民众对国家大事多不关心，我们要肩负起普及政治教育的使命。我们要凭一枝笔、一张纸，苦口婆心，启发不关心政治的民众。完成这个使命需时或在五十年以至百年。因此，我们要有信念，要有耐性，要有恒心。我们的事业从来没有接受过任何方面的津贴，从前英敛之先生也是如此。《大公报》到今天，不知是多少人的心血结晶，我们要加意爱护这个事业，使它成为舆论中心。我们要警戒着内部千万不可有对立的心理。要知"左""右"是相对的，不是绝对的，而且相反适足相成。只要我们遇事求心安理得，一切便没有问题。

就私而言，我们不可结私仇，不可伤害个人，处事接物要谦虚，以免招致同业间或任何其他方面的嫉妒，我们执笔为文，万万要设身处地，切不可使任何人感觉得受我报声光的压迫。立言记事，态度要严肃。批评一件事情要堂堂正正，光明磊落，切忌嬉笑怒骂，逞快一时。我们要牢记八年抗战中我报只受赞扬，不受责难的局面已随抗战以俱去。现在已是平常时代——不，现在比平常时代险恶多多。我们要站得稳，能够站得稳，横逆之来纵不可免，危险性总比较小些。即使个人遭遇横逆，只要没有党派关系，报馆绝对负责营救，这是可以请大家放心的。

原载于《大公园地》复刊第6期1947年10月22日，第3–4页

4. 复习问题

（1）结合历史，梳理和理解包括《大公报》在内的民间报纸在当时政局中的遭遇。

（2）从社会责任论的角度，分析“立言记事，态度要严肃”的理论价值和实际意义。

5. 思维训练

（1）认真阅读《〈大公报〉全史（1902—1949）》，如何正确评价《大公报》在国共内战期间的表现？

（2）结合阅读提示，你认为《大公报》在抗日战争期间对政府措施拥护多、批评少的表现，违背了它一贯以来坚持的民间立场吗？

（3）胡政之的“立言记事，态度要严肃”，要求新闻工作者在工作过程中保持审慎的态度，但还有论说要求新闻工作者在新闻活动中胆子要大、文风要犀利、揭露要深刻，你认为这两种观点矛盾吗？为什么？

五、“不党、不卖、不私、不盲”的“同人志趣”

——张季鸾：《本社同人之志趣》

1. 写作背景

谈中国新闻传播事业，不能不谈《大公报》；谈《大公报》，不能不谈“四不”方针。当代中国新闻史学界泰斗方汉奇先生曾评价该理念说：“它是对民国初期新闻界全面堕落的一种否定，也是《大公报》主持人对自身经验的一种总结，是中国资产阶级舆论界走向成熟的一个标志。”*

* 方汉奇：《中国新闻事业通史》（第二卷），中国人民大学出版社，1996，第460页。

1902年，英敛之在创办《大公报》时，便是取“忘己之为大，无私之为公”之意，以“开风气，牖民智”为宗旨，创刊之初即以直言敢谏而著称，由此开创了中国民营报纸自由主义的先河。1926年，吴鼎昌、张季鸾、胡政之合组新记公司复办《大公报》，更将《大公报》客观公正的立场与直言敢谏的风格发挥到极致，在当时的新闻界树起了一面新旗帜。

1926年9月1日，“新记”《大公报》创刊，张季鸾在创刊号上发表《本社同人之志趣》的文章，提出了“不党、不卖、不私、不盲”的“四不”方针。张季鸾对“四不方针”的解释如下：

“曰不党：纯以公民之地位，发表意见，此外无成见，无背景。凡其行为利于国者，拥护之；其害国者，纠弹之。曰不卖：声明不以言论作交易，不受一切带有政治性质之金钱补助，且不接受政治方面入股投资，是以吾人之言论，或不免囿于智识及感情，而断不以金钱所左右。曰不私：本社同人，除愿忠于报纸固有之职务外，并无它图。易言之，对于报纸并无私用，愿向全国开放，使为公众喉舌。曰不盲：夫随声附和，是为盲动，评诋激烈，昧于事实，是谓盲争，吾人诚不明，而不愿限于盲。”

之所以提出“四不”方针，一方面与当时报界的艰难有关，“报界之厄运，至今日而极矣！军权压力，重逾万钧；言论自由，不绝一线。而全国战兴，百业俱敝，报纸营业遂亦大难。通观国中，除三数社外，大抵呻吟憔悴于权力、财力两重压之下，岌岌不可终日。”另一方面，与创办者的思想有关，这个时期的张季鸾，心中充满了对新闻职业专业化与职业权威的追求，他认为：“报纸天职，应绝对拥护国民公共之利益，随时为国民贡献正确实用之知识，以裨益国家。业言论者，宜不媚强御，亦不阿群众。”也因如此，尽管他已显现出一定的“亲蒋”“拥蒋”倾向，却并未影响《大公报》新闻言论的理性与独立。尤其在报道中国共产党方面，张季鸾始终坚持“四不”精神，把共产党和国民党平等看待，不称红军为“共匪”，多次派记者采访报道共产党领导人和八路军战士等，对促成抗日民族统一战线、争取抗战胜利立下了不小功勋。为此，1945 年 9 月 20 日，毛泽东在重庆《大公报》报馆欣然题字“为人民服务”*，以示认可。

* 王传寿：《中国传媒》，安徽教育出版社，2003，第 109 页。

“四不”方针的提出，宣告了《大公报》的独立地位，也是近代中国民间自由报纸的一次大胆尝试，推动了《大公报》成为中国近代史特殊政治环境下较为罕见的、真正意义上的上公共领域，构建了一个能为大众代言的公共话语空间，是大众媒体的“公器”属性在中国社会发展史上一次较早的展现。从另一个角度来看，若干年后，无论是针砭时政、抨击权贵，还是为民请命、代民立言，《大公报》都体现了“拥护国民公共之利益”的职业理想与职业追求。其所追求和践行的新闻客观、经济独立、言论公允、服务公众的报业精神，与西方新闻界以客观性、真实性、自由性、独立性为特征的新闻职业要求有诸多共通之处，也正是今天倡导的新闻专业主义的基本精神。

2. 阅读提示

“四不”方针是《大公报》的立报之本，也是《大公报》在中国当时新闻界独领风骚的根本原因所在。

何谓“不党、不卖、不私、不盲”？张季鸾在文中进行了明确阐释：

“不党”并非中立之意，也不是敌视政党，而是与党派无一切连带关系，原则上等视各党，纯以公民之地位发表意见，此外无成见，无背景。

“不卖”，就是经济自存，不以言论作交易，不接受一切带有政治性质的金钱补助和政治方面的入股投资。

“不私”，就是报纸并无私用，向全国开放，为公众喉舌。

“不盲”，即不盲从、不盲信、不盲动，不盲争。

“四不”方针可以说是张季鸾关于新闻的论述的核心。1941 年 5 月 15 日，《大公报》荣获美国密苏里大学新闻学院授予的外国报纸年度荣誉奖章。张季鸾、胡政之向美国公众发表题为《自由与正义胜利万岁》广播致辞：“我们对任何人或任何党派并无说好说坏的义务。除去良心的命令以外，精神上不受任何约束。我们在私的意义上，并不是任何人的机关报，在公的意义上，则我们任何人甚至全世界任何人，只要在正义的范围，都可以把《大公报》看作是自己的机关报。”这段话可视作对“不私”方针的发挥。

1943 年 9 月 6 日，《大公报》重庆馆同人举行张季鸾逝世两周年社祭，胡政之在会上宣布董事会新近制定的《大公报同人公约》五条，其中第一条规定“不私不盲”四字为《大公报》社训。随后，胡政之在《大公园地》第 8 期发表《同人公约的要义》，对“不私不盲”社训的来历进行说明：“记得民国十五年九月一日本报的第一篇社评里，我们就曾经说明本报的基本立场，提出‘不党、不卖、不私、不盲’八个字，而现在我们的社训‘不私不盲’，就是将以上八个字归纳起来的——‘不党’可以归入‘不私’，‘不卖，可以归入‘不盲’。这‘不私不盲’四个字，一方面是本社的最高言论方针，另一方面也可以说是本报同人对人对事的指导原则。”

“四不”方针的提出，是自由主义新闻理论在中国形成的标志。在张季鸾提出“四不”方针之前，也有一些报人曾经提出过“无偏无党”“言论独立”“经济独立”的自由主义办报思想，但不如“不党、不卖、不私、不盲”详切和贯通。张季鸾认为报纸是公共论坛，“公众的喉舌”，因此报纸要超越党派，言论独立，“纯以公民之地位发表意见”；而超越党派、言论独立，首先必须做到经济自存，不接受带有政治性质的资助补贴和政治方面的入股投资，使言论不为金钱所左右。至于“不盲”，则是张季鸾心目中报纸言论的最高境界，可见，“不党、不卖、不私、不盲”是彼此贯通、互为因果的四个概念。

3. 文献原文

本社同人之志趣

报界之厄运，至今日而极矣！军权压力，重逾万钧；言论自由，不绝一线。而全国战兴，百业俱敝，报纸营业遂亦大难！通观国中，除三数社外，大抵呻吟憔悴于权力、财力两重压制之下，岌岌不可终日。清末以来，言论衰微，未有今日之甚者也。然察民国以来新闻事业失败之历史，其原于环境者半，原于己身者亦半。报纸天职，应绝对拥护国民公共之利益，随时为国民贡献正确实用之智识，以裨益国家。业言论者，宜不媚强御，亦不阿群众。而事实上能之者几何？况国事败坏，报纸实亦负有责任。是以特殊势力之压迫言论，固足彰少数人之罪，而不必即反映言论界之功；国民虽痛愤强权之非，而不必即谓报纸之是。一言蔽之：舆论亡矣！国民即欲审利害、定国是，将焉赖乎？本社同人投身报界率十余年，兹复以言论与国民相见，识浅力微，无当万一，仅举四端，聊以明志。

第一不党　党非可鄙之辞。各国皆有党，亦皆有党报。不党云者，特声明本社对于中国各党阀派系，一切无联带关系已耳。惟不党非中立之意，亦非敌视党系之谓。今者土崩瓦解，国且不国，吾人安有中立袖手之余地？而各党系皆中国之人，吾人既不党，故原则上等视各党，纯以公民之地位发表意见，此外无成见，无背景。凡其行为利于国者，吾人拥护之；其害国者，纠弹之。勉附清议之末，以彰是非之公，区区之愿，在于是矣。

第二不卖　欲言论独立，贵经济自存。故吾人声明不以言论作交易。换言之，不受一切带有政治性质之金钱补助，且不接收政治方面之入股投资是也。是以吾人之言论，或不免囿于智识及感情，而断不为金钱所左右。本社之于全国人士，除同胞关系一点外，一切等于白纸，惟愿赖社会公众之同情，使之继续成长发达而已。

第三不私　本社同人，除愿忠于报纸固有之职务外，并无私图。易言之，对于报纸并无私用，愿向全国开放，使为公众喉舌。

第四不盲　不盲者，非自诩其明，乃自勉之词。夫随声附和，是谓盲从；一知半解，是谓盲信；感情冲动，不事详求，是谓盲动；评诋激烈，昧于事实，是谓盲争。吾人诚不明，而不愿自陷于盲。

以上四者，为吾人志趣之大凡。至于注重社会经济，详论国际潮流，总期勉尽现代报纸应尽之职务，以抒其服务社会之诚。虽然，其志则然耳。当兹神州鼎沸之秋，凡我全国同业所受有形无形之压迫，吾人宁能独逃。尤痛者，法律失效，纲纪不存，而独愿发扬清议，享现代国家报界普通之权利，宁不奢乎？荆棘满地，冥夜长征，吾人惟本其良知所诏示，忍耐步趋，以求卒达于自由光明之路。各界人士，南北同业，其同情吾人而有以助之乎？不胜馨香祝之矣！

原载于《大公报》1926 年 9 月 1 日第 1 版，本书所用标点为编者加注

4. 复习问题

（1）“四不”方针的具体内容有哪些？它的提出有什么标志性意义？

（2）结合《大公报》的历史，用具体案例阐述“不党”。

（3）结合《大公报》的历史，用具体案例阐述“不卖”。

（4）结合《大公报》的历史，用具体案例阐述“不私”。

（5）结合《大公报》的历史，用具体案例阐述“不盲”。

5. 思维训练

在阅读本文的基础上，阅读张季鸾先生《大公报一万号纪念辞》（1931 年 5 月 22 日）、《本报复刊十年纪念之辞》（1936 年 9 月 1 日）、《论言论自由》（1937 年 2 月 18 日）、《本社同人的声明》（1941 年 5 月 15 日）等收录在《季鸾文存》中的重点文献，初步归纳张季鸾关于新闻的论述。

六、“言论自由，为报界切肤之问题”

——戈公振：《中国报纸进化之概观》

1. 写作背景

《中国报纸进化之概观》一文最初发表于1927年《国闻周报》第4卷第5期，作者为著名新闻学家戈公振先生，后又作为“总论”被收录在《中国报学史》一书中。

戈公振的一生与《中国报学史》紧密相连，这大抵是由《中国报学史》在中国新闻传播史上的奠基地位决定的。《中国报学史》第一次系统全面地介绍和论述了中国新闻事业发生发展的历史。全书汇集了大量的第一手材料，用丰富翔实的材料、严谨的考证将汉唐到五四运动前中国报纸的历史进行了概括总结，勾勒出了中国新闻事业产生、发展的清晰脉络，确定了中国新闻史研究的内容。它作为第一本由中国人编写的研究中国报纸史的专著，其出版标志着中国新闻史系统研究的开端，代表了 1949 年前中国报纸史研究的最高学术水平，为中国新闻事业史的研究作出了开拓性的贡献。

或许是戈公振在新闻史的贡献太过于光芒耀眼，学界对戈公振的新闻思想没有足够的重视。实际上，戈公振先生在新闻编评、媒介管理、广告经营、新闻法制、新闻教育、通讯社建立等诸多方面都有自己独特的观点和建树。他首创的《图画时报》，使我国报纸的画刊从“石印时代”迈入了“铜版时代”，掀开了中国画报史上崭新的一页；他设立专门的摄影队伍，发展新闻摄影事业，是中国新闻摄像通讯社的开拓者；他是我国第一批到大学讲台公开讲授新闻学的拓荒者，是我国早期杰出的新闻教育启蒙者，也是国际上较早提出国民媒介教育的倡导者；他亲手创办的《申报》“图书资料参考部”和拥有一整套资料积累、科学管理制度的《申报》剪报室，是我国最早的，也是 1949 年前中国所有报馆中唯一完备的报纸资料室；他追求法制进步，在宪法层面呼唤言论自由、在刑法层面反对新闻迫害、在民法层面倡导新闻所有权；他参加东北事务调查团，参加国际会议，参观外国媒体，积极关注我国落后的新闻事业，将先进的新闻思想传递到国内。当然，戈公振的《中国报学史》就不用说了，它是我国第一部全面而系统地叙述中国报纸发展史的专著，是1949年前中国的新闻学著作中唯一有外文译本的一本书，也是1949年后唯一多次再版的中国新闻学著作。从历史的角度来看，戈公振先生精通外语，可谓近代中国全面掌握世界新闻学研究现状的第一人，加上他在上海《时报》和《申报》的工作实践经验，他特别擅长以西方成熟的新闻理论来研究中国报业的现实问题，并在比较中展开研究，在报纸与社会文化的广泛联系中进行分析，因此，他当年闪现在论说中的大量创见，就成为中西新闻思想交流和中国新闻观念演进的“桥梁”。

恰如新闻学界泰斗方汉奇先生评价的那样：“像戈公振这样的在新闻战线的各个领域都作出杰出贡献的多面手和全才，在中国新闻史上是十分罕见的。也许只有邵飘萍稍稍能与比肩，此外再也找不出第二个人来了。”* 同时，因为戈公振所处时代的特殊性，戈公振先生的新闻思想又与爱国主义的时代特征相互交融，特别是他“办报为救国”的宗旨，呈现出五四运动前后新闻界知识分子特有的精神世界，可以折射出中国知识分子的思想变迁。

*方汉奇：《新闻界巨星戈公振》，载江苏省政协、盐城市政协、东台市政协文史资料委员会：江苏文史资料第44辑 戈公振纪念文集1890—1990[M].《江苏文史资料》编辑部，第35页。

《中国报纸进化之概观》中，戈公振先生关于“言论自由，为报界切肤之问题”的表述，深刻地揭露了北洋政府对报业的迫害，是中国职业新闻人对言论自由的热切呐喊，是对集权专制的激愤抗议，是中国自由主义新闻思想兴起的时代之音。

2. 阅读提示

《中国报纸进化之概观》一文，顾名思义，梳理了中国报纸的产生和发展过程。

首先，戈公振梳理了中国自《邸报》以来的报业发展史，特别对共和告成以后的报界现状展开描述。“共和告成以后，革命之目标失，报纸之论调，或主急进或主缓进，然其望治也尚同。迨经洪宪复辟之祸，受年年军人利诱威胁之蹂躏，舆论颠倒，道德堕落。北京为政治中心，因利津贴而办报者有之，因谋差缺而为记者者有之，怪状尤百出，于是杀记者封报馆之案，亦屡见不鲜。自好者流，翻然觉悟，改向本身努力，以求经济之独立，然商业色彩太浓，渐失指导舆论之精神，是其病也。不过自全体言之，欧战以后，报界思想之进步，不可不谓一线曙光，如对内则有所谓废督裁兵之主张，对外则有所谓废除不平等条约之论调。苟循斯途以进行，则去中华民族自决之期不远矣。”

其次，他从内容、新闻、文艺、广告、外观、印刷、发行等多个层面对报纸的发展展开了论述，并从报纸数量的角度与日本、欧美国家展开对比，认为“从我国地大物博人众种种方面言之，现有之报纸，不能谓供求相应也”。这一方面的观察体现了戈公振在观察中国报纸进化过程中的细致程度和能够进行国际比较研究的超强能力。最后一部分是文章的核心部分。戈公振作为“新闻自由”的热烈提倡者，先是陈述了言论自由的重要性，“自报纸改进上言之，言论自由，为报界切肤之问题，此问题不解决，则报纸绝无发展之机会”。随后他对洪宪以来，当政者对报界和报人的迫害作了痛心疾首的声讨。他指出，英国有以“红旗”名报者，德国有以“炸弹”名报者，国会中有共产党，而外国政府并不禁止。相比之下，中国无论在位者何人，对言论自由都是厌恶和摧残的。面对这种压迫言论自由的行径，报界必须团结一致，以与之抗，而人民更应充当报纸之后盾，随时防止恶势力之潜滋，不稍松懈，因为“拥护言论自由，实亦国民之天职也”。

最后，戈公振还就报纸的内容、新闻的来源、文字的使用、国际新闻的翻译、报业工人运动、记者代表舆论等内容进行了论述，希望“吾同业知环境之不良，有彻底之觉悟，重视本业，勿务其他，迎合世界之新潮，发皇吾侪之美质，天职所在，其共勖之”。

3. 文献原文

中国报纸进化之概观

上海时报记者戈公振君近著《中国报学史》，读其结论，于中国报纸之进化可以了如指掌，因案得先为披露，以贡世之注意报纸事业者快睹焉记者识

（一）

自报纸历史上言之，《邸报》之产生，为政治上之一种需要，汉唐当藩镇制度盛行时，其驻在京师之属官，皆有《邸报》之发行。其纪载甚简单，无非帝皇诏令，诸臣奏议，与官吏升降而已；清初改称《京报》，其性质与前代无异。狭义言之，《邸报》与《京报》不过辑录成文，无评论，无访稿，似不足称为报纸，然当时消息，公开传布，

惟此类物则谓其已具报纸之雏形，亦固无可非议也。《邸报》与《京报》之发行，初为朝廷默认之一种事业，有手写者，有木刻者，有木板印刷者。清末下诏，预备立宪，方正式发行政治官报，为朝廷宣布法令之机关。而当时各省所发行之南北洋官报等，且于谕折外有评论，有新闻，俨然与民报相颉颃。官吏有知宣传之利者，或自出资创办报纸，或收买报纸以为一己之喉舌，此为半官报之滥觞。迨民报论调，多数转而鼓吹革命，清廷曾于内地厉行封禁，有代以官报之意，惜秕政百出，与人民希望相左，辛亥之局既成，非空言所能挽也。

搜集社会发生之事件，以一定时期印行者，自西历一六一五年起，创于德国之政府报（Frankfurter Journal），而踵行于欧美各国。后二百年基督教新教教士东来，师其成法，于一八一五年发行华文月刊，刊名《察世俗每月统纪传》者，是为我国有正式报纸之始，发端于南洋群岛，流行于通商口岸，如澳门、广州、香港、厦门、宁波、上海、天津与汉口等处。同时又发行西文报纸，调查中国风土人情，为其国人来华之向导。总之，其目的不外传教与通商二者，以厉行殖民政策而已。西报之论调，有时似若为我国借箸而筹，实则大半便利私图，为外交上之一种策略。今且利用军阀之争，以鼓吹遏止革新运动，传播国际间之恶空气为事，肆无忌惮，此诚我国仅有之怪现象也。

英美在华之官吏教士，于光绪十三年，设广学会于上海，以赞助中国革新相标榜。其最初之手段，在翻译新书，发行杂志，我国人颇受其影响，故中日一战之后，学会纷起。而强学会为尤著，其所发行之《中外纪闻》与《强学报》，主张君宪，实开华人论政之端。戊戌政变后，有志之士，既绝望于朝廷，乃举其积虑，诉诸民众。有以介绍学艺为己任者，有以改良政治为目标者，于是一般对于报纸，不仅单纯的商情观念，而渐有活泼的政治与艺术思想。未几革命之说起于香港，蔓延于上海，沸腾于东京之留学界，而种族学说，尤单刀直入，举世风靡，虽清廷屡兴文字之狱，而前仆后继，不底于成不止。国人争自由平等博爱之精神，当以此为极度矣。

共和告成以后，革命之目标失，报纸之论调，或主急进或主缓进，然其望治也尚同。迨经洪宪复辟之祸，受年年军人利诱威胁之蹂躏，舆论颠倒，道德堕落。北京为政治中心，因利津贴而办报者有之，因谋差缺而为记者者有之，怪状尤百出，于是杀记者封报馆之案，亦屡见不鲜。自好者流，翻然觉悟，改向本身努力，以求经济之独立，然商业色彩太浓，渐失指导舆论之精神，是其病也。不过自全体言之，欧战以后，报界思想之进步，不可不谓为一线曙光，如对内则有所谓废督裁兵之主张，对外则有所谓废除不平等条约之论调。苟循斯途以进行，则去中华民族自决之期不远矣。

（二）

自报纸内容上言之，同光间之报纸，因受八股盛行之影响，仅视社论为例文，经甲午、庚子诸变后，康梁辈之新民自强诸说出，始为社会所重视。革命派之报纸，则以社论为主要材料，执笔者亦一时知名之士，惟其有明确之主张，与牺牲之精神，故辛亥革命乃易于成功耳。当光绪末宣布预备立宪时，各报均延学律之士主笔政，《时报》创始后，曾于社论外别立时评一栏，分版论断，扼其机枢，与今之棱模两可、不着边际者截然不同，故能风靡一时。民国初元，报纸之论调，虽以事杂言庞为病，然朝气甚盛，上足以监督政府，下足以指导人民。乃洪宪以后，钳口结舌，相率标榜，不谈时政，惟以迎合社会心理为事，其故或以营业为宗旨，不欲开罪于人，或有党派与金钱之关系，不敢自作主张，于是人民无所适从，军阀政客无所顾忌，造成今日之时局，报纸不能不分负其责也。

以新闻言，嘉道间杂志以教务为主要材料，商务次之，如教士之来去，船只之进出等是。咸同间日报踵起，以《京报》为主要材料，辕门钞次之，各公署牌示又次之，余为琐闻，然亦以官事为多。严格论之，直翻印之官报耳。光绪初，港沪西报渐多，迻译较便，同时两地报纸互相转录，材料乃不虞缺乏，然关系政治问题者仍不敢登载，故聊斋式之社会消息，乃占重要位置。甲午以后，维新运动发生，政治新闻始见进步，各国之新事新物，亦能尽量绍介。自戊戌政变以迄辛亥革命，则篇幅几为政治新闻所独占。外交问题，虽注意而不甚了解。欧战以后，经过巴黎、华盛顿诸会议，始稍明了世界大势，而时见有统系之纪载。年来因教育实业之发展，社会新闻已大改观，如教育商务之各有专栏是，然因军事扰攘，仍不免偏重于政治方面也。

以文艺言，初均以诗文戏评为补白之唯一材料，上焉者为斗方名士，自矜风雅之场；下焉者则以提倡嫖赌为事，腐气满纸，不堪入目。庚子以后，此栏始稍改观，时有关系政治之作。民国以后，虽篇幅大拓，而迄未脱旧日窠臼。欧战以后，世界思潮一变，《时报》别创《教育周刊》以灌输新潮，《晨报》《国民公报》等踵起，于文艺上遂发生一大革命，不过重理论而轻事实，杂志之色彩太浓，未为一般读者所欢迎。近《申报》增设之《艺术界》，以介绍音乐、绘画与新书为事，新闻为主，议论为辅，渐有改良社会之倾向焉。

以广告言，其形式初均若今日之分类栏，其性质亦完全属于商务者。甲午以后，始有学校广告，书报广告亦渐多。《申报》初创时，取价西人广告较华人广告为贵，但以华人殊无登广告之习惯，故不久取消，西人广告因是充满于各报。关于医药化妆品之类，占地又特大，华人尤而效之，于是不道德不信实之广告日多。近年以外交关系，拒登英日广告，英日广告之数量，在外人广告中为最多，各报收入大受影响。然因报纸日见流行，渐得社会之信仰，华人广告已渐增多，凡有公告性质者，几无不以报纸为媒介。不过报纸之营业色彩亦渐重，至将广告登于新闻之中，颇碍读者视线，有时且为广告而滥登不道德不信实之新闻与评语，此则亟宜矫正者也。

（三）

自报纸外观上言之，最初报纸之形式，无论每日出版或两日以上，几一致为书本式，即以大张发行者，亦分页可以裁订。至光绪末叶，日报尚多如此，盖当时报纸之内容，新闻少而文艺多，直与书籍无异，故报纸常再版出售，而不闻有明日黄花之讥。至《时报》始废弃书本式，而形式上发生一大变迁。民国成立以后，报纸渐多，形式已归一律，其内容亦新闻日增而文艺日减，舍杂志外，遂不复为保存之便利计矣。

日报创自西人，故形式初亦与西报无异，分每页为四五直栏，其排列由上而下，至《申报》始废直栏，其排列由右而左，至《中外日报》始分横栏，至《时报》始分一纸为四大页，即今日通行之形式也。当《时报》初创时，其形式颇为社会所反对，以为面积太大，不便阅览，亦可见习惯之足以囿人也。

日报之编制，其初首为论说，亦有无论说者，次为新闻，其题目均为四字成语，逐日更换用之，末为诗文，均杂登一处。至《中外日报》，始分论说、电报、国内外本埠新闻及文艺诸栏，各报仿而行之，编制始见改良，然同一新闻常分载于前后数栏。又如沪上各报，年来电报字数激增，但亦以地方为纲，均不免缺乏统一之感。三年前《时报》始于电报试加题目，直奉战事起，又将电报与新闻合登，以事实为纲，不为栏所限制，当时报界有非笑之者，今亦渐成各报之通式矣。

以印刷言，虽属机械作用，然报纸之进步，亦可于其中见之。嘉道间报纸多木板印刷，咸同间始多铅印，但印机甚陋，每小时只印一二百小纸。光宣间石印机与铅印机输入日多，报纸每日可出数千大张，然所用犹普通之印书机也。近来报纸销数大增，为缩短时间计，乃不得不用印报轮转机，每小时可印四大张者万份；同时为美术上之配置，且有用套色印报轮转机者。今因时局俶扰，各报常于最后数分钟内竞争消息之先后，则机械方面之改良，尚方兴而未艾也。

发行亦有可言者，嘉道间报纸多系送阅，咸同间报纸多系挨户乞阅，光宣间报纸始渐流行，然犹茶余酒后之消遣品也。共和告成以来，报贩渐成专业，派报所林立，近则上海各马路之烟纸店，均有报纸出售，于是报纸有渐与日用品同其需要之趋势矣。

（四）

自报纸统计上言之，我国报纸之发展，其信而有征者，据《时事新论》载，由嘉庆廿年至咸丰十一年之四十六年中，计有报纸八种，均教会发行，至光绪十二年增至七十八种。以地域言之，计新加坡一带六种，香港六种，广州二种，台湾、厦门、汕头共五种，福州三种，宁波二种，上海三十二种，汉口五种，九江一种，北京一种。以时期言之，计月刊三十六种，周刊八种，日刊一种，余或隔一日二日不等，是二十四年中，较前加至九倍强。又据《第二届世界报界大会纪事录》载，民国十年全国共有报纸一千一百十四种，内日刊五百五十种，二日刊六种，三日刊九种，五日刊九种，周刊一百五十四种，旬刊四十六种，两周刊五种，半月刊四十五种，月刊三百〇三种，季刊四种，半年刊一种，年刊一种，是四十年中较前又加至十五倍弱。今据中外报章类纂社所调查，最近二年中，华文报纸之每日发行者，共有六百二十八种。以地域言之，北京第一，计一百二十五种，汉口第二，计三十六种，广州第三，计二十九种，天津第四，计二十八种，济南第五，计二十五种，上海第六，计二十三种。又外国文报纸之每日发行者，计英文二十六种，日本文十六种，俄文六种，法文三种，朝鲜文一种。就日刊一种言之，三四年中又有若干进步，若合以华侨报纸、学校报纸、公私政治学术社会团体之报纸，及一切属于游艺性质之报纸，不论每日发行或二日以上，其数当在二千种左右。就本国言之，诚不无多少乐观，然日本人口仅七千六百万，有报纸四千五百种，我国人口四万三千六百万，只有报纸二千种，不啻一与十三之比，况销数又不逮远甚，欧美更无论矣，故从我国地大物博人众种种方面言之，现有之报纸，不能谓为供求相应也。

（五）

自报纸改进上言之，言论自由，为报界切肤之问题，此问题不解决，则报纸绝无发展之机会。慨自洪宪以还，军人柄政，祸乱相寻，有若弈棋，报纸之言论与记载，苟守正而不阿，则甲将视为袒乙，乙又将视为袒甲，故封报馆，扣报纸，检阅函电，十余年来，数见不鲜。然而返视报界，则涣散特甚，无一机关可代表一地方之报纸，遑论全国。甚有幸灾乐祸，以他报之封闭或扣留为快者，彼且不自尊，欲人尊之也得乎？夫《出版法》之废止，要求亘十年之久。《出版法》废止矣，而邵飘萍、林白水之流，可以身死顷刻，则更无法律可言，岂不足以促我报界之觉悟耶！然英国有以“红旗”名报者，德国有以“炸弹”名报者，国会中有共产党，而其政府不之禁也。总之在位者不论何人，绝不喜言论自由，其摧残也亦易，惟在报界一致团结，以与之抗，而人民又当为报纸之后盾，随时防止恶势力之潜滋，不稍松懈。盖思想不能发表，徒成空幻，思想者必甚感苦痛，而郁积既久，无所发泄，终必至于横决，国家运命之荣枯系之，拥护言论自由，实亦国民之天职也。

报纸为公众而刊行，一评论一记事，又无往而非关于公众者，故为公众而有所陈述，报纸实负有介绍之义务也。此种陈述，依其性质，可分而为二：一为积极的希望公众事业之进步者；一为消极的更正新闻纪载之谬误者。我国报纸之态度，普通对于前者似认为主笔之专责，对于后者只视为当事人之特权。其偶设有“自由投稿”栏者，亦名难副实，一则因报纸不肯尽量宣布，以开罪于人；一则因投稿者常取谩骂态度，有越讨论范围。于是“议论公开”之说，在我国遂未由实现。其在欧美，无论何人，凡关于公众之问题，均可投函报纸，苟三次不予发表，得诉诸法律，不过报纸为节省地位，得酌量删削耳。吾意议论公开而后，公共之意思乃见，今我国报纸之所重视者，只一般所谓“名人”“要人”之文电，然大半皆私见而非公论，大半皆政治问题而非社会问题，深愿主笔政者，今后能移易其眼光，开豁其胸襟，予平民以发抒意见之机会，勿执己见，勿护过失，而第以寻求真理为归也。

报纸之元素，新闻而已。今报纸所载之新闻，大半得诸通讯社，而此种通讯社，并非为供给新闻而设，纯系一种宣传作用，于是人民不能于报纸上觅得正确之事实，而对于国家或国际政策之思想，遂易误入歧途，而无由集中，此至可痛惜之事也。英国名记者北岩（Northcliffe）曩在申报馆演说，谓“世界幸福之所赖，莫如有完全独立之报馆”。我国报馆，苟不以倚赖为可羞与至危，则当憬然觉悟，合全国各大报馆，组织搜集新闻之机构，以正确之中国事实，传播全国与世界，此匪特有助于国家之统一，良好政府之建设，及他日少年中国愿望之实践，即各国亦可因此明了我国之现状，而消除其隔阂，其有益于世界之和平实远且大也。我国字数，据《中华新字典》所载，多至四万有余，常用者不过四千。民国七年，教育部曾颁布注音字母，民国十二年，中华教育改进社曾函请各报改用语体文，而各报狃于积习，且因时间与经济上之关系，迄未有所表示。夫报纸为普及教育之利器，乃世人所公认，我国教育之不普及，又无待讳言，吾意报纸当此过渡时期纪事之文，宜力求浅显，勿引古典，勿用冷僻之字，字数如能仿照日本报纸办法，减少至二千八百枚则尤佳，必使具小学毕业以上程度者，即有读报之机会。至文艺作品，当然不必拘定如此，则于文化之传播上大有裨益也。

海通以后，报纸日有外事之纪载，如 England 之为英国，Paris 之为巴黎，Christ 之为基督，Motor 之为马达，因习用已久，为读者所审知，然偶遇稍冷僻之地名人名，或事物之名，则译文此报与彼报异，今日与昨日异，甚至同日之纪载，前后又异。间有贩自日本者，如俄国之劳农政府，其原名本含有多数党意义，非如今日之所谓“过激派”。日本因此种主义不利于彼，故称之为过激以骇人听闻，而吾国报纸沿用之，去真意殊远。故吾国报界，应联合学术团体，延邃于中西文字之士，根求西文之字源，不问其为何国文字，而以一译名为标准，使成中国化。音义并译者为上，译义者次之，译音又次之。在此种标准译名未订定以前，各报如遇非通行之译名，须附列原名，俾读者易于考查。此事虽小，而关于一国之文化实大，在外人文化侵略之际，更有纠正上述错误之必要也。

在最近数年中，报界有二种新事实，有不可不注意者，即记者与工人之渐知团结，是盖报纸既成为社会之必需品，同时报纸又趋于商业化，于是有此二种反动发生。如记者之所谓“星期停止工作”案，如工人之所谓“废除工头制”案，虽皆未见实行，然与报馆当局，若已立于相对之地位者。又如上海报贩所组织之捷音公所，广州报贩所组织之派报总工会，隐操推销报纸之权，因利益多寡之关系，常与报馆起龃龉。且年来工潮澎湃，报馆工人时被牵入旋涡，报纸停刊，数见不鲜。此虽为一般政治与社会问题，然既与报馆直接发生影响，应如何研究预为消弭之乎！

民主政治根据于舆论，而舆论之所自出，则根据于一般国民之公共意志。报纸者，表现一般国民之公共意志而成立舆论者也。故记者之天职，与其为制造舆论，不如谓为代表舆论；更进一步言，与其令其起而言，不如令其坐而听。耳有所听，手有所记，举凡国民欢笑呻吟哭泣之声，莫不活跃纸上，如留音机器然，则公共意志自然发现，而舆论乃有价值而非伪造。否则报纸自报纸，国民自国民，政治自政治，固丝毫无关系也。我国报界之知此义者盖寡，故报之纸进步甚缓，而最大原因，即为缺乏专门人才。盖昔之服务报界者，大半非科举化之人物，即法政学生化之人物，抱“学以为仕”之传统心理，视报纸为过渡宝筏。彼心目中只知有政治，故不知社会之重要；只知有官，故不知国民之重要；因官僚幕下集中式的政治，故只知有中央而不知地方之重要；又因功利心热，投机心切，至甘心为政治机关为党派利用，则亦必至之结果也。夫报纸有公众之需要而刊行，则纪载当根据国民心理，而后发达可期，今不问中央新闻、地方新闻与本埠新闻，均不离乎政治，而所论及者又为政治中最卑鄙而无思想学术关系之一片段，其不受社会欢迎必矣。因是报纸之生活愈难，遂愈不得不卵翼军人政客之下，寖假而记者随意下笔，便谓为代表舆论，军人政客利用几家机关报，事先鼓吹，随意作为，便谓为实行民主政治，此真滑稽之尤，又何怪报业之黯淡无光，记者之生涯愈为寥落乎！往者已矣，来日方长，深愿吾同业知环境之不良，有彻底之觉悟，重视本业，勿务其他，迎合世界之新潮，发皇吾侪之美质，天职所在，其共勖之。

（六）

今日所待讨论之问题，吾姑举其大者著者如此。总之，我国之报纸自明以前多系手写，只供少数藩阀缙绅之阅览，后虽改为手印，然为数甚少，极难普遍。光绪中因印刷术之进步，遇事镌版传布，由是军国之政，可家喻而户晓，不独富贵者能知之，即贫贱者亦能知之，由此一方面言，是日趋于平民化。往者社会之视报馆，盖卖朝报之流亚，服务其间者，文人之末路也。今报纸渐成社会之日用品，人民之耳目喉舌寄之，于是采访有学，编辑方法，学校列为专科，书肆印为专集，以讨论报纸之最高目的，期合乎人群之需要，由此一方面，是日趋于艺术化。准斯二者以观既往，测将来，则于报学思过半矣。

原载于《国闻周报》1927 年第 4 卷第 5 期，第 1–6 页，本书所用标点为编者加注

4. 复习问题

（1）仔细阅读文章，从多角度梳理中国报业进化的若干特征。

（2）阅读《中国报学史》等文献，分析戈公振的言论自由观。

（3）为什么戈公振认为“记者之天职，与其为制造舆论，不如谓代表舆论”？

这一观点有什么进步意义？

5. 思维训练

（1）结合所处的地域（如出生地、大学所在地等），梳理当地新闻传播史的发展脉络。

（2）认真阅读中国近代新闻传播史的相关文献，结合具体人物和观点，分析言论自由思想在中国的引入和演变。

（3）认真阅读有关言论自由的经典文献，结合具体人物和观点，尝试分析资本主义言论自由与社会主义言论自由的异同点。

七、"访问之前，必须研究对手"

——任白涛：《应用新闻学》（节选）

1. 写作背景

任白涛，幼名洪涛，笔名冷公、一碧，河南南阳人，在中国新闻学术研究领域成绩斐然，在中国新闻事业史上有着举足轻重的地位。1911 年辛亥革命后，任白涛担任上海《民立报》《神州日报》《时报》《新闻报》驻开封特约通讯员，积极参与反帝斗争。1916 年，任白涛东渡日本，就读于日本早稻田大学政治经济科，并参加了日本新闻界同人成立的新闻学研究机构"大日本新闻学会"。其间，他模仿日本学者、日本《朝日新闻》记者杉村广太郎所著《最近新闻纸学》的体例，写成《应用新闻学》一书。1922 年，任白涛在上海自费出版了《应用新闻学》一书，并在杭州创办中国新闻学社。《应用新闻学》是我国最早的实用新闻学著作，开应用新闻学研究之先河。一年之后，邵飘萍的《实际应用新闻学》才出版。在教育家王拱璧的心中，同乡挚友任白涛的这部新闻学专著地位甚高，认为它是"中国新闻学的头生儿"*。

为什么写作这本书？有两个方面的原因。一是任白涛个人对新闻学的追求，他在投身新闻工作之初，即感觉自身学养匮乏，"必须要用一番学问上的修养工夫，尤其感觉着新闻学和外国文等的必须修习，否则做一个单纯的新闻记者，纵然蒙编辑者肯把所作记事署名发表，也终于免不了肚皮的空虚"**。任白涛认为"这时候最需要一本新闻学书"***，但由于当时的学术条件，"这个愿望终于失望"****，遂萌发了研究新闻学的想法。二是任白涛希望报业发展推动社会进步，他在该书自序中写道："欲得真正优秀之民本政治，必先求真正优秀之报纸，此无论何人亦不能否定之理由也。而欲得真正优秀之报纸，尤不可不得真正优秀之新闻记者为要图。是新闻记者之养成、洵方今必不可

* 王拱璧：《写在任著新闻学的上头》，载窦克武主编《王拱璧文集》，河南大学出版社，1991，第 209 页。

** 任白涛：《我的一段记者生活的实录》，《青年界》，1936 年第 9 卷第 3 期，第 84 页。

*** 任白涛：《我在青年时代所爱读的书：爱读切合身心和生活的书》，青年界，1935 年第 8 卷第 1 期，第 53-56 页。

**** 任白涛：《爱读切合身心和生活的书》，青年界，1935 第 1 期，第 53-56 页。

缓之事业也。”* 可见，新闻记者的养成在任白涛眼里是与优秀之报纸，乃至优秀之民本政治密切相连的，这也是新闻记者的价值所在。从这一点上来说，任白涛不失为中国早期新闻学研究的先知先觉者。

* 任白涛：《应用新闻学》，中国新闻学社，1922，第 2 页。

任白涛的《应用新闻学》全书内容，除引论、附编外，共四编十二章。第一编总论，分新闻事业与新闻记者、新闻社之组织及报纸之制作两章；第二编搜材，分概说、新闻之定义及价值、新闻之搜集（指采访）、实际上之访事职务四章；第三编制稿（即写作），分概说、文稿之实地制作两章；第四编编辑，分编辑为报社业务机能之原动力、编辑部之组织、编辑部之搜材、编辑上之实务 4 章。后附任白涛写作的《欧美报纸史略》，书末附有美国新闻学者威廉博士于 1921 年冬在北京大学的讲演《世界的新闻学》。本文即选自第二编第二章《新闻之搜集》，名为《访问》，是有关采访的专门论述。

作为我国第一本有关新闻实务操作的著作，《应用新闻学》是一部比较实用且系统的新闻学专著，更是民国时期不可多得的学术理论佳作。即便是用今天的眼光来看，这本书里的一些理论观点依旧值得学习和深思。

2. 阅读提示

“正式访问”（Formal interview）和“略式访问”（Informal interview）是任白涛对采访的两种划分。他认为这两种方式不宜乱用，“正式访问”是正式介绍采访对象的观点，公布于众的，“其意见为个性的、确实的、有责任的”。而“略式访问”获得的谈话，“非不含多少之个性，究以不的确且无责任为伙也”。

无论是哪种类型的采访，任白涛提出都要注意八项通则，分别是：

①对手之研究。访问之前，必须研究对手，熟悉采访对象的相关材料，做好相关功课，不打无准备之仗。

②质问之注意种种。采访过程中，要把握主动权，牵住采访对象的“鼻子”，并以新闻人的眼光判断新闻价值，同时注意“直接质问”与“间接质问”的应用。

③铅笔与簿册。采访过程中除非特殊情形，一般情况不可外露铅笔与簿册，以免引起采访对象的警戒与拘束。

④谈话以外之材料。关注采访主题之外的细节，如采访对象的居处、服装、容貌、态度、趣闻，这些都可以成为行文的内容。

⑤善察对手之颜。采访过程中要注意察言观色，这是对采访对象的尊重，也是观察采访对象的表达是否发自肺腑的渠道。

⑥意外之线索。注意采访过程中发现的意外线索，一不可深问，二不可急遽告别，应当态度沉着，以免引起对手的警觉。

⑦载否之预约。记者对于采访获得的内容，应当尊重采访对象的意见，特别是约定秘密的内容。否则，有违记者的职业道德。

⑧权作我之良友。采访过程中，要尊重对手，将采访对象当作长相交往的对象来看待。

3. 文献原文

应用新闻学（节选）

访问之二种　访问之解释，有广狭两义。就广义言，所有新闻材料，无非得自访问。故谓访事员之任务，悉属访问，亦无不可。就狭义言，则所访之对手，只其姓名，已足为重要材料，然后听其谈话、观其丰采，缀一完整之记事。此种狭义的访问，英美报界以（Interview）呼之。美国米兹里大学新闻科教授卢斯氏，谓前者为“略式访问”（Informal interview），后者为“正式访问”（Formal interview）。兹顺次说明之。

“略式访问”者，乃为广搜博采起见，不重对手之人物，故所记录之谈话，不能成一独立之记事，是补足的、又附属的。“正式访问”则以对手之人物为本位，非为补足，亦非为附属。美之瓦约州立大学新闻科教授哈林顿氏，对于“正式访问”下定义曰：“新闻记者所称之（Interview）即凡关于动人感兴之问题，直接由洞明该问题之著名的或于其道号称专门之男女而得之个人的表现。”洵至的当之定义也。例如外国人来，则访问其对于我国之感想及印象。新内阁成立，则访问总理，叩其政见。学者之事业或发明成功，则访问其艰难辛苦之经过。传染病发生，则访医学大家，问预防方法等是也。只以谈话之首尾，及对手之丰采，题以“谁某之谈”或“谁某访问记”，即成一完全之记事焉。

“略式访问”与“正式访问”不可乱用。如非知名或鲜有特殊技能之人，则无正式记其谈话之必要。盖“正式访问”者，乃正式绍介其人之意见于公众，其意见为个性的、确实的、又责任的。而“略式访问”所获之谈话，非不含多少之个性，究以不的确，且无责任为伙也。

访问八要则　兹举“正式访问”及“略式访问”应注意之通则八项如左。

一、对手之研究

访问之前，必须研究对手。若对手为政治家，则其出身、经历、党籍、及在党内之地位、与他党及当局要人之关系。对手为实业家，则其所经营之主要事业、及其事业之成功、失败、与实业界有力者之关系、有无将起之新计划。若对手为新来之外国人，则其来我国之使命，更须加一番之研究。如不了解对手为何许人，漫然会见，不惟谈话难得要领，且不免为对手所轻视。如访问医学家，而不知生理学之初步者，则徒招其侮耳。既知对手之为人，及相见，务与对手以善感，则自能得满足之谈话。无论何国何人，取其快谈，而正确传述之，大抵无不欢迎，其有不愿与记者会晤者，盖恐不得快谈，且不能正确传述故也。正确传述之方法，姑置不论。而欲为一场之快谈，则非熟悉对手之身分、状态不可也。又有素性不喜接洽记者之人，对于此种人，务先择其所好之题目作谈引，然后徐徐入于本题，自不难得好结果。要之，若能充分预为对手之研究，则决不至为对手所欺，更不虑话柄之缺乏也。

二、质问之注意种种

访事员须具临机应变之才，于行“访问”时，尤为需要。然无论如何高才，若不先将质问之条项加以准备，临时亦难免失措之虞。世有一言见询即滔滔不休者，如遇此等人，则访事员诚无所劳，第其人恣意放谈之结果，往往溢出题外，而于本问题，反不得何等之要领，所谈之话，更不知从何处记起。故对于此等人，不可不预定质问之方针。反之，对手为沉默寡言者，不论如何探究，一二语外，漫无所答，则更须预定问答之顺序，至遇困难之时，自不妨放出奇兵，八方环攻，使之不得不言，是在访事者之善为运用耳。

于质问对手时，尤须严守第三者之地位，不可偏袒一方。如必欲以反对论暗示其人，则应引他人之论暗示之。

无经验之访事员，动辄叩人“有何种新闻否”，此实自侮之甚者也。盖成否“新闻”，可由自己之观察而决，不应问诸常人，常人所谓好“新闻”者，以新闻眼光观之，多无何等价值，而于常人绝不注意之中，往往检出非常之好“新闻”故也。

以“然”“否”可答之质问，谓之“直接质问”（Direct question），务力避之，而于不喜面会新闻记者之人，尤应然，良以对手既不欲多言，乘此机会，可以“然”“否”一语以塞责。例如向将赴某处之人问“某月某日出发么”，则答以“然”或“不然”足矣，如“然”尚佳，如“不然”，则须更加追问。故宜提起对手以一语不能答之“间接质问”（Indirect question），“阁下什么时候出发呢”，则彼至少必以何月何日为答也。若恐对手万一不答时日，则可发推测的质问，不强求其答，但求其确认，即用“眼看某月某日听说阁下就要出发了”之口气是也。此不过极简单之一例，苟探索稍繁杂之意见时，更要如此用心也。

三、铅笔与簿册

除特殊之时际外，不可妄出铅笔与簿册。盖“访问”之妙谛，在交自然之谈话，如以特来搜集新闻材料之态度对之，不免使对手起一种之警戒，欲言而或嗫嚅焉。不宁惟是、且听且书，则其气必为笔记所夺，而对手之丰采，亦难乎表现，作成之记事，直毫无生色之速记录耳。故访事员与其重视对手之言辞，勿宁觇得对手之人格，若对手受何等感情之拘束，则其人格之表现，终难与我以正确之印象。如必须逐句详记，亦当任诸记忆，而铅笔与簿册，总以深藏不露为要。

四、谈话以外之材料

“访问”之目的，固在记取对手谈话，而谈话以外，尚有许多之好材料。例如，对手之居处服装、容貌、态度，以及其左右之伴侣、会晤时之景趣、庭除之所见等，皆可用作记事之点缀。

五、善察对手之颜

谈话中应向对手表充分之敬意，自不待言。然尤当注意观察对手之颜容。其效能：一可藉表敬意。二可使对手知我喜聆其谈，自发快谈于不觉。三可察其言之是否出自肺腑。又如前项所言注意对手人格之表现，如不善察对手之颜容，则将无由形容之，即令写出，必失真相矣。

六、意外之线索

与人对话中，屡能得意外之线索。昔《伦敦泰晤士》报之名记者德霖氏，晤一医者，无意中侦悉诺斯布劳开公为印度总督于发表之先，即其例也。德氏于某俱乐部遇知医某，谈次，某医不觉话出今日诺斯布劳开公访彼之颠末。诺盖询医印度气候炎热，拟携女公子同行，不知于女公子芳体，有无妨碍。医以非惟无碍，于令爱芳体，且甚适宜为答。德氏得此消息，为之默然，既而别去。翌日，《泰晤士》报上揭出诺斯布劳开公已成印度总督，行即赴任之记事，诺公大惊。盖《泰晤士》报发表当日，此事始行确定，除诺公与首相格兰斯顿外，殆无知之者故也。

凡偶获意外之线索时，要注意者：第一，不可深问。盖恐对手随口话出之后，忽尔反悔，不复续说，甚或取消其说，或嘱记者勿为宣布。右例德氏如以诺公究竟愿赴印度否深问医者，则消息破坏，亦未可定。第二，不可急遽告别。如以良材入手，欣喜之余，恨不立时返社，

匆匆告别，则亦有被对手察觉之虑。故务守沉着态度，徐徐为二三之闲话，然后归去，斯得矣。

七、载否之预约

今有人向访事员发出“此事不可登载”或“此不过语君耳”等话，则宜力为谢绝。盖访问者，本为获新闻材料也。更就道德上言之，一旦与人约定秘密，则务始终守其秘密。然有同一事件，乙对手与甲记者约定秘密后，甲记者复闻诸丙对手，或丁记者亦闻得之，则此事终必出现无疑。纵令甲记者不背信义，而不明事情之乙，对甲将失好感，甲虽有口，亦难剖白矣。

与右述相反而有要求必载者，亦断乎不可应之。有价值之“新闻”，如内阁总理辞职事件，自不得不载。三家村中一巡查病死，虽如何嘱托，亦无揭载之必要。况不问其材料有无价值，而载与不载之权，尚有主持编辑者操之乎。且此等嘱托者，大抵炫一己

之名誉，或图作商品之广告，其中皆含有何种臭味者，有经验之编辑长，一瞥之下，势必投诸故纸堆中也，如漫与人约定必载，则记者之信用失矣。若夫欺编辑长于一时，为寡廉鲜耻丧德败节之行者，于前编已痛斥之矣。

八、权作我之良友

对于对手，当存一长相交之观念，此观念于“正式访问”时，尤为切要。羁旅一晤，须知重见之有日。若不顾对手之迷惑，恣意误传，糊涂一时，其结局己身及新闻社之信用、名誉，必两受损伤矣。

又行“正式访问”如欲以“谁某之谈”而揭橥之，则务求对手之承认。倘对手索阅原稿，则除特别时际外，不必拒绝，盖供其一览，尚可更正错误也。

选自任白涛：《应用新闻学》，中国新闻学社，1922，第 47−53 页

4. 复习问题

（1）任白涛有关采访的两种划分方法在采访实践中有什么意义？可以如何搭配采用？

（2）任白涛有关采访的八项通则是哪些？分别阐述其内容。

5. 思维训练

（1）假设让你采访你所在高校的校长、所在地区的工商局局长、所在地区主管生态环境保护的副市长、所在省份最著名的一位体育明星，你应该如何做好采访准备？结合实情做好对采访对象的研究。

（2）如果你的采访对象非常健谈，经常能够抛开你的提问而滔滔不绝地谈论其他问题，你可以通过哪些途径将采访对象拉回你的采访提问上？

（3）如果你的采访内容非常有新闻价值，但是采访对象希望你能够保密，你会作出什么样的选择？

八、"时代的转变，使我们企望有适应新时代的新闻记者产生出来"

——谢六逸：《新时代的新闻记者》

1. 写作背景

《新时代的新闻记者》一文，不仅是谢六逸对新闻事业的热爱和关注的体现，也是他对新闻学理论和实践深刻思考的结晶。

谢六逸，笔名宏徒、鲁愚，中国现代史上卓有成就的新闻学者、文学家、翻译家，是中国新闻教育事业的开拓者之一。1898 年，谢六逸出生于贵州省贵阳市的一个仕宦之家。他早年就读于贵阳达德学堂高等部和贵州省立贵阳模范中学校，之后于 1917 年以官费生的身份赴日本留学，在早稻田大学修读政治经济科。1922 年，谢六逸学成归国。他开始在商务印书馆编译所实用字典部工作，参与了《综合英汉大辞典》的修订，之后，历任文学研究会主办刊物《文学旬刊》的主任编辑、神州女校教务长、中国公学文科学长、暨南大学教授、复旦大学教授。1929 年，谢六逸成为复旦大学新闻系第一位系主任。为了提高教育质量，他还亲自编写了《实用新闻学》《新闻学概论》《国外新闻事业》《通讯练习》等著作。经过谢六逸的努力，复旦大学新闻系发展成为与燕京大学新闻系齐名的新闻教育机构之一，名噪一时。在复旦大学任教期间，谢六逸也没有放弃业务工作，先后主编上海《立报》的文艺副刊《言林》和《国民》周刊等知名刊物。"八一三"淞沪会战爆发后，谢六逸随复旦大学内迁重庆，又因病回到家乡贵阳，先后在大夏大学、贵州大学、贵阳师范学院任教，并且组织了《每周文艺》《文讯》月刊等出版物。1945 年 8 月 8 日，谢六逸在贵阳师范学院寓所不幸辞世，终年 47 岁。

中国在 20 世纪 20 年代以后，各种报刊和新闻学术刊物大量涌现，但相较同期的西方新闻业，仍然非常落后。"中国现在著名的报馆里，有许多记者连新闻价值是什么还弄不清楚。”[*]“现在上海报馆的记者们，大多是‘冬烘’之流，对于新闻的采访与编辑，都使用着极陈旧的方法。”更有甚者，一些鸦片烟鬼，善于敲竹杠的流氓，以专门叨扰商家酒食、奔走权门图一官半职的无赖也厕身其中。“恶劣的报纸，正如毒物一般，在每天的早晚，残杀最有为的青年，颓唐健全的国民。”[**]这让从新闻事业发达的日本归国的谢六逸感到十分忧虑。根据实际的从业经历和丰富的见闻学识，他认为中国新闻业落后于世界的关键在于新闻工作者人才的匮乏和观念的落后，如果不能够对新闻记者进行充分的训练和培养，就不可能实现新闻事业的发达。因此，谢六逸对新闻系学生的要求十分严格，并提出了新闻记者须具备的“史德、史才、史识”三条件，强调一个合格的新闻记者必须要有良好的新闻道德、正确的新闻观点、广博的新闻知识，进而才有全面观察和指导社会的资格。恰如他自己所说，“时代的转变，使我们企望有适应新时代的新闻记者产生出来，扫荡报界的陈腐空气，建立中国的新‘乔那尼斯姆’”，《新时代的新闻记者》这篇文章，也是因此而写作的。

* 谢六逸：《茶话集》，河北教育出版社，1994，第 105 页。

** 陈江、陈庚初：《谢六逸文集》，商务印书馆，1995，第 277 页。

正是因为这种严格的要求，复旦大学新闻系在他的带领下，走上了一条本土化和规范化之路，成为国内具有重大影响的新闻教育机构，与北平燕京大学的新闻系并称“瑜亮”。正因为其在新闻教育领域的卓越成就，1931 年国民政府教育部聘请他编订大学新闻系课程及设备标准，规范指导全国的新闻学教育。对此，有学者做出中肯评价，“以复旦大学新闻系的创立和发展为标志，中国的新闻教育逐步摸索出了一条适合自己的道路”[***]。这一评价将复旦大学新闻系及其创办者谢六逸放在应有的历史方位上，使谢六逸在中国新闻事业史上的地位和贡献得以彰显。

*** 李建新：《中国新闻教育史论》，新华出版社，2003，第 294 页。

2. 阅读提示

谢六逸的这篇文章，篇幅简短，但条理清晰、内涵丰富，提出了能够“扫荡报界的陈腐空气，建立中国的新‘乔那尼斯姆’”的优秀新闻记者应具备的六大特质：健康、明快、机智、热情、常识及尖锐的眼光。

身体健康与心理明快，是成为一名优秀的新闻记者的基本条件。这是因为新闻工作时间长且无序、新闻工作内容繁杂，往往会给新闻记者造成身体和心理上的辛劳与压力，如果新闻记者不满足这两项条件，就会在客观上影响新闻工作的开展。为此，谢六逸还提出新闻记者应当选择一项体育运动作为爱好，以保持身心健康。

机智，是要求新闻记者在待人接物、采访写作中注意灵活变通，不能过于死板。但他也强调，新闻记者不能使用不道德、不光明的狡猾手段去获取信息和报道新闻，否则，即使第一次能够获得成功，后来的新闻工作也必然会受到负面的影响。

热情，是要求新闻记者应当将新闻工作当作一项热爱的事业，而不是糊口的生计。他指出，新闻工作中会时常遇到挫折，如果不能将新闻工作“兴趣化”，就会在不断的挫折中丧失热情和信心，新闻工作也就难以进行了。

常识，是要求新闻记者掌握广泛的知识和多元化的技能，以应对各种复杂的新闻事件和报道需求。他在文中就以东京“日日新闻社”的招聘试题为例，指出思想、文艺、政治、经济、社会、历史、地理等方面的知识都是一名优秀的新闻记者所急需的知识。

尖锐的眼光，有两重含义：一是新闻记者要有足够敏锐的新闻嗅觉、视觉，能够发现有价值的新闻；二是新闻记者应当自觉肩负引领社会进步、推动社会公正的重任，用尖锐的眼光“观察我们的社会与时代，作社会的先驱者”。

总体来看，谢六逸的《新时代的新闻记者》一文，指出了新闻记者的责任担当，更强调了新闻记者担当责任所必须具备的能力和素养。这些要求对于身处中国特色社会主义新时代的新闻记者而言，仍然具有重要的参考意义。

3. 文献原文

新时代的新闻记者

国内的报纸，没有一种能够适合近代的“乔那尼斯姆”（Journalism）的标准，有新闻学智（知）识底修养的人，都能证明这句话。

现在上海报馆的记者们，大多数是“冬烘”之流，对于新闻的采访与编辑，都使用着极陈旧的方法，所以上海的报纸不见有什么进步。

因为时代的转变，使我们企望有适应新时代的新闻记者产生出来，扫荡报界的陈腐空气，建立中国的新“乔那尼斯姆”。

新闻记者如何能够适应这个新时代呢？我想他们除了应有的知识以外，还得具备下面的几种特质：

第一是健康。现在国内报馆的工作时间是极不规则的，虽然有才能或学识，如身体不健康，就不能够耐劳。新闻记者对于Sports应该热心参加，或选择一种作为自己的嗜好。

第二是明快。忧郁性的人决不适宜于新闻记者的事业，像一个多愁善感的才子，便没有做新闻记者的资格。精神的明快，给他人以不少的好感。精神明快的人，对于繁杂的事务，并不觉得厌烦，处理事务时，是极有条理的。但是，轻薄的明快，就不是我的本意。

第三是机智。是新闻记者的必要的条件之一，就是在咄嗟之间，“运用他的机智”（Wit）。机智的范围很广，例如应事接物、做文章、谈话等，都包含在内。但所谓机智，并不是使用“狡诈”。如使用“狡诈”，在第一次虽可侥幸达到目的，第二次便不免失败。

第四是热情。对于自己的工作应该有热情和兴味。新闻记者受挫折的时候很多，正如男子向女子求爱时，总是遭拒绝的时候为多。如果没有热情，遭受一点挫折时便想中止，事业便没有成功的希望。兴味是从热情来的，记者对于自己的事业，应以兴趣为主。虽然是以记者的事业来维持生活，但必使之兴趣化。拉黄包车的人，觉得跑路太辛苦，一有机会，便想停下车子，在运动场上赛跑的人，越跑越有劲，同是一样的跑路，精神上却大有分别，这就是“兴趣化”的问题。

第五是常识。记者除了自己的专门学识之外，必须常识丰富。常识就是百科全书的“缩印版”，记者所急需的常识，有思想、文艺、政治、经济、社会、历史、地理、Sports等。日本各大学的毕业生向报馆求职业时，都要经过“入社试验”，合格才能录用，试看他们的试题，便知道是注重多角式的知识的——

东京“日日新闻社”试题（受试验者大学毕业生一百八十名）。

（一）作文（限一小时交卷）

就左列（编注：原文以竖排版刊印，因此为“左列”）诸题选作一题。

一、泽正之死（注：泽正是日本的名伶泽田正二郎）

二、漫画的新闻价值

三、大百货商店

四、关于Radio

五、“健康增进运动”所感

六、对于现议会的贵院族的态度之批判

七、产儿限制

八、帝国首相田中义一

九、对于“小选举区”制的提案

（备考）投考营业部者，就一至五中，任作一题。

（二）就左列单语，以三四行文字说明之。Talkie，新渡户博士，Manneguin，胚芽米，Televission，山本宣治北平冈崎秀之助。

（备考）投考营业部者，本题免作。

（三）视察记

就左列各地，自选其一，在十日午前亲往视察，午后一时莅场，二时以前作成视察记。

一、上野浅草

二、本所深川

三、百货店

四、“山之手”一带的热闹场所

五、银座。

（四）外国语（略）

（五）演说笔记（略）

第六是认识我们现在所处的时代，涉猎现代人应有的一切智识，有尖锐的眼光观察我们的社会与时代，作社会的先驱者。

以上的六种特色，是新时代的新闻记者人人必须具备的。其他的专门知识，辅导知识，文艺的修养与技能等等，是学校里的课程，不属于我所说的范围。

选自谢六逸：《茶话集》，河北教育出版社，1994，第69-73页

4. 复习问题

（1）仔细阅读原文，分析作者为什么说“轻薄的明快，就不是我的本意”。

（2）结合时代背景，分析新闻记者为什么要用“尖锐的眼光观察我们的社会与时代，作社会的先驱者”。

5. 思维训练

（1）请结合全媒体时代新闻舆论工作的需要，谈谈“常识”的重要性。

（2）请结合谢六逸提出的六种特质，谈谈如何成为一名优秀的党的新闻工作者。

九、“新闻的定义，就是新近发生的事实的报道”

——陆定一：《我们对于新闻学的基本观点》

1. 写作背景

1942 年开始，中国共产党在全党范围内进行了整风运动。当时抗日根据地的新闻事业整风改革是全党整风改革的一个组成部分。根据党中央的指示和有关精神，《解放日报》编辑部全体工作人员动员起来，积极投入了报纸的改版工作。

《解放日报》走在新闻界整风改革的最前面，改版工作在党中央的直接领导下，在毛泽东同志具体指导下进行。1942 年 4 月 1 日，《解放日报》在改版后的第一张报纸上发表社论《致读者》。社论从党性、群众性、战斗性和组织性等方面检查了报纸的缺点，提出报纸要能够成为真正战斗的党的机关报，要“贯彻党的路线，反映群众情况，加强思想斗争，帮助全党工作的改进”*。经过整风改革，《解放日报》在宣传党的中心工作，在联系群众、联系实际方面向前迈进了一大步，大大克服了主观主义和党八股，加强了报纸的党性和群众性。

*《致读者》，《解放日报》，1942 年 4 月 1 日，第 1 版。

《解放日报》在整风改革中，发表了一系列关于新闻工作的文件、社论和署名文章，如中共中央宣传部《为改造党报的通知》《致读者》《新闻必须完全真实》《党与党报》《政治与技术》《本报创刊一千期》《提高一步》《我们对于新闻学的基本观点》（陆定一署名文章）等。这些文章涉及两方面的内容：一是关于无产阶级党报理论，包括党报的性质、任务，党对党报的领导，党报的群众路线和文风，党报的工作方针、编排方针和工作原则等，为党报奠定了理论基础；另一个是用马列主义的立场和观点，对新闻学的基本问题进行探讨。

其中，陆定一在 1943 年 9 月 1 日的《解放日报》上发表《我们对于新闻学的基本观点》一文，该文用辩证唯物主义的观点和方法，阐述了无产阶级新闻学的有关基本问题。其中，最突出的就是指出："新闻的定义，就是新近发生的事实的报道"，"新闻的本源是事实"，事实是第一性的，新闻是第二性的，因此唯物主义的新闻工作者在采写编评时，必须尊重事实。唯心主义的新闻工作者恰好相反，他们认为新闻的本源乃是某种"性质"本身，否定了新闻报道中事实是第一性的，从而为虚假新闻开了大门。

陆定一是中国共产党杰出的新闻宣传事业领导人之一。1922 年，陆定一在学校加入中国共产党，毕业后即投身革命，主要从事共青团及新闻宣传工作，曾任《中国青年》（后更名为《无产青年》《列宁青年》）等共青团报刊主编。1928 年至 1930 年，陆定一赴莫斯科担任团中央驻少共国际代表。长征途中，他主编过中国工农红军军委机关报《红星报》。1942 年 8 月，陆定一任延安《解放日报》总编辑，继续推动报纸进行改版，明确了办报方针，制订了办报原则和制度。他的《我们对于新闻学的基本观点》一文从新闻的本源出发，同时以"新闻如何能真实"为落脚点，在中国新闻史上第一次把辩证唯物主义与历史唯物主义的原理运用到新闻学研究领域，初步奠定了中国无产阶级新闻学的理论基石，代表了当时中国无产阶级新闻学研究的最高成就，"折射出此时的中国共产党在处理经验、实践与理论之间的关系上，已经达到高度的自觉与成熟"*。

* 朱至刚：《"我们"为何以"新闻"为起点：试析〈我们对于新闻学的基本观点〉的理论构造》，四川大学学报（哲学社会科学版），2020 年第 2 期，第 106-113 页。

2. 阅读提示

1942 年 8 月，《解放日报》总编辑杨松病重，中共中央决定任命陆定一接任总编辑，主持报纸的日常工作。

陆定一接任总编辑后，除继续巩固改版成果，还担任报社整风领导小组组长，负责报社内部的整风工作。正如陆定一自己所说，这篇文章的初衷是"批判资产阶级新闻学观点"**，当时报社的工作人员有不少来自国统区，新闻观点或多或少受到资产阶级新闻理论的影响，对包括关于新闻的本源、新闻的真实性等基础性问题存在争论分歧。基于《解放日报》改版与"群众办报"提供的无产阶级新闻工作的实践经验，陆定一撰写的《我们对于新闻学的基本观点》对有关新闻学的问题作了明确回答，消除了不少无产阶级新闻工作者的思想误区，可谓从理念上打破了资产阶级新闻观和话语体系的禁锢，"构

** 陆定一：《陆定一同志谈延安解放日报改版：在解放日报史座谈会上的讲话摘要》新闻研究资料，1981 年第 3 期，第 1-8 页。

建中国特色无产阶级新闻理论的应时之作”*。

“新闻的本源是什么”是陆定一着力回答的第一个问题。陆定一认为：新闻的本源是事实，新闻是事实的报道；事实是第一性的，新闻是第二性的；事实在先，新闻报道在后。因此，“新闻的定义，就是新近发生的事实的报道”。以此为根据，他批驳了资产阶级新闻理论中所谓的“性质说”，特别批驳了“性质说”中“新闻就是‘政治性’之本身”的观点，从新闻的本源论上划清了唯物论和唯心论两种新闻观的界限。

“新闻如何能做到真实”是陆定一着力回答的第二个问题。在本文中，陆定一指出，只有为人民服务、与人民密切相连的报纸“才能得到真实的新闻”，“有了这条路线，这个方针，又有了共产党的领导和以共产党的组织为依靠，再加上忠实于人民事业的有能力的专业的记者的活动，我们就可以办出一个头等的报纸，使任何资产阶级的报纸望尘莫及，开中国报界的新纪元”。他认为要办好党报，一是要把专业新闻工作者和非专业新闻工作者结合起来，二是新闻记者要做人民的公仆，三是要有群众观点，不要有“报阀”观点。

“新闻的定义，就是新近发生的事实的报道”，从新闻本源上去理解，划清了唯物主义新闻观与唯心主义新闻观的界限，这在当时是划时代的贡献。而只有为人民服务、与人民密切相连的报纸“才能得到真实的新闻”则成为无产阶级新闻工作者恪守的原则，也成为马克思主义新闻观的重要内容。

* 马宇涵、郝雨：《构建中国特色新闻学话语体系的理论探索与历史经验——纪念陆定一〈我们对于新闻学的基本观点〉发表八十周年》，新闻爱好者，2023 年第 10 期，第 16–21 页。

3. 文献原文

我们对于新闻学的基本观点

陆定一

辩证唯物主义，主张依照事物的本来面目去解释它，而不作任何曲解或增减。通俗一点说，辩证唯物主义就是老老实实主义，这就是实事求是的主义，就是科学的主义。除了无产阶级以外，别的阶级，因为他们自己的狭隘利益，对于事物的理解是不能够彻底老老实实的，或者是干脆不老实的。只有无产阶级，由于它是最进步的生产者的阶级，能够老老实实的理解事物，按其本来面目而不加以任何曲解、任何加添或减损，不但这样，而且它能够反对一切不老实，反对一切曲解。

在新闻事业方面，我们的观点也是老老实实的观点。这种观点，在我们党开始从事自己的新闻事业时，就有了的。抗战以来，党的新闻事业是大大的发展了，吸收了大批新的知识分子到这部门事业中来。吸收新的血液，乃是事业向前发展中必要的和必有的步骤。但随此以俱来的，则有事情的另一方面：抗战以后参加党的新闻事业的知识分子，乃是来自旧社会的，他们之中，也就有人带来了旧社会的一套思想意识、和一套新闻学理论。这套思想意识，这套新闻学理论，是很糊涂的，不大老老实实的，甚至是很不老老实实的，也就是不大科学的甚至很不科学的。如果不加以改造，不加以教育，就会不但无益，而且有害，就无法把党的新闻事业做好。

了解这套从旧社会里带来的思想意识和新闻学理论，懂得它的谬误在哪里，对于我们，曾经是一个相当长的过程。真正与这一套坏东西作斗争，还是《解放日报》去年四月改版才开始，这是在我们党的领袖毛泽东同志直接领导下进行的。理论是从实践中来的，与不正确的新闻学理论和实践作斗争，就同时丰富了和发展了我们自己的关于新闻学的实践和理论。这一个斗争的结果，现在已经可以把它在理论上作一个初步总结，这对于我们党的新闻事业的今后发展，是会有点好处的。本文的目的就在这里。希望大家不吝指教。

第一　新闻的本源

新闻是什么？对于这个问题，有两种回答。由于对于新闻的本源理解不同，一种人对于新闻是什么，作了唯物论的解决，另一种人则作了唯心论的解决。

唯物论者认为，新闻的本源乃是物质的东西，乃是事实，就是人类在与自然斗争中和在社会斗争中所发生的事实。因此，新闻的定义，就是新近发生的事实的报道。

新闻的本源是事实，新闻是事实的报道，事实是第一性的，新闻是第二性的，事实在先，新闻（报道）在后。这是唯物论者的观点。

因此，唯物主义的新闻工作者，必须尊重事实，无论在采访中，在编辑中，都要力求尊重客观的事实。

新闻学理论中的唯心论，是很早就有的。唯心论者对于新闻的定义，认为新闻是某种“性质”的本身，新闻的本源乃是某种渺渺茫茫的东西。这就是资产阶级新闻理论中所谓“性质说”（Quality theory）。最早的“性质说”认为“新闻乃是时宜性与一般性之本身”。后来，花样越来越多，代替“时宜性”“一般性”的，有所谓“普遍性”“公告性”“文艺性”“趣味性”“完整性”等等。总而言之，唯心论企图否认“新闻是事实的报道”的唯物论定义，而把新闻解释为某种“性质”的本身，脱离开了某种“性质”就不成其为新闻。

这种唯心论的“性质说”其错误在那里呢？初看起来，它似乎是对的，因为不论拿那一条新闻来看，都会是合于或似乎合于某一种“性质”的，例如有些新闻就有“一般性”，有些就有“趣味性”等等，而且主张新闻应有某种“性质”的人，也总能讲出一些片面的道理来的，因而，许多新闻工作者，尤其是年轻的新闻工作者，就会被它迷惑。但是，新闻的“性质”，是从那里来的呢？是由什么东西决定的呢？我们回答道：是由新闻所报道的事实来决定的。趣味是有阶级性的，对于劳动者有趣味的事实，写出来就成为对于劳动者有趣味的新闻，但同一事实，剥削者看来就毫无趣味，因而这个新闻对于剥削者也就成为无趣味的新闻，例如关于劳动英雄的新闻，就是如此。事实完整了，写出来就成为完整的新闻，事实尚未完整，报道这个事实的新闻也只能不完整。事实很“文艺性”，报道也自然会有“文艺性”，否则就相反，例如宣布政府或党的公告的新闻，有什么文艺性呢？诸如此类，不一而足，都说明：事实决定新闻的“性质”，而不是“性质”对于客观事实或新闻（事实的报道）有什么决定作用。唯心论的“性质说”，把片面的东西夸张成为全面的东西，把形式当作本质，把附属的当作主要的，把偶然的当作必然的，因而是错误的。照此做去，必致误入歧途。新闻界中的下流坯，提倡所谓“桃色新闻”“黄色新闻”，岂不是以“趣味性”做招牌的么？借口“文艺性”而把地上的事实夸张成为神话一般的事，在新闻界中岂不也是数见不鲜的么？

这种唯心论的“性质说”歪曲了客观现实，一方面，把人人可以懂得的新闻说得神乎其神，除了“吓唬土包子”以外一点积极作用也没有；另一方面，对新闻事业还起了消极作用，因为如果相信了这种“性质说”，天天去玄之又玄的研究这个“性”或那个“性”，就一世也不会有结果，必致流入脱离事实，向壁虚造，无病呻吟，夸夸其谈。

这里，我们要专门来讨论一种特别重要的“性质说”，这种“性质说”认为：新闻就是“政治性”之本身。

在阶级社会里，每条新闻归根结蒂总有其阶级性或政治性，这是对的，那么，如此说来，这种“政治性”的“性质说”岂不是正确的么？乍看起来，这的确像是正确的。但如果仔细一看，就知道这种说法不仅是不正确的，而且异常阴险，异常恶毒，竟是法西斯的“新闻理论”基础。

我们革命的新闻工作者，既然有唯物的社会观，就一定承认每个新闻归根结蒂具有政治性。但是我们认为，这种政治性比起那包含这种政治性的事实来，乃是第二性的、被派生的、被决定的，而第一性的东西，最先有的东西，乃是事实而不是什么“政治性”。说“新闻就是政治性本身”，就是把事实与其政治性的关系，头足倒置颠倒过来。

颠倒过来有什么害处呢？颠倒过来，立即就替造谣、曲解、吹牛等等开了大门。既然“新闻就是政治性本身”，凡是有政治性的都可以算新闻，那么，政治性的造谣、曲解、吹牛等等不是也就可以取得新闻的资格了么？德意日法西斯“新闻事业”专靠造谣吹牛吃饭，不靠报道事实吃饭，岂不也就振振有辞，有存在的资格了么？

所以，事实与新闻政治性，二者之间的关系，万万颠倒不得。一定要认识事实是第一性的，一切“性质”，包括“政治性”在内，与事实比起来都是派生的、被决定的，第二性的。一定要认识，我们革命的新闻工作者必须尊重事实，而且尊重事实是与政治上的革命性密切结合不可分离的。反之，凡是不尊重事实的，那怕装得像很“革命”，实际上一定是反动的家伙。

最近几年，大后方反动派特务崽子们，在提倡所谓“三民主义的新闻原理”，这就是德意日法西斯“新闻理论”的变种。在这种“原理”之下，特务们提倡“合理的谣言”，公然伪造民意，压制舆论。例如河南大灾荒不准报道，西安特务开了九个人十分钟的会就“报道”说西安“文化界”主张“解散共产党”等，就是他们的“新闻大杰作”。

总结上面所说，我们可以明白，唯物论与唯心论在新闻学理论中的一条明确的界线，就是是否主张尊重事实，而且是否在实践中真正尊重事实。

只有把尊重事实与革命立场结合起来，才能做个彻底的唯物主义的新闻工作者。反动的阶级，为什么不能尊重事实，必定要曲解事实，而且要闭着眼睛造谣呢？因为他害怕事实。有些人为什么不能彻头彻尾尊重事实呢？因为他们对反动派有所畏惧，有所迎合。只有无产阶级这个最革命的阶级，不怕面对事实，对反动派没有任何畏惧，也无所迎合，因此就能彻底尊重客观事实。

第二　新闻如何能真实

我们的新闻工作，既然尊重事实，那么我们不但与专吃造谣饭的法西斯不同，而且与一般的资产阶级新闻工作者不同。只有我们，才能实行一个方针，这个方针使我们的新闻十分真实。

资产阶级的新闻理论，也讲到怎样求得新闻成为事实的真实报道的问题。例如，最初步的新闻学，就说到每条新闻必须有五要素，即时间、地点、人名、事实的过程与结果，新闻中有了这五个要素，缺一不可，才算是新闻。再例如资产阶级的新闻学主张记者报道新闻时必须亲自到发生事件的地点去踏看，而且主张摄影的报道等。

资产阶级新闻学中这些主张，我们认为是对的（理由不必多讲了），但我们同时要指出，要想求得新闻十分真实，这是非常不够的，所谓新闻五要素，所谓新闻记者亲自踏看和摄影报道，还是形式的。这些形式是必要的，但如果以为这便是一切，乃是大错的。

先说“新闻五要素”。报道一件具体事实的新闻，必须要有此五要素，缺一不可，这是对的。但另一方面，有了这五要素的新闻，是否一定就是真实的呢？那就未必。《解放日报》上，曾经登载过一篇叫做“鄜县城内家家户户纺织声”的新闻，后来查起来，那时鄜县城内原来还一架纺织机都没有。去年征粮时，报上又曾登过一条消息，说延安乌阳区首先完成入仓任务，后来查明，乌阳区在延安征粮中是最落后的一个区，记者写那个消息时，入仓工作还未开始呢！上述两个，是不尽不实的新闻的最典型的例子。后来查出来，特务分子常常写这种不尽不实的新闻，想来降低《解放日报》的信用。但是，这些新闻，就形式而论，则五要素件件具备。

再说记者亲自踏看，这也是对的，而且应该承认这是一个很好的值得采用的方法。但是否亲自踏看就一定可以得到真实的新闻吗？那也未必尽然。因为：第一，记者既非参与此事内幕的人，他即使亲自踏看，难免主观主义，更难免浮面肤浅；第二，有时亲自踏看的记者，为了某种原因，仍旧作不尽不实的报道；第三，每件事都要记者亲自去踏看，则势必没有办法，或是记者太少，或是时间不对。

摄影报道，这是最足信任的办法，要在高度发展的技术条件下才办得到，但甚至这种报道，都还可以伪造。

由此可见，上面这些办法，都是好的，都是有用的，只要技术条件具备，派记者亲自踏看和摄影报道都应该采用的。但如果仅仅限于这些，就会犯形式主义的错误，还是得不到真实的新闻。

要怎样才能得到真实的新闻呢？

只有为人民服务的报纸，与人民有密切联系的报纸，才能得到真实的新闻。

这种报纸，不但有自己的专业的记者，而且，更重要的（再说一遍：更重要的！）是它有广大的与人民血肉相联的非专业的记者。它把这二者结合起来，结合的方法就是：一方面，发动组织和教育那广大的与人民血肉相联的非专业的记者，积极的为报纸工作，向报纸报道他自己亲身参与的事实，因为他们亲身参与这些事实，而且与人民血肉相联，因此他们会报道真实的新闻；另一方面，教育专业的记者，做人民的公仆，对于那广大的与人民血肉相联的人们，要做学生又做先生，做学生，就是说，要恭敬勤劳，向他们去请教事实的真相，尊重他们用书面或口头告诉你的事实真相，以他们为师来了解事实，来检查新闻的真实性，做先生，就是在技术上帮助他们，使他们用口头或书面报告的事实，制成为完善的新闻，经过这种结合，报纸就与人民密切结合起来了。

这条路线，这个方针，就是《解放日报》的建设报纸的路线和方针。只有共产党的党报，才能这样建设自己的报纸，因为它有共产党的领导，而共产党乃是人民的先锋队，因为它有共产党的组织可以依靠，而每个共产党员尤其是共产党的基本骨干乃是与人民血肉相联的，并且是人民中最优秀的分子。

这条路线，这个方针，对于建设一个好的报纸，有头等重要性，比之讲求新闻五要素，记者亲自踏看等重要得好多倍，虽然后者还是仍须讲求而不可偏废的重要的方面。

有了这条路线，这个方针，又有了共产党的领导和以共产党的组织为依靠，再加上忠实于人民事业的有能力的专业的记者的活动，我们就可以办出一个头等的报纸，使任何资产阶级的报纸望尘莫及，开中国报界的新纪元。

任何一个报纸不能与我们竞争，因为它们有的不是为人民服务而是为反动派服务的，有的虽然要为人民服务但没有共产党的直接领导，也没有共产党这样先进的伟大的组织可以依靠。

这条路线，这个方针，我们行之一年了，结果是得到很大的成绩。现在我们还必须将它继续贯彻下去。为了以后顺利的贯彻，有三点还必须提出来谈一谈：

第一点，必须赞成把专业的新闻工作者与非专业的新闻工作者结合起来的路线，而反对那把二者分裂开来的路线。国民党反动派，特别是那批反共特务，他们企图对新闻工作者灌输一种反动的思想，使他们自己认为自己是与众不同的人，叫他们与人民远远的分裂开来。国民党反动派，特别是那批特务，捧新闻记者为“无冕之王”，为“先知先觉”，甚至曲解历史，说中国自有报纸以来，报纸和新闻记者就是“革命”的（其实，中国最早的现代报纸是帝国主义者办的，目的为了侵略，后来官报盛行，目的是为了便于统治人民，再后来民间起来办报，其中才有些代表人民说话的报纸才是革命的，但在反动统治之下，民间的报纸反动的也很多），另一方面，则对新闻工作者施以法西斯的残酷压迫，不给新闻工作者以与人民接触的机会，不给他们以替人民说话的权利，而且用手枪和活埋，强迫新闻工作者出卖灵魂，去当法西斯特务，袁世凯、曹锟只枪毙几个记者，而国民党反动派则变本加厉，简直是要窒死全体新闻界，枪毙整个人民言论自由！他们的目的，就在于使新闻工作者形成一种“报阀”，甚至成为一群丧尽天良的特务，脱离人民，脱离现实，而还自以为是，惟我独尊，这样好甘心情愿给反动派新专制主义者当作反革命的工具使用。

第二点，我们新闻工作者，必须时刻勉励自己，做人民的公仆，应知我们既不耕田，又不做工，一切由人民供养，如果我们的工作，无益于人民，反而毒害人民，那就比蠹虫还要可恶，比二流子还要卑劣。

我们的新闻工作者，是学了些新闻技术的，但万勿以此自满，看不起人，但是另一方面，我们做专业的新闻工作者的人，却有很大的缺点，因为你对于你所报道的事实，没有感性知识，无论如何不会像亲身参加那个工作尤其是领导那个工作的人知道得那样透彻、了解得那样亲切的。所以在你作报道的时候，你一定要去请教那亲身参加或领导这件工作的人，细细的听，好好的记，写成之后还要请他看过（或听过）和改过，写得不好就要听他的意见重新写过，以便真正求得忠于事实。

对于亲身参加或领导工作的人的投稿，要知道他们写作技术不好乃是应有的事，你的任务，是要一方面向他学，尊重他所写的事实，一方面要做他的先生或者“理发员”，帮他整理修饰。你要用最大的热情去奖掖和鼓励他们，你没有任何权利去轻视和排斥他们。

第三点，我们办党报的人，千万要有群众观点，不要有“报阀”观点。群众的力量是最伟大的，这对于办报毫无例外。不错，他们是没有技术的，但技术是可以提高的，这需要长期的不倦的教育。我们既然办报，我们不尽这个责任，倒叫谁来尽这个责任呢？

我们在这方面还有很多事情要做，而且还需要创造许多新的办法出来。

原载于《解放日报》1943 年 9 月 1 日第 4 版

4. 复习问题

（1）为什么说新闻的本源是事实？资产阶级关于新闻真实性的论述有什么谬误？

（2）怎样才能得到真实的新闻呢？陆定一提出了哪些注意事项？

（3）你认为《我们对于新闻学的基本观点》一文最大的贡献是什么？

5. 思维训练

（1）自陆定一提出新闻定义“新闻是新近发生的事实的报道”以来，我国大多数新闻学教材都采用了这一新闻定义。但是实际上关于新闻定义之争，从来没有停止过，学界先后出现过“意识形态说”“事实说”“信息说”，还有学者认为应该根据新媒体的发展趋势重新给新闻下定义，你认为陆定一的“报道说”还适用吗？如果可以丰富发展的话，应该怎样给新闻下定义？

（2）结合现实中层出不穷的虚假新闻事件，运用陆定一有关“新闻的本源”的观点进行批判。

（3）陆定一指出，“只有为人民服务的报纸，与人民有密切联系的报纸，才能得到真实的新闻”。根据这一观点和陆定一提出的三种途径，分析“走、转、改”活动的意义。

十、“新的文风，应当打破一切固定的格式”

——胡乔木：《报纸和新的文风》

1. 写作背景

1941 年 5 月，毛泽东同志在延安高级干部会议上作《改造我们的学习》的报告，标志着整风运动开始；1945 年 4 月 20 日，党的六届七中全会通过《关于若干历史问题的决议》，标志着整风运动胜利结束。

反对党八股以整顿文风是延安整风运动的重要内容。八股文是明、清两代科举考试制度所规定的一种形式死板的文体，每篇文章由破题、承题、起讲、入手、起股、中股、后股、束股八部分组成。其内容空虚，立论必须根据朱熹的《四书集注》，不许有作者自己的思想，只能重复搬弄儒家教条，敷衍成文。八股文是封建统治者愚弄和奴化知识分子的手段，是禁锢人们思想的工具。“五四”时期，很多留学生从欧美国家和日本回国，说话、写文章只知生吞活剥地搬弄外国的东西，一些浅薄的资产阶级和小资产阶级知识分子染上了这个毛病，形成了新的八股——洋八股，这种毛病传染给共产党内的一些人，就产生了党八股。党八股是主观主义、宗派主义的表现形式和宣传工具。毛泽东同志正是针对以上这些现实情况，作了《改造我们的学习》等报告和讲话。

具体到新闻学领域，出现的一个问题就是文风的僵化，恰如胡乔木在文中批判的那样：“写锄草一定是从下雨开始；写三三制一定是党员退出，党外人士补进；写学习一定是情绪高涨，但有缺点；写敌后战争一定是扫荡、反扫荡、经验教训；写什么都有什么一套。”这种千篇一律的新闻文风，就导致“生动有趣的材料被格式束缚住了。新鲜活泼的思想被格式窒息死了。自己在地上画了圈子让它限制了自己，跳不出它的圈外”。正是这样的情况，促使胡乔木在《解放日报》发表了这篇《报纸和新的文风》的社论，对党报新文风的实现提出了新的要求。

2. 阅读提示

文章首先开宗明义指出，“建立新的文风，是整顿三风中的一件大事，同时又是报纸、和报纸有关的一切工作者应当首先来倡导的事情”。这一论述是基于报纸在革命斗争中的巨大作用和群众参与报纸活动的热情提出的。

接着，胡乔木指出了报纸在文字风格方面遇到的困难——“千篇一律刻板生硬的稿子太多了”。“有人开玩笑说：如果印好现成文章寄到各处，把人名地名填上去，岂不更省事么？”

新的文风，应当打破一切固定的格式。这是胡乔木针对八股文风开出的第一剂药方。他借用裁缝量体裁衣的例子，告诫大家写文章不能公式化，否则新鲜活泼的思想就要被八股化的格式窒息了。

胡乔木以破除格式，建立新文风为起点，针对报纸写作还提出了下列几点要求：

①写文章一定要有新的内容，否则就是鹦鹉学舌。大家要能够从丰富的群众活动中去发现和寻找这些新的内容。

②写作要具体细致，不能用抽象的名词、空洞的话语让读者摸不着头脑，应当进行深入的观察、仔细的研究、周密的思考。

③写作要具体深刻，必须把题目范围定得小些。这样会使说明的问题更加突出，使自己的研究也容易更加深刻精致。

④写作要针对写作对象的要求，用他们的语言，让他们感觉亲切有味，进而去打动他们的心弦。

最后，胡乔木总结道：“利用报纸，为报纸写稿，是每个党员和党外朋友不可推卸的责任。而废除党八股，建立新文风，只有在不断的刻苦的努力中才能达到。”

3. 文献原文

报纸和新的文风

建立新的文风，是整顿三风中的一件大事，同时又是报纸、和报纸有关的一切工作者应当首先来倡导的事情。

我们已经知道报纸不仅是报道消息，而且要作为建设国家、建设党、改造工作、改造生活的锐利武器。要把我们这伟大时代中各方面各角落沸腾的生活反映到报纸上来。好的大家赞美，大家学习。坏的大家批评，大家引以为戒。但这是一个极其复杂的任务。过去一般人们对于报纸的认识并不是这样的。旧的传统是：报纸只谈上层人物的活动，或者登载仅供消遣的社会新闻，至于深入广大群众的生活中去，则是少有的。因此，报纸只是报馆工作人员的工作，读者对它的帮助是很少的。现在已经到了彻底改变这种旧传统旧观念的时候了。要使报纸成为我们改进工作的工具，就要使报纸的工作带着浓厚的群众性；每个机关、每个乡村、每个部队、每个学校、每个工厂，都有报纸的通讯员、撰述员、热心关切报纸的人。报纸上的消息、通讯、论文要靠各方面工作的同志，大家来供给，然后报纸的内容才能充实起来。

不仅要积极地热心地来写，而且要写得好，写得生动活泼，能够吸引读者。如何从事这样写作，如何来建立新鲜活泼生动有趣的文风，这是报纸的每个工作者、每个通讯员、每个投稿者都要注意研究的问题。

在文字风格方面，报纸今天所碰到的困难是什么呢？

报馆每天收到不少的稿件，但这些稿件中许多是不能用的。就是登出的也不一全好。我们有流血的战争，我们有各种富于生命力的建设。大地的面貌在改变着，人的面貌也在改变着。写作的材料是无穷的。但另一方面，好的稿件却是很少。千篇一律刻板生硬的稿子是太多了。写锄草一定是从下雨开始。写三三制一定是党员退出，党外人士补进。写学习，一定是情绪高涨，但有缺点。写敌后战争，一定是扫荡、反扫荡、经验教训；写什么都有什么一套。有人开玩笑说："如果印好现成文章，寄到各处把人名地名填上去，岂不更省事么？"这虽然是挖苦话，但从此也可看见我们的文字，急需改革到什么程度了。

有人要问：那么，究竟什么风格才算好呢？应当学习什么样的文体呢？

新的文风，应当打破一切固定的格式。凡是动笔之先，脑中先有了一个格式，那一定要写成"八股"。生动有趣的材料被格式束缚住了。新鲜活泼的思想，被格式窒息死了。自己在地上画了圈子，让它限制了自己，跳不出它的圈外。所以打破固定的格式，是第一要事。别人的好文章，必须读，必须研究它的结构，但任何好的结构都不能硬拿来自己用。自己的结构，应看每次是说什么话，对谁说话而有所不同。最好的裁缝师，不是用衣的样式硬套在人的身上，而是根据人的身材，决定衣的样式。写文章也一样。不公式化就可以少点"八股"气。这是使文章写得新鲜活泼的一个重要条件。

无论什么文章，最要紧的莫过于内容，而内容要有新的东西。几十字的消息，或几千字的通讯或论文，都是一样。既然提笔写作，那么必然是有什么话非告诉别人不可。如无此种必需，那又何必写作呢？写文章应如给朋友写信一样。每次有每次不同的问题，每次有每次不同的意思，不同的语调。给朋友写信不能按着别人的信照抄，写文章也不能抄袭别人的意思或词句。已经讲过的再来重复，就有类于鹦鹉学话，别人是不高兴听的。好在我们生活中新的事情多得很，只要能钻进生活内部来观察，来寻找，那么，新材料是写不完的。

新的材料是重要的，同时又要写得具体细致。我们常喜用抽象的名词来说明事情，但这些笼统的空洞的话常使人摸不着头脑。譬如只说某人在学习中有了进步，就不如说他以前做工作是怎样，现在做工作是怎样，以前看问题是如何，现在看问题是如何。用抽象的话来说，就好像雾中看人，若见若不见。用具体的事情来说，就好像看见人的面貌，听见人的声音，使人觉得真切实在。但要写得具体真切，先要自己懂得具体真切。只有不停留在表面的轮廓的、漫画般的观察，而对于自己所要写的事情，有仔细的研究，有周密的考察，才能办到。

要写得具体深刻，还须要把题目范围定得小些。我们常有一种坏习惯，喜欢定大题目。题目大了，侧面也就多了，内容也就复杂了。假如自己对于问题没有真知卓见，自然就要拿别人的旧话来凑数。这样不就成了万金油八卦丹之类百病皆医而又一无所医的东西么？这样又怎能使文字写得不枯燥、不呆板、不奄奄无生气呢？如果把题目范围定得小一些，则自己要说明的问题，既容易使之突出，同时自己的研究，也容易深刻精到。这又是建立新的文风所要注意的。

说话的对象是谁？这也是提笔以前首先要弄清楚的。对一种人，有一种话。上什么山，唱什么歌。我们要知道听话的是什么人，他们的生活如何，需要的是什么，想着什么事情，喜欢什么，讨厌什么，然后我们才能用他们的语言，去打动他们的心弦。报纸的读者一般是固定的。但每篇作品，也还应有其比较特殊的对象。写作的时候，应当设想好，像自己是在面对着自己的读者说话，那样，我们的话说出来，就会亲切有味，而不会隔靴搔痒、枯燥无味了。

总结一句：要充实报纸的内容，要把文字写好，就要解决两个问题，一是写什么材料，一是用什么语言来写。我们还不会从丰富的群众生活中去掘发材料。我们还没有认真去接近群众生活。我们还不善于用调查研究的方法，去发现群众生活中的新的事情。我们还不善于搜集片断的谈话、零星的事实，加以组织、酝酿，变成自己写作的题材。因此，写作的材料，是应当而且只有从群众的生活中去求得的。至于语言，当然不是说堆集使人头昏的形容词之类。问题在于我们的语言，常常太单调、太枯涩、难以恰当而有力地表达我们的思想和情感。而语言的技巧，对于宣传是有极重要的作用的。要使言语丰富，必须学习民众语言，必须多读好的文艺作品。这是作文字活动的人必须致力学习、致力锻炼的。

建立新的文风，不是一朝一夕所能办到的。这是长期学习和工作的过程。有些人草率从事，写作之前，既无仔细研究，写作之后，又不慎重修改，稿纸写完，万事大吉。这是不对的。另外有些人，因为新文风尚未建立，就搁笔不写，这也是不应当的。须知利用报纸，为报纸写稿，是每个党员和党外朋友不可推卸的责任。而废除党八股，建立新文风，只有在不断的刻苦的努力中才能达到。

原载于《解放日报》1942 年 8 月 4 日第 1 版

4. 复习问题

（1）胡乔木针对僵硬的文风，提出了哪些建议？分别是什么？

（2）理解新闻写作中“内容要有新的东西”的重要意义？

（3）理解新闻写作中“须要把题目范围定得小些”的重要意义？

（4）理解新闻写作中“弄清楚说话的对象是谁”的重要意义？

5. 思维训练

（1）选择当地的一份党报，框定某一个时间段，考察其文风，并提出你的观点。

（2）选择当地的一份党报，选择某一个类似的会议，考察其文风，并提出你的观点。

（3）选择当地电视台播出的领导人会议报道，考察其文风，并提出你的观点。

十一、“新闻学是新兴的科学”

——黄天鹏：《四十年来中国新闻学之演进》

1. 写作背景

黄天鹏，原名鹏，字天鹏，别号天庐。1905年3月出生于广东省普宁县（现普宁市），是我国现代新闻学的拓荒人。

1923年，黄天鹏就读于北京平民大学正式设立的报学系。1927年1月，由黄天鹏主编的《新闻学刊》在北平创刊，这是我国最早的新闻学理论刊物，每季出一期，由北京新闻学会出版。不久，北京新闻学会又出版《新闻周刊》，仍由黄天鹏主编。1928年后，黄天鹏离京南下到上海，出任《申报》要闻版主编。与此同时，黄天鹏又将原北京《新闻学刊》改组扩大为《报学杂志》（月刊）在上海出版。该刊于1929年3月创刊。

《新闻学刊》《新闻周刊》《报学杂志》三种刊物是我国最早一批新闻学研究的专门学术刊物，其水平和质量是较高的。以《新闻学刊》为例，撰稿者都是当时全国著名的新闻学专家及名记者，如徐宝璜、邵飘萍、胡政之、戈公振、黄天鹏、徐彬彬、鲍振青、顾红叶、王小隐、周孝庵等。他们的文章代表了当时新闻学研究的最高水平。

1930年，黄天鹏应汪英宾之邀，担任《时事新报》通信部主任，以函授方式训练该报通讯记者。同时，黄天鹏又应复旦大学新闻系主任谢六逸之聘，担任该系教授，开设有关新闻学的必修课、选修课多种，并将历年收集的中外新闻学资料数百种捐给该校成立新闻学研究室，兼任研究室主任，为复旦大学新闻系初期的建设作出了重大贡献。他还兼任上海沪江大学等校新闻学教授。

1929年至1931年，黄天鹏曾将散见于报纸杂志及新闻学刊物上有关新闻学的重要论文收集起来，编成好几部新闻学论文集出版，其中包括《新闻学名论集》《新闻学刊全集》《报学丛刊》等。另外，他还撰写了许多新闻理论著作，如《中国新闻事业》《怎样做一个新闻记者》等。20世纪20年代末至30年代初，我国新闻学研究尚处于初级阶段，新闻学书籍屈指可数，而黄天鹏编著的这些文集，几乎占了当时新闻学著作的十分之八，而且这些新闻学著作至今仍有重要的参考价值。

抗日战争期间，黄天鹏曾任重庆《时事新报》经理。1939年“五四”大轰炸后，重庆各报损失惨重，当时《中央日报》《时事新报》《扫荡报》《新蜀报》《商务日报》《大公报》《新华日报》《国民公报》《新民报》《西南日报》等十大报奉命出联合版，黄天鹏被推为经理。5月6日，联合版编印出版，一直连续出版至8月12日各报复刊后才结束。1941年，黄天鹏应国民党军政部部长陈诚之邀，主办军报及政训业务，先后在国民党中央训练团和中央政治学校主讲新闻学，筹办“中央出版事业管理处”。

抗日战争胜利后，黄天鹏担任中央印务局总管理处处长。1947年于普宁被选为中华民国国民大会代表，尔后在各大专院校教授新闻学课程。1949年黄天鹏去台湾，继续从事中国新闻学的教授、研究和出版工作。1982年3月24日，黄天鹏病逝，终年78岁。

综观黄天鹏的一生，基本上是与新闻学研究、新闻事业管理紧密联系的，所以，从他的角度观察自维新运动以来中国近代新闻学的发展演进，有着非常权威的价值。

2. 阅读提示

新闻学是现代新兴的科学，在我国直至前清末叶，才有了它在科学中的位置。自1903年第一本新闻学专书出版到1942年，中国新闻学共经历了前、后两个时期。前期为新闻学的启蒙与建设运动时期，包括：新闻学术启蒙时期（维新运动—五四运动前夜），即清光绪二十九年（1903）到民国六年（1917）；新闻理论建设时期（五四前后—北伐前夜），即民国七年（1918）到民国十一年（1922）。后期为言论自由与新闻统制时期，包括：言论自由纷争时期（北伐前后—国难前夜），即民国十二年（1923）到民国二十年（1931）；战时新闻统制时期（国难以后—抗战期内），即民国二十一年（1932）到民国××年（战事结束）。这是黄天鹏对四十年来中国新闻学演进的一个基本时段划分。

新闻学术启蒙时期：随着报纸逐渐成为一种开通民智、宣传政治思想的利器，以科学的方法研究新闻纸的理论和实际问题就成为学界共识，这就推动了中国新闻学的产生。并且由于政党报业的论战、政府立法的变化、新闻文学的兴起、报业团体的成立等，新闻的重要性日益被认识，新闻学术不但成为一门科学，而且成为一种专门教育。在萌芽中的中国新闻学，踏进了一个新的时期。

新闻理论建设时期：徐宝璜的《新闻学大意》（第 4 次修订时改名《新闻学》）奠定了中国新闻学理论的基础。此后中国新闻学进入新闻理论建设时期，标志性事件有四：一是美国密苏里大学新闻学院院长威廉博士和英国报界巨子北岩爵士的先后来华，推动了中国新闻事业的发展；二是《新闻学总论》《实用新闻学》《新闻与新闻记者》等专著的陆续刊印，新闻学研究成为趋势；三是《新闻学刊》《报学杂志》《新闻周刊》《报学月刊》等以研究新闻学术为目的的新闻理论刊物先后出版；四是中国新闻学教育随之兴起。

言论自由纷争时期：在此期间，捕杀记者、封闭报馆的事件屡有发生，这是对言论自由赤裸裸的戕害。这一时期因军阀对言论自由的摧残，愈引起新闻界人士对言论自由的维护与发扬，此外，也出现了假借言论自由的名义来掩盖某些人另有所图的举动。实际上，言论自由都是相对的，在英美国家也是如此。此外，由于商业主义的影响，言论自由实际上沦为买办工具。

战时新闻统制时期："九一八"事变后，战时新闻学成为学界主导。国家层面形成了对新闻事业的管制，新闻检查日见严格。新闻界在民族利益高于一切的大前提下，为争取国家的大自由而奋斗，虽牺牲本身的自由亦所不惜，形成了举国一致的"国家至上""民族至上"的舆论。在此期间，学界根据我国实情，建立了一种适合于时代的新闻理论和新闻事业。

3. 文献原文

四十年来中国新闻学之演进

黄天鹏

—假定前后两个时期四个段落之年度—

前期　新闻学的启蒙与建设运动

第一　新闻学术启蒙时期（维新运动—五四前夜）

即清光绪二十九年（一九〇三）到民国六年（一九一七）

第二　新闻理论建设时期（五四前后—北伐前夜）

即民国七年（一九一八）到民国十一年（一九二二）

后期　从言论自由到新闻统制

第三　言论自由纷争时期（北伐前后—国难前夜）

即民国十二年（一九二三）到民国二十年（一九三一）

第四　战时新闻统制时期（国难以后—抗战期内）

即民国二十一年（一九三二）到民国 ×× 年（战事结束）

—新的新闻学理论之启示及新闻事业之建设！

一、引言

新闻学是现代新兴的科学，并没有悠久的历史，在我国因为新闻事业的落后，到了有清末叶才奠定他在科学中的位置。

中国第一本新闻学专书出版到现在，已经四十个年头，这三四十年来，关于新闻学的著述，就我个人所搜集的，专著期刊约七八十种，论文约三四百篇，参考资料也剪贴了二十多本，可惜个人二十年来的珍藏，均毁于敌人的炮火。这几年来从事党政的宣传指导工作，研究工作早已荒废，现在来讲新闻学演进，手头没有多少材料可以引证，只能画个大概的轮廓。

这四十年新闻学的进步，为叙述方便起见，假定分为前后两个时期，即前二十年分为“启蒙”及“建设”两个阶段，后二十年分为“自由言论”及“新闻统制”两个中心，现在分别论述如次：

二、新闻学术启蒙时期

前清光绪二十九年，即公历一九〇三年，商务印书馆译印日人松本君平的《新闻学》一书，为我国有专门研究新闻纸著述的起头。这时正当中日战后，朝野力图自强，广征善后的方策，而普设报馆，以通民情，尤为时贤所主张。庚子之役，君民受痛既深，维新之说盛行，乃设官报，使人民明悉国政。其时“时务”“清议”“苏报”等，先后风行内外，国人重视报纸之心既起，于是研究新闻纸之学术的需求以生。这时，欧美新闻学已经了二三十年的探讨和阐扬，已卓然成为专门的新科学，流传到日本，不久便被介绍到中国来。

就一般学术史来说，一种学术的发达，总在其对象发展到相当时期以后，中国官报的滥觞，远溯汉唐的邸报，即以近代而论，清嘉庆二十年（一八一五）发刊的《察世俗每月统纪传》已具有现代报纸的雏型，到光绪末年已有八十多年的过程。报纸既成为一种开通民智，宣传政治思想的利器，以科学的方法研究新闻纸的理论和实际问题求得完满的解答的新闻学的产生，自有其时代的意义。

可是社会上对新闻记者的职务，仍缺乏正确的认识，多认为无聊文人的末路生涯。即新闻界本身也多认为报社就是新闻人才的养成所，对于新闻学的成为一种学术，自然也成为疑问。松本君平原著中有卯田一篇序，开头好像是说：松本君平以新著《新闻学》一书要我做序，我听了非常奇怪，“新闻亦有学乎？”我做了二十多年的新闻记者，从来就不知道有新闻学这回事。后来经松本君的解释，才觉得新闻纸已经成为一种新学问，做新闻记者确应先研究新闻学。全文大意如此，其实何曾只在日本明治维新时代社会观念如此，即在我国有清末叶的新闻界及学术界，也何曾不是如此？

隔了几年，就是光绪三十二年（一九〇六），清廷以有志之士，多借报纸以鼓吹革命，民党的《民报》尤为革命言论中心。乃仿日本例，颁布大清印刷物专律，翌年又颁布报律，以钳制报纸言论，取缔反政府的宣传。这时报纸杂志渐有研究或译述新闻纸上各种问题的论著发表。宣统二年，全国报界俱进会在南京成立，对于新闻界的当前困难，寻求适当解决，而解决之道，有需于学。新闻学的重要，始为从事新闻事业的人士所认识。

在鼎革以前，“新闻学”虽未为学术界所重视，但“时务文章”已脱离文坛宗主——桐城派、阳湖派，在文学界别树一帜，为新闻文学的先河。梁启超曾自述说，他为文不欢喜桐城派，初学晚唐晋魏的矜练，此后自为解放，务为平易畅达，杂用排偶长比，号新文体。这种文体有条理，又畅达，有情感，易动人，已浸成文坛的主流。文学史上称为“报章杂志盛行，而新闻文学以兴”即是。

民国成立后，全国报界俱进会在上海举行特别大会，有设报业学堂以造新闻人才，设造纸厂以求自给等案。二年上海广学会刊行史青译的《实用新闻学》，提供采访编辑各种实际问题的解决方案。三年袁世凯公布报纸条例及出版法，随后帝制问题发生，新闻界展开轰轰烈烈的斗争，而出席世界报界大会的代表的报告，尤给予新闻界一种新的鼓舞。新闻学术不但成为一种科学，同时也是一种专门教育，在萌芽中的中国新闻学，才踏进一个新的时期。

从前清光绪末年（一九〇三）到民国初年（一九一七）这十几年间，姑且称之为中国新闻学的启蒙时期。

三、新闻理论建设时期

民国七年（一九一八）国立北京大学添设新闻学一课，延教授徐宝璜氏主讲，并设立“新闻学研究会”，徐氏早年留美兼治新闻学，对于新闻学的造诣极深，后来集其演讲稿辑为《新闻学大意》一书，才奠定中国新闻学理论的基础。

在此以前的两本新闻学专书，都是译本，虽说学术没有国界，但新闻纸却有二种特质，第一是民族性，东西的风俗人情趣味都完全不同，在新闻的认别上，就很有差异，例如西洋的新闻界说，在我国就不大适用，第二是文字性，西洋的拼音字是横行的，中国的方块字却是直行，标题组版各方面，都有很大的不同，至于经营管理设备等等，物质和技术上至少相差数十年，还在其次，中国实在需要一种适合国情而切合新闻界实际应用的书。

徐氏根据了上述的需要，参考了西文百数十篇专著，及十几篇中文资料，著述了一本《新闻学大意》，对新闻学的定义，新闻的界说，采访，编辑，社论以及广告，发行，工场设备等等，都有概要的叙述，与正确的解释，原书不在手头，没法详细的引证，这本书在民国十九年徐氏逝世的时候，我曾给他增订，改为《新闻学概论》再版印行。

接着八年五四运动，新思潮澎湃，新文化高唱入云，崭新的新闻学，自然受到广大的注意，新闻记者在这新时代中，单靠他一枝“起承转合”的笔是不很行了，他记事需要选择新闻中心，运用技巧，编排需要剪裁配合，出奇制胜，而选择弃取之间，尤需要丰富的智识。他论政，那种“策论式”已感到不够，他对每一问题需要透彻的了解，犀利的观察，超越的判断，这在需要研究，即经营方面如广告的招揽，发行的推广，印刷的改进，尤其迫切的是同业的竞争，不能不加应付，环境迫着他研究学问——新闻学。九年上海圣约翰大学筹设报学系，至此新闻教育才在南北开其端。

十年世界报界大会在檀香山开二次大会，接着美国密苏里大学新闻学院院长威廉博士的东游，英国报界巨子北岩爵士的来华，前者给新闻学术一种新的启发，后者给新闻事业企业化的一种策励，威廉博士在北大讲演说：“中国为印刷术最先发明的国家，世界若没有印刷术，新闻学绝对不能发生，所以我在中国谈新闻学，犹如小儿女向母亲报告晚辈之经验，同为一最有趣的事件。”我受了很大的感动，开始研究印刷的方法，因感到西文排字的简捷，中文则烦难百倍，曾用了三个月时间，计算《康熙字典》全部字数，和报纸常用字的分析，我想报上常用字六七千字，要中学程度以上才能看，怎样能减到三四千字，使一般国民都能懂，尤其部位的排法，怎样才能简单迅速。可见威廉博士此行对青年影响的一斑。至于北岩爵士的东来，他曾讲述在领导英伦舆论的经验，启示几个报界中心人物此后的作为，中国新闻事业托辣斯化的发端，与此不无关系。

在这几年中，几本销行较广的新闻学著述，如邵著的《新闻学总论》，任著的《实用新闻学》，以及我的《新闻与新闻记者》（这书有一小部材料后来辑入中华百科丛书拙著《新闻学概要》），虽彼此对新闻学各部门的铺述繁简不同，但在理论上相当的一致，同时美日新闻学著作，也陆续介绍刊行，都发行到二三版。

这里不能不附带多叙述后几年的事，在北伐前后新闻学的研究热，各处都有研究新闻学团体的成立。专门刊物有张一苇（按张季鸾先生早年别署一苇，但创办新闻学刊者系另一人，而非张季鸾先生）、王基鸿和我创办的《新闻学刊》，以促进新闻事业，研究新闻学术为宗旨，为新闻界有专门期刊之始。北伐完成后移上海出版，改名《报学杂志》，继起的有《新闻周刊》，《报学月刊》等刊物多种。

在新闻学著述渐盛时，新闻教育也随之兴起。民七北大仅设新闻学课，还没有成系，九年全国报界联合会议决设立新闻大学，以造就新闻专门人才，促进全国新闻事业的发展，可惜议未成而该会已散，十年厦门大学成立，列报学为八科之一，十一年北京平民大学设新闻学系，聘徐宝璜氏为主任，正式开班教授，十三年燕京大学，十四年南方大学，十五年光华大学等，各设报学系，由美人聂士芬及戈公振汪英宾诸氏分别主持。而燕京与美国米苏里大学新闻学院合办之新闻系，及继起开办之复旦大学新闻学系，中央政治学校新闻系，尤为完善。复旦附设有新闻学研究室，我当时东游归来，执教该校，兼任室主任，该室除陈列中西文报纸杂志及新闻学专门著述外，于报纸制作之程序，自采访编辑印刷发行各部门，均有系统之说明，而附以各种资料器材及图表，以供学生之研究，中国新闻教育至是已有相当基础，而新闻学理论之建立，也渐告完成。

从民国七年（一九一八）到民国十一年（一九二二）就是五四运动到第一次北伐的五六年间，或延长至十五年第二次北伐的近十年间，姑且称为新闻学理论建设时期。

四、言论自由纷争时期

谈到新闻学的理论，不能不一述前一代新闻记者的贡献，我国文人向有一观念，书生报国，只有把笔刀当宝刀，报纸便是一种最新式的武器。鼎革前的力唱维新及宣传革命，五四运动的灌输新思潮提倡新文化，就是一种具体的表现。同时也曾遭受清廷的摧残，如苏报案的株连，以及改革后军阀的压迫，如捕杀记者，封闭报馆，反映到新闻学上就是一种"言论自由"的呼声！

在《新闻学论文集》中，我们可看到许多主张言论自由与反抗军阀压迫言论的文章，上海报学社且用"言论自由"来做会刊的名称。在这时期因军阀对言论自由的摧残，愈引起新闻界人士对言论自由的维护与发扬。在另一方面，也不无假言论自由之名以掩护他们另有作用的行为。其实，最自由的报纸如英美法各国，舆论监督政府，指导社会，凡在批评主张，都显出其威权，成为民主政治的特色，但事实上，并不如此，新闻事业是一种企业，需要广大的经济基础。英美是资本主义的社会，报纸都落入几个大资本家的手中，英如保守党商人的报纸，美如哈斯脱系的报纸，操纵舆论大权，见解主张都由其本身利益出发。法国的报纸更其低劣，这种言论自由，充其量也仅能代表少数阶级，与全民所要求的真自由相去还远。我在《报学杂志》上《英美新闻事业篇》有过详细的分析。

从清末与民初的报纸，是由政论本位（以宣传维新或革命为主）到新闻本位，（以新闻为主已渐商品化）报界已渐走上托辣斯化的道上，报界已有大集团的形成，上海《申报》的主人受北岩爵士的影响，在民十八合并了对立的《新闻报》，在天津又控制了《庸报》，在杭州发行地方版，在汉口香港都有类似的办法，因为种种关系，计划没有完成而赍志以没。随后《时事新报》的新记主人，开始组织中国出版公司。我当时正任职该报，据该公司最初的组织，发刊晨刊（时事），夕刊（大晚报），英文报（大陆报）及通信社（申时社），通称四社，且附出版部，他将早晚报上的消息，由通信社以极廉的代价分给全国的民营报纸，有类似美国联合社的企图，不久因“违检”遭受挫折，整个计划昙花一现，后来胡氏的星系报纸，由南洋伸向国内，也没有完成，已断送在敌人炮火中。

我前在沪江大学讲述“上海新闻界”，曾说过：我国所谓言论自由的报纸，向在沿海一带，尤其上海香港，几个大报，最初原不过是外报的华文版，后来由国人接办，在某种环境下，常常重挂洋商的招牌，他们办报的目标，不过视为一种生意经。经手的人半是买办式，媚外崇洋的心理非常普遍，他们的言论和记载，既不能发扬固有的文化，也没有启发民族的思想，经营方面也不过如何获得洋商的广告，替洋人做宣传。所以广告分解了新闻版，广告新闻变成了本市消息。所谓自由还赶不上英美式的自由，结果也只有走上他们的覆辙。

在这言论自由纷争之际，也有若干论调，认为新闻纸不过是一种政治宣传的工具，在新闻学方面，也唱过所谓社会主义的新闻理论，不过这种论调没有完成，当头的国难已把这种理论粉碎。至于法义视报纸为统治阶级工具，自然更不足道。

从北伐前后（民十一年至十五年）到“九一八”（民二十年）这近十年间，或再推前数年计算，姑且名之曰“言论自由纷争时期”。

五、战时新闻统制时期

“九一八”事变后，敌人的侵略凶猛，反映到新闻界上，在国家方面是新闻管制之建立，在报界本身是言论自由说转变而为舆论的统一，即“国家至上”“民族至上”国论的形成。这转变在新闻界翻了一新页，几本战时新闻学的书，都是最好的证明。

在从前北京政府时代，虽有若干官报，但新闻事业大都是民营——自由发展。而外人通信社及报馆，尤占不少势力。二十一年中央注意及此，决意整顿党营新闻事业，扩充中央通讯社，为国家发布新闻的机关，改组中央日报以为各地党报的楷模。同时公布直辖报社组织规则，统一编制及管理指导。二十二年中央公布重要都市新闻检查办法，及取缔不良小报暂行办法。二十三年行政院通令《新闻报纸检查期间不服检查之处分办法》，以后新闻检查法令，续有颁布补充，执行机构组织也渐完备。新闻之发布既由中央通讯社负责，舆论之运用又有主管部为之指导，更有检查以济其穷，政府管制之政策，至是已渐收实效。五届三中全会复有新闻政策之决定，以三民主义为全国报业之总准绳，以完成民族独立，实现民权使用，促进民生发展为总目标，对全国报业，为有效之统制，必要时得收归国家经营之。这十年来，中央在管制方面确有不少的努力，如党报系统之确立，新闻广播之指导，以及二十八年重庆各报联合版之试验，均其著者。

过去新闻界向以“言论自由”为号召，对于国事之论述，亦每以敢言自豪，对于新闻之记载，则以竞先发表为敏捷，此在平时，尚鲜流弊，一至战时，则每使国族遭受不可补救之损失，故向例各国多施行战时统制之制度。我国自国难以来，新闻检查日见严格，尝使新闻界感受多少损害与困难。惟年来国难日深，新闻界已在国族利益高于一切的大前提下，为争取国家的大自由而奋斗，虽牺牲本身的自由亦所不惜，这样，便贯彻了国策，造成了举国一致的舆论。

在新闻阵容中，我们鉴于英美之所谓言论自由，既不过少资本家或政党之护符，德义之法西斯统制，报纸又成为少数统制阶级的工具，而苏联之国有政策，也全为阶级利益而努力，都不是我们所需要的。在三民主义之共和国中，我们需要一种适合于新时代的新闻理论与新闻事业。中政校新闻系主任马星野氏，曾主张根据中央文化事业计划纲要所订定三项原则：即（一）根据总理“保持吾民族独立地位，发扬我固有文化，且吸收世界文化而光大之”之遗训，择善取长，以建设我民族健全久远之文化基础；（二）本三民主义之原则，以文化力量建立全国民众精神上之国防；（三）对于一切文化事业，切实负起保育扶持之责任，以督促指导奖励及取缔等方法，除莠培良，促成协同一致之发展。又该项纲领二十条中，其与新闻事业直接有关的，如第十六条“集中新闻界之意旨，使在民族意识之下从事新闻事业之改进，并由中央注意新闻人才之训练”；第十七条“严厉取缔不利国家或有伤风化之记载与广告”，本此原则所指示，来建设新的新闻学，重新估定新闻的价值，与经营的方法，使新闻事业尽其服务人群的责任，创造合于人类理想的文化。我们希望马氏的新著，不久问世，以供新闻界人士的研讨，共同来建设这新时代的新闻学。

从国难以后（民二十）到抗战期内（即战事结束之时）的十几年间，姑且称为战时新闻统制时期。

六、结论

总之，在这四十年代中，我们要重新认识报纸的作用，固在报道消息，领导舆论，但最大的目的，仍在推动文化，服务人群，国营报纸的充实扩充，民营报纸的整理扶导，都需要有力的创导。我希望十年后我来论述《五十年来中国新闻学的演进》的时候，一种崭新而完美的“新闻学”理论已经完成，就是撷取欧洲大陆学派的偏重学理与美国式教育的趋重实际技能两者之长，适合本国的文化及政治经济社会新形态的新闻学术已经完成，领导新的新闻事业进入新时代，使每个国民都有合乎理想的精神食粮。

（按此文为本人在中央政治学校讲演笔记稿，其中若干点尚须引证原书改正或补充，在此兵荒马乱中，只能期诸抗战胜利东归之日矣！天鹏附注）

原载于《中国新闻学会年刊》1942 年 9 月第 1 期

4. 复习问题

（1）黄天鹏将四十年来的中国新闻学演进过程划分为哪几个阶段？你认为划分依据是什么？

（2）分析言论自由纷争时期有关言论自由的几种观点，联系实际比较异同。

（3）如何评价马星野根据中央文化事业计划纲要所订的三项原则？

5. 思维训练

（1）如何评价由抗日战争引发的中国新闻学的转变（从言论自由纷争时期转为战时新闻统制时期）？

（2）阅读《新闻学刊》《报学杂志》《新闻周刊》《报学月刊》等刊物，分析当时学界流行的主要新闻思想。

十二、“进行全面的新闻采访和新闻供给”

——胡愈之：《抗战新阶段中新闻记者的任务》

1. 写作背景

胡愈之，1896 年生，原名学愚，字子如，浙江省上虞丰惠镇人，著名的社会活动家，具有多方面卓著成就的革命学者。

1909 年，13 岁的胡愈之即和好友一起创办了手抄报《家庭三日报》。这不仅是当时上虞县城最早的报纸，而且创下了中国报业史的两项纪录：最早的家庭报和最小的办报人。*1914 年，胡愈之进入上海商务印书馆编辑所工作，并坚持自学日语、世界语。1919 年，他在上海参加了声援五四运动的斗争，在《东方杂志》上连续撰写文章，提倡科学和民主。次年，他又与郑振铎、沈雁冰等共同发起成立了“文学研究会”。1925 年，为声援五卅运动，他编辑出版《公理日报》，并撰写《五卅运动纪实》，忠实报道了这一历史性的群众革命斗争。1927 年，迫于国内的白色恐怖，他流亡法国。在法期间，胡愈之进入巴黎大学国际法学院学习，系统地钻研马克思主义著作，其思想开始由民主主义转变为社会主义。1931 年初，在回国途中，他以世界语学者的身份访问了莫斯科，写下了著名的《莫斯科印象记》，介绍了苏联政治、经济和人民生活状况，反映了他对新的社会制度的向往。

* 绍兴市上虞区档案馆：《上虞特藏故事》，西泠印社出版社，2021，第 98 页。

“九一八”事变后，胡愈之与邹韬奋共同主持《生活》周刊，主编《东方杂志》等刊物，先后筹办了《世界知识》《妇女生活》等杂志。1933 年初，胡愈之应鲁迅之邀参加中国民权保障同盟，同年秘密加入中国共产党。1935 年后，他参加了上海文化界抗日救亡运动，为上海文化界救国会发起人之一。在为救亡奔走的同时，胡愈之并未放弃新闻事业。1936 年，他协助邹韬奋在香港创办了《生活日报》。全面抗日战争爆发后，他以上海文化界救亡协会国际宣传委员会主任的身份，主持出版《团结》《上海人报》《集纳》《译报》

等报刊，进行抗日救亡宣传。在极端困难条件下，他组织编译出版了斯诺的《西行漫记》，并首次编辑出版了《鲁迅全集》。1938 年，胡愈之在武汉主管抗日宣传工作，武汉沦陷后到桂林出版《国民公论》半月刊，组织国际新闻社、文化供应社。1940 年，奉周恩来之命，胡愈之赴新加坡帮助陈嘉庚创办《南洋商报》，引导民众团结一致，共御外侮。抗日战争胜利后，胡愈之又回到新加坡创办新南洋出版社和《南侨日报》《风下》《新妇女》等报刊，以此扩大中国共产党的海外宣传阵地，加强侨胞统战工作，沟通侨胞思想感情，加深侨胞爱国热情。

1949 年 6 月 16 日，《光明日报》创刊，胡愈之担任总编辑，在创刊号上发表了重要社论《团结一致建设民主新中国》。中华人民共和国成立后，他又先后担任过原出版总署署长、第六届全国人大常委会副委员长等职务。

1986 年 1 月 16 日，胡愈之在北京逝世，享年 90 岁。胡愈之集记者、编辑、作家、翻译家、出版家等多重角色于一身，是现代新闻出版事业的一代巨匠。陈原在《三个读书人：一部书史》一文中评价称，张元济、邹韬奋、胡愈之，这三个读书人成就了一部中国现代出版史。* 作为一位被政界、学术界公认的德才兼备的“革命专家”，其“少有的全才”和令人起敬的高尚风范，堪称国人尤其是知识分子的光辉楷模。

* 姜德明主编《陈原书话》，北京出版社，1998，第 48 页。

《抗战新阶段中新闻记者的任务》就是胡愈之在抗日战争进入关键时期发表的一篇文章，曾被收入中国青年记者学会主编的《战时新闻工作入门》一书中。胡愈之在本文中指出，抗日战争进入重要的新阶段后，新闻记者和新闻从业者应配合全面抗战，进行“全面的新闻采访和新闻供给”，建立与国内外的联系，发挥舆论导向作用的新闻主张。这篇文章在战时新闻学的基础上，结合战争形势，以全面的战略眼光和开阔的国际视野，对战时新闻记者提出了新的要求。

2. 阅读提示

阅读本文，必须掌握的大前提是“战时新闻学”的概念。

“九一八”事变以后，中国的民族危机日益深重。新闻学者无法安心于象牙塔之中，转而寻求救国救民的有效途径，新闻救国成了他们的共同选择，新闻学的方方面面开始逐渐被纳入“战时”体系，新闻界也义不容辞地承担起抗战救国的重任。

在这一时期先后出版的“战时新闻学”著述，比较重要的有任毕明的《战时新闻学》、郭沫若的《战时宣传工作》、赵超构的《战时各国宣传方策》、陈原的《抗战与国际宣传》、彭乐善的《广播战》、吴成的《非常时期之报纸》、梁士纯的《战时的舆论及其统制》、赵占元的《国防新闻事业之统制》、王新常的《抗战与新闻事业》、任白涛的《抗战期间的新闻宣传》、杜绍文的《中国报人之路》和《战时报学讲话》、张友鸾的《战时新闻纸》、刘光炎的《战时新闻记者的基本训练》、孙义慈的《战时新闻检查的理论与实际》、吴好修的《战时国际新闻读法》、程其恒的《战时中国报业》、田玉振的《战时新闻工作的途径》等。此外，其他的战时新闻学术专著，也有不少内容涉及与“战时新闻学”相关的内容，如沈颂芳的《国际宣传知识》对新闻媒介如何进行国际宣传作了有益的探讨，既包括平时国际宣传，也涉及战时国际宣传，还有赵君豪《中国近代之报业》里的“战时新闻采访”、王文彬《采访讲话》里的“战事新闻采访法”，张西林编著的《最新实验新闻学》里的“战时新闻”等。特别是中国青年记者学会编写、生活书店出版的《战时新闻工作入门》，涉及“战时新闻工作的理论与实践”和“战时新闻记者的修养与学习”等八个方面，其影响也是相当大的。

《抗战新阶段中新闻记者的任务》一文中，胡愈之从抗战的严峻形势入手，提出为了适应抗战新阶段的需要，新闻记者需要付出更多的努力，完成更艰苦的工作，具体有三方面：

①配合着全面抗战，应该进行全面的新闻采访和新闻供给。要改变此前新闻采访偏重战地、新闻供给只限于后方的局面，要特别注意游击区沦陷区的新闻采访和消息供给，哪怕是采取“自由报”的形式。此外，还可以利用无线电广播进行全国统一报道。

②开始军队中的新闻宣传和服务工作，增强军队政治工作。军队中新闻工作，如随军新闻班的设置，可以提高士兵教育，加强士气，击破敌人及汉奸的造谣蛊惑。所以，随军记者应与士兵在生活上、战斗上取得密切的联系。

③建立国内与国外经常的迅速的新闻联络，将中国的抗日战争纳入世界反法西斯斗争的格局中。由于当时国内外交通不便，新闻交流出现困难，应特别重视国际政治动态与宣传国内抗日战争真相，一方面向国内介绍世界反法西斯斗争情形，一方面扩大中国的对外宣传，避免中国的抗日战争沦为国际的孤立行动。

3. 文献原文

抗战新阶段中新闻记者的任务

抗战到了最重要的一个阶段。中华民国的前途也到了最重要的一个阶段。克服一切艰苦困难，通过这一阶段，前面就是光荣的胜利和复兴，不然就是亡国。

广州与武汉失陷之后，这一抗战新阶段，显然已在开始了。这新的阶段的特点是什么？第一，抗战成为真正的全面战，人人成为战士，处处变为战场，只有敌我之分，而无前后方之别。第二，抗战愈益接近于民族革命战争，政治的抗战，将与军事的抗战，成为最后决胜的同样重要因素。第三，在战略政略上都要争取主动，而不仅是被动的应付。在外交上我们逐渐摆脱对于国际的倚赖和牵制，而加强我国抗战对整个国际政治的主动影响。正如最高领袖的指示："当抗战开始时，早已决定一贯之方针。所谓一贯之方针者：一曰持久抗战；二曰全面抗战；三曰争取主动。"以上所说的抗战新阶段的几个特点，也就是这一贯方针的实现。

既然抗战进入了重要的新阶段，新闻记者和新闻从业者努力的方向的方针，也应当有一个新的决定。在过去一年余的抗战期间，新闻界尤其是个别的新闻记者，尽了相当大的努力。甚至有一部分新闻记者，为了民族和新闻事业，遭遇了光荣的牺牲。但是为了适应这抗战新阶段的需要起见，却有着更严重更艰苦的工作，等待着我们新闻记者来出力。就大体说来，新闻记者在这一阶段中所当担负起来的任务有三点：

第一，配合着全面抗战，应该进行全面的新闻采访和新闻供给。在言论上面，应该注意全面的舆论指导。过去我们新闻采访偏重于战地，新闻供给只限于后方，以后应当特别注意于游击区沦陷区的新闻采访和消息供给。因战局的扩大，全国主要交通线的被割截，各战区的新闻联系，沦陷区与内地的新闻联系，将成为非常必要。虽然因为纸张原料的缺乏，交通运输的困难，我们不能再有真正销行全国的报纸。但我们却可以在各战场各沦陷区创立几千万的"自由报"——也就是"游击报"。假定没有洋纸，就用土纸印。没有铅印，就用油印，篇幅是不限定的。编辑体例也是绝对自由的。这样的流动性的"自由报"，必须在全国各地我们前方，敌人后方到处都出现。至于新闻和言论，可以利用无线电播音，以求得全国的统一和报道的迅速。这应是新闻记者在现阶段中的新任务之一。

第二，政治抗战既然和军事抗战同样重要，因此，军队中的政治工作，必须加以增强，过去所忽略的军队中新闻工作，尤其应当开始进行。因为军队中新闻工作，如随军新闻班的设置，可以提高士兵教育，加强士气，增进军队作战机动性，击破敌人及汉奸的造谣蛊惑。过去我们的军队没有新闻工作，而各报所派遣的随军记者，在军队中居于客卿地位，很少与士兵在生活上战斗上取得密切的联系。以后我们必须要有大量的记者加入行伍，担任军队中新闻服务，同时必须从士兵中间，造就大量的新闻干部，以成立军队中的新闻班。这应该是新闻记者在现阶段中的新任务之二。

第三，在战局扩大的现阶段中，我们沿江沿海地带以及主要的国际交通线，暂时沦陷敌手。因此内地逐渐恢复闭关时代的原状，不易明了国际的情况。同时我国各地军队民众英勇抗敌的事实，也不易向国外传达。但是为争取抗战的最后胜利，明了国际政治动态与宣传国内抗战真相，这两件事都是非常必要的。全国新闻是应该用一切方法，打破交通上的困难，建立国内与国外经常的迅速的新闻联络，使我国抗战不至成为国际的孤立行动。相反地，可以在整个世界政治中，起主动的作用。这应该是新闻记者在现阶段中的新任务之三。

以上这三个任务，都是现阶段中所迫切需要完成的。要完成这些任务，责任不仅在于新闻记者，政府和军队当局都应该起来提倡奖励才好。但是新闻记者，却应该首先注意到这些新任务的重要性，从目前开始培养新的新闻干部，确定新的事业计划，最后经过政府的扶植，把全国各地的自由报，军队新闻工作，以及国际新闻联络工作全部负担起来。这方才能够充分配合着抗战新阶段的形势，而尽了新闻记者在这一时期应尽的职务。

选自中国青年记者会：《战时新闻工作入门》，生活书店，1939，第 5–8 页

4. 复习问题

（1）在战争情形下，如何进行全面的新闻采访和新闻供给？

（2）如何理解在军队中做好新闻宣传的重要意义？结合实例阐述。

（3）为什么强调在抗日战争的背景下，要做好国际新闻宣传？

5. 思维训练

（1）阅读有关“战时新闻学”的著述，归纳“战时新闻学”的特征和意义。

（2）选择《解放军报》等军队报纸，尝试研究军事新闻学与普通新闻学的异同。

（3）以胡愈之的论述为起点，通过查阅史料，理解抗日战争期间中国在国际新闻宣传方面的优秀案例和相关经验。

十三、"用团结的集体的力量，以解决我们自身和当前新闻事业的困难"

——范长江：《青年记者学会组织的必要和前途》

1. 写作背景

范长江，原名希天，四川内江人，著名新闻记者，杰出的无产阶级新闻战士。1927 年，范长江转入中法大学重庆分校学习，1928 年考入南京中央政治学校，1932 年进入北京大学哲学系学习。1933 年后，他积极参加抗日救亡运动，并开始为北平《晨报》《世界日报》和天津《益世报》等撰稿。1934 年，他加入天津《大公报》。1935 年，他以该报旅行记者名义赴西北采访，沿途采写大量旅行通讯，向国统区人民介绍红军长征的真实情况，深刻揭露西北地方弊政，描述西北人民啼饥号寒的悲惨景象。这些通讯在《大公报》连载后，在全国引起了强烈的反响，不久又汇编为《中国的西北角》公开出版，受到社会普遍瞩目，几个月内，连续再版七次之多。西安事变后，范长江到延安采访，受到毛泽东、周恩来等中共领导人的接见，是除美国记者埃德加·斯诺外，第一个正式以新闻记者身份去陕北根据地采访的记者。他所写的通讯《陕北之行》后辑入通讯集《塞上行》。

陕北归来后，他的思想发生深刻变化，积极拥护党的抗日民族统一战线政策，并于 1939 年加入中国共产党。抗日战争时期，他和一些同志积极创办中国青年记者学会、国际新闻社，团结教育了一大批国统区进步新闻工作者。在此期间，他还参与香港《华商报》的创办工作，担任过新华社华中分社、华中总分社、《新华日报》（华中版）社长和华中新闻专科学校校长等职务。1946 年，范长江任中共南京代表团新闻发言人兼新华社南京分社社长。解放战争时期，他跟随中共中央转战陕北，负责宣传工作。1949 年后，范长江历任新华社总编辑、上海《解放日报》社社长、新闻总署副署长、《人民日报》

社社长等职。1970年10月23日，在河南确山逝世，一生著作收入《范长江新闻文集》。

中国青年新闻记者学会，简称“青记”，是抗日战争时期中国共产党领导下的青年新闻记者的组织，是中华全国新闻工作者协会的前身。中国青年新闻记者学会由范长江、夏衍等人发起，最初以“中国新闻记者协会”命名，于1937年11月8日在上海创建，1938年3月30日在汉口召开成立大会，并改名为“中国青年新闻记者学会”。邵力子、王芸生、于右任、叶楚伧、邹韬奋、郭沫若、张季鸾、潘梓年、萧同兹、杜重远、曾虚白、金仲华、丁文安、王亚明、陈博生等人为名誉理事；范长江、钟期森、徐迈进为常务理事。中国青年新闻记者学会发行《新闻记者》月刊。

在中国共产党领导下，中国青年新闻记者学会积极团结中外同业，为抗日宣传服务，并教育青年记者坚持抗战、团结、进步的立场，奋发向上，促进中国新闻事业的发展，为中华民族的解放事业贡献力量。1938年10月，武汉失守，中国青年新闻记者学会向长沙、桂林撤退。1939年5月，总会迁至重庆，先后在桂林和华北敌后设立南方办事处和北方办事处，向华北敌后派出战地服务队，在重庆、成都、长沙、桂林、韶关、香港、延安和中条山、吕梁山等地建立分会，拥有会员近2000人。抗日战争初期出入各战区采访的战地记者，大都为中国青年新闻记者学会的会员。1941年春，总会和国民党统治区各分会被国民党当局查封。香港、延安和抗日民主根据地各分会仍继续活动，直至中华人民共和国成立。

2. 阅读提示

中国青年新闻记者学会在周恩来的影响下，发轫于1937年的上海，成立于1938年的汉口，团结着千千万万的青年记者，在民族危亡的时刻，披坚执锐，战斗不息，勇往直前。范长江作为中国青年新闻记者学会主要领导人，这篇代替会刊《新闻记者》发刊词的《青年记者学会组织的必要和前途》，实际上就是中国青年新闻记者学会的组织宣言和历史回顾。

组织宣言是文献的一、二部分。范长江首先交代了成立学会的理由：第一，为我们新闻记者的自身；第二，是为补救目前新闻界的缺陷。换言之，就是新闻记者应该团结，“用团结的集体的力量，以解决我们自身和当前新闻事业的困难”。接着，范长江指出青年记者学会组织的目的有两点：一是进行自我教育；二是部分地解决当前新闻事业的困难。怎样进行自我教育？方式有两种：①出版新闻事业的专门刊物；②用讨论会、座谈会等方法，进行直接教育。怎样部分地解决当前新闻事业的困难？学会提出要组织战时采访团，分步骤地进行战地采访和新闻供给。

历史回顾是文献的三、四部分。中国青年新闻记者学会最早成立于 1937 年的上海，当时叫“中国青年新闻记者协会”。旧上海的职业记者，原有一个记者公会。在抗日战争前夕，周恩来示意新闻记者应当团结起来，为抗日战争做好准备。1938 年 11 月 8 日，上海的恽逸群、夏衍、徐迈进等，以开座谈会之名，用一个“齐为乐”的假名，在上海的南京饭店开了一个房间，以结交新闻界朋友。抗日战争爆发后，上海的记者纷纷内迁，当时汉口是一个抗战人物集中的地方，基于种种原因，在 1938 年 3 月，以上海记者座谈会为基础，在汉口成立了“中国青年新闻记者学会”。其中有一个细节，“青记”原来定名为“协会”，但国民党政府不同意用“协会”这个名称，于是改用了“学”，表示以学习为中心，终于获国民党政府同意而挂牌成立。

范长江的这些观点和倡议，不久以更浓缩的文字写入《中国青年新闻记者学会成立宣言》中，“新闻事业的改进，有待于经济、文化各方面的努力，然而为了补救目前抗战中新闻工作的缺点，为了失去岗位的同业，为了训练成功大批健全的新闻干部以应付将来新闻事业的需要，我们不能不起来组织，不能不赶紧以集体的力量，加强自我教育，加紧自我扶助。我们知道我们自己的力量很薄弱，但是我们的事业欲望很高，我们很愿意尽力于新闻事业，诚恳的接受各方面的指导，我们尤欢迎更广泛青年同业的合作”。

3. 文献原文

青年记者学会组织的必要和前途

（一九三八年三月）

一、为什么要组织学会？

我们为什么要组织中国青年记者学会？这是许多关心我们的人常常要问的。许多要想参加这个学会的记者，也首先要考虑这个组织根据什么理由而组成？

然而我们的理由却很简单。第一，是为我们新闻记者的自身；第二，是为补救目前的新闻界的缺陷。

关于第一点，我们许多新闻工作者经常感觉自己知识与经验的缺乏，不能圆满地从事新闻工作。特别是在抗战以后，军事政治经济文化社会各方面，皆起高速度的变化。这时我们新闻工作者需要充分的知识，敏锐的视察力，明确的判断力，来反映问题，来指出问题的内容和它的动向。但是事实上我们常常感觉自己的不够，有许多重要新闻机会，都未能充分利用，今后战局益加进展，内容更为繁复，而我们所感受的空虚的压迫亦愈大。其次，平津沪京四大新闻要塞，相继暂时陷落，许多已有相当经验的青年记者，都脱离了新闻工作岗位，而新发现具备优秀新闻记者条件的青年，又因新闻舞台的缺乏，而无生活与工作的机会。

关于第二点，战争激起了普通民众对于新闻纸兴趣的增加。平时不看报的内地人民，现在也非常关心时事，他们希望报纸能充分地供给他们想知道的东西。同时沿江沿海富裕的人民，大批逃入内地之后，他们因为经济与文化的优越，更加需要内地有比较进步的报纸。在内地报纸的本身，为适应客观的需要，自己也想充实起来。但是一等材料的来源，大成问题。后方得不到什么迅速而重要的材料，自己派人到前线去采访，一则费用负担过重，一则所派人数究竟有限，不能周全应付各战场。而且内地所能派出的记者，是否有充足的工作经验和人事上便利条件，还大成问题。

因此，我们在青年精神的新闻记者，就是说对于新闻事业愿积极努力的新闻记者，不能眼看着这种现象，而不研究解决的方法。方法为何？最主要的方法，是我们有事业心的记者应该团结，用团结的集体的力量，以解决我们自身和当前新闻事业一部分的困难。

二、组织起来干什么？

根据上面所述客观事业，青年记者学会组织的目的，有两点：第一，进行自我教育，第二，部分地解决当前新闻事业的困难。

怎样进行自我教育？它的方式有两种：第一，出版新闻事业的专门刊物；第二，用讨论会座谈会等方法，进行直接教育。所谓新闻事业的专门刊物在中国还没有健全的建立，全国千千百百的青年记者要想上进，也没有地方可以学习，没有东西可以依作参考。战时尤其千变万化，许多青年记者简直应付不了这个非常的新闻局面。同样，在一个都市中，新闻工作的朋友很少有工作观点上批评讨论的集会；因此大家都很难进步，很难发展，这是说明两种自我教育方式都是必要的。至于自我教育的内容有两方面：第一，接受前辈新闻记者的经验，他们数十年苦斗所得来的经验，一定很愿意传授给我们，而且我们得到了这些经验，对于我们工作技术上和认识上，必有很大的进步。第二，同辈间的相互教育。各人在刊物上和讨论会上发表各人对于新闻工作的见解，相互批评，相互观摩，大家的经验，可以很快的交换，而大大地促进了每个人工作生活的内容。当然这里所谓前辈和同辈，包括有外国新闻记者在内。

怎样部分地解决当前新闻事业的困难？我们要组织一战时采访团。第一步结合些有工作能力而无工作岗位的采访记者。自然有岗位的人参加也欢迎。用最低生活方式维持着。第二步，分团赴各战区采访，尽可能地分布于全国各战场，从事于发电、通讯和摄影三种工作。第三步，将我们工作所得，供给许许多多的内地报纸，由内地报馆分别取得相当报酬，以维持作者的生活。内地报馆可用较少的经费，而收到各方面的电报与通讯。特别是战地通讯，将使内地报纸之内容，大为提高。自然我们供给新闻的对象，不只内地报纸，而华侨报纸和外国报纸，也在我们的服务之列。无疑的，这个采访团的工作，有极大的前途，但是需要有个坚定的主持者、干部和开办基金。

三、组织的初期

新闻记者之教育与工作性质的组织，实属草创，没有什么标本，可以参考。上海是敏感性最快的地方，国难严重以后，上海一部分青年新闻界朋友，为交换消息和讨论自身问题起见，有“记者座谈会”的组织，定期举行集餐，借集餐的时间，讨论各种问题。这种组织继续有数年之久，并曾在报上出“记者座谈”副刊。“七七”卢沟桥事变发生，接着“八一三”战争的揭开，新闻记者之工作，高速度的紧张，彼此要求团结之客观形势更为急迫。闸北退兵，苏州河抗战，上海形势，日渐危殆，新闻记者之烦恼与苦闷，尤在一般民众之上。大家要求有更进一步的组织，于是一九三七年十一月八日中国青年新闻记者协会，始正式在上海产生。而八日夜间，我军即由苏州河南岸撤退，上海战争的大势，自此转入新的局面。上海总会成立时，即上海陷落之日。总会认为继上海而后之新闻中心，当在武汉。乃派人至武汉推动分会，拟由此组织摄行总会职权。沪会代表十一月中旬到武汉，经月余之酝酿，一九三八年一月一日武汉青年新闻记者之组织，正式成立。对于会之组织系统，作极坦率之讨论。为了使总会能合理的产生、能有效的领导，于是经过协商决定武汉与上海同为兄弟会，组织原则相同，由两会共推代表三人组织联合办事处，为暂时总会。俟各重要城市之组织皆已大致完成，然后再正式选举总会。

四、由协会到学会

在上海组会过程中，因为战局紧张和时间仓促，还没有发生什么困难。但是到了武汉之后，新的事实，不断发生。第一，战争弄得许多负责的会友生活不定，或则工作过忙，不能有充分的时间和精力来开展会务。我们所定的目标，距实现之日还远。刊物没有很快的出版。采访团虽然组织起来了，但是方法上有些不妥当，同时缺乏主持团务的干部，使团务陷于纷乱与空虚。第二，“协会”这个名称，对于我们教育和工作的意义，表示得欠鲜明，而且与新闻记者公会，似乎有重复的地方。所以我们立案曾遭驳覆。我们名称不妥当，当然也是给人不易了解。第三，因为我们教育和工作的意义不鲜明，我们未曾做到与全国有事业心的青年记者广泛地在教育与工作观点上团结的机会，而并无可以自慰的成就。第四，第二期战争把中华民族带着往前飞跑，所谓“无冕之王”的新闻记者，自己切身所关的教育与工作组织，仍然如此散漫，我们自然不能配合时代紧急的需要。事业是时间和精力的积累，我们如此慢待时间，浪费精力，实在是我们自己的损失。第五，已陷孤岛的上海方面的会友，最近来信，嘱我们赶紧组织总会，有力地推动我们急不暇缓的教育与工作，他们已将沪会自动改组为分会，这种完全以事业为重之精神，实令人感动。由于这些新的事实，联合处乃于一九三八年三月十五日在汉口开会，决定本会更名为中国青年新闻记者学会，并决定于本年三月二十九日在汉口举行本会第一届全国代表大会。除上海武汉两地有代表出席外，其余长沙、广州、南昌、香港、厦门、西安、成都、重庆、昆明、南洋各地，凡有本会会员之地，都尽可能派来代表，或请在武汉之会友，就近代为出席。

我们希望自此奠定我们自己教育与工作的组织基础，我们将更鲜明地走上我们教育和工作的大路。我们对于各地新闻记者公会应有的法定权利义务，仍无变更。我们将更纯粹地结合有强烈事业心的青年记者们，为我们自己、为中国新闻事业，为中华民族之解放与建设而努力！

（一九三八年三月二十一日）

选自沈谱：《范长江新闻文集》（下），中国新闻出版社，1989，第 752–756 页

4. 复习问题

（1）中国青年新闻记者学会成立的理由是什么？

（2）中国青年新闻记者学会成立的目的是什么？

（3）新闻记者应如何进行自我教育？

5. 思维训练

（1）认真分析中国青年新闻记者学会聘请的邵力子、王芸生、于右任、叶楚伧、邹韬奋、郭沫若、张季鸾、潘梓年、萧同兹、杜重远、曾虚白、金仲华、丁文安、王亚明、陈博生等名誉理事的政治背景和新闻思想，理解这一组成的特殊含义。

（2）阅读中国青年新闻记者学会主编的专业理论读物《新闻记者》，归纳和提

炼《新闻记者》的理论贡献。

（3）仔细探寻中国青年新闻记者学会的各项活动，分析其与一般新闻学术团体的差异。

十四、“采取审查原稿的办法，对于舆论的反映及文化的开展实有其莫大的妨碍”

——邹韬奋：《（再）论审查书报原稿的严重性》

1. 写作背景

言论自由是战时新闻学时期一个敏感的话题。抗日战争初期，为了完成抗战大业，新闻出版界主动要求服从战时新闻政策，并以牺牲一定的言论自由为代价。这实际上是一种牺牲“小我”利益换取国家“大我”利益的选择，这种以国家民族利益为重的大局意识值得充分肯定。

然而，新闻出版界只是从自身出发考虑了新闻工作者如何接受检查与牺牲的问题，却忽略了政府如何统制的问题，很快，战时新闻出版工作者亲身体验了接受战时新闻出版检查所带来的痛苦。

以战时舆论为借口，国民党当局日益加强对新闻出版的检查与控制。整个抗日战争时期，国民政府不仅成立了专门的战时新闻检查局，而且先后颁布了《战时图书杂志原稿审查办法》（1938 年 7 月）、《抗战时期报社通讯社申请登记及变更登记暂行办法》（1938 年 8 月）、《战时新闻检查办法》（1939 年 5 月）、《对于新闻发布统制办法》（1939 年 9 月）、《战时新闻违检惩罚办法》（1939 年 12 月）、《杂志送审须知》（1941 年）、《图书送审须知》（1942 年）、《战时空军新闻限制事项》（1942 年 2 月）、《战时新闻禁载标准》（1943 年 10 月）、《新闻记者法》（1943 年 2 月）等强化新闻检查、压制言论自由的政策文件，严重影响了国统区新闻出版工作的顺利进行，这是主张接受新闻出版检查的战时新闻学者所始料未及的。据国民党中宣部和图书杂志审查委员会档案统计，自 1938 年 3 月至 1945 年 8 月，仅国民党中宣部和图书杂志审查委员会（未包括地方图审机关）查禁的书刊，有案可稽者达 2000 余种。*

* 中国近代现代出版史编纂组：《中国近代现代出版史学术讨论会文集》，中国书籍出版社，1990，第 322 页。

邹韬奋的《论审查书报原稿的严重性》《再论审查书报原稿的严重性》两篇文章正是代表广大新闻出版工作者在深受战时新闻出版检查制度迫害后发出的悲愤呐喊。由于国民党当局检查书报过于随意，“许多机关的人员，宪兵也好，警察也好，卫戍司令部的特务人员也好，党部的特务人员也好，军委会的特务人员也好，都可以随便到各书铺里去随便指那几本书是违禁的，随便拿着就走，没有收条可付，也没有理由可讲”*，邹韬奋于1938年7月6日在汉口召开的第一次国民参政会上，提出“具体规定检查书报标准并统一执行案”，希望详细讨论书报检查标准，以保障舆论畅通和出版自由。虽然邹韬奋的提案在参政会上得以通过，但是，国民党随后就在7月21日召开的国民党中常会上发布了《战时图书杂志原稿审查办法》和《修正抗战期间图书杂志审查标准》，将“恶意抨击本党、诋毁政府、污蔑领袖与地方一切现行设施……鼓吹偏激思想，强调阶级对立……鼓吹在中国境内完成国民政府以外之任何伪组织，国民革命军以外之任何伪匪军……为敌人及傀儡伪组织或汉奸宣传”，都归于“反动言论”**，反而强化了对抗日言论的限制。针对国民党的倒行逆施，8月3日和8月6日，邹韬奋在《全民抗战》三日刊第九号和第十号上撰写了《审查书报原稿的严重性》和《再论审查书报原稿的严重性》两篇社论，猛烈抨击国民党当局压制人民言论出版自由的反动法令。这次反对查禁抗日进步书刊的斗争，在全国引起强烈反响。尽管国民党当局查禁了大批抗日和进步书刊，查封和迫害进步出版机构，但抗日和进步书刊仍然大量出版和流传。

* 邹韬奋：《抗战以来》，生活书店出版有限公司，2018，第67-68页。

**《国民党修正抗战期间图书杂志审查标准》，载中国第二历史档案馆编：《中华民国史档案资料汇编（第5辑第2编文化1）》，江苏古籍出版社，1998，第553页。

值得注意的是，一般学界对战时言论自由的反思及对新闻出版检查制度的反对，出现在抗日战争后期，特别是1944年兴起的新闻自由运动。但是，邹韬奋的声音，却出现在全面抗日战争爆发初期的1938年，这是一种来自新闻出版实践前沿的反馈。

2. 阅读提示

《论审查书报原稿的严重性》认为纳全国思想于三民主义最高原则之下，订立比较具体的标准以审查书报，原则固然必要，而“采取审查原稿的办法，对于舆论的反映及文化的开展实有其莫大的妨碍”。一方面，对于稍稍自由反映舆论的机会，不可有过于严苛的限制与束缚，应当给予一定的言论自由；另一方面，党政机关和民间舆论对政府而言同样重要，不应该在原稿审查方面有所偏颇，应享受同等待遇，免除民间所办的文化事业的艰苦困难。

《再论审查书报原稿的严重性》在前文的基础上，主要从图书出版方面加以检讨：①邹韬奋认为，对于图书要审查原稿，把思想自由的限度缩到过于严苛的地步，会使学术的研究与进步遇到很大的障碍；②中央和各地方审查机关不可能延揽许多各部门富有高深素养的专家学者担任审查，这样的话，原稿审查许可后方准发行的政策会造成全国的学术界蒙受巨大的损失；③抗日战争以来，印刷困难。每次清样送审查会延长印刷时间，且影响到其他书籍的排印。这种损失的总计，不仅是书业的苦难，不仅是抗战期间文化界的苦难，也是国力的一部分的损失。

总体而言，邹韬奋两文的表达是悲愤的，却也是温和的，这体现在两篇文章一方面谅解政府适应战时需要及齐一国民思想的动机，另一方面认为有了三民主义最高原则及此较具体标准作为书报的准绳，不遵从者又有法律以从其后，已经足够。因此，对书报实行审查原稿的办法可以斟酌。

3. 文献原文

审查书报原稿的严重性（节选）

中央为适应战时需要及齐一国民思想起见，特组织中央图书杂志审查委员会及地方的同类审查机关，并公布审查标准。国家民族到了这样危殆的时候，全国同胞对于领导抗战建国的政府和国民党都当愈益爱护，同舟共济，这是我们必须深信的真理，对于中央为适应战时需要的动机，当然也是竭诚拥护的。但是纳全国思想于三民主义最高原则之下，订立比较具体标准以审查书报，这个原则固为必要，而采取审查原稿的办法，对于舆论的反映及文化的开展实有其莫大的妨碍，这在办法上实有研究的余地。我们诚恳希望贤明的当局和热心舆论及文化事业的同胞们对此事加以严重的注意与慎重的考虑。

试就舆论说，各国贤明的当局对于舆论都极重视。例如美国总统罗斯福氏每日无论怎样匆忙，必须定出若干时间阅览全国若干重要的报纸，留意民间舆论的反映。只须在宪法所允许的范围内，都予以自由发表言论的机会。假使一国总统阅览一国政府特派官员审查原稿以后的报纸，这已失去民间舆论反映的原来效用，而为不可思议的事情了。……我们主张政府既有标准公示全国，不遵守者又有严法以惩办示儆，已足够齐一全国思想，宜在这范围内听任全国有稍稍自由反映舆论的机会，而不可有过于严苛的限制与束缚。

依所发表的审查办法，“本党及各级党政机关之出版物，得免除原稿审查手续，但出版后须检二份送中央审查机关备查”，我们认为这个办法也可实行于其他出版物，希望政府一视同仁，同样地免除民间所办的文化事业的艰苦困难。抗战以来，因印刷业的迁移或收缩，出版业已深切感到印刷的困难与印刷时间的急迫，担任编辑的人已须赶到印刷所赶看校样后，即赶付印刷，如再有延搁，更加困难。在实际上，民间出版物既有政府所颁标准得资遵守，与党政机关之有所遵守者并无差异，而出版后须受审查，与党政机关之须经监察者亦有同样效用。各级党政机关好像是政府的股肱，民间舆论的反映好像是政府的耳目，不过在形式上各党政机关之直接为政府机构的一部分是比较明显的，民间的舆论机关之间接地亦为政府机构的一部分是比较隐蔽的，但在效用上却很像股肱与耳目之不能偏废，所以我们希望能受到同等的待遇。

还有一点值得注意的，古人说防民之口甚于防川，宜于疏导而勿令溃决。民间的痛苦和要求，在最初也许听来不顺耳，但事实终是事实，掩饰不如补救，便可化大事为小事，化小事为无事。抗战以来，在舆论方面的表现，有改善政治机构（尤其是下层政治机构），相当地改善人民生活，建立中央及各地方的民意机关，发展游击战以配合正规军等等（只是随便举几个例子），在最初颇引起一部分在位者的反感，但是政府处以宽大的态度，以无碍于三民主义的最高原则，听任舆论界公开研究讨论，终于在事实上逐渐采纳，这反足表示政府的贤明，民间的悦服，有裨于抗战的进行，这种耳目作用于政府有利而无害是很显然的。我们所诚恳希望的是在三民主义最高原则下，予耳目以相当范围听视的自由，而不加以过于严苛的限制与束缚。

原载《全民抗战》一九三八年八月三日，第九号

再论审查书报原稿的严重性

关于最近所公布的图书杂志审查办法，我们一方面谅解政府适应战时需要及齐一国民思想的动机，一方面却认为有了三民主义最高原则及此较具体标准以作书报的准绳，不遵从者又有法律以从其后，已经足够，若对书报实行审查原稿的办法，限制和束缚过于严苛，对于舆论的反映及文化的开展实有莫大的妨碍。这件事在抗战建国及民主政治初基刚才奠定的时期，尤其严重，心所谓危，不敢不大声疾呼，希望能唤起贤明的当局与关心舆论及文化事业人士的深切注意，所以在上期社论，特别提出来加以研究，但是限于篇幅，上次仅就舆论事业方面略贡所见，现在请再就图书方面加以检讨。

第一点，学术的研究与进步全靠有相当范围的思想自由，所谓相当范围，在中国今日是不违反三民主义和不妨碍抗战建国，只须不超出这个范围，政府应该准许人民有发

表思想的自由，由此尽量发挥他们的创造性；尤其是关于精深学术的超卓著作，往往在初发明时，因为站在时代的最前线，有非寻常识见所尽能领会的，经过相当时期的争论与辩驳，真理因论辩而愈显，渐渐成为众所悦服的主张。中华民族解放运动的伟大领导者孙中山先生，他所手创的博大精深的救国主义，就经过这样的历程。对于图书要审查原稿，把思想自由的限度缩到过于严苛的地步，便使学术的研究与进步受到很大的障碍。

第二点，依所公布的办法，除自然科学应用科学之无关国防者，及大中小学与民众学校教科书外，原稿均须一律呈送所在地审查机关审查许可后，方准发行，可见所包括的图书种类的广大，凡政治经济哲学等社会科学以及文学艺术的书都在内。这种种的著作是多少专门学者的心血结晶！是多少专门学者经过长时期辛勤研究的成果！中央和各地方审查机关欲延揽许多富有各部门高深学养的专家学者担任审查，在事实上是不可能的。这既不可能，若勉强由“党政军警机关”派代表担任，实在是不妥当。这并非我们敢于轻视“党政军警机关”没有人才，却是说各有所长，勉强担任，徒然使全国的学术界蒙受莫大的损失。这是客观形势所必然，我们诚恳希望政府为着全国的学术前途计，加以审慎的考虑。

第三点，抗战以来，因印刷机关的屡次迁移与收缩，印刷已一天天感受到更大的困难，这一点不但在印报方面为然，即印书方面也有同样的情形。在寻常时候，一本书的校样可在同一时全部送阅，在战时因设备的困难，及材料的缺少，往往一本书的校样要分做几次送校，每次清样送审查（即等于原稿）虽只延搁数天，合起来就是一二十天，在这期间，印刷所因材料不能撤除关系，又影响到其他书籍的排印。这种损失的总计，不仅是书业的苦难，不仅是抗战期间文化界的苦难，也是国力的一部分的损失。

关于这一点，还有一事可附带提到的，依所公布的办法，在《战时图书杂志原稿审查办法》施行以前出版的图书杂志，须先致送各地审委会经审查发给许可证后，始得发售。这种办法势必致于使出版业停顿起来！我们觉得当局尽管依据标准检查已出版的书，如发现果有违反三民主义的原则，即依法处罚，不必因噎废食，使一切的书都须为着审查而陷入停顿的状态，在抗战期间，前方的战士与后方的大众，尤其是内地农村中的大众，都深刻地感到精神食粮的饥荒，所以我们对于精神食粮更需要加以积极的爱护，减除它在生产上及流通方面的困难，不但减除困难而已，更要进一步给与种种的便利。我们深知贤明的当局的动机也在此，所希望的是在办法上能再就此点加以考虑。

原载于《全民抗战》一九三八年八月六日，第十号

4. 复习问题

（1）邹韬奋认为从民间舆论的角度，审查书报原稿制度有什么严重的危害？

（2）邹韬奋认为从图书出版的角度，审查书报原稿制度有什么严重的危害？

（3）如何理解邹韬奋只是向当局建言审查书报原稿制度在方法上的不妥当，而没有就书报审查制度违背言论自由原则作出抗议？

5. 思维训练

（1）阅读有关言论自由的经典文献，理解新闻出版检查制度的实质。

（2）战时新闻出版检查制度有什么作用和缺点？如何保证战时言论自由的限度？

十五、“新华日报的党性和它的人民性是一致的”

——熊复：《检讨和勉励——读者意见总结》

1. 写作背景

1947 年 1 月 11 日，《新华日报》创刊九周年之际，时任总编辑熊复以“本报编辑部”的名义，发表了这篇文章。

《新华日报》作为中国共产党在国共合作抗战时期，且在国民党统治中心公开发行的大型机关报，其党报身份不言自明。《新华日报》也因此经常遭受国统区某些人士的质疑或误解，认为《新华日报》是为共产党说话，而不是为人民群众说话。抗日战争胜利以后，国民党坚持独裁内战，对人民群众和进步力量的剥削、压迫愈演愈烈，到 1947 年初，更是调集数百万军队在美国支援下疯狂进攻解放区。因此，按照共产党的指示，《新华日报》对国民党倒行逆施的公开揭露和反对也就愈加直白。这引起了一部分国统区读者的误解和批评，认为《新华日报》的“党报色彩太浓厚”。为借创刊纪念的机会向读者解释，《新华日报》公开揭露和反对蒋介石卖国独裁内战政策的宣传，为什么是正确的、符合全国人民根本利益的，熊复这篇万余字的长文才以总结读者意见的形式整版刊出。

这篇文章的根本目的在于，论证中国共产党是一个人民的政党，它代表的是中国最广大人民的利益，它的一切政策是完全从人民的利益出发的。《新华日报》是党报，也是人民的报纸，代表人民讲话。也就是说，《新华日报》公开揭露和反对蒋介石的卖国独裁内战政策，虽然是在执行共产党在解放战争时期的纲领和主张，但更是在维护中国人民的根本利益。正如已故的新华社新闻研究所高级编辑、研究员林枫评价的那样：“《新华日报》要发挥它应有的作用，在很大程度上取决于使人们相信它是党报也是人民的报。《新华日报》的历史性独特贡献，证明它对这个重大新闻理论和实践问题的处理是相当成功的。”* 在当时的报刊语境中，熊复以我们党和人民群众一起所进行的粉碎蒋介石的反动统治和他的卖国独裁内战政策的斗争为对象，创造性地提出了“人民性”这个概念，强调《新华日报》的党性和人民性是一致的，显然具有重要的历史意义。当然，尽管是向读者作解释，坚持新闻事业的无产阶级党性原则、坚持党领导无产阶级新闻事业的熊复，在这篇文章中仍然旗帜鲜明地指出：“《新华日报》是中国共产党的机关报，它的言论主张和新闻报导，是不能违反中共的整个路线、纲领和政策的。”

* 林枫：《坚持新闻事业的无产阶级党性原则——回顾熊复同志在重庆〈新华日报〉的一些新闻理论和实践活动》，当代中国史研究，1996 年第 3 期，第 66–75 页。

此外，作为庆贺创刊纪念，这篇文章之所以采用总结读者意见的形式，也是基于中国共产党人批评与自我批评的优良传统，以及改进报纸，更好代表广大人民群众说话的殷切期望，使《新华日报》和中国共产党赢得了国统区人民群众的认可和信赖。有后人评价说，“四川解放前，只是在共产党办的《新华日报》等报纸上有批评与自我批评”。

2. 阅读提示

文章主要分为前言、自我检讨、处境和困难、读者们的意见四个部分。

文章首先在前言部分以十分热情的态度对读者们的长期支持表达了谢意，一再强调《新华日报》的发展壮大离不开读者的爱护、帮助和鼓励。

然后，文章在自我检讨部分对《新华日报》的立场、方针、态度进行了详细的阐释。第一是立场，“新华日报拥护的是全民族全人民利益，因此，新华日报的立场，就是全民族全人民的立场。用一句话来说，就是‘为人民服务’”。第二是方针，《新华日报》为人民服务的方针就是在编辑业务和发行业务上建立群众的观点：坚持视报纸为人民的武器并交给人民使用的认识，坚持以前进分子为骨干而又同时团结广大中间落后分子的认识，坚持以提高指导下的普及为主而又在普及基础上提高的认识，坚持以政治为中心而又能够多方面为人民服务的认识。第三是态度，《新华日报》为人民服务的态度就是实事求是，通过歌颂人民群众翻身得解放的榜样和揭露最少数反动分子的阴谋、黑暗，团结一切可以团结的人来和人民的敌人进行斗争，争取人民翻身事业的胜利。

接着，文章在处境和困难部分揭露了国民党当局对《新华日报》出版发行的破坏和阻挠，如禁止采访、垄断国外新闻、扣检或撕毁报纸、恐吓读者、殴打报童、威胁广告刊户、邮电加价等。但文章也坚定地表示：“这种不自由的环境是窒息不了我们的，种种困难也是阻挠不了我们的，我们将尽一切的努力，来和这不自由的环境和各种各样困难作斗争。”

最后，文章在读者们的意见部分大篇幅整理了读者们对改进《新华日报》提出的各类建议，并将之分为编辑方针、言论主题、版面设计、通讯写作、副刊编排、印刷发行等多个方面，方便读者查看。文章大量摘录了读者来信原文，可见作者对读者来信进行了深入全面的整理研究，又在最后诚恳地表示“要更深入地来研究这些意见，检讨我们的缺点，使本报能逐渐在各方面都有改进，以符读者诸君的殷切期望”，《新华日报》对读者意见的重视由此可见一斑。

3. 文献原文

检讨和勉励——读者意见总结

本报编辑部

一、前言

新华日报已届满九周年了。在这作为人民报纸的本报的纪念日，同仁和读者们一起来同申庆祝，心里有说不出的愉快！

九年的锻炼，的确使新华日报变得更加茁壮更加坚强了。饮水思源，这都是由于经常得到广大读者们的爱护、帮助和鼓励的结果。至于本报同仁，九年来只是不怕困难，不敢懈怠，日以继夜，勉力奋斗而已。我们深知自己能力不逮，缺点很多，未能把这张人民的报纸，办得尽合广大读者的要求和希望。特别是抗战胜利一年来，内战烽火燃遍全国，民族危机日益严重，全国人民一致奋起，紧接着八年苦战打败日寇之后，又进行另一个生死的斗争，为争取独立和平民主、反对卖国内战独裁而结成新的爱国主义的统一战线。新华日报是一面独立和平民主的旗帜，爱国主义统一战线的旗帜，在这样的时候，它应该怎样才能善尽人民喉舌的作用，发挥团结全民族挽救危局的力量呢？本报同仁深感责任重大，道路艰难，不能不力谋改进，克服缺点，这是我们向读者伸出手来，征求读者意见的一片衷诚。

谢谢读者们！自从本报发出征求意见的呼吁后，从广大的读者群中，立刻获得了热烈的响应。许多读者都在百忙中写了信来，这样的信，我们每天要收到几十封；还有读者亲自跑来找我们面谈，一谈也就是几点钟；更有许多读者组织了讨论会，进行了详尽的检讨。大家都对改进这个报纸提供了许多宝贵的批评和建议。这种同情和鼓励，使我们异常感动。我们感觉到了无比的温暖，无限的兴奋，无涯的安慰。像理美君来信说：“我们虽然未曾见面，但我敢相信，我们中间已在无形中建立起一种不朽的友谊——远超过任何一种，因为我们是在同一目标之下努力着。”远在滇西的恒君也来信说：“为着中国民主的前途，斗争到底。我虽然远在这遥岭滇西，但我们的心是互相连系着的。血腥的统治只能封锁我们的行动言论，而不能封锁每一个不愿做奴隶的人底心”！

是的！我们彼此的心确是紧紧地连系在一起的，我们之间的友谊是伟大而不可摧毁的。这就是新华日报的力量！它的存在、壮大和发展的根源！

因为种种关系，我们对所有读者来信，不能一一作复。我们除衷心向读者致谢外，特将读者意见，稍加整理，作成总结，在报上发表。由于时间仓促，难免挂一漏万，敬希读者原谅！

二、自我检讨

看了读者们的意见，使我们有了进一步反省的机会。因此，我们愿意在总结读者意见以前，就几个问题，进行自我检讨。

首先是关于新华日报的立场。

新华日报的立场是甚么呢？新华日报拥护的是全民族全人民利益，因此，新华日报的立场，就是全民族全人民的立场。用一句话来说，就是“为人民服务”。为人民服务，是我们的任务，也就是我们的立场。今天，中国人民主要的要求和希望，是争取实现独立和平民主，坚决反对卖国内战独裁。我们认为，团结全民族全人民进行这种反对卖国内战独裁、争取独立和平民主的斗争，就是对全民族全人民最大至高的服务。正是因为这样，新华日报的党性和它的人民性是一致的。固然，新华日报是中国共产党的机关报，它的言论主张和新闻报导，是不能违反中共的整个路线、纲领和政策的。但是，由于中国共产党是一个人民的政党，它代表的是中国最广大人民的利益，它的一切政策是完全从人民的利益出发的。因此，新华日报也是完全站在人民的立场，从人民的利益出发。这就是说，新华日报是一张党报，也就是一张人民的报，新华日报的党性，也就是它的人民性。新华日报的最高度的党性，就是它应该最大限度地反映人民的生活和斗争，最大限度地反映人民的呼吸和感情、思想和行动。有的读者说：新华日报的“党报色彩太浓厚”，这其实正是党性发挥得不够，也就是人民性发挥得不够的表现。简单说来，就是为人民服务还做得不够。

其次就是关于新华日报的方针。

新华日报的方针是甚么呢？新华日报的立场和任务既然是为人民服务，因此，新华日报的方针就是“与实际结合，与群众结合”。所谓与实际和群众结合，就是从实际和群众中来，而又到实际和群众中去，也就是在编辑业务和发行业务上建立群众的观点。

我们认为，新华日报既是一张人民的报纸，它就应该首先是中国人民与反动派进行全国范围宣传斗争的武器，是帮助全国人民每天了解世界动态、国内动态、解放区动态的最重要的武器。这个武器必须使用得当，必须使它与人民的实际生活和斗争配合，在人民的生活和斗争中起动员团结和推动的作用。为了达到这个目的，有一个重要的前提，就是交给人民来使用。这就是说，所宣传的应该是人民心里想的，口里说的，手里做的。也就是说，替人民讲话，讲人民的话。新华日报就是根据这个标准来组织自己的版面，剪裁和排列论文新闻以至副刊的稿件，在形式和内容上力求适合人民的实际活动和实际需要，建立自己与实际运动和人民大众之间的广泛联系。坚持这种视报纸为人民的武器并交给人民使用的认识，就是第一个群众观点。

我们认为，新华日报既是一张人民的报纸，它就应该以全体人民为对象，反映全体人民的情况和情绪，所谓人民的全体，就是少数反人民的集团以外的一切阶层的人民，而不是仅仅以前进分子为对象。前进分子只是群众的骨干，如果仅仅是以前进分子为对象，就有使报纸脱离群众，陷在一个狭隘的圈子里面的危险。坚持这种以前进分子为骨干而又同时团结广大中间落后分子的认识，就是第二种群众观点。

我们认为，新华日报既是一张人民的报纸，它就应该既要做到普及也要做到提高，而以普及为主。普及是提高指导下的普及，提高是普及基础上的提高。提高的指导就是建立舆论权威，在政治思想上起教育和领导的作用，因此，所谓提高，就是在思想意识上向无产阶级的水平提高；普及的基础就是人人能够读，人人读得懂，因此，所谓普及，就是在文化水准上向广大工农群众的文化程度降低。这在形式（语言文字）和内容（思想感情）上都要兼顾到。害怕普及，害怕水准向工农群众的程度降低，是一种思想上不健康的立场。坚持以提高指导下的普及为主而又在普及基础上提高的认识，就是第三种群众观点。

我们认为，新华日报既是一张人民的报纸，它就必须严格服从政治的任务，必须在许多具体问题上，提出明确的政治主张，来提高人民的政治认识，在人民中进行基本的政治教育，以求得全国人民在政治上和精神上的团结一致。但是，人民群众的生活是多方面的，是丰富的、复杂的，又是琐屑的枝节的。人民群众这种多方面的生活虽然都要服从政治，但并不等于政治。因此，报纸的形式和内容必须充分反映人民群众的多方面的生活，甚至政治以外的生活；适应人民群众的多方面的需要，即使是枝节的琐屑的需要。只有这样，才能够多方面做到为人民服务，同时也才能够服务得更好。坚持这种以政治为中心而又能够多方面为人民服务的认识，就是第四种群众观点。

新华日报的缺点，就在于它还和实际与群众联系不足，还没有建立充分的群众观点。

最后就是关于新华日报的态度。

新华日报的态度是甚么呢？新华日报的态度就是实事求是，就是老老实实地为人民服务，帮助人民翻身。替人民说老实话，也说人民的老实话。报纸上一切言论和纪载，都是根据真真实实的事实，都要以拥护真理为目的，而在取舍剪裁和组织各项材料的时候，不凭幻想，不凭热情，不凭主观愿望，而是根据客观事物的内部联系，从实际情况出发。在中国人民的实际生活和斗争中，历史不止一次地证明，如果能够团结一切可以团结的人，来与人民的敌人进行坚决的斗争，人民是能够获得胜利，能够翻身的。这就是人民翻身事业的内部联系和人民翻身斗争的实际情况。这就是说，在人民的生活和斗争中，是有团结也有斗争的。我们认为，新华日报既是一张人民的报纸，它就应该根据人民斗争的这种实际情况出发，团结一切可以团结的人来和人民的敌人进行斗争。

团结的主要方式就是歌颂和教育，歌颂人民的力量，歌颂人民中的好人，歌颂人民的优良品质：正直善良、急公好义、自我牺牲、舍己为群等等，并以认识人民的力量，向人民中的好人学习，发扬人民的优良品质来教育人民自己。在解放区，人民已经获得解放，过着真正自由民主的生活，现在解放区人民又为了保卫这些民主果实而被迫进行正义的自卫战争，为甚么不值得歌颂不应该歌颂呢？我们当然要歌颂，并且要以这种歌颂来教育广大人民，认识自己的力量，认识人民一定能够翻身，解放区人民就是翻身的好榜样。这就是实事求是的第一种态度。

斗争的主要方式，就是暴露和打击，暴露黑暗，暴露帝国主义的阴谋，暴露独裁者的恐怖统治，而同时又以适当的打击，来消灭黑暗，粉碎阴谋，反抗恐怖统治。在今天的中国，美国帝国主义和中国的买办地主军阀官僚集团——蒋宋孔陈四大家族，互相勾结，采取了最狡猾最残酷的手段来压迫和役奴人民，发动军事进攻来企图消灭人民中的民主力量和民主运动，造成了人民的无穷灾难和痛苦，这些一切，为甚么不应该暴露不应该打击呢？对敌人宽容，就是罪恶；我们当然要暴露，要打击。自然，暴露和打击要有一定分寸，一定分量，要遵守有理有利有节的原则，要根据实际需要和客观发展，针对最少数的反动分子。这就是实事求是的第二种态度。

新华日报的缺点，不在它歌颂光明太过分而在它歌颂不足，不在它暴露黑暗太过分而在它暴露不足，还没有做到团结所有可以团结的人来和法西斯反动集团作斗争。

新华日报的立场、方针和态度，就是这样。

三、本报处境和困难

此外，我们还愿借此机会，向读者说明我们所处的环境和遭遇的困难。

首先，新华日报是在国民党统治区出版的一张人民的报纸，因此它所处环境正和广大人民所处的环境一样，是政治上不民主不自由的环境，这种不民主不自由的环境更随时局的急剧恶化而日甚一日，从而经常造成对业务发展极端不利的情势。就言论出版的自由说，过去有新闻检查，固然受到很大的压迫，现在新闻检查虽然取消，而压迫仍然没有减轻。比方，在抗战结束后，国民党的报纸到处“接受”，而本报用自己的力量筹备发行沪版竟被禁止。又比方我们也得不到充分的采访自由的权利。在国民党统治区，除南京、上海外，我们的记者根本没有活动的可能；至于派出特派员到外国去，那更根本没有可能。在解放区，我们是有特派员的，但由于内战扩大，交通阻隔，很不容易和我们联系；解放区向我们寄送的报纸杂志书籍，都被各地国民党当局扣下了，一份也收不到。就发行和读者联系来说，困难就更多了。我们的发行继续遭受极大的破坏和阻挠。我们现在除了成都、昆明、北碚等几个地方外，在全国各地，再没有发行和推销的机关。至于各地压迫恐吓读者，不准订阅新华日报，更是读者亲自感受到的，比我们一定还明白这种情形。邮政检查由有形化为无形，实际上比以前更变本加厉了。我们自己的送报员，至今常遭到毒打和逮捕，送的报纸也经常被撕毁。诸如此类的压迫和困难是数不清的。

其次，新华日报既处在不民主不自由的环境，经济上的困难就比任何其他报纸更大。许多民间报纸都依靠广告收入，来弥补亏空，我们却没有大量的广告收入。比方电影广告，有读者问到我们为甚么不登？其实我们何尝不愿登？而是因为刊户遭受压迫，不准在新华日报上刊登的原故。报费的收入是不能够养报的，在这物价高涨，报纸成本增高，读者购买力有限的条件下，多发一份就多亏一分本，这是各报都共有的经验，也是各报所受到的最大的经济压迫。而我们除同样受到这种严重的经济压迫外，由于报纸经常在邮递时被检扣和被特务撕毁，还格外遭受到很大的损失。加上去年十二月起，邮电加价五倍到十倍，而我们又不愿将这种负担转嫁在读者身上，只有自己背负着这沉重的负担。

最后，还有一点必须说明的，就是自从复员后，重庆已变成一个地方性的中心城市，而不再是全国政治经济文化的中心城市，更不再是国际联系的中心城市。现在，在重庆，除垄断通讯事业的中央社分社外，就再没有其他全国规模的民间通讯社。各外国通讯社，如路透、合众、美联、塔斯、法国新闻社等，都在重庆没有分社。这样，新闻材料的来源就受到了极大的限制。我们自己也深深感到反映世界动态、全国动态和解放区动态非常不够，不能满足读者的要求。

新华日报所处的环境和遭遇的困难，就是这样。

但是，我们愿意说一句：这种不自由的环境是窒息不了我们的，种种困难也是阻挠不了我们的，我们将尽一切的努力，来和这不自由的环境和各种各样困难作斗争。

四、读者们的意见

（一）关于编辑方针：

大多数读者都觉得对方针，“没有甚么意见”，认为只要“坚持独立和平民主的立场”，更充分“反映人民的疾苦和要求”，真正“为老百姓讲话”，能够“启发”和“教育”人民，照这样做就很好了。

有读者认为，应该力求“大众化”，“通俗化”，做到“粗识文字的小贩、农民、家庭妇女”，“高小程度的人”都能够“读得懂”。还有读者觉得“无论在内容或形式上，都有一种独特的风格”，“言论、专刊、专栏，都很完满，能照顾到各阶层读者的需要”，希望“在这方面更多的努力”。

有少数读者认为“措辞过嫌激烈”，言论要“宽容”，“党报色彩太浓厚了一点”。“宣传和新闻”应该分开，两者是“不能合一”的，前者是“主观”，后者是“客观”。应该“不论好坏，多报导，少批评——应读者自己批评”。

关于本报方针，我们在前面曾作自我检讨，读者们的这些意见都是很宝贵的。我们愿意照着“大众化”的方向，“为老百姓讲话”的方向，“照顾到各阶层读者需要”的方向，尽我们的努力做去。

（二）关于言论：

读者们对社论、专论、短评、时论、友声，都普遍觉得“喜欢看”，“得到很多好处”。特别是喜欢看转载的解放日报的社论，如“驳 ×××”（注：此处原文为“蒋介石”，当时不便直指其名，而使用 ××× 符号），“七个月的总结”，“论战局”，“告杂牌军”，“张永泰的道路”等篇，认为新华日报的社论，没有解放日报社论说得“透彻”、“有力”、“分量重要”。

有些读者认为，所有言论要“针对贪污独裁、出卖祖国、摧残人权”，要“激发人民斗争”。有读者指出，一般言论偏于“说明病态”，而少提出“医治方法和行动准绳”，“缺乏必要的事实说明”和“例证”。还有些读者指出：对政治斗争太偏重了，“除政治斗争外，应在社会经济文化上多下功夫”，要求增加“法令、经济、教育、工商各方面有建设性的文章”。还有些读者希望增加“学术性的论文”，“宣传共产主义”和介绍“中共历史”的文章。

有读者觉得文化界“名人文章登得太少”了。

他如“增加译文”，“外国开明舆论要多多采用”（如“美国对中国盟友的骗局”，“漫谈美国”），“选登和摘登各国各地的民主舆论”，这些都是读者相当普遍的意见。

读者们也指出：有些社论“太长了”，应该做到“短而精”，“简洁明快”，文字尽可能做到“通俗”，“简易”，“实际”。

对于短评和时评，普遍要求增加。

对于友声，要求“经常”，尽可能做到是“第三者发言的地盘”。

关于言论，我们正在力求改进，向解放日报学习。社论的确要写得短些，更多就人民生活的各方面问题加以评论。我们已把短评改为“编余杂谈”，这样可以谈得更广泛一些。友声最近也采用得比较多了。

（三）关于新闻版面：

差不多所有读者来信中，都要求对国际动态、国内动态和解放区动态作充分详尽而又迅速及时的报导，指出了我们许多不够充分，不够迅速的地方。

最大多数读者，特别要求充分报导解放区的一切情形，这充分反映了一般读者对解放区的关心，他们把中国民主发展前途的希望完全寄托在解放区身上。由于交通阻隔，报导零碎，有许多问题使读者们不十分了解。读者们所要求知道的解放区的动态，是十分广泛的，包括了解放区政治经济文化社会生活和建设的各个方面。列举如下：

①“农民的生活”，“劳动组织的具体情形”，“劳作时间怎样分配的”？

②“工人的生活和待遇”，特别是“技术工人的待遇”。

③“中间知识分子的生活情形”，“非生产知识分子的生活”，“自由主义者的活动”，“中共对有产知识分子的态度”。

④“一般教育概况”，“从小学到大学的情形”，“学生的生活”，“儿童的生活”，“各级学校学习情形”，“教育行政和设施”，“师资培养和待遇”，“教育成绩”，“工农子弟受教育的机会”。

⑤“文化艺术事业发展情形”，“文学家和艺术家的生活”，“中共对思想自由态度”。

⑥“科学研究和技术成就”。

⑦“工业情形”，“土产品怎样与外货竞争”，“劳资关系”。

⑧“生产发达，市场繁荣”的具体情形。

⑨“商民和市民的生活”。

⑩“捐税如何征收，贪污的如何根绝”。

⑪“一般人民的生活担负”，“物价情形”。

⑫“妇女动态”，各解放区“对妇女权利的规定”，“托儿所情形”。

⑬“家庭生活幸福情形”，“男女老幼关系”，“对旧道德的态度”。

⑭“土地政策的内容”“土地改革情形”，“土地怎样分配的”？“对地主财产的处理”，“对豪绅恶霸的态度”。

⑮“地方行政概况”，“基层政治情形”，“选举的情形”，“军民关系和官民关系”，“行政机构如何简化，政令如何统一”？

⑯“战役的详尽报导”，“八路军的英勇事迹”。

⑰“每个解放区诞生以来的历史和现况”。

⑱“解放区的财政经济政策和大后方的对照”。

读者们指出，对于解放区这一切动态的报导，报纸上极不充分，只有一鳞半爪，不能满足他们的渴望。读者们要求多派通讯员到各解放区去，“设立解放区报导专栏”，经常登载“解放区人民生活的典型特写”，特别希望多登“权威人士对解放区的介绍”（如高树勋的“起义一周年纪念”文和陈瑾昆教授的文章），“中间人士的游记”（如赵则诚的“初到解放区”）。有一读者并望设立一个专供国民党统治区青年“与解放区青年通讯”的信箱栏。

这些意见都是很好的。有的我们马上可以做，有的为了受着客观条件的限制还不是马上所能做到。

关于国内新闻，读者们要求对“工人”、“学生”、“公务员”、“农民”的各方面生活，“多作有系统的详尽的报导”，指出这些方面的报导（道）过去“太少了”，有些“简直没有”，并指出“经济”、“社会”、“教育”、“文化”、“娱乐”的消息也还“不够”。一句话，就是“对各阶层人民疾苦反映不够”，要求以后加强。

有读者指出，应“努力揭发贪污、舞弊、征兵、征粮的黑幕”，多提供一些政治的“内幕”和“材料”，认为对国内大事的报导“甚嫌粗略，或竟缺如”。还有读者指出，反动派的活动，也要登载，如国民党的一党“国大”召开情形。国民党政府机关的新闻，也要“择要登载”，如“法令”。

关于地方新闻，读者们指出，“本埠小新闻要增加”，“各县的消息才少”，“各地农村的反映不够”，特别是“各地农民抗丁抗粮的斗争”太少。“学府风光”也登得不多，要经常，最好“每天登载”。“文化落后的边疆地区如雷马屏一带人民生活”也要“多多报导”。

有读者指出行情杂拾和市民便览很好。

关于国际新闻，读者们普遍指出，国际动态报导（道）得太少了，过去本来是很多的。特别指出，应该多报导“社会主义的苏联”国家的情形，“欧洲新民主国家的”情形，“弱小民族斗争”的情形，英美以及各国的“民主运动”，“世界各国的政治背景。”

读者们要求在国外各国和国内各大城市多派通讯员和特派员，并在全国尤其是农村建立“新闻网”。

读者们对版面的剪裁组织和标题等也提了许多批评和建议，认为“新闻太少”了，希望做到“看了新华日报，不再看其他的报纸”，认为剪裁和删节还不“精”，有些新闻文字太“啰嗦”，“太长”，还有“重复”；认为标题“不够通俗”，“不要刺激”，有位读者具体建议要“多搜集民歌、四川言子、口水话、新旧诗句、成语”的语汇，这样，标题就可以“生动活泼”一些；认为版面样式“要多变化”，但也要“醒目”，“转折不要太多”，“使水准低的人容易看懂”。

还有读者要求多登“小新闻丛”或“花絮”，如：“东南西北”，“文化点滴”，“重庆街头”，“民主世界”等。

有一位读者要求恢复二十八年时的“国际一日”和“国内一日”的新闻提要。

关于新闻版面，读者们提意见特别多，也最具体。我们当尽可能，按照现有的人力物力，努力克服困难，一步一步做去。二、三版的新闻数量，已在逐渐增多，以后我们还要根据读者的意见，从各方面增加新闻数量。

（四）关于通讯：

读者们大都指出，通讯的写作还“不够生动活泼”。有些通讯等于“地理志”，也有些通讯“堆满数字”，“应该把各地风土人情的特征”，用“生动活泼”的笔调“表达出来”，如“小县的故事”。

读者们普遍喜欢看的通讯，是赵则诚先生的几篇解放区游记，是“南京通讯”，希望以后要设法增加。有读者指出，“报纸所在地——四川各地的通讯很重要”，要多登。最有趣味的是，读者是哪省人，他就希望多登那省的通讯，他非常关心他的家乡，需要明了“家乡的情形”。

重要的通讯应该移登第三版，也有读者这样建议。过去，由于各地条件的限制，致通讯方面还不能满足读者的要求。但这方面也正是我们要力图改进的。我们相信经过一定时间的多方面的主观努力，是可以做得比较好一些的。

（五）关于副刊：

读者们关于副刊，有两种意见，多数认为现在水准，就很好，能够压低一些更好，使“高小程度的人”都“看得懂”，也“喜欢看”，这类读者差不多都说他们“喜欢看副刊”，“专门看副刊”。有少数读者觉得，水准“太低”了，应该“提高”，以“知识分子为对象”，他们都说，现在副刊读来有些“枯燥无味”，失掉了“亲切感”。

前一类读者大都要求多登“通俗的文艺”，如（金钱板唱词），特别是“解放区的各种文艺”（如唱本、歌谣、秧歌的词和曲谱、改良平戏等）“多搜集和整理各地的民谣”，增加“文化娱乐”（如影剧评介）和“科学常识”，国际国内“历史人物的故事”，特别是“解放区各种人物的生活描写”，和“奋斗历史”，选登“工人和学生的习作”，希望多登“司马牛的杂感”。

后一类读者多半认为“短论”和“杂感”太多了，有些“使人厌倦”，要求多登“纯文艺的作品”，特别是“著名作家的作品”，译登“外国”特别是“苏联作家的作品”，“文化思想批评”和“文艺理论”的文章，设立“小说和散文的专页”，加强“综合性的文艺专页”，设立讲解“政治常识”的讲座。

但是，差不多所有读者都一致表示，喜欢读“八百匹战马”，“南征散记”，“中原突围记”，“解放区琐谈”和李进先生的农村素描，要求经常刊载“插图”，“漫画”，“木刻”，要求恢复“谣言门诊部”，要求“评介书报杂志”。可见提高和普及，并不是不能兼顾的。

对于副刊的编排，读者们都觉得太“单调”了，应该“多变化”，“插花边”，“插报头”。文章不要“太长”。

有位读者指出，副刊的内容，应该“向一切旧思想旧习惯作战（如运命论、小足、打胎、乱吐痰、没有法子主义、倒马桶、算命等等）”。还有读者认为应该广泛反映“农村，小公务员、教员、妇女生活”的作品，如“两夫妇”。

还有读者要求，采用稿件的标准，不要“太严”，应该“放宽”，以求副刊“范围的扩大”。

我们认为关于副刊的两种意见，不是不可以兼顾的，基本上是一个普及和提高之间相互关系的问题。我们在前面已经讲到。我们愿意朝着以普及为主而又在普及基础上提高的方向做去，以求适合广大读者群众的要求。

（六）关于专刊：

读者们对三个专刊——“团结”、“青年生活”、“妇女之路”，也都提了许多宝贵的意见。一般的都表示“喜欢读”这三个专刊，认为这三个专刊，指导了他们的学习，帮助他们改正了思想。有的读者甚至说，经常读了这三个专刊以后，他（她）“完全变了一个人”。但同时，也指出：三个专刊的文章，偏于“原则”和“理论”，“八股味重”，“呆板”，不“生动活泼”，“与实际脱节”之类还太多了。特别指出“妇女之路”内容有些“贫乏”“有凑文章样子”。

读者们具体建议，“团结”应对革命的“长期性”和“艰苦性”多作解释，用具体生动的例子说明“在逆境下怎样工作”，怎样“改造自己思想”，介绍“个人工作经验”。“青年生活”应该“扩大范围”，接触到青年生活的各个方面，如“交友”、“培养生活趣味”等等。“妇女之路”也应该“扩大范围”，增加“妇女生活常识”，“指导如何帮助落后妇女进步，识字，改变思想”，“解决家庭妇女的实际问题”。

读者们都要求。“恢复周刊”，并建议“吸收广大青年妇女参加工作”。

顺便在这里说明：这三个专刊目前改为三周一次，完全是暂时的不得已的办法，因我们在目前处境下，有人力和物质条件之下的各种困难，尚待克服。

（七）关于专栏：

多数读者，都认为“社会服务”栏办得“最成功”，“读者信箱”也普遍受到欢迎。“读者园地”也“要得”。但是，读者们同时也指出：“社会服务”栏的范围还要“扩大”，做到对“更广大的群众服务”，如公布“新书要目”，“指导农作”。有读者认为“小事情小办法很好，对穷朋友很有帮助”。有读者还指出：“医药问答过于琐屑、重复”，最好“有系统介绍卫生常识”。医药的回答，有时“太迟了”，有读者举出两个月才得到回答为例。也有读者要求“多介绍民间常有疾病的医治方法”，特别是介绍“有效的中药”，因为广大农村“买不到西药”，也“买不起西药”。还有读者要求多登“家庭生活常识”，各种“业务常识”。“读者信箱”要“广泛”而“迅速”回答读者群众“生活学习中的各种问题”，特别是“时事问题”；要增加“新闻名词解释”，帮助读者读报。

“读者园地”登得“太少”了，也不“经常”，要使它成为“真正是读者自己的园地”。

对于“国际述评”，读者们认为这对他们了解国际局势“有帮助”，但认为现作者“笔力不如于怀”，写得“沉闷”“冗长”一些，要求写得更“生动活泼”，分段插题“清楚有力”，最好改成“一周一次”。

许多读者都要求恢复“国内述评”和“经济述评”。上面读者对各专栏的意见，我们愿意完全接受，力谋改进。最近正在计划恢复“国内述评”和“经济述评”，不日即可实现。

（八）关于发行及其他：

读者们普遍要求“改用白报纸”，或同时“采用两种报纸”，指出土报纸“不易保存”。还有读者要求减低报费，觉得现在的“报价还是高了”，“读者负担不起”。

读者们也要求增加篇幅，“增出两版”，或“星期天增出一张”。

本市的读者大多数都说报纸能按时收到，有的说“收到较迟”，要在“十二时以后才收得到”。在外埠的读者则说，他们“常常收不到报纸”，“收不齐报纸”，希望改进。

还有读者要求选“报上有”系统的材料，印单行本。

关于改用白报纸，增加篇幅，我们暂时还有困难，一时还难实现，这要请读者原谅。

关于印单行本，我们是在这样做，已印行《新中国的曙光》，《独立和平民主》，《东北问题》，《毛泽东的人生观》，也因为诸多困难，印行的单行本恐还远不能满足读者们的希望。

关于减低价格，我们已在本报九周年实行“优待办法”，长期订户都可以享受到这种优待，以减轻读者的负担。

* * *

以上就是读者意见的一般总结。文内所引字句，都是摘录读者来信，未另具名。

读者们这样热烈的响应本报的征求，提出宝贵的意见，深使本报同仁感动。这些意见，对本报同仁说来，就是一种鼓励，帮助和鞭策，使我们平空增添了无比的信心和力量。因为要赶在九周年纪念时发表，这还不过是一个初步的整理和总结。本报同仁还要更深入地来研究这些意见，检讨我们的缺点，使本报能逐渐在各方面都有改进，以符读者诸君的殷切期望。我们也希望读者继续给我们以更大更多的支持和帮助。我们愿和广大读者紧紧地拉起手来，在爱国主义统一战线的旗帜下，为祖国的独立和平民主的实现，而奋斗到底！

谨在此向读者们致最热烈最亲爱的敬礼！

原载于《新华日报》1947 年 1 月 11 日第 5 版，本书引用时为便于排列将加圈序号的大写数字改为了阿拉伯数字

4. 复习问题

（1）仔细阅读原文，分析作者为什么说“新华日报的党性和它的人民性是一致的”。

（2）仔细阅读原文，分析《新华日报》是怎样践行“实事求是”的。

（3）仔细阅读原文，分析《新华日报》为什么重视读者意见。

5. 思维训练

（1）结合所学知识，尝试对比《新华日报》与《解放日报》的异同。

（2）结合实际，谈谈党报党刊应当如何坚持党性和人民性相统一。

（3）结合实际，谈谈党报党刊应如何解决“普及和提高之间相互关系的问题”。

下　编

西方新闻传播经典文献导读

一、群体中的个人“变成了一个不再受自己意志支配的玩偶”

——古斯塔夫·勒庞：《乌合之众：大众心理研究》（节选）

二、新闻媒介形成拟态环境进而影响真实环境

——沃尔特·李普曼：《舆论》（节选）

三、“在人际关系网中，意见领袖扮演着特殊的角色”

——保罗·F. 拉扎斯菲尔德等：《人民的选择——选民如何在总统选战中做决定》（节选）

四、“媒介的报道应该准确，它们不应该撒谎”

——新闻自由委员会：《一个自由而负责的新闻界》（节选）

五、社会传播的功能：“守望环境”“协调社会关系”“传承社会遗产”

——哈罗德·拉斯韦尔：《社会传播的结构与功能》（节选）

六、“传媒总是带有它所属社会和政治结构的形态和色彩”

——弗雷德里克·S. 西伯特等：《传媒的四种理论》（节选）

七、“相信自己所扮演的角色”

——欧文·戈夫曼：《日常生活中的自我呈现》（节选）

八、“媒介即讯息”

——马歇尔·麦克卢汉：《理解媒介：论人的延伸》（节选）

九、“知识的增长在高阶层人群中相对较快”

——蒂奇诺等：《大众媒介信息流通与知识增长差异》

十、“媒介议程设置了公众议程”

——马克斯韦尔·麦库姆斯等：《议程设置：新闻媒体与舆论》（节选）

十一、舆论是“人们能够公开表达而不至于使自己陷入孤立的意见”

——伊丽莎白·诺尔-诺依曼：《沉默的螺旋：舆论——我们的社会皮肤》（节选）

十二、“作为框架的新闻”

——盖伊·塔克曼：《做新闻：现实的社会建构》（节选）

十三、“新闻媒介都是掌握政治和经济权力者的代言人”

——J. 赫伯特·阿特休尔：《权力的媒介》（节选）

十四、“我们成了一个娱乐至死的物种”

——尼尔·波兹曼：《娱乐至死》（节选）

十五、“辟谣：一门棘手的艺术”

——让-诺埃尔·卡普费雷：《谣言：世界最古老的传媒》（节选）

一、群体中的个人“变成了一个不再受自己意志支配的玩偶”

——古斯塔夫·勒庞：《乌合之众：大众心理研究》（节选）

1. 写作背景

法国大革命，以其激烈程度闻名于世。

1789 年 7 月 14 日，矛盾的积累终于爆发。巴黎人民群情激愤，攻占了巴士底狱，法国大革命爆发。8 月，制宪议会通过了世界闻名的《人权和公民权宣言》（即《人权宣言》）。但是革命并没有就此结束，1792 年 8 月，巴黎人民第二次武装起义，9 月，法兰西第一共和国成立，并于次年由国民公会投票以 1 票优势把国王路易十六送上了断头台。1793 年，巴黎人民于 5 月 31 日—6 月 2 日发动第三次起义，推翻了吉伦特派的统治，建立起雅各宾专政。不过，仅仅一年多，1794 年，巴黎人民又把雅各宾派的领袖罗伯斯庇尔送上了断头台。后来，法国相继发生了果月政变、雾月政变、拿破仑·波拿巴执政、波旁王朝复辟……

历史总是惊人地相似，如同 1789 年一般，在 1848 年 6 月，巴黎爆发“六月起义”，之后，路易·拿破仑·波拿巴当选为总统，法兰西第二共和国建立。第二共和国的统治不到 30 年，1870 年，巴黎再次爆发起义，法兰西第三共和国诞生。

在法国大革命开始后的一个世纪中，法国处于反复的革命与恐慌中，法国大革命中的群氓及其暴行给整个 19 世纪留下了难以磨灭的阴影，孕育了后来的群氓动力学。[*] 古斯塔夫·勒庞生于 1841 年的法国，在他 7 岁时，巴黎街头的流血事件震惊欧洲。他目睹了 1870 年法兰西第三共和国频繁的内阁更迭，以及群体对领袖人物爱恨无常的变化：“今天还受到崇拜，明天便成了嫌犯。”[**] 勒庞有感于群体的力量，通过研究法国大革命和他所处时代中的群体活动来探测大众心理，写成《乌合之众：大众心理研究》（1895）一书。

* 周晓虹：《群氓动力学——社会心理学的另类叙事》，《社会学研究》，2018 年第 6 期，第 186–211，245–246 页。

** 罗伯特·墨顿：勒庞《乌合之众》的得与失，载古斯塔夫·勒庞《乌合之众：大众心理研究》，冯克利译，中央编译出版社，2014，第 14，17 页。

从表面来看，勒庞是在描绘以法国大革命为背景的群体心理，实际上他所描绘的正是他所处的时代，正如勒庞所说“目前的时代便是这种人类思想正经历转型过程的关键时期之一”。

2. 阅读提示

本部分节选自《乌合之众：大众心理研究》第一章《群体的一般特征》。在这一章中，勒庞分析了群体的含义和特征。他指出，从心理学角度看，群体并不是单纯地聚集在一起的人，如果一千个人偶然地聚集在同一个地方，他们没有明确的目标，那么他们就不是一个群体。要想构成一个群体，需要有一些群体的特征。

群体的首要特征表现为自觉的个性消失，形成一种集体心理。在集体心理中，个人的思想、感情和行为都与他们平时不同，同质性战胜了异质性，无意识的品质主导了他们的行为。这一特征与人数无关，也不要求个体非要聚集在同一地点。其次，传染现象也决定着群体的特征，并且塑造了它所接受的趋势。传染现象是一种类似于催眠的心理现象，在群体中，人们的思想、感情和行为都具有传染性。此外，易于接受暗示是决定群体特征的第三个原因，这是群体中的传染现象所导致的。长时间处于群体中的人，思想、感情和行为像受到催眠一样被控制，他们进入一种特殊的状态，个人的才智被削弱，但某些品质又被极大地强化，在暗示的影响下，会做出一些平时令人难以置信的举动。

综上三个特征，勒庞指出，群体中的个体丧失了个性，无意识的人格占据上风，由于群体间的传染现象，人们的思想、感情和行为互相传染，他们变得目标一致，并把暗示转变为行为。于是，“他不再是他自己，他变成了一个不再受自己意志支配的玩偶”。那么，群体中相互传染时所受到的暗示就显得至关重要，它决定着群体行动的性质。群体既可以成为冷酷无情的暴民，也可以成为伟大的英雄人民。

3. 文献原文

乌合之众：大众心理研究（节选）

第一章　群体的一般特征

从平常的含义上说，“群体”一词是指聚集在一起的个人，无论他们属于什么民族、职业或性别，也不管是什么事情让他们走到了一起。但是从心理学的角度看，“群体”一词却有着一种十分不同的重要含义。在某些既定的条件下，并且只有在这些条件下，一群人会表现出一些新的特点，它非常不同于组成这一群体的个人所具有的特点。聚集成群的人，他们的感情和思想全都采取同一个方向，他们自觉的个性消失了，形成了一种集体心理。它无疑是暂时的，然而它确实表现出了一些非常明确的特点。这些聚集成群的人进入了一种状态，因为没有更好的说法，我姑且把它称为一个组织化的群体，或换个也许更为可取的说法，一个心理群体。它形成了一种独特的存在，受群体精神统一定律的支配。

不言自明，一些人偶然发现他们彼此站在一起，仅仅这个事实，并不能使他们获得一个组织化群体的特点。一千个偶然聚集在公共场所的人，没有任何明确的目标，从心理学意义上说，根本不能算是一个群体。要想具备这种群体特征，得有某些前提条件起作用，我们必须对它们的性质加以确定。

自觉的个性的消失，以及感情和思想转向一个不同的方向，是就要变成组织化群体的人所表现出的首要特征，但这不一定总是需要一些个人同时出现在一个地点。有时，在某种狂暴的感情——譬如因为国家大事——的影响下，成千上万孤立的个人也会获得一个心理群体的特征。在这种情况下，一个偶然事件就足以使他们闻风而动聚集在一起，从而立刻获得群体行为特有的属性。有时，五六个人就能构成一个心理群体，而数千人偶然聚在一起却不会发生这种现象。另一方面，虽然不可能看到整个民族聚在一起，但在某些影响的作用下，它也会变成一个群体。

心理群体一旦形成，它就会获得一些暂时的、然而又十分明确的普遍特征。除了这些普遍特征以外，它还会有另一些附带的特征，其具体表现因组成群体的人而各有不同，并且它的精神结构也会发生改变。因此，对心理群体不难进行分类。当我们深入研究这个问题时就会看到，一个异质的群体（即由不同成分组成的群体）会表现出一些与同质群体（即由大体相同的成分，如宗派、等级或阶层组成的群体）相同的特征，除了这些共同特征外，它们还具有一些自身的特点，从而使这两类群体有所区别。

不过，在深入研究不同类型的群体之前，我们必须先考察一下它们的共同特点。我们将像博物学家一样从事这项工作，他们总是先来描述一个科的全体成员的共同特点，然后再着手研究那些使该科所包含的属、种区别开来的具体特点。

对群体心理不易作出精确的描述，因为它的组织不仅有种族和构成方式上的不同，而且还因为支配群体的刺激因素的性质和强度而有所不同。不过，个体心理学的研究也会遇到同样的困难。一个人终其一生性格保持不变的事情，只有在小说里才能看到。只有环境的单一性，才能造成明显的性格单一性。我曾在其他著作中指出，一切精神结构都包含着各种性格的可能性，环境的突变就会使这种可能性表现出来。这解释了法国国民公会中最野蛮的成员为何原来都是些谦和的公民。在正常环境下，他们会是一些平和的公证人或善良的官员。风暴过后，他们又恢复了平常的性格，成为安静而守法的公民。拿破仑在他们中间为自己找到了最恭顺的臣民。

这里不可能对群体强弱不同的组织程度作全面的研究，因此我们只专注于那些已经达到完全组织化阶段的群体。这样我们就会看到群体可以变成什么样子，而不是它们一成不变的样子。只有在这个发达的组织化阶段，种族不变的主要特征才会被赋予某些新特点。这时，集体的全部感情和思想中所显示出来的变化，就会表现出一个明确的方向。只有在这种情况下，我前面所说的群体精神统一性的心理学规律才开始发生作用。

在群体的心理特征中，有一些可能与孤立的个人没有什么不同，而有一些则完全为群体所特有，因此只能在群体中看到。我们所研究的首先就是这些特征，以便揭示它们的重要性。

一个心理群体表现出来的最惊人的特点如下：构成这个群体的个人不管是谁，他们的生活方式、职业、性格或智力不管相同还是不同，他们变成了一个群体这个事实，便使他们获得了一种集体心理，这使他们的感情、思想和行为变得与他们单独一人时的感情、思想和行为颇为不同。若不是形成了一个群体，有些念头或感情在个人身上根本就不会产生，或不可能变成行动。心理群体是一个由异质成分组成的暂时现象，当他们结合在一起时，就像因为结合成一种新的存在而构成一个生命体的细胞一样，会表现出一些特点，它们与单个细胞所具有的特点大不相同。

与人们在机智的哲学家赫伯特·斯宾塞笔下发现的观点相反，在形成一个群体的人群中，并不存在构成因素的总和或它们的平均值。实际表现出来的，是由于出现了新特点而形成的一种组合，就像某些化学元素——如碱和酸——反应后形成一种新物体一样，它所具有的特性十分不同于使它得以形成的那些物体。

组成一个群体的个人十分不同于孤立的个人，要想证明这一点并不困难，然而找出这种不同的原因却不那么容易。

要想多少了解一些究竟，首先必须记住现代心理学所确认的真理，即无意识现象不但在有机体的生活中，而且在智力活动中，都发挥着一种完全压倒性的作用。与精神生活中的无意识因素相比，有意识因素只起着很小的作用。最细心的分析家和最敏锐的观察家，充其量也只能找出一点支配他的行为的无意识动机。我们有意识的行为，是主要受遗传影响而造成的无意识的深层心理结构的产物。这个深层结构中包含着世代相传的无数共同特征，它们构成了一个种族先天的禀性。在我们的行为之可予说明的原因背后，毫无疑问隐藏着我们没有说明的原因，但是在这些原因背后，还有另外许多我们自己一无所知的神秘原因。我们的大多数日常行为，都是我们无法观察的一些隐蔽动机的结果。

无意识构成了种族的先天秉性，尤其在这个方面，属于该种族的个人之间是十分相似的，使他们彼此之间有所不同的，主要是他们性格中那些有意识的方面——教育的结果，但更多的是因为独特的遗传条件。人们在智力上差异最大，但他们却有着非常相似的本能和情感。在属于情感领域的每一种事情上——宗教、政治、道德、爱憎等等，最杰出的人士很少能比凡夫俗子高明多少。从智力上说，一个伟大的数学家和他的鞋匠之间可能有天壤之别，但是从性格的角度看，他们可能差别甚微或根本没有差别。

这些普遍的性格特征，受着我们的无意识因素的支配，一个种族中的大多数普通人在同等程度上具备它们。我认为，正是这些特征，变成了群体中的共同属性。在集体心理中，个人的才智被削弱了，从而他们的个性也被削弱了。异质性被同质性所吞没，无意识的品质占了上风。

群体一般只有很普通的品质，这一事实解释了它为何不能完成需要很高智力的工作。涉及普遍利益的决定，是由杰出人士组成的议会作出的，但是各行各业的专家并不会比一群蠢人所采纳的决定更高明。实际上，他们通常只能用每个普通个人生来便具有的平庸才智，处理手头的工作。群体中累加在一起的只有愚蠢而不是天生的智慧。如果“整个世界”指的是群体，那就根本不像人们常说的那样，整个世界要比伏尔泰更聪明，倒不妨说伏尔泰比整个世界更聪明。

如果群体中的个人只是把他们共同分享的寻常品质集中在了一起，那么这只会带来明显的平庸，而不会如我们实际说过的那样，创造出一些新的特点。这些新特点是如何形成的呢？这就是我们现在要研究的问题。

有些不同的原因，对这些为群体所独有、孤立的个人并不具备的特点起着决定作用。首先，即使仅从数量上考虑，形成群体的个人也会感觉到一种势不可挡的力量，这使他敢于发泄出自本能的欲望，而在独自一人时，他是必须对这些欲望加以限制的。他很难约束自己不产生这样的念头：群体是个无名氏，因此也不必承担责任。这样一来，总是约束着个人的责任感便彻底消失了。

第二个原因是传染的现象，也对群体的特点起着决定作用，同时还决定着它所接收的倾向。传染虽然是一种很容易确定其是否存在的现象，却不易解释清楚。必须把它看作一种催眠方法，下面我们就对此作一简单的研究。在群体中，每种感情和行动都有传染性，其程度足以使个人随时准备为集体利益牺牲他的个人利益。这是一种与他的天性极为对立的倾向，如果不是成为群体的一员，他很少具备这样的能力。

决定着群体特点的第三个原因，也是最重要的原因，同孤立的个人所表现出的特点截然相反。我这里指的是易于接受暗示的表现，它也正是上面所说的相互传染所造成的结果、

要想理解这种现象，就必须记住最近的一些心理学发现。今天我们已经知道，通过不同的过程，个人可以被带入一种完全失去人格意识的状态，他对使自己失去人格意识的暗示者唯命是从，会做出一些同他的性格和习惯极为矛盾的举动。最为细致的观察似乎已经证实，长时间融入群体行动的个人，不久就会发现——或是因为在群体发挥催眠影响的作用下，或是由于一些我们无从知道的原因——自己进入一种特殊状态，它非常类似于被催眠的人在催眠师的操纵下进入的迷幻状态。被催眠者的大脑活动被麻木了，他变成了自己脊髓神经中受催眠师随意支配的一切无意识活动的奴隶。有意识的人格消失得无影无踪，意志和辨别力也不复存在。一切感情和思想都受着催眠师的左右。

大体上说，心理群体中的个人也处在这种状态之中。他不再能够意识到自己的行为。他就像受到催眠的人一样，一些能力遭到了破坏，同时另一些能力却有可能得到极大的强化。在某种暗示的影响下，他会因为难以抗拒的冲动而采取某种行动。群体中的这种冲动，比被催眠者的冲动更难以抗拒，这是因为暗示对群体中的所有个人有着同样的作用，相互影响使其力量大增。在群体中，具备强大的个性，足以抵制那种暗示的个人寥寥无几，因此根本无法逆流而动。他们充其量只能因不同的暗示而改弦易辙。例如，正因为如此，有时只消一句悦耳的言辞或一个被及时唤醒的形象，便可以阻止群体最血腥的暴行。

现在我们知道了，有意识人格的消失，无意识人格的得势，思想和感情因暗示和相互传染作用而转向一个共同的方向，以及立刻把暗示的观念转化为行动的倾向，是组成群体的个人所表现出来的主要特点。他不再是他自己，他变成了一个不再受自己意志支配的配偶。

进一步说，单单是他变成一个有机群体的成员这个事实，就能使他在文明的阶梯上倒退好几步。孤立的他可能是个有教养的个人，但在群体中他却变成了野蛮人——即一个行为受本能支配的动物。他表现得身不由己，残暴而狂热，也表现出原始人的热情和英雄主义，和原始人更为相似的是，他甘心让自己被各种言辞和形象所打动，而组成群体的个人在孤立存在时，这些言辞和形象根本不会产生任何影响。他会情不自禁地做出同他最显而易见的利益和最熟悉的习惯截然相反的举动。一个群体中的个人，不过是众多沙粒中的一颗，可以被风吹到无论什么地方。

正是由于这些原因，人们看到陪审团作出了陪审员作为个人不会赞成的判决，议会实施着每个议员个人不可能同意的法律和措施。法国大革命时期，国民公会的委员们，

如果分开来看，都是些举止温和的开明公民。但是当他们结成一个群体时，却毫不迟疑地听命于最野蛮的提议，把完全清白无辜的人送上断头台，并且一反自己的利益，放弃他们不可侵犯的权利，在自己中间也滥杀无辜。

群体中的个人不但在行动上和他本人有着本质的差别。甚至在完全失去独立性之前，他的思想和感情就已经发生了变化，这种变化是如此深刻，它可以让一个守财奴变得挥霍无度，把怀疑论者改造成信徒，把老实人变成罪犯，把懦夫变成豪杰。在 1789 年 8 月 4 日那个值得纪念的晚上，法国的贵族一时激情澎湃，毅然投票放弃了自己的特权，他们如果是单独考虑这事，没有一个人会表示同意。

从以上讨论得出的结论是，群体在智力上总是低于孤立的个人，但是从感情及其激起的行动这个角度看，群体可以比个人表现得更好或更差，这全看环境如何。一切取决于群体所接受的暗示具有什么性质。这就是只从犯罪角度研究群体的作家完全没有理解的要点。群体固然经常是犯罪群体，然而它也常常是英雄主义的群体。正是群体，而不是孤立的个人，会不顾一切地赴死犯难，为一种教义或观念的凯旋提供了保证，会怀着赢得荣誉的热情赴汤蹈火，会导致——就像十字军时代那样，在几乎全无粮草和装备的情况下——向异教徒讨还基督的墓地，或者像 1793 年那样捍卫自己的祖国。这种英雄主义毫无疑问有着无意识的成分，然而正是这种英雄主义创造了历史。如果人民只会以冷酷无情的方式干大事，世界史上便不会留下他们多少记录了。

选自古斯塔夫·勒庞：《乌合之众：大众心理研究》，冯克利译，中央编译出版社，2014，第 3–13 页

4. 复习问题

（1）在集体心理中，个体会逐渐发生哪些变化？

（2）“群体是个无名氏，因此也不必承担责任”是什么意思？

（3）怎样理解群体中的个人“不再是他自己，他变成了一个不再受自己意志支配的玩偶”？

5. 思维训练

（1）谈谈你对《乌合之众：大众心理研究》中“群体”的含义及特征的理解。

（2）《乌合之众：大众心理研究》中的“群体”是否适用于微博信息传播，请结合具体事例分析。

二、新闻媒介形成拟态环境进而影响真实环境

——沃尔特·李普曼：《舆论》（节选）

1. 写作背景

《舆论》成书于1922年，是新闻传播学领域的奠基之作。在《舆论》中，沃尔特·李普曼提出"拟态环境""刻板印象"等概念，他被认为是议程设置思想的知识先祖*。

李普曼出身于一个富足的犹太家庭，哈佛大学的教育背景为他的舆论思想打下了基础。进入哈佛大学后，他跟随实用主义哲学家威廉·詹姆斯、哲学家乔治·桑塔亚纳和英国左派政治学家格雷厄姆·沃拉斯学习。在沃拉斯的影响下，李普曼的目光投向"考察不可见环境加诸人的观念的影响"**。

20世纪头二十年，世界范围内发生了两件大事：第一次世界大战和俄国十月革命。这两件大事引起了李普曼的关注。第一次世界大战期间，李普曼以美国陆军上尉的身份在法国的陆军远征军宣传单位工作。在法国的宣传经历使他有机会观察舆论是怎样形成的及大众媒介在其中的作用机制，他意识到新闻未必是真实的，而舆论是可以操控的。为了检验新闻媒介是否带有偏见，李普曼和查尔斯·默茨对《纽约时报》从1917年3月到1920年3月的俄国革命报道进行了内容分析，结果发现：媒介的报道歪曲了俄国革命的事实，记者报道了他们想看见的事情。***

李普曼在哈佛大学所受的教育及他在战时的宣传经历，帮助他写成《舆论》一书，成为经久不衰的经典之作。《舆论》在全书第一章"外部世界与脑中影像"就讨论了新闻学的"元问题"——新闻真实问题，这成为贯穿全书的一条线索。****

* 马克斯韦尔·麦库姆斯、塞巴斯蒂安·瓦伦苏埃拉：《议程设置：新闻媒体与舆论》（第三版），郭镇之、徐培喜译，北京大学出版社，2023，第3页。

** 沃尔特·李普曼：《舆论》，常江、肖寒译，北京大学出版社，2018，第321页。

*** 胡泳：《李普曼与我们的世纪——〈舆论〉出版百年之际回望"李杜之辩"》，《新闻记者》，2023年第3期，第52-70，96页。

**** 白红义、施好音：《李普曼的新闻学遗产：重访〈舆论〉（1922-2022）》，《新闻界》，2023年第6期，第22-31页。

2. 阅读提示

李普曼对传播学的一大贡献是他在《舆论》一书中提出的“两个环境”理论。《舆论》开篇第一章“外部世界与脑中影像”告诉我们，人类生活在两个环境中：现实环境和拟态环境。

李普曼以共同居住在海岛上的英国人、法国人和德国人的故事开篇，这些人通过每隔六十天才来一次的邮轮带来的滞后的新闻了解世界。当中存在着一个“信息间隔”：在还没有得到新消息之前，他们仍然按照旧有的认识生活。所以，1914 年 9 月，英国人、法国人与德国人实际上已经是敌人了，但是在这个海岛上他们还像朋友一样相处。这个故事形象地说明了外部世界与人们脑中的影像是不一致的。人们对现实环境的认识非常间接，媒介传递的信息塑造了人们脑中的世界图景，人们却把这种图景等同于真实世界本身。可是，人们往往难以察觉这一点，仍然按照自己对外部环境的想象行动。

“虚构”和“象征”是人类传播活动的重要组成部分。人们对于未经历过的事情只有借助自己头脑中对该事物的想象。这在战争中表现得尤为突出，人们对霞飞将军的疯狂崇拜就足以证明。有意思的是，人们对虚构的事件也会产生与真实事件一样的强烈反应，在许多时候，他们所做出反应的虚假事件正是由他们自己共同构建的。因此，在人与现实环境之间存在着一个由新闻媒介所建构的拟态环境。需要注意的是，人的行为是对拟态环境的反应，但是如果这种反应表现为行动却会在真实环境中起作用。

“虚构”并不是谎言，而是指由人们自己参与描绘的环境。这是由于真实环境庞大、复杂又变化太快，人们无法直接了解它，所以才按照一个简单化的模型来认识世界。

3. 文献原文

舆论（节选）

第一章　外部世界与脑中影像

1

有一座海岛，在 1914 年时，上面住着一些英国人、法国人和德国人。岛上无法收发电报，而英国的邮轮每 60 天才来一次。这年 9 月，邮轮尚未抵岛，岛上居民仍在谈论他们所见最后一期报纸上关于卡约夫人（Madame Caillaux）即将因枪杀《费加罗报》（*Le Figaro*）编辑贾斯顿·卡尔梅特（Gaston Calmette）而受审的消息。因此，当邮轮终于在9月中旬抵达，人们全都怀着急不可耐的心情涌向码头，想听船长说说最后法院如何裁定此案。然而，他们听到的消息却是在过去的六星期里英国人和法国人已按此前的协约结盟，共同对德国开战。这样一来，这六个星期的时间就变得有些别扭了：岛上的居民依然如朋友般相处，可实际上他们已经成为敌人。

不过，这些岛民的境况与身在欧洲的大多数人大同小异——岛民获知开战消息的时间比实际开战的时间晚了六星期，而身在欧洲的人也一样“后知后觉”，只不过延迟的时间较短——六天或六小时而已。既然延迟是不可避免的，也便意味着一定存在这样的时刻：欧洲人仍按部就班地经营着自己的日常生活，对这场迫在眉睫且即将颠覆其生活的战争茫然无知，而他们所努力适应的环境也已不复存在。至7月25日，世界各地的人仍在生产注定不可能被装运的货物，仍在购买注定不会被进口的商品；老百姓规划着自己的职业，企业则筹谋着做大做强，社会充满希望和期冀，大家坚信自己眼前的这个世界就是世界的本来面貌。还有人通过著书立说来描绘这个世界，他们对自己头脑中的世界图景坚信不疑。逾四年后，在一个星期四的清晨，停战的消息翩然而至，人们总算松了一口气。然而当他们因屠戮的终结而感受到莫可名状的安慰时，却不知在真正的停战到来之前的五天里，仍有数千年轻人战死疆场。而在此之前，人们已经欢庆过战争的结束。

回首往事时不难发现，我们对于自己置身其中的环境的了解远非直截了当。关于外部环境的信息来得或快或慢，但只要我们认准了自己头脑中那幅图景是真实的，就一定会将这幅图景等同于外部环境本身。我们很难对加诸自己头脑并影响自己行为的那些信念进行反思，却又总是自以为是地嘲笑其他民族或其他时代的人所迷信的世界图景是多么荒诞不经。在这种“事后诸葛亮”的优越感的影响下，我们坚持认为“他们”**需要**了解的世界与“他们”已经了解的世界往往判若霄壤。我们也能看到，当“他们”对臆想中的世界进行治理，或于其中展开斗争、交易与变革时，“他们”的行为或许能对真实世界产生实质的影响，也可能只是镜花水月。比如，他们本想航海去印度，却意外地发现了美洲新大陆；他们想要进行旨在除恶扬善的审判，却又对老妇施以绞刑；他们认为只售卖不购买就能发大财；一位哈里发甚至宣称自己服从真主安拉的旨意，却让亚历山大港的图书馆付之一炬。

圣安布罗斯（St. Ambrose）曾在公元389年的著述中提到了柏拉图洞穴寓言中的那个拒绝回头的囚徒。他如是说：“讨论尘世的属性与境况无助于我们对来世的祈望，牢记《圣经》的教谕足矣。‘神将大地悬在虚空。’（Job xxvi.7）若纠结神是否将大地悬于空中，则必然陷入‘稀薄的空气能否支撑大地’的争论；若追问神是否将大地悬于水上，则难免忧心于大地会否沉入水底。何必如此呢？并非因为大地处于中央，仿若悬浮在平衡的力量对比中，而是因为全知全能的上帝以其意志的法则束缚了它，使之在动摇与空幻中也能维持稳定。”[1]

上述观点倒是无助于我们对来世的祈望。既然牢记《圣经》教谕足矣，又为何要去争论呢？然而在圣安布罗斯离世一个半世纪后，仍有人支持其观点，不过是从相反的角度。因科学成就闻名于世的僧侣科斯马斯（Cosmas）受教会之托撰写了一部基督教思想指导下的地理学著作，即“基督教对于世界的观点”[2]。显然，科斯马斯很清楚教会对他的期望，因为他所得出的结论全部建立在自己对《圣经》的阅读理解之上。在他看来，世界乃是一个平行四边形，其东西两端的距离是南北两端距离的两倍。世界的中心是陆地，陆地四周则被海洋包围，而这圈海洋又被外面一圈陆地包围，大洪水之前的人类就生活在这里，诺亚方舟当初也正是从这片外陆起航的。世界的北方是一座圆锥形的山峰，太阳和月亮绕其旋转。当太阳转到山的背面时，夜晚便降临了。天空是黏合在外面那圈大陆的边缘上的，并由四堵高墙构成，高墙在穹顶汇聚，从而将大地变成宇宙的地板。天空的另一侧还有一片海洋，是为“天外之水”，而位于这片海洋和宇宙极顶之间的，就是传说中的圣域（the blest），天使则居住在大地和天空之间。最后，既然圣保罗（St. Paul）称全人类都要生活在“大地的正面”，那么人们又如何能够生活在世界的背面，即“对立面”（Antipodes）呢？“我们得知，对于一位基督徒来说，既然有了眼前这条光明大道，就‘干脆不该去谈论什么对立面’。”[3]

科斯马斯认为自己绝不应该去探索“对立面”，任何基督教王国的君主也不该资助他出海去找寻“对立面”，更不该有信仰基督教的水手去探索“对立面”。在科斯马斯看来，他所绘制的世界地图根本就是合情合理的。我们只有牢记科斯马斯对自己宇宙观的绝对自信，才能想象出他会对麦哲伦（Magellan）或皮里（Robert Peary）这样的地理探险家，以及那些跃入 7 英里高的天空而有可能与天使相撞，甚至把天穹撞个窟窿的飞行员怀有一种怎样的恐惧心理。同理，战争与政治角力中的任何一方都会为对手“画像”，他们将这幅臆想出来的图像视为事实本身，却不知其只是他们心中那个“应然”的事实，而非“实然”的事实——只有牢记这一点，我们才能真正理解战争与政治的残酷性。因此，就像哈姆雷特（Hamlet）用剑击杀帷幕后的波洛尼厄斯（Polonius）并误以为自己刺杀了国王一样，人们对于头脑中的图景与真实世界的混淆也会产生悲剧的结果，或如哈姆雷特的台词所言：

> 别了，你这可怜、鲁莽、多管闲事的傻瓜！我还以为你能过得更好；这都怪你命

---

1 Hexaëmeron, i . cap 6，引自 The Mediaeval Mind, by Henry Osborn Taylor, Vol. I, p. 73。

2 Lecky, Rationalism in Europe, Vol. I, pp. 276–278.

3 Lecky, Rationalism in Europe, Vol. I, pp. 276–278.

运不济。

2

伟大的人物，哪怕终其一生，通常也只能通过一种虚构的人格为民众所知。所以老话才说："仆人眼中无英雄"（no man is a hero to his valet）。人们所了解的永远只是事实的冰山一角，因为即使连"仆人"或"私人秘书"这样的角色，也往往是虚构出来的。王室成员的人格毫无疑问是建构的产物，无论其本人是否相信自己的公共形象，抑或只是任由宫廷大臣对自己的形象进行人工设计，我们都能发现在其身上同时存在着至少两个明晰可辨的"自我"——公共的自我和王室的自我，私人的自我与凡人的自我。伟人的传记差不多都是上述两种自我发展的历史，官方编纂的传记再现伟人的公共活动，而那些旨在"揭秘"的回忆录则关注其私生活。举例来说，查恩伍德（Baron Charnwood）笔下的林肯宛若一幅华贵的肖像画，完全超越了普通人的境界，被赋予了史诗般崇高的色彩，其生命的层次几可与埃涅阿斯（Aeneas）和圣乔治（St. George）相提并论。奥利弗（F. S. Oliver）对汉密尔顿（Alexander Hamilton）的描摹则是一种宏伟的抽象，是对某种理念的固化，一如奥利弗先生自己所评价的那样，是"一篇关于美利坚的雄文"。因此，奥利弗为汉密尔顿所做之传记与其说是某个具体人物的生平简介，不如说是一座歌颂美国联邦制的丰功伟绩的纪念碑。有时，人们也会在自以为揭露了某种内情的时候，去主动建构自己的形象。查尔斯·雷平顿（Charles à Court Repington）和玛戈特·阿斯奎斯（Margot Asquith）记录第一次世界大战的日记在某种程度上都是自画像，日记中呈现的种种私密细节无疑揭示了两位作者是如何的以自我为中心。

然而，最有趣的肖像是在人的头脑中自觉浮现的那种。斯特雷奇先生（Strachey）写道，在维多利亚女王登基的时候，"民众的情绪沸腾了，每个人都陷入某种伤感或浪漫的氛围不可自拔。而那个面颊红润、天真无邪、温文尔雅的金发少女，如今已成了他们的女王，她驱车穿越首都伦敦的情景让旁观者的内心洋溢着喜悦、爱慕与忠诚。不过，最令人印象深刻的是维多利亚女王与其叔父们的鲜明对比——那些骄奢淫逸、自私自利、愚蠢麻木的龌龊老头儿，给这个国家带来的只有还不清的外债、难以平息的骚乱和远播的臭名。终于，这些老家伙如冬雪一般就地消融。新的女王容光焕发，仿若春天的降临"[1]。

让·德·比埃尔弗（M. Jean de Pierrefeu）得以近距离观察英雄崇拜现象，因为他曾于著名军事家霞飞（Joseph Joffre）声望最隆时期在其麾下效力。他如是写道：

> 两年来，整个世界都在以一种崇拜的目光看待这位马恩河战役中的胜利者。无名的仰慕者寄来了无数的包裹和信件，只为表达自己对霞飞的狂热崇拜，数量多到压弯了负责搬运行李的管理员的腰。我想，在这场战争中，除了霞飞元帅，恐怕再无第二

1 Lytton Strachey, Queen Victoria, p. 72.

位将领可以对“光荣”一词有如此深刻的体会。除信件外，仰慕者还成箱寄来全世界最高级的糖果和香槟、各种年份的葡萄酒，以及水果、野味、饰品、器皿、衣服、烟具、墨台和镇纸。不同的地区还有不同的特产。画家寄来自己的画作，雕塑家寄来雕塑作品，可爱的老妈妈寄来被子或短袜，牧羊人则在自己的小屋子为他雕刻烟斗。全世界所有憎恶德国的商人都把自己的产品寄给霞飞：哈瓦那的雪茄、葡萄牙的波尔图葡萄酒……我听说有一位理发师由于实在不知道该送霞飞什么礼物好，便索性用那些崇拜他的人的头发制作了一张他的画像；还有一位职业书法家，创意与之大同小异，只不过画像的内容是由蝇头小字写成的几千条歌颂霞飞的短语。至于那些求爱信，则用各种字迹写成，来自各个国家，讲着各色方言，无一例外地满溢着对元帅的热爱和仰慕。他们称霞飞为“救世主”“法国之父”“上帝的代理人”“人类的恩主”……而且，这样称呼他的并不只有法国人，还有美国人、阿根廷人、澳大利亚人……成千上万不谙世事的小朋友也拿起笔来对其表达自己的崇拜之情，大多数人直接称他为“我们的父亲”。情感宣泄和偶像崇拜的背后，是难以言明的辛酸，成千上万颗心灵通过这种方式来表达对于战争残酷性的反抗。于这些天真的灵魂而言，霞飞就如同战胜恶龙的圣乔治，他的存在就是正义击败邪恶、光明战胜黑暗的象征。

即便是疯癫痴傻之人，也都支持和崇拜霞飞，仿佛是在支持和崇拜真理本身。我曾读到过一封来自悉尼的信件，写信人恳求元帅将自己从敌人手中拯救出来；还有一个新西兰人，呼吁元帅派一队士兵占领一名男子的家，因为这名男子欠自己10英镑并拒绝偿还。

最后，还有成百上千的妙龄女子，克服了女性的羞赧天性，瞒着家里人向霞飞求爱，还有一些女孩子干脆愿意做他的仆人。[1]

理想化的霞飞是由如下元素构成的：那些他领导着部下打赢的战役、人们对战争的绝望、个体的悲伤情绪，以及全世界对于未来胜利的期待。然而，与英雄崇拜结伴而来的，是对邪恶的祛除。只要有英雄被制造出来，恶魔必如影随形。假若正义的光环被完全归于霞飞、福煦（Foch）、威尔逊（Wilson）或罗斯福（Roosevelt）等人，则恶魔的角色就要由威廉皇帝（Kaiser Wilhelm）等人扮演。这些人的恶是全知全能的，一如英雄们的善也是全知全能的。对很多已经被战争吓怕的单纯的老百姓来说，世界上的一切政治倒退、罢工、封锁以及见不得光的杀人放火，莫不源自这些人的邪恶本性。

3

这种高度象征性的偶像人格在全世界范围内也找不出几个来，因此总是吸引着人们的强烈关注，而任何一位作家都难以抗拒这种树立高、大、全的典型形象的诱惑。我们在对战争进行剖析的时候，往往就会不自觉地树立起这样的典型，但对于英雄形象的人为制造也不是无中生有的。在比较正常的公共生活里，象征图景（symbolic pictures）仍

1 Jean de Pierrefeu, G. Q. G. Trois ans au Grand Quartier Général, pp. 94–95.

然支配着人的行为，但很难说哪一幅图景是包罗万象的，因为总有其他图景与之竞争。不仅每一个象征符号只能承载极其有限的情感，因其只能代表一小部分人，而且即使在这一小部分人内部，个体之间的差异也是绝难消除的。在社会安定的情况下，舆论的象征符号往往被检视、比较和争议，它来去匆匆，汇成一流之后又被人遗忘，从不会对整个群体的情感进行完全的操纵。毕竟，只有一种行为能够令全人类去共同完成一项神圣的使命。这种行为往往出现在人们尚未感觉到疲倦的战争中期，此时，人的灵魂被恐惧、好战和仇恨填满，这些情绪要么将其他本能摧毁，要么干脆把其他本能吸纳为自己的一部分。

在其他情况下，甚或在战争陷入僵局的时候，我们能看到各种各样的情绪被煽动起来，被人们用以容纳冲突、选择、迟疑和妥协。我们会在后文[1]中看到，舆论的象征意味常常就是利益平衡的标志。不妨想想，停火协议甫一签订，那个既不牢固也远谈不上成功的“协约国集团”的影像是如何迅速地土崩瓦解的。紧随而来的，则是集团内每个国家为其他国家“设计”的新形象：英国是“公法的捍卫者”、法国是“自由边界的守望者”，美国则是“东征的十字军”。不妨再想想在每个国家内部，这些象征性图像如何在党派矛盾、阶级冲突与个人野心的搅动下变得破碎不堪。此外，政治领袖的形象也一个接一个地由人类希望的象征转变为幻灭世界里的纯粹的谈判者和管理者，无论威尔逊、克里孟梭（Georges Clemenceau）还是大卫·劳合·乔治（David Lloyd George），概莫能外。

我们究竟是该哀叹上述情形为和平时期的“柔性的恶”（soft evil），还是应当将其视为对理性的回归而鼓掌喝彩，其实都是无关宏旨的。我们关注“虚构”与“象征”，首先要将其对于现行社会秩序所具有的价值抛诸脑后，而简单地把它们视为人类交流机制的一个重要组成部分。如今，只要一个社会没有小到可以实现百分之百的自给自足并且其中的每一个成员都对发生过的每一件事了如指掌，那么这个社会中的人就一定会用“观念”这个东西去处理那些他们无法亲睹、亲历的事务。戈弗草原镇的舍尔温小姐（Miss Sherwin of Gopher Prairie）[2]知道法国的战况十分惨烈，也尝试对战争的情景加以理解。但她以前从未踏足法国，也从未到过战争前线。她见到过法国士兵与德国士兵的图片，却决然无法想象300万人的场面是何种模样。事实上，任凭谁也想象不出来，而研究战争的专家干脆连试都不要试——他们会想象着有200个师的兵力投入了战争。舍尔温小姐可弄不到作战地图，于是就算她真的要去琢磨这场战争，也一定是将其看作法将霞飞与德皇威廉之间的私人决斗。在她眼中，这场战争的图像与一尊18世纪风格的军人塑像别无二致，比真人更高大，无畏而平静地站立着，身后则是一支规模甚小、轮廓模糊的部队，隐隐约约地浮现在地平线上。不过，似乎大人物也并非对这种虚构出来的形象

1　参见本书（《舆论》）第五部分。
2　辛克莱·刘易斯（Sinclair Lewis）的小说《大街》（Main Street）中的地名和人物。

毫不在意。比埃尔弗曾在他写的传记中讲述了一位摄影师给霞飞元帅拍照的故事。在照片中，元帅待在他的“中产阶级办公室里，坐在上面连半张纸都没有的工作台前，签写自己的名字。突然间，人们注意到墙上没有挂地图——要知道，在大多数人的观念里，只有元帅没有地图的场景是不可想象的。于是，立刻有人在墙上挂了几张地图。照片拍完之后，这些临时挂上的地图又被撤掉”[1]。

人对于自己没有经历过的事物产生感觉的唯一途径，就是借助自己头脑中为该事物勾勒的影像。正因如此，我们只有在充分了解他人的思想以后，方可真正理解他人的行为。我曾见过一位成长于宾夕法尼亚州某矿城的少女骤然间从兴高采烈变为悲痛欲绝，而这种情绪剧变的诱因仅仅是一阵狂风吹坏了厨房的一扇窗。几个小时过去了，她仍是哀伤得难以自持，对此我完全无法理解。后来，她才告诉我缘由：窗玻璃的破碎意味着至亲的离世。所以，她刚才那么悲伤是以为自己那个突然离家的父亲出事了。当然，他（她）的父亲很快就被证明安然无恙——发个电报问一问就知道了。不过，对于少女而言，在收到父亲回电之前，那扇破碎的窗玻璃就成了一条真实可信的信息。原因何在？恐怕只有经过资深精神病学家的细致排查方可探明。然而，即便是最漫不经心的观察者也能看出来，这位饱受家庭纠纷困扰的少女产生了某种完全虚构的幻觉，而构成这一幻觉的要素包括一个外界事件、一种埋在心底的迷信、一阵充满懊悔的情绪波动，以及女儿对父亲的爱与恐惧。

上述事例中出现的种种反常状况只有程度的差异而已。若一位司法部部长家门口发生了炸弹爆炸事件，且他因受惊而对某革命文学作品中所说的“1920 年 5 月 1 日将爆发革命”一事深信不疑，那么我们完全可以判断是同一种心理机制在起作用。无疑，战争为这一心理机制提供了大量的案例：偶然性事件、创造性的想象以及对信任的渴望这三种因素催生的虚假事实，激发了人类的暴力天性。原因是显而易见的：人类会在特定情况下对虚构出来的事件做出和真实事件一样剧烈的反应；而在很多时候，那些虚构出来的事件恰恰就是在人类自己的参与下建构出来的。那些不相信俄国军队于 1914 年 8 月横穿英格兰的人，那些只要看不到直接证据就绝不轻信任何暴行传闻的人，那些从不相信关于阴谋、叛徒或间谍行径的无据指摘的人，我们需要听到他们的声音。而那些对比自己无知的人所讲的话心存质疑、从不将道听途说的内容当作事实真相的人，也变得凤毛麟角。

在所有这些事例中，我们必须格外注意一个共同因素的存在，那就是人与其所处的环境之间存在的那个拟态环境（pseudo-environment）。人的所有行为都是针对这一拟态环境做出的。不过，这些行为（behavior）如果是具体的行动（acts），其产生的后果就不是作用于催生了这些行为的拟态环境，而是作用于那个实实在在承载了这些行动的

1　Jean de Pierrefeu, G. Q. G. Trois ans au Grand Quartier Général, p. 99.

真实环境了。如果这些行为并非具体的行动，而是我们所泛称的“思想感情”，则其会在极长的时间内维系虚拟世界的存在，直至虚拟世界内部出现明显的断裂。不过，当拟态事实（pseudo-fact）带来的刺激导致了针对具体的人或事的行动，冲突就会迅速发展起来。紧接着，一系列情绪排山倒海般袭来：头撞南墙的情绪、汲取经验教训的情绪、亲历赫伯特·斯宾塞（Herbert Spencer）所谓“用一系列残忍的事实谋杀一个美丽的理论”的悲剧的情绪，以及因失调而不安的情绪。毫无疑问，在社会生活的层面上，人类对环境的适应必须通过“虚构”（fiction）这一媒介来完成。

虚构不等于谎言。虚构指的是对于环境的某种再现（representation），其在某种程度上是由人类自己创造出来的。虚构的范围很广，从彻头彻尾的幻觉，到科学家对于图表模型的理性运用，甚至为了解决一个特定问题而将计算的结果精确到小数点后第几位的决定，都可被归入虚构的范畴。一种虚构中到底有多少真实的成分，是因时因地而异的，只要人们能够意识到这一点，就不会被虚构所误导。事实上，人类文化在很大程度上是对威廉·詹姆斯（William James）所言之“偶然迸发的思想火花”[1]的选择、重构与探索。若舍弃虚构，就只能去直面情感的潮起潮落。所以说，你实际上无法完全舍弃虚构，因为无论你以何等天真的目光去打量周遭的世界，纵使天真是智慧的源泉和补充，天真本身都不等于智慧。

真实的环境在总体上过于庞大、复杂，且总是转瞬即逝，令人难以对其深刻理解，我们实在没有能力对如此微妙、如此多元、拥有如此丰富可能性的外部世界应付自如。而且，尽管我们必须在真实环境中行动，但为了能够对其加以把握，就必须依照某个更加简单的模型对真实环境进行重建。这就像一个人若想环游世界，就必须有一张世界地图——对于他们来说，最大的困难在于如何依靠一张不是在波西米亚海岸绘制的地图实现自己或他人的愿望。

选自沃尔特·李普曼：《舆论》，常江、肖寒译，北京大学出版社，2018，第3-15页

4. 复习问题

（1）怎么理解“伟大的人物，哪怕终其一生，通常也只能通过一种虚构的人格为民众所知”？

（2）“我们必须格外注意一个共同因素的存在，那就是人与其所处的环境之间存在的那个拟态环境（pseudo-environment）”中的拟态环境指什么？

---

1 James, Principles of Psychology, Vol. Ⅱ, p. 638.

（3）为什么人们要对真实环境进行虚构？

5. 思维训练

（1）你看过《楚门的世界》这部电影吗？能否用两个环境理论来分析它？

（2）你怎么看待现代社会中“信息环境的环境化”这一现象？

三、“在人际关系网中，意见领袖扮演着特殊的角色”

——保罗·F. 拉扎斯菲尔德等：《人民的选择——选民如何在总统选战中做决定》（节选）

1. 写作背景

20 世纪 30 年代，大众媒介被认为具有非常大的效果，就像子弹和皮下注射器一样，具有不可抵抗的效力。其中一个经典的案例是 1938 年万圣节前夕奥森·威尔斯在广播剧中描述火星人入侵地球时造成的恐慌。彼时，保罗·F. 拉扎斯菲尔德领导的旨在研究广播对受众影响的“广播研究项目”就该事件产生的恐慌性反应做了调查和分析。

30 年代以来，抽样和态度测定方面的调查研究方法有所发展。作为数学家、社会心理学家、方法论者的拉扎斯菲尔德结合自己的专长对已有的调查研究方法予以改进，并创造出一种资料收集仪器——“拉扎斯菲尔德–斯坦顿节目分析仪”，这使得可以科学地探测民意，研究个人如何做出决定。

1940 年，美国结束了 30 年代的大萧条时期，尚未决定是否加入战争，当时的总统富兰克林·罗斯福已决定参加史无前例的第三次总统竞选，因此，1940 年的总统竞选有着非同寻常的意义。为了探测大众媒介对政治活动的影响，从 1940 年 5 月到 11 月，历时 7 个月，拉扎斯菲尔德的项目小组采用一种新的研究方法——固定样本方法，在美国的伊利县对 1940 年的美国大选进行调查研究，根据这次调查的统计数据和研究结果，形成了《人民的选择——选民如何在总统选战中做决定》初稿。为了验证此项研究是否具有连续性，即研究结果能否在相似情况下被检验，1944 年美国大选期间，又开展了第二次固定样本调查。在此基础上，拉扎斯菲尔德等人对《人民的选择——选民如何在总统选战中做决定》进行修改，从而得以正式出版。

在开始伊利调查前，拉扎斯菲尔德假定大众媒介在影响选民态度上起着非常重要的作用。但是研究结果表明媒介的效果是非常有限的，这引发了拉扎斯菲尔德对“子弹论”的怀疑。《人民的选择——选民如何在总统选战中做决定》开创了大众传播研究的有限效果论时代。

2. 阅读提示

《人民的选择——选民如何在总统选战中做决定》一个非常重要的贡献在于揭示了意见领袖和两级传播，并开辟了人际传播作用的研究。

“在每个领域和每个公共问题上，都会有某些人最关心这些问题并且对之谈论得最多”，这样的人被称为“意见领袖”。在大选中，意见领袖表现出高参与度，在总统选举过程中试图去影响另一部分人。意见领袖不一定就是名人、最富有者或公民领袖，他们存在于各行各业中。意见领袖往往具有高于常人的政治敏锐性，他们喜欢接触大众媒介的宣传材料，并且比其他人更喜欢谈论政治话题。

在伊利调查中，人际影响改变了一些人的选举决定，它比正式的大众传播在改变人的态度上更加有效。但是，意见领袖却认为正式的大众媒介比人际影响更有效。这表明存在一个“两级传播流”，信息先从大众媒介流向意见领袖，再从意见领袖流向一般受众，即大众媒介—意见领袖——般受众。

因此，意见领袖扮演着一个桥梁的角色，他们主要通过人际关系来影响一般受众。人际间的影响更能发生在那些尚未做出决定的人身上，这种效果的产生主要基于人际关系的五个特点。第一，人际交往具有无目的性地影响他人的特点。这种特点使人们更容易在毫无准备的情况下接受他人的信息，从而产生影响。第二，面对面的交往更能削减抵触情绪。当有意识地施加影响引起他人的反感和抵触情绪时，面对面的人际交往能最快地感知这一抵触情绪并予以削减。第三，顺从于人际影响会带来即时的回报。大众媒介宣传中承诺的好处或对对方的诋毁，对受众来说是遥远的，而顺从于人际影响做出决定时，会得到即时的回报。第四，比起大众媒介，人们更信任亲密的消息来源。第五，对那些没有兴趣的选民来说，大众媒介在劝服他们改变态度时需要拿出实质性的理由，而人际影响可以使选民无视自己的初衷，任意地改变投票对象。

3. 文献原文

人民的选择——选民如何在总统选战中做决定（节选）

第五章　参与大选

对选战的最高程度的参与——意见领袖

不投票者表现出了对政治的低参与度。而在总统选战中的那些最活跃的人——“意见领袖”——则表现出了高的参与度。通过一般观察和许多社区研究，我们发现，在每个领域和每个公共问题上，都会有某些人最关心这些问题并且对之谈论得最多，我们把他们称为“意见领袖”。

通过询问人们在具体问题上会向谁征求建议，并且调查建议者和被建议者之间的相互作用，我们可以很好地识别和研究一个社区中的意见领袖。很明显，在涉及像目前这样的样本研究中，如果可能的话，程序设计是非常困难的，因为很少有相关的领袖和“跟从者”刚巧被囊括在同一个样本中。然而，通过一种替代性的方法，我们能够在我们的固定样本组中识别意见领袖和跟从者，而无须把他们直接地互相联系起来。

大约在选战中期，我们问了受访者两个问题：

“近期，您试图劝服过某人接受自己的政治观点吗？”

“近期，有没有人在政治问题上向您征求建议？”

所有在其中一项或两项回答“是”的人——占整个群体的21%——被定义为意见领袖。通过对他们在一系列访问中的反应以及对某些群体中的客观角色进行连续的检测，我们证实了这种识别的有效性。简言之，意见领袖代表着社会中活跃的那部分人——确切地说，是在一些次级社区中活跃的那部分人——他们试图影响社区中的另一部分人。

关于这最后一点，需要强调一个重要问题：意见领袖同社区中的社会名流、最富有者和公民领袖并不是一回事（见表5–1）。

表5–1　意见领袖和其他人在各种职业中的比例

职业	人数	意见领袖（%）	其他人（%）
专业人士	17	35	65
业主、管理者	28	25	75
牧师	21	33	67
推销员、销售员	16	44	56
技能工人	37	35	65
半技能工人	31	32	68

续表

职业	人数	意见领袖（%）	其他人（%）
无技能工人	47	23	77
农民	46	15	85
家庭主妇	230	13	87
失业者	13	15	85
退休人员	23	35	65

总的来讲，意见领袖表现出更高的政治敏感。仅有 24% 的“跟从者”表示对大选有很大兴趣，而有 61% 的意见领袖如此评价自己。这同样表现在人们对政治传播的接触方面：在每一个兴趣程度上，意见领袖都比非意见领袖读到或听到更多的选战材料（见表 5–2）。更进一步说，即便那些认为自己对大选持“一般”或“较低”兴趣的意见领袖所读和所听的选战材料，也比认为自己“非常感兴趣”的非意见领袖要多。此外，他们比其他人更多地谈论过政治。在 10 月的访问之前，90% 的意见领袖和自己的同事谈论过选战之事，而在其他人中只有 58% 这样做过。

表 5–2　意见领袖和其他人在正式媒介和交流中的接触指数

	兴趣盎然		兴趣寡然	
	意见领袖	其他人	意见领袖	其他人
报纸	15.8	12.3	14.8	6.6
广播	14.6	12.3	13.0	7.6
杂志	20.6	14.1	15.8	4.6

在所有重要方面，意见领袖都是对选战事件反应最灵敏的。[1] 在本书的后一部分，我们将回头讨论意见领袖在选战过程中的作用。

既然我们明确了大选中的兴趣因素，这一点在以下的章节中将被经常用到。现在，我们可以转向那部分处于关注中心的人：在选战过程中形成最终投票意图的人。

第十六章　个人影响的性质

同类人群中的人际关系促进了社会群体的政治同质性。但若想对这种人际关系——个人影响的政治作用——进行详细和系统的研究，需要系统地清点选民各种各样的人际

1　总的来说，我们的当地访员在整体上能够非常好地识别伊利县的居民，而且他们同意，那些依照我们的等级被划分为意见领袖的受访者从总体上来说都是在他们各自的社会群体中有影响力的成员。

交往以及他们在样本时间的若干天内所进行的政治讨论。与先前章节中讨论的人们对正式媒介接触的指数相类似，我们也会提供一个关于人际接触的指数。虽然全部数据在目前的研究中还没有被获取[1]，但就人际关系直接的政治影响而言，已经收集到的信息足以证明其重要性。我们的结论和感想无须通过更多正式的统计数据来概括。我们的研究突出了该领域的政治行为的重要性，但为巩固结论，更深入的探索是必要的。

与正式传播媒介相比，人际关系更具潜在的影响力。原因有两个：人际关系的覆盖面更广，并且比正式媒介具有某种特殊的心理方面的优势。

人际交往触及未做决定者

无论什么时候要求受访者报告其最近接触到的所有类型的选战传播，政治讨论被提及的频率都要高于广播或印刷媒介。每天参与有关大选的政治讨论的人——或主动或被动——要比收听演说或者阅读新闻的人多出至少 10%。而这些“额外”的人是那些尚未做出投票决定的选民。政治交谈更倾向于触及那些仍能够接受影响的人。

例如，在选战中较晚做出决定的人，在解释他们如何形成最终投票决定时，更多地提到了个人影响。我们同样发现，对大选不太感兴趣的人也更多地依赖这种交流而不是以正式媒介作为信息来源。在曾经不打算投票但最后又被“拉进来”的选民中，有四分之三提到了个人影响。大选之后，我们让选民回答这样一个问题：“从哪些来源中得到的信息或感想最多，并影响了如何投票的判断？”那些在大选活动中发生过一些转变的人比那些始终保持自己的投票意图的人更多地提到了他们的朋友或者家庭成员。

两级传播流

在人际关系网中，“意见领袖”扮演着特殊的角色。在第五章中，我们曾提到他们要比其他选民更多地参与政治讨论，但他们却认为正式媒介是比人际关系更有效的影响来源。这就意味着信息是从广播和印刷媒介流向意见领袖，再从意见领袖传递给那些不太活跃的人群的。

有时，非常善言谈的人甚至会传阅一篇文章或指出一篇广播演说的重要性。重复一点，提及阅听信息是他们转变来源的人也会受到个人的影响。以一位决定选共和党的退

1　与收听广播和阅读报纸中的任何一个相比，有两个方面都使得获取一项人际接触的指数更加困难：其一是记忆因素。广播演说确实是独特的事件，并且人们听到的那部分可能并不太多。因此，只要他们被要求回忆起他们曾经接触过的广播演说，便不会犯太大错误。对报纸来说，就更简单，因为我们可以在他们面前拿出整张报纸，他们的陈述就会非常可靠，就像我们在利用同一方法进行的不同研究中见到的那样。但是人与人之间每天都碰面，人们几乎不太可能想起他们讨论的每一件事。至少，我们首先有必要按文中的建议，做一些关于人际交往记录的实验。

对此，我们附加了自我意识这一要素。如果人们知道他们必须对自己与他人谈论的话题进行记录，他们在选择话题方面很可能受到影响。广播记录已经被测试了，并且看来保持这种记录能让人大致知道他们的收听内容。但这可能归因于一个事实，即收听广播是一件更加标准化的事务；而与人交谈更灵活，也因此更容易被系统记录的要求所影响。

我们希望在此方向上的实验能够更加深入。

休教师为例："改变国家的时机已经成熟……威尔基是一名教徒。**一个朋友读到并高度推荐**波林（Poling）博士在《基督教先驱》（*Christian Herald*）杂志10月号上发表的文章《温德尔·威尔基的信仰》（*The Religion of Wendell Willkie*）。"

"人际交往的覆盖面"如此之广，人与人之间的影响能够触及那些更易于发生转变的人，并成为正式媒介传播信息、施加影响的桥梁。但此外，人际关系具有某种心理优势，在运用"分子压力"的时候，能够使其有效地发挥作用，最后形成社会群体的政治同质性。下面，我们将讨论人际关系的五个特点。

人际交往的无目的性

反常的是，人际交往是无意地、无目的性地影响个人意见的。如果我们阅读或收听一篇演说，我们经常是有目的的。在这样做的时候，我们是带着明确的思维倾向的，这种倾向强化了我们对信息的接受程度。这种有目的的行为是我们政治经历的广阔领域中的一部分，我们把自己的信仰带到这种经历中，并渴望通过人们所说的话去验证它们、强化它们。这种思维倾向是抵制人际交往对意见的影响的。人们（特别是具有强烈党派观念的那些人）阅听他们已经认同的文章和演说的程度就可以体现这一点。

另一方面，我们不是为了政治讨论而与人相遇，所以，我们更可能在毫无准备的情况下受其影响。我们可以不费太大力气就能够避免接触新闻报道和广播演说，但随着选战的开展和争论逐渐激烈，我们却无法避免和别人谈论政治。和正式媒介相比，个人影响更具普遍性而缺少自我选择性。简而言之，政治能够通过人际交往比其他方式更行之有效地触及那些漠不关心的选民，因为它总会出乎意料地出现在随意谈话所附带的或边缘性的话题之中。例如，一位最初曾认为威尔基将是个好总统的饭店服务小姐后来改变了主意，她说："我曾在报纸上读到一些威尔基的负面报道，但真正让我改变主意的是听到的传闻。很多人都不喜欢威尔基，饭店里的一些顾客说他不怎么样。"我们注意到，这位小姐是无意中听到了那些谈话。谈话作为"禁果"（forbidden fruit）[1]非常有效，因为人们并不会怀疑谈话者有说服意图，自我防御也就不复存在。此外，人们会觉得自己具有"普通民众"的观点，想知道"观点不同者"如何看待大选。

这样被动地参与谈话和偶然地接触正式媒体是相对应的。例如，广播中的政治演说因为紧随在一个好节目之后而可能被人们听到。在谈话和正式媒体当中，这种偶然性的传播非常有效。而在人际交往中，这种影响又相当频繁。受访者一次又一次提到："我听到人们在工厂里说……我听到人们在商店里说……我丈夫在上班时听到……"等等。

---

1 犹太教、基督教故事中上帝禁止亚当及其妻夏娃采食的果子。据《圣经 · 创世纪》载，上帝将人类始祖亚当、夏娃安置在伊甸园中，告诉他们园中所有的果子都可以吃，唯有一颗"知善恶树"上的果子禁止吃。亚当、夏娃受蛇的引诱，吃了禁果，被逐出伊甸园。——译者注

反击抵制时的灵活性

但假设我们确实遇到了想影响我们的人，并假设这些人引起了我们的抵触情绪。人际交往和其他媒介相比还有另一个优点：由于其灵活性，面对面的交往能够制衡或者削减这种抵触。一位聪明的选战工作者，无论是职业的还是业余的，都能够利用大量的提示来达到他的目的。他会选择与他人交谈的场合，他会向那些可能感兴趣并能理解的人讲故事。如果他发现对方厌烦了，他就会改变主题。如果他发现引起了对方的抵触情绪，就可以先让步，给他人以胜利的满足感，过后再回到他原来的观点上。如果他发现讨论得到些许肯定，他就会努力将他的论据抛出。他能够发现其他人让步的那一刻，也就是他诉求的最佳时机。

广播和印刷媒介都不能做到这一点。它们必须把选民整体确定为宣传目标，而不是以某个特定个体为中心。在宣传和其他问题上，一个人的美味可能是另一个人的毒药。这也许会出现飞去来器（Boomerang）[1]效应，此时针对“一般”受众的、能够产生“一般”反应的论点在某先生身上失灵了。正式媒介对那些反感他们所读到和听到的信息，并朝反方向变化的人产生了较多的这种效应。但在把人际交往作为具体影响的58名受访者中，只有一人出现了飞去来器效应。面对面交流的灵活性无疑可以解释这一现象。

顺从的回报

当人们屈从于个人影响而做出决定时，随之而来的好处是即时性和个人性的。而当他们屈从于印刷媒介和广播中的论点时，情况就不是这样了。假如宣传手册上声称如果选对方党派就不是美国人或者就毁了未来等等，这种警告听起来太遥远或者太不可能了。但如果一个邻居说了同样的话，就会立即给那些不受影响或者不屈从的人以“惩罚”：他看起来非常生气或伤心，他离开房间使他的同伴感觉被孤立。小册子只能暗示或描述未来的不妙，而活生生的人可以让他们立刻有这种感觉。

当然，人际交往的强大影响只是对那些不想离群的人而言。也有一些人从成为不遵从者中得到快感，但在一般情况下，这种人还是极少数。无论何时，只要另外一个人的宣传被认为具有一种普遍的群体倾向，就会比正式媒介有更多成功的机会，因为人们会从中找到一种社会归属感。例如，有一位到选战中期都决定选罗斯福的女性说：“我一直是个民主党人，我认为罗斯福总统是对的。但我的家人都支持威尔基。他们认为他能够成为一个好总统，这给了我很大压力。”而最后，她选了威尔基。可见人际交往对女性尤为重要。

人们在童年时代就知道顺从的好处。对大多数孩子来说，避免不安的最好方法就是

1　飞去来器是被澳大利亚土著当作武器或狩猎用的一种飞镖，如果击不中目标能飞回原处，此处引申为自食其果。——译者注

按照别人告诉他们的去做。有些人在政治上没有坚定的立场，因此在选战中较晚做出决定，他们非常容易受到个人的影响。就像小孩子需要别人带领着走进自己不熟悉的领域一样。这里就有一个恰当的例子，一个年轻人正是因为"不这样的话我的祖父会剥我的皮"而打算选罗斯福。

对亲密消息来源的信任

更多的人依靠他们的人际交往帮助自己找到参与相关政治事件的理由，而不是依靠冷淡的、非个人化的报纸和广播。持怀疑态度的选民可能会认为他从广播中听到或从报纸上读到的评价似乎都是有道理的，因为专业的作家能够比一般的选民更清楚地讲述选战结果，选民们仍旧怀疑这些问题是否会影响他自己的未来利益。也许这些消息来源的立场和他自己的完全不同。然而，他信任其所处群体中受他尊敬者的判断和评估，这些人中的大部分都是与他具有相同地位和兴趣的人。这部分人的态度要比那些不熟识的社论作者所做的判断更与他自己相关。通过正式媒介传播的内容是最多的，但面对面的交往最有可能使态度发生转变。例如，有一位对选战兴趣不高或者说几乎没有兴趣的年轻工人，本来到10月后期还不打算投票，他表示："我和工作间里的同事们谈论过大选问题，我现在相信我会投票，但还没决定选谁。"他和其他工人的接触不仅仅使他有了投票的意愿，还使他最后和同事们一起倒向了民主党一边。

一位对选战表现出极高兴趣的中年女性到10月后期还未做出决定，但最后选了威尔基，她表示："就在那天早上我和一个商人好友谈起了政治，他说如果威尔基当选，商业将会有所改观，并且威尔基承诺要使我们远离战争。罗斯福的确很强大，但他不该接受第三任期。"该女性的朋友显然向她表达了一种共和党的论调，正是她对朋友的信任影响了她的投票决定，并使她形成自己的意见。

相信另一个人的观点可能是由于此人的威信，也可能由于他说的话似乎有理或者与自身的利益相关。很显然，威信在所有的影响中起着巨大作用。在群体中影响我们的人威信越高，我们与其一致的程度越高。如果这个人非常重要，他呈现的结果的合理性似乎也就越大。（当然，正式媒介在这方面也很重要。）由于某种人际交往中的威信作用而使信任度增强的现象可以用下面一个例子说明，一个卡车司机最后决定选威尔基，就是因为一家商务公司里的一位地位显赫的总裁劝服他这样做。还有一位几乎没受过教育的中年家庭主妇，她从5月到9月一直决定选威尔基，但10月却开始动摇，最后则选了罗斯福。她不选威尔基的原因出于她听到自己认为的权威人士的言论："我和克利夫兰凯斯大学（Case）[1]的一位学生聊天，他们支持罗斯福，因为他增加了民众的休闲时间。

1　指凯斯西储大学（Case Western Reserve University），位于俄亥俄州克利夫兰市，是该州最为知名的学府，私立非营利大学。创校至今该校已培养了十几位诺贝尔奖得主。——译者注我还和一位来自芝加哥并对政治十分感兴趣的男士说起这件事，他也不认为威尔基有足够的能力处理好国际事务。”

无信念的劝说

最后，人际交往可以将选民拉进投票队伍却不影响他对大选问题的理解——但正式媒体很少能做到这一点。报纸、杂志或广播在改变与行为相关的态度上的有效性是第一位的。有很多清晰的投票例子可以证明，这些投票并不涉及大选议题，甚至也不涉及候选人的个人特征，很多人投票并不是因为候选人本身，可以说，他们是为了自己的朋友。

“我被一个工人拉着去投票。他坚持让我去。”

“和我一起工作的那位女士希望我去投票。她带我去现场，**他们都投票给共和党，我也就那样做了**。”

简言之，由于个人感情和忠诚度的种种暗示，个人影响能使选民朝各方向投票，如果某位朋友坚持，他很可能投向与其最初立场相反的党派。这不同于正式媒介劝服那些没有兴趣的选民的方法，因为不需要给他们去投票的实质性理由。在提到人际交往和自己改变想法有关的选民中，整整有 25% 都无法给出关于选战的真正议题，以说明自己为什么会转变投票意图。但是，在那些提到正式媒介的人中，只有 5% 忽略了这一理由。当个人影响在这方面表现得最重要的时候，选民们不是在投票给某一候选人，而是在投票给他们的朋友。

实际意蕴

在某种程度上，伊利县的选举结果成为人际交往成功的最好证明。巧合的是，有一段时间，该地区的共和党机构要比其对手民主党机构更活跃有力。当问人们认为哪一方更有政治见解时，我们的受访者多回答是地方共和党政客，而不是地方民主党政客。有一些本不打算投票但后来又投票的人说，主要是受到了共和党游说者的影响，但我们却没有在民主党机构中发现同样的成功案例。

然而，我们不应该把在本章中讨论的人际关系与专业政治机构的努力等同起来。在大选中涌现出来的人际交往可以被称作是“业余机构”——富有激情的个体或者一些特殊的群体，他们试图激活在他们接触范围内的所有人。我们可以说最成功的宣传——尤其是最后一刻的宣传——是“围绕”那些投票决定依然模糊不定的人进行的，使他们除了参与投票别无选择。我们不知道政党是如何在不同的宣传渠道之间分配预算的，但我们怀疑大部分的宣传预算都花费在了小册子、广播时段等上面。然而我们的研究结果显示，调查的任务是找出在正式媒介上所花费的资金和组织面对面的影响时所花费的资金之间的最佳比例，这种面对面的影响力也就是地方“分子压力”，它通过更多的个人解释和丰富的人际关系以激发正式媒介，从而决定选民的投票行为。

归根结底，没有哪种媒介比人更能打动其他人。拥有更热情的支持者和通过专业的方式动员草根支持的一方有更大的获胜机会。

选自保罗·F. 拉扎斯菲尔德、伯纳德·贝雷尔森、黑兹尔·高德特:《人民的选择——选民如何在总统选战中做决定》第三版，唐茜译，中国人民大学出版社，2012，第 43-54，125-134 页

4. 复习问题

（1）什么是意见领袖？为什么说“意见领袖同社区中的社会名流、最富有者和公民领袖并不是一回事”？

（2）两级传播是如何发生的？

（3）人际关系具有哪些特点，人际传播在两级传播中的作用有哪些？

5. 思维训练

（1）在社交媒体时代，意见领袖具有哪些特点？

（2）网红是意见领袖吗？为什么？

四、“媒介的报道应该准确，它们不应该撒谎”

——新闻自由委员会：《一个自由而负责的新闻界》（节选）

1. 写作背景

1929 年 10 月，美国爆发经济危机，进入大萧条时期。1932 年，罗斯福当选为美国总统。1933 年，罗斯福采用“新政”，推出经济复苏计划，政府开始大规模干预经济，新闻界也受到干预，逐渐引发了政府与新闻界的矛盾。1933—1934 年实行的《全国工业复兴法》要求企业提高工资、禁止童工并由总统给企业发放许可证，这些做法导致小规模的报社倒闭，同时许可证制度也引起了新闻界的强烈不满。新闻界认为政府的改革不利于新闻自由，但是普通民众却认为新闻界没有根据实际情况做出合适的调整而空谈新闻自由。与此同时，新闻媒介垄断现象越来越严重，这使媒体的权力逐渐集中到少数人手中，媒体的报道日渐趋同。在经济利益的驱使下，许多新闻报道倾向于报道煽情、低俗的内容，新闻媒体无视其应该承担的责任。到 20 世纪 40 年代初，情况愈加严峻，新闻界的人担忧此种情况会威胁到美国宪法第一修正案规定的自由，认为新闻自由处于危险之中。

针对这种状况，1942 年，美国《时代》周刊的创办人亨利 · R. 卢斯建议芝加哥大学校长罗伯特 · M. 哈钦斯对新闻自由的现状和前景展开一项调查。由哈钦斯领导的委员会又名“新闻自由委员会”，研究范围包括广播、报纸、杂志、电影等主要的大众传播媒介。新闻自由委员会听取了 58 名新闻界人士的证词，进行了大量的访谈并召开了多次会议，于 1947 年形成了一个总报告《一个自由而负责的新闻界》。该报告阐述了新闻自由的现状和面临的问题，讨论了新闻界业主的良知和责任，明确了新闻对形成舆论的重要性，最后对政府、新闻界和公众提出了要求。

《一个自由而负责的新闻界》是对社会责任理论阐述的代表性著作。

2. 阅读提示

本部分节选《一个自由而负责的新闻界》中第一、二章的内容，主要阐述新闻自由面临的问题、目前状况下的原则及对新闻界的要求。

新闻自由委员会开宗明义地给出了该委员会调查研究的结论：新闻自由处于危险之中。得出这样的结论基于三个原因：①新闻界对人们的作用提高了，但是能够通过新闻界表达声音的人的比例减少了；②新闻权力集中到少数人手中，但是他们未尽到自己的责任；③新闻界受到人们的普遍谴责，长此以往，政府必然会开始控制新闻界。

新闻自由委员会指出，新闻自由作为社会的内在功能，它不是一成不变的，而是随着社会环境的变化而变化的。因此，在目前新闻自由遭受威胁的情况下，新闻自由的原则也应发生改变。从历史的角度看，在过去，创办报纸、刊物不是一件困难的事情，加之简单的社会结构，人们处在一个观点多样和交互的社会中，利于意见的交锋和形成“观点自由的市场”。随着现代社会工业化和传播技术的变革，一方面，新闻业变成了商业机器，所有权的集中限制了新闻的多样性，影响了公众的自由表达权利，另一方面，新闻界对社会的重要性日益提高，人们依靠新闻界提供的新闻产品对世界进行判断。这些变化意味着新闻界必须担负起公共责任。新闻自由不仅是免于受到威胁的自由，还包括为发展自由社会作出贡献的自由。因此，新闻界是可以被问责的。

一个自由社会对新闻的要求主要表现在五个方面：①媒体的报道应该准确和全面，能够区分事实和观点；②新闻机构应该把自己作为一个“交流评论和批评”的公共论坛；③对社会群体的报道应该是其真实而典型的形象，避免刻板成见；④大众媒介承担起教育者的责任；⑤充分提供当日的信息。

3. 文献原文

一个自由而负责的新闻界（节选）

第一章　问题与原则

问题

本委员会打算回答这样一个问题：新闻自由是否处在危险之中？我们的答案为：是的。委员会之所以得出新闻自由处在危险之中这样的结论，原因有三：

首先，作为一种大众传播工具，新闻界的发展对于人民的重要性大大提高了。同时，作为一种大众传播工具，新闻界的发展大大降低了能通过新闻界表达其意见和观点的人的比例。

其次，能把新闻机构作为大众传播工具使用的少数人，未能提供满足社会需要的服务。

最后，那些新闻机构的指导者不时地从事受到社会谴责的种种活动。这些活动如果继续下去的话，新闻机构将不可避免地受到管理或控制。

如果一种对所有的人都具有头等重要性的工具仅仅供少数人使用，且不能提供人们所需要的服务，那么此时，利用那种工具的少数人的自由就处在危险之中了。

新闻自由之所以面临这种危险，部分是新闻界的经济结构所致，也是现代社会工业组织所致，同时是因为新闻界的主管未能意识到一个现代国家的需要，未能估计出并承担起那些需要赋予他们的责任。

……

目前状况下的原则

我们试图陈述的原则是一些一般性真理，它们同所有文明社会的目标一样正确。必须看到的是，新闻自由不是一种一成不变的和孤立的价值观，这在任何社会和任何时代都是如此。它是一个社会的一种内在功能，必须随着社会情境的变化而变化。在国泰民安和危机四起的时候，它会有所不同；它也会随着公众情绪和信仰的变化而变化。

我们一直在考察的这种自由假定存在着这样一种公众心理，它在我们看来似乎是标准的和普通的，但是在许多方面都是我们这段特定历史的产物——这种心理适应了互相冲突的意见所产生的噪音和混乱，并在观点的变化莫测中保持高度稳定。但是，当头脑冷静或焦虑时，当它对环境有信心或存有怀疑和憎恨时，当它易受蒙骗或以批评工具装备自身时，当它怀有希望或绝望时，它根据某个事实或某个意见所做的事情会大相径庭。

进一步讲，当公民必须独自判断新闻界以及当他的判断得到其他社会机构的强化时，他会判若两人。除非他能借助家庭、教会、学校和习俗而接触到思想和感情的各种阐释模式，否则自由而多样的表述就可能导致困惑。除非读者的头脑能辨识所涉及的目标，否则就没有新闻界的“客观性”（“objectivity”）这种东西。

一个自由的新闻界对于社会具有重要性，这种心理是否存在于任何时间和地点？这是一个事实问题，而非理论问题。这种心智条件既可能丧失，也可能被创造出来。新闻界自身就是破坏或建设其重要性的根基的主要力量之一。

如果我们现在从时空上锁定我们的问题，来观察现今美国的新闻界，那么我们会看到，我们的社会和新闻界的条件需要我们对业已陈述过的原则进行新的运用。

宪法《第一修正案》发起人的目的是防止政府干涉表达。我们的政治制度的缔造者看到，若无自由的交流，他们寻求建立的自由社会就不能存在。正如杰斐逊所言："民意是我国政府赖以存在的基础，所以我们首要的目标就是要保持这种权利；若由我来决定我们是要一个没有报纸的政府，还是没有政府的报纸，我会毫不犹豫地选择后者。但是我必须说明：每个人都应该得到这些报纸，并有能力阅读它们。"

我们的先辈有理由认为，如果他们能够防止政府干涉新闻自由，那种自由就能被有效运用。在他们那个年代，任何有话要说的人，相对而言都不那么困难就能发表它。表达自由的唯一严重障碍是政府的新闻检查制度（censorship）。如果能阻止它的施行，那就能确保每个人都依照自己的思想履行义务的权利。那时的新闻界由各种小印刷所发行的手工印制传单构成，定期发行的便是报纸，不定期发行的便是单面印刷品、小册子和图书。印刷机是廉价的；一个熟练印刷工人只需要借上几美元就能自办印刷所，再雇用一两个助手，就可以摇身一变成为发行人和主编。由于能读书看报的人数目有限，选举权受到财产资格限制——只有不到6%的成年人在批准宪法的代表大会上投票——因此，能读书看报的人、活跃的公民与能将资源用于出版的人，在数目上没有多大出入。

不能认为一家报纸能够代表关于公共议题的全部或接近于全部的冲突性观点。将所有报纸加在一起有望能做到这一点；而如果它们不能的话，其观点无人代表的人则可以创办他自己的出版物。

也不能认为会有很多公民订阅所有的地方性报刊。更有可能的是，每个人会选订强化其偏见的那一种。但是在每个村庄或城镇，由于相对简单的社会结构和大量的邻里交往，各种意见也许能在面对面的会议上交锋；人们希望，真理可以在地方的市场上通过竞争脱颖而出。

这种环境曾经提供了多样性和交互性，并且便于个人接近思想观点的市场。而到如今它发生的变化是如此巨大，以至于有充分理由向我们证明：这个国家已经经历了一场传播革命。

识字率、选民和人口的增长达到了如此程度，以至于新闻界要服务的政治共同体包括除了非常微小的一部分以外的成千上万的美国人民。新闻界发生了转型，变成了一个庞大而复杂的机器的零件。它已经顺理成章地成了大商业。相对于总人口，新闻单位的数目显著减少了。虽然我们在小社区里仍能看到与殖民地时期相仿的报社和产品，但它们不再是最典型或最有影响力的传播机构了。

因此，公众的自由表达权利失去了它早期的现实性。那些防范政府的保护措施如今不足以用来保证有话要说的人有机会说出它来。到底哪些人、哪些事实、哪些版本的事实以及哪些观点应该公之于众，这是由新闻界的业主和经理们决定的。

这是盾的一面——传播革命对公民发表其信仰的权利的影响；另一面是传播革命对

作为中介的新闻界的影响，通过这个中介，自由社会的成员接受和交换他们用以参与社会管理的判断、意见、观点和信息。新闻界已经成为一个大陆性地区处理公共事务的至关重要的必需品。

就地方事务而言，面对面的观察仍然有机会发挥它的作用。众多正式或非正式的私人团体布下了一张覆盖整个国家或其中一部分的广大的替代性传播网。但是就直接观察和口传新闻的机会而言，一个大都市地区、一个大国或一个世界性社会显然分别少于一个村庄、一个小州或一个国家。通常，新罕布什尔州、堪萨斯州、俄勒冈州和亚拉巴马州的公民对中国、俄国、英国和阿根廷的领导人和人民的了解，将由大众传播机构提供。中西部的农民在获知底特律的一次罢工或设在华盛顿的联邦储备委员会调整贴现利率这样的消息上，对这些机构的依赖性也不小。

现代化工业社会、危急的世界形势以及对自由的新威胁，这种种复杂局面意味着，新闻界担负起新的公共责任的时刻已经来临。

由于所有权的集中，新闻及意见来源的多样性受到了限制。与此同时，满足公民需求的呼声也增高了。一个人依赖于所获得新闻的质量、比例和范围，这不仅是为了他个人能接触到事件、思想和情感的世界，而且也为了获得履行他作为公民所承担的义务和就公共事务作出判断所需要的材料。其判断的明智性与否影响到国家的运转，甚至是世界的和平，涉及作为自由共同体的国家的生存。在这种情况下，新闻界的表现是否能继续依赖于由享有不受管制的优先权的为数寥寥的管理者，就成了一个亟待解决的问题。

对于那些利用这一精神和法定权利表述其意见的人来说，这种权利必须保持完整无缺；该权利代表了处于全部社会生活中心的个人主义的合理内核。但是，该权利所涉及的义务因素需要接受新的审视；新闻服务截然不同于意见表述，它需要获得一种新的重要性。公民如此需要充足而未经污染的精神食粮，以至于他有义务去获得它。因此，他的利益也需要上升到一种权利的高度。

保护新闻界不再自然而然就是保护公民或共同体。只有将公民权利和公众利益纳入自身，新闻自由才能继续成为出版者的一项权利。

新闻自由包含消极自由和积极自由[1]。新闻界必须享有免于无论来自何方的外界强制力威胁的自由。而要求新闻界免于可能歪曲其表述的各种压力，无异于要求社会中不存在互相竞争的势力和信仰。但是，必须认识并权衡持久存在的歪曲力量，无论是财政的、大众的，还是教权的和制度的。如果新闻界想要完全自由，它就必须了解和克服任何伴随其自身经济地位、其集中趋势及其金字塔式结构而产生的偏见。

新闻界必须享有能够发展它自己关于服务与成就的种种概念的自由。它必须享有为维系和发展自由社会作出贡献的自由。

---

1 原文为 freedom from 和 freedom for，前者直译为“免于……的自由”，后者直译为“从事……的自由”。

这意味着新闻界还必须是可以问责的。它必须对社会负有如下责任：满足公众需求，维护公民权利以及那些没有任何报刊代言、几乎被遗忘的言说者的权利。它必须明白，它的缺点和错误不再是个人的无常行为，而已经成为社会公害。新闻界的声音向垄断走了那么远，以至于它喜欢自己的智慧与观察具有独家性，以剥夺其他声音被听闻的机会以及公众投稿的权利。放眼未来，新闻自由只能以一种可以问责的自由而继续存在。它的精神权利以它对这种责问性的接受程度为转移。它的法定权利将维持不变，如果它的精神义务得到履行的话。

第二章　要求

如果新闻自由担负起为一个自由社会提供其所需要的当前消息的责任，那么我们就不得不去发现一个自由社会的要求是什么。在今天的美国，它的要求无论是在种类、数量，还是在质量上，都大于以往任何时代的任何社会。这是一个大陆规模的自治共和国的要求。在一代人的时间内，这个共和国的作为以崭新而重要的方式成了人们普遍关心的事务。它的内部安排，由被认为主要是私人利益与市场自动调节的事情，变成了有组织群体之间的冲突与自觉妥协的事务，而这些有组织群体看起来不受经济的或其他“自然法则”（natural law）的约束。从外部看，在全球所有国家之间建立和平关系的尝试中，它突然担负起了领导角色。

我们的社会今天需要的是：第一，一种就当日事件在赋予其意义的情境中的真实、全面和智慧的报道；第二，一个交流评论和批评的论坛；第三，一种供社会各群体互相传递意见与态度的工具；第四，一种呈现与阐明社会目标与价值观的方法；第五，一个将新闻界提供的信息流、思想流和感情流送达每一个社会成员的途径。

本委员会不知道这五项理想化的需要究竟能否完全得到满足。它们不可能由任何一个媒介来满足；有些需要根本就不适合某个特定的单位；所有需要在传播产业各部分中的适合程度也不尽相同。委员会认为，这些标准对新闻界的管理者而言并不是新东西，它们大部分来自于他们的职业和实践。

一种就当日事件在赋予其意义的情境中的真实、全面和智慧的报道

第一项要求是，媒介的报道应该准确。它们不应该撒谎。

在此，责任链条的第一环就是面对新闻来源的记者。他必须谨慎而干练。他必须正确评估哪一个消息来源最具权威性。他必须做第一手的观察而不能道听途说。他要知道问什么问题、观察什么对象以及报道哪些事项。他的雇主有责任训练他正确地从事这项工作。

与报道的准确性同样重要的是，要分清事实就是事实，观点就是观点，并尽可能将两者剥离。从记者的文件夹到复写台、排版台或社论部，最后到印刷好的成品，这一点

要一以贯之。当然，这种区分并不可能做得绝对化。不存在没有情境的事实，也不存在不受记者意见影响的事实性报道。但是现代环境要求我们比以往付出更大的努力来区分事实与意见。在一个较为简单的社会秩序中，可以将已发表的处于社区经验范围内的事件报道与其他信息来源作比较。而在今天，这通常是不可能的。对一个孤立事实的报道，无论它本身如何准确，也可能具有误导性，到头来就是不真实的。

在这里，最大的危险存在于国际信息传播之中。如今在所有国家，尤其是在大多数民众要对外交政策作出反应的民主国家，新闻界承担着以能够被人们理解的方式来报道国际事件的责任。可信地报道**事实**已经不够了。现在必须报道**关于事实的真相**。

在美国，一种报道国内新闻的相似责任落在了新闻界身上。这个国家有许多群体，它们一定程度上相互隔绝并需要相互沟通。对这些社会孤岛之一的成员们的行为所作的报道，如果事实准确但本质失实，也会强化其他人对他们的敌视。一个单独的事件会被当成群体行动的一个样本，除非新闻界已经就两个种族群体之间的关系连续不断地提供信息和解释，从而使读者能够将单个的事件放在适当的视角之下予以观察。如果它获准作为这种行动的样本而发表出来，那么，新闻界应在赋予当日事件意义的情境中对它们予以准确报道这一要求，就没有得到满足。

一个交流评论和批评的论坛

第二项要求意味着大型大众传播机构应该将自己视为公共讨论的共同载体。[1]新闻单位已经在不同程度上承担了这一功能，而且还应该更加全面与明确地承担随之而来的责任。

对一个自由社会来说，至关重要的是一种思想观点不应被扼杀于摇篮中。不可能也不应该期望新闻界发表每一个人的观点。但是巨型单位能够而且应该承担起如下责任：作为客观报道（objective reporting）的应有之义，发表与自己的观点相左的重要意见，而这不同于其适当的鼓吹辩护功能。它们控制了送达美国之耳的多种途径，以至于如果不发表与其观点相左的观点，那么这些观点就永远没有送达美国之耳的那一天。如果这种情况发生，这些巨头所主张的自由就失去了一个主要理据。

接触一个充当共同载体的新闻单位可能有多种途径，然而，所有这些途径都与该单位管理者的选择有关。如果一个人的观点未被反映在社论版上，他或许可以通过以下方式来告知受众：被作为新闻报道的公共声明、读者来信，在广告版位上刊发的声明，或者一篇杂志文章。但是一些寻找版面的人注定要失望，并不得不求助于小册子或那些复制手段——那些能把他们的观点传播给留心这些观点的公众的手段。

1　在使用这个类比时，本委员会无意建议传播机构应该承担共同载体的法律责任，例如被强制接受所有版面申请、收费管制，等等。

但是，社会中所有重要的观点与利益都应该在大众传播机构上得到反映。那些持有这些观点和拥有这些利益的人，不能指望通过他们自己的报纸或电台，向自己的同胞解释这些观点和利益。即便他们可以进行必要的投资，他们也无法保证其拥护者以外的公众能读到他们的出版物或听到他们的节目。一个理想的联合体势必囊括综合性媒介，它们虽然不可避免地关心己方观点的呈现，但是也公平地阐明他方观点。作为对它们是否公正的检验和部分地防止它们漏报重要事件的屏障，更专门化的鼓吹辩护性媒体应该占有一种至关重要的地位。如果缺乏这样的一个联合体，社会中被部分隔绝的群体将会继续被隔绝。每个群体中的那些未受挑战的臆断将被继续强化，进而形成偏见。而大众媒介能到达所有的群体；通过大众媒介，这些群体能够逐步互相理解。

无论一家新闻单位是一个鼓吹者还是一个共同载体，它都应该确定事实、意见和论据的来源，以便读者和听众对它们做出判断。被呈现事实、意见和论据的个人在相当程度上受到其提供者总体可信度的影响。若要对陈述的正确性作出评价，陈述的提供者必须为人们所知晓。

对新闻来源的交代是自由社会所必需的。在和平时期，民主社会至少拥有无可非议的如下自信：充分而自由的讨论将加强而非削弱它自己。但是，如果讨论要达到民主社会所希望的效果，如果讨论要真正做到全面而自由，那么参与讨论者的姓名和身份就不应该秘而不宣。

对社会组成群体的典型画面的投射

这项要求与前两项紧密相关。人们作决定时在很大程度上凭借好恶印象。他们将事实、意见与刻板成见（stereotypes）[1]联系起来。今天，电影、广播、图书、杂志、报纸和连环漫画是产生和固化这些流行观念的主要力量。当它们所描绘的形象不能真实地反映社会群体时，它们就会误导判断。

这种问题可能是间接和偶然发生的。一部电影的对白即便没有提及中国人，然而，如果中国人在一系列画面中以罪恶的瘾君子或好斗者的面目出现，关于中国的形象就建立了，而这种形象是需要用其他印象来加以平衡的。如果在全国发行的杂志所刊登的故事里，黑人都作为仆人出现；如果广播剧中的儿童都是莽撞无礼、缺乏教养的小子——黑人和美国儿童的形象就被歪曲了。在广播和报刊电讯、广告文案以及新闻故事中，只要带有特别的意味和使用“憎恨”类词语——诸如“无情的”、“混乱的”、“官僚主义的”——就不可避免地起到同样的形象塑造（image-making）作用。

在此，负责任的表现就意味着，被重复和强调的形象应该是这些社会群体真实而典

1 根据《兰登书屋韦氏大学词典》，“刻板成见”是指“一个社会群体所共同抱持的对某人、某群体等的简单化或标准化的认知或印象”。沃尔特·李普曼在其名著《公众舆论》中多次使用了这一术语。

型的形象。关于任何社会群体的真相，虽然其缺点与恶习不应被排除，但是还应包括对其价值观、抱负和普遍人性的认可。本委员会坚持这一信念：如果人们能接触到某个特定群体生活的核心真相，他们将逐渐建立起对它的尊重与理解。

对社会目标与价值观的呈现与阐明

对于整个社会的价值观和目标，新闻界有一种相似的责任。无论大众媒介是否希望如此，它们在模糊或阐明这些理想，就像它们报道每日的成败得失一样。[1] 本委员会并非号召新闻界为了描绘一幅玫瑰色的画面而去让事实带有浪漫色彩和操纵事实。本委员会相信对各种事件和力量的据实报道，无论这些力量是为阻碍达成社会目标还是为实现社会目标而工作的。然而，我们必须承认，大众传播机构是一种教育工具，而且也许是最强大的；它们必须在陈述和阐明本共同体应该为之奋斗的理想中，承担起教育者那样的责任。

充分接触当日消息

显然，现代工业社会中的公民对当前信息的需求在数量上远远大于以往。我们认为，所有公民并非在任何时候都会实际使用他们接收到的全部材料。出于个人需要或个人选择，许多人自愿把分析与决定的权利交给他们所信任的领袖。我们社会中的这种领袖是自由选出并且不断更换的，是非正式、非官方和灵活多变的。任何公民在任何时间都可以掌握做决定的权力。政体以这种方式经过同意而得以延续。

但是，这种领袖地位没有改变广泛传播新闻和意见的需要。领袖们是不能被认知的；只有使信息能为人人所用，我们才能了解他们。

本章所列的五项要求，说明了我们的社会有权向它的新闻界索取什么。现在我们可以进一步考察新闻界的工具、结构和表现，来看看它是如何满足这些要求的。

让我们用另一种方式来概括这些要求。

关于美国人民要求美国新闻界提供的服务，其特点不同于以往所需要的服务。第一，它对于维系经济运行和共和政体是必不可少的。第二，无论是在所需信息的数量上还是质量上，它都是一种其责任大大增加了的服务。就数量而言，美国人民可获得的关于他们自己以及他们的世界的信息，必须同他们——在紧密整合的现代世界中的一个工业化的自治共同体的公民——的利益与所关心的事务一样广泛。就质量而言，信息必须以如此方式提供：小心翼翼地考虑事实真相的完整性和呈现的公正性，以便美国人民可以运

1 位于丹佛（Denver）的全国意见研究中心（National Opinion Research Center）最近进行的一项民意调查表明：我们社会的基本价值观需要不断更新。每三位被调查者中就有一位认为，甚至在和平时期也不应该允许报纸批评美国政体的组织形式。只有57%的被调查者认为，在和平时期应该允许社会党在美国出版报纸。另一项调查显示，不到1/4的被调查者对什么是《权利法案》有“相当准确的了解”，而新闻界最为珍视的价值观——它自身的自由——却被广泛忽视了；这种自由似乎只得到了新闻界消费者中的部分人的模糊理解。

用理性和良知，为他们自己做出对于维系他们的政体以及坚持他们的生活走向所必需的根本性决定。

选自美国自由新闻委员会：《一个自由而负责的新闻界》，展江、王征、王涛译，中国人民大学出版社，2004，第 1–2，7–16 页

4. 复习问题

（1）新闻自由委员会认为新闻自由处于危险之中的原因是什么？

（2）传播革命给新闻界带来了什么影响？

（3）为什么新闻自由委员会认为新闻界是可以被问责的？

5. 思维训练

（1）阐述社会责任理论对新闻的五点要求，并结合新闻实践谈谈你的看法？

（2）解释社会责任理论，并思考从“自由主义”到“社会责任”变化的原因和背景。

五、社会传播的功能："守望环境""协调社会关系""传承社会遗产"

——哈罗德·拉斯韦尔：《社会传播的结构与功能》（节选）

1. 写作背景

哈罗德·拉斯韦尔是传播学的奠基人之一，他对传播学作出的贡献主要有：5W 模式、内容分析法、宣传研究和传播功能理论。其中，5W 模式和传播功能理论都总结在《社会传播的结构与功能》一文中。

1938 年，拉斯韦尔从芝加哥大学辞职，这是他学术生涯的重要转折点，标志着他从先前的政治学领域逐渐转向跨学科。拉斯韦尔的政治学背景和先前对宣传的研究影响了 5W 模式的形成。早在 1927 年，在他出版的博士论文《世界大战中的宣传技巧》中，根据目录就可以发现 5W 模式的线索：宣传组织、宣传内容、宣传条件与方法、宣传成果。1935 年，拉斯韦尔出版《世界政治与个体不安全感》，提出了"政治学是研究谁得到什么，何时和如何得到"*，1936 年发表《政治学：谁得到什么？何时和如何得到？》。

1939 年，拉斯韦尔加入洛克菲勒传播研讨班（1939—1940），成为研讨班上最具影响力的成员之一。起初组建研讨班是为了提供传播研究指导，但是随着第二次世界大战的全面爆发，组建研讨班的目的转向了研究在战争中如何利用传播活动为政府服务。** 此时，拉斯韦尔的传播观念日渐成熟，提出了 5W 模式，即"谁？说什么？通过什么渠道？对谁说？取得什么效果？"此外，在研讨班上拉斯韦尔还阐述了社会传播的三功能，社会传播的三功能源于拉斯韦尔对战争的观察和思考。

第二次世界大战结束后，拉斯韦尔于 1946 年进入耶鲁大学法学院任教，此后，他的学术视野转向了其他领域。因此，发表于 1948 年的《社会传播的结构与功能》可以视为拉斯韦尔对其在第二次世界大战中宣传与传播研究的一个总结。

* 哈罗德·D. 拉斯韦尔：《世界政治与个体不安全感》，王菲易译，中央编译出版社，2017，第 3 页。

**E.M. 罗杰斯：《传播学史——一种传记式的方法》，殷晓蓉译，上海译文出版社，2005，第 193 页。

2. 阅读提示

《社会传播的结构与功能》是一篇重要的传播学启蒙文献，全文共十二节。本部分节选前八节，拉斯韦尔把传播过程概括为五个环节，并通过对比生物界现象和人类世界，总结了社会传播的三功能。

拉斯韦尔在第一节中开门见山地提出了传播行为的5W模式。与之相对应的传播研究分为五大领域：控制分析、内容分析、媒介研究、受众分析和传播效果分析。5W模式开启了传播研究的理论框架，并对后来传播研究中侧重效果研究有重要影响。

第二节以结构和功能来考察整个社会过程，提出社会传播的三功能："守望环境""协调社会各部分以回应环境""使社会遗产代代相传"。

第三节以生物界的现象对比人类社会的传播现象，指出三种传播效果：无传导、完全的传导和中等程度的传导。

第四节指出三类专才分别承担社会传播的三种功能，在传播过程中，通过世人的注意框架可以研究传播效果。

第五节阐述动物世界和人类社会四种相似的传播现象：少点到多点的传播模式；中枢传播渠道和局部传播渠道的区别；单向传播和双向传播的区别，在这里，拉斯韦尔指出了传播的反馈问题及信息控制者和信息处理者的区别。

第六节指出虽然人类社会的传播与动物世界有诸多对应之处，但人有言语的回应能力，因此，在研究人类社会的传播时，有必要考察价值、意识形态和反意识形态等因素。

第七节承接第六节，统治精英依靠传播来监视敌人和侦测社会内部的冲突，以维护权力，压制反意识形态。这印证了社会传播的功能。

第八节指出有效传播的主要条件是合理的判断。对于一个组织来说，发现并控制影响有效传播的因素很重要。这些因素主要包括：技术手段，审查制度，严格的旅行限制，对传播的无知，技能，人格结构的负面影响，权力、财富和尊敬等价值观。

3. 文献原文

社会传播的结构与功能（节选）

一、传播行为

描绘传播行为的便利方式必须回答以下 5 个问题：

谁（Who）？
说什么（Says what）？
通过什么渠道（In Which Channel）？
对谁说（To whom）？
取得什么效果（with what Effect）？

传播过程的研究往往集中在以上的某个问题之上。研究“谁”的学者察看传播者启动并指引传播行为的因素，我们将这个研究领域的子目称为控制分析；聚焦于“说什么”的专家进行内容分析；重点研究广播、报纸、电影等传播渠道的人所做的是媒介研究；研究者关注的重点是媒介通达的接受者时，我们就说，那是受众分析；如果我们研究的问题是媒介对受众的影响，那就是传播效果分析。

以上区分是否有用，那完全要看研究的细腻程度是否适合特定的科学目标和管理目标。比如，常常的做法是合并受众分析和效果分析，而不是将两者分开，这样的研究能化繁为简。同时，我们可能重点进行内容分析，并将内容分析再分为要旨（purport）分析和风格分析，要旨指的是信息，风格指的是信息要素的配置。

二、传播的结构与功能

更详细阐述这 5 个范畴固然有一定的诱惑力，但本文所论者是另一个截然不同的范围。我们感兴趣的不是切分传播行为，而是将其视为与整个社会过程相关的一个整体。任何过程都可以用两个参考框架即结构和功能来考察。我们的传播分析涉及其具体功能，能清楚辨析者有三：（1）守望环境；（2）协调社会各部分以回应环境；（3）使社会遗产代代相传。

三、生物界的对应现象

在一定程度上，传播是生物体每一个生命层次上的特征，以此观照，我们就能获得洞察人类社会的视角。当然，这样做有引起错误类比的风险。任何生命体都用特化的方式从环境接受刺激，相对孤立也好，与其他生命体关系密切也好，无一例外。无论单细胞有机体或多成员的群体，任何生命体都要维持内部的平衡，都要以特定的方式回应环境的变化以维持内平衡。回应的过程需要特化（specialization）的方式，以便使生命体的各部分协调行动。多细胞的动物完成了细胞功能的特化，以适应外部的接触和内部的协调。如此，灵长目的特化就表现为眼睛和耳朵等器官的分工，表现为神经系统本身的分化。当接收和传导模式的刺激顺利运行时，动物身体的各部分为应对环境而协调行动（如觅食、睡眠、攻击）。

在一些动物社会里，某些成员扮演特定的角色：守望环境。其功能是“哨兵”，它们站在离群的地方，每当环境里出现警讯时，它们就一阵鼓噪，发出警报。吼叫、咯咯叫、尖声叫都足以使群体迅速撤离。功能特化的“领袖”从事许多活动，其中之一是激励“随从”有条不紊地适应环境，回应“哨兵”发出的预警。

在一个功能高度分化的有机体内，向内和向外的神经冲动都沿着神经纤维传导，完成神经纤维突触的联系。传导过程的关键点是中继站，到达中继站的神经冲动有可能太弱，到不了临界值，还不足以启动下一站的联系。在比较高层的神经中心，分离的神经冲动流互相调节，信息流分道扬镳时，各自的结果与总体的结果可能会大不相同。任何中继站的传播都可能出现三种结果：无传导（conductance）、完全的传导，或中等程度的传导。这三种结果也适用于动物社会的成员之间。狡猾的狐狸悄悄靠近谷仓时，它发出的刺激太弱，不足以使“哨

兵”发出警报，可能“哨兵”来不及叫喊，就已经被发起攻击的狐狸咬死了。显然，在全传导和无传导之间，存在各种不同程度的传导。

四、世人的注意框架各不相同

考察任何国家的传播过程时，我们都注意到三类专才：一类人守望国家总体的政治环境；一类人协调全国对环境的回应；第三类人将回应模式从老一代向新一代传承。外交官、使馆随员和驻外记者是第一类人的代表，负责守望环境。编辑、记者和发言人是内部回应的协调人。家庭和学校的教育者使社会遗产代代相传。

经过一连串的程序，源于国外的传播使发送者和接收者互通信息。在传播链的每一个中继站，源于外交人员或驻外记者的信息都有所修正，经过编辑的办公台，这些信息最终被送达大量的受众。

倘若把世人的注意过程视为一连串的注意框架（attention frame），我们就可以描绘引起个人或群体注意的传播内容的比率。我们可以研究“传导”不再发生的临界点，也可以审视“完全传导”和“最少传导”两级之间的范围。世界大都会和政治中心与有机体的大脑皮层或下皮层的中心颇有相似之处，它们互相依存、各有分殊、十分活跃。如此，在世界共同体的广袤范围内，大都会和政治中心的注意框架最气象万千、微妙精致，

互动性最强。

另一个极端是孤悬一隅的原始居民的注意框架。但民俗文化并非完全没有受到工业文明的触动。无论跳伞深入新几内亚的密林，或攀缘到喜马拉雅山的北坡，我们都找不到完全与世隔绝的部落人了。漫长的贸易线路、热心的传教之旅、探险和科考的征途以及全球战争，这一切都触动了遥远的边陲，没有人完全与世隔绝了。

在原始人中，传播的终极形态是歌谣或故事。然而，大都会受众注意到的远古发生的事情，是朦朦胧胧的，反映在吟唱者口传下来的歌谣和故事中。在这些口头创作中，远古的政治领袖或者给农夫提供耕地，或者使大山里的猎物生生不息。

沿着传播的河流而上溯时，我们注意到，定居的村民有时拥有为游牧人和偏远部落人传递信息的中继站功能，这是因为它们偶尔和原始的部落人接触。拥有中继站功能的人可能是教师、医生、法官、税务官、警官、军人、小商贩、推销员、传教士或学生，无论其身份如何，他们都是新闻和评论装配线上的节点。

五、对应现象细析

详细考察人类社会的传播过程就可以揭示，它们和生物有机体及低等动物的特化功能有许多对应的特征。比如，一国的外交官被派驻到世界各地，他们给几个关键的节点送回信息。显然，这些送回国内的报告从许多地方汇聚到几个地方，并在汇聚点互动。稍后，这个传播序列以扇形展开，呈现出从少点到多点的模式，例子有：外交部部长向公众发表讲话、文章在报纸上刊登、新闻片在电影院里放映。就功能而言，从国家外部环境流回国内的传播线路相当于动物身上从外到内的、流向中枢神经系统的神经冲动，类似于一群动物里传播警报的手段；同理，动物外流的神经冲动和国家外流的传播过程也有相似之处。

中枢神经系统仅仅部分介入了内流和外流的神经冲动。有一些自动的神经系统互相作用，不需要“高级”中枢的参与。内环境的稳定通过神经系统的植物性或自动的特化功能来维持。与此相似，任何一个国家的大多数信息都不涉及中枢传播渠道。它们发生在家庭、邻里、商场、户外人群等局部语境中。教育过程的大部分活动同样在局部语境中进行。

另一套重要的对应现象（equivalences）和传播线路有关，传播线路之单向或双向，由传者和受众互动的程度来决定。换一种说法：两个以上的人发送和接收信息的频率相等时，双向传播随即发生。一般而言，会话被认为是一种双向传播（虽然我们很难不注意独白的存在）。现代的大众传播工具赋予媒介控制者很大的优势，印刷厂、广播电台等固定资本和特化资本的控制者得天独厚。但应该指出，受众的确也能“顶嘴”，只是其“顶嘴”有一些迟滞而已，许多大众媒介的控制者用科学方法做抽样调查，以促进这个双向传播线路的完成。

双向线路的接触尤其彰显于世界各地的大都会、政治中心和文化中心。比如，纽约、莫斯科、伦敦和巴黎就有密切的双向接触，即使信息流量受到严重的限制（如莫斯科和纽约之间的信息流量），它们的双向接触也很多。改建成首都以后，即使不太重要的地方也能成为世界中心城市，如澳大利亚的堪培拉、土耳其的安卡拉和美国的哥伦比亚特区。梵蒂冈这样的文化中心与世界各地的重要中心保持着密切的双向联系。即使其输出的产品占有优势，好莱坞这样的专门化生产中心也接收到大量的信息。

再一个区分是信息控制和信息处理，这是两种不同的中心和组织。华盛顿国防部五角大楼里的信息中心只管传输信息，很少对流入的信息进行修改。这是图书印刷人和发行人的角色；是电报通信的发送者、线务员和通信员的角色；也是无线电广播的工程师和技工的角色。他们是信息经手人（handler），与影响信息内容的人形成反差，影响信息内容的是编辑、审查人和宣传者。因此，就符号专家整体而言，我们将其划分为操纵者（控制者）和经手人两种：第一种人的典型职能是修正内容，第二种人并不修正内容。

六、需求与价值

上文指出，人类社会和其他生命体在传播的结构和功能上有若干对应之处，但这并不意味着，我们研究美国或世界各地的传播过程时，如果用最适合低等动物或有机体的方法，也能大有斩获。在比较心理学研究中，当我们描绘老鼠或猴子的某种环境，将其作为外界刺激（引起动物注意的环境因素）时，我们不能对老鼠提问题，我们只能用其他办法去推断其感知。相反，如果我们的研究对象是人，我们就能采访这种伟大的“会说话的动物”（这并不意味着，我们把他所说的一切当真，有时我们预计，他的意思和他号称的意思刚好相反，在这样的情况下，我们依靠其他迹象，包括言语的和非言语的信号来判断他的意思）。

已如上述，在研究生命体时，如果审视其修正环境借以满足自身需求、维持内平衡的功能，我们会获益良多。涉及环境的觅食、性行为等活动，是可以用比较方法考察的。然而，因为人表现出言语回应能力，所以我们研究的人与人关系的数量，就大大超过了动物之间关系的数量。考虑到言语和其他传播行为提供的数据，我们就可以研究人类社会的价值。换言之，我们就可以根据公认的满足对象的关系类别来研究人类社会。以美国为例，无需任何精细的研究技法就一望而知，权力和尊敬是价值观念。我们可以靠听取作证来证明这样的价值观念，也可以靠观察机会来临时人的行为来证明这样的价值观念。

为任何被选中为研究对象的群体确定一套价值观念的清单，看来是可能的。再进一步，我们可以发现这些价值观念的阶序结构，还可以根据群体成员与这些价值观念的关系排定其地位。就工业文明而言，我们能毫不犹豫地说，权力、财富、尊敬、福祉和开明应该列入这个价值清单。即使我们止步于这个清单，虽然它并非详尽无遗，我们仍然能根据现有的知识（尽管它常常支离破碎）描绘世上大多数社群的社会结构。因为价值的分布并不均等，社会结构或多或少会显示，多半的权力、财富等价值会集中在少数人的手里。在有些地方，这种集中的现象会代代相传，形成种姓而不是流动的社会。

在每一个社会里，价值都根据特色鲜明的模式（制度）来形塑和分布。这些制度包括为支持整个网络而动用的传播的习俗。这样的制度就是其意识形态，根据这些制度与权力的关系，我们可以将其区分为政治信条、政治准则和米兰达原则[1]。在美国，这些制度彰显在个人主义信条、宪法条文以及公共生活的仪式和传奇里。宪法条文是政治准则，仪式和传奇构成米兰达式的原则。通过家庭和学校之类的专门机构，意识形态传播给成长中的一代。

意识形态仅仅是任何社会神话（myths）的一部分。社会里还有针对主导信条、准则和米兰达原则的反意识形态。今天，世界政治的结构深受意识形态冲突的影响，深受美国和俄国两个超级大国角色的影响。统治精英视彼此为潜在的敌人，其含义是：国家之间的分歧可以用战争来解决，而且在更加紧迫的意义上说，对己方不满国内现状的人而言，对手的意识形态可能会具有吸引力，因而会削弱统治阶级在国内的强权地位。

七、社会冲突与传播

在这样的情况下，统治精英的成员特别警惕其他的成员，他们依靠传播，将其视为维护权力的手段。如此，传播的功能之一就是提供精英对手正在干什么的情报，以及有关其实力的情报。因为害怕情报渠道被对手控制，为了不泄露并扭曲情报，他们往往诉诸秘密监视。因此，在和平时期，国际间谍活动反而得到超常的强化。而且，各国还努力屏蔽自己的信息，以对抗潜在敌人的监视。再者，各国都毫不犹豫地利用传播手段和对手国内的受众建立联系。

这些五花八门的活动表现为启用公开的代理人和秘密的间谍，以刺探对手的情报，表现为反间谍活动、审查和旅行限制，还表现在跨越国界的广播和情报活动中。

统治精英对内部环境的潜在威胁也很敏感。除了动用公开的情报源头外，他们还采用秘密的手段。他们用预防措施，尽可能在许多政策问题上强加“安全规定”。与此同时，统治精英对自己的意识形态三令五申，对反意识形态进行千方百计的压制。

这里勾勒的传播过程和动物界的现象有类似之处。专门机构的动用是为了警惕外部环境的威胁和机会。相似之处还包括对内部环境的监察。在一些较低等的动物群落里，

1　米兰达原则（the Miranda），[美国法律]最高法院规定，大凡审讯，侦查人员必须告诉嫌疑人，他有权保持缄默、有权聘请律师、有权不自证有罪。——译者注

首领有时表现出对两条战线攻击的恐惧，既害怕来自内部的攻击，又害怕来自外部的攻击，它们对内外环境都露出不安的眼神。为了防止天敌的监视，有些物种动用广为人知的防护措施，比如，乌贼喷射墨汁，将其作为自保的屏障；变色龙改变肤色，将其作为自保的伪装。但人类社会的“秘密”和“公开”渠道之间似乎没有关联。

在有机体体内，最近似社会革命的现象是部分器官里新神经联系的生长，其功能是复活或取代现存的中央整合结构。胚胎在母体内生长发育时，我们能说那是类似社会革命的现象吗？换一个角度，以破坏性的过程为例，而不是以建设性的机制为例，如果癌细胞争夺人体的食物供应，我们就能说癌症病发的过程是人体的内部监察过程吗？

八、有效的传播

迄今为止的分析暗示了传播有效无效的某些标准。在人类社会里，传播过程有效性由促成合理判断的程度来决定。合理的判断达成有价值的目标。在动物社会里，凡是有助于生存的或有助于满足群体某一具体需求的传播，都是有效的传播。同样的标准也适用于有机体的个体。

合理组织的社会的任务之一是发现并控制任何对有效传播造成干扰的因素。有些起局限作用的因素是心理技术学的因素。比如，破坏性的放射作用可能就存在于环境中，只不过因为有机体缺乏辅助手段还没有被发现而已。

然而，技术手段的不足是可以靠知识来克服的。近年，短波广播受到干扰，结果就可能有两个：或战胜干扰，或最终放弃这种广播。在过去几年里，技术进步使我们接近于寻找令人满意的替代手段，不再因接收效果差而困扰。另一个不那么戏剧性、不太重要的技术手段被发现了，有缺陷的阅读习惯可以被矫正了。

当然，传播的路上还有一些人为制造的障碍，比如审查制度和严格的旅行限制。在一定程度上，巧妙的规避能克服这些障碍，但从长远来看，用赞同或强制来摆脱这些障碍会更加有效，这是毫无疑问的。

纯粹的无知是一个普遍的因素，其后果至今尚无充分的评估。这里所谓的无知，是人们对传播过程的某一点缺乏了解，而其他的社会倒是有这样的知识。由于缺乏适合的训练，搜集和传播情报的人仍然误解或忽视事情的真相，如果给真相下定义，那就是客观的、训练有素的观察者能发现的事实。

若要解释传播的效率低下，我们就不能忽略技能在有效传播里的价值。文不对题甚至完全扭曲的表现反而享有威望，这样的情况实在是司空见惯。记者对“独家新闻”感兴趣，记者给基调温和的国际会议来一点耸人听闻的扭曲，给公众留下的印象是：国际政治是长期、激烈的冲突，别无其他。传播领域的专业人士常常跟不上人们对传播过程认识的增长。我们还注意到，许多人不太情愿采用直观器材和手段。虽然已有许多传播词汇的研究成果，许多大众传播业内人士选用的词汇还是词不达意。比如，驻外记者陶醉在异域场景中，却忘了，国内的读者和听众并没有他所谓的“左派”、“中间派”等派别词语的经验。

除了技能的因素，传播有效的水平有时还受到人格结构的负面影响。乐观、外向的人会尽量搜寻“同气相求”的人，他们对事件的报道是未经矫正，过分乐观的。反之，悲观、沉郁的人格混杂时，他们就挑选悲观同类，以确认自己的晦暗情绪。同理，智能和精力反差较大的人也会表现出重大的差异。

就社群总体而言，对有效传播构成最严重威胁的因素有权力、财富和尊敬等价值观。也许，权力扭曲传播的最突出的例子是故意调整传播内容以适应某种意识形态或反意识形态。比如，与财富相关的传播扭曲并不是源于影响市场的企图，而是源于经济利益的僵化观念。上层阶级的人只和本阶层的人打交道，遇见其他阶级的人时，他们忘记了矫正自己的视角，如此，与社会阶级受尊敬价值相关的无效传播就发生了。

选自哈罗德·拉斯韦尔：《社会传播的结构与功能（中文版）》，何道宽译，中国传媒大学出版社，2015，第35-52页

4. 复习问题

（1）人类社会与动物世界有哪些相对应的传播现象？二者有什么区别？

（2）三类专才分别指哪些人？他们承担了什么责任？

（3）对有效传播造成干扰的因素有哪些？

5. 思维训练

（1）拉斯韦尔的5W模式是什么？对后来的传播学研究有什么影响？

（2）对5W模式的一种批评认为这种模式是单向的，缺乏反馈的线性模式，你怎么看？

（3）大众传播的三功能指什么？请加以评述。

六、“传媒总是带有它所属社会和政治结构的形态和色彩”

——弗雷德里克·S. 西伯特等：《传媒的四种理论》（节选）

1. 写作背景

《传媒的四种理论》发表于 1956 年，由三位美国新闻传播学者的四篇论文汇编而成。这三位作者分别是弗雷德里克·S. 西伯特、西奥多·彼得森和威尔伯·施拉姆。《传媒的四种理论》在这一时期问世，与当时美国的国内环境和世界背景密切相关。

第二次世界大战结束后，第三次科技革命在美国兴起，美国经济发展进入“黄金时期”，技术革命与经济的飞速发展促使跨行业的大型公司日益增多。这一特征反映在传媒业上，表现为电视业的发展及报纸、杂志、广播等的日渐集中。地方性新闻垄断和传媒帝国的形成，使后来者很难进入市场，新闻报道越来越雷同，新闻自由制度遭受挑战。此外，传媒业为了追逐经济利益，大量报道煽情、肤浅庸俗的内容，招致人们对传媒业的严厉批评。上述情况引发了对新闻自由制度进行调整和完善的思考。

从世界范围来看，20 世纪 50 年代正是冷战时期。美国在国际上与苏联对抗，在国内麦卡锡主义盛行。美国对以苏联为首的社会主义国家的敌对政策，从反方面促使学者们产生了解社会主义传媒体系的愿望。

《传媒的四种理论》就是在这样的背景下诞生的，它是对历史上和现存的传媒体系的总结性比较研究。三位作者通过对世界范围内传媒体系的观察，把世界上的传媒体系划分为四大类：威权主义、自由至上主义、社会责任和苏联共产主义。他们对传媒体系的分类揭示了不同的社会制度与传媒的关系，考察了不同社会制度下媒介运作的情况。《传媒的四种理论》对西方新闻学产生了重要影响，书中提出的“四种理论”模式也影响了后来的媒介理论研究。

2. 阅读提示

《传媒的四种理论》在引言中指出本书的论点“传媒总是带有它所属社会和政治结构的形态和色彩”，这就解释了不同国家的传媒体系存在巨大差异的原因。因此，如果要想了解不同传媒体系间的差异，就必须考察传媒所植根的社会制度，最基础的就是观察有关这些社会的基本信念和假设：“人的本质、社会和国家的本质、人与国家的关系以及知识和真理的本质”。

在四种理论中，威权主义是最古老的传媒理论，它的传播地域也最广阔，大部分国家都采用过这一理论，有些国家甚至至今仍受其影响。威权主义理论认为：个人的能力是非常有限的，个体只有通过团体才能最大限度地发挥潜能。因此，在一个国家中，个体要依靠国家才能实现自我，如果没有国家，个体的价值有限。国家作为个体的集合有权决定其目的。政府为了保证传媒业不妨碍国家实现目标，通常采用特许制、新闻审查制、法律等方法控制大众传媒。

自由至上主义理论的观点恰好相反，它认为：人拥有理性，人有能力实现自我价值，社会的目标是实现个体的利益。这种理论强调个体的重要性，相信人的能力。在这种理论中，传媒的功能是告知、娱乐、销售和广告。传媒主要通过两种方式受到限制：一种是“自我修正过程”使人们辨别真理和谬误；另一种是法律对诽谤、色情淫秽等传播行为的规范。

社会责任理论的提出与媒体从业人员的实践、媒体自律守则及新闻自由委员会的工作密不可分。针对自由至上主义带来的问题及新闻界所招致的各种批评，这种理论认为，自由伴随着责任，媒体的特权地位和它对公众的重要性，要求传媒应当承担社会责任。

马克思主义历史决定论是苏联共产主义理论的根基。与上述三种理论不同，在苏联社会主义体制下，媒体是国有而非私有的。大众传媒被当作“国家和党的工具”，用来维护国家和党的统一，其基本任务是“集体的鼓动员、宣传员和组织者”，同时，大众传媒作为“负责任的工具”，它的责任与自由同美国所谓的责任与自由有着南辕北辙的区别。

需要注意的是，虽然三位作者声明他们是基于传媒植根的社会制度来考察传媒的运作，但是由于他们“预设了一种先入为主的价值立场”[*]，所以，先天地不具备客观性。

* 白红义主编《西方新闻学名著导读》，北京大学出版社，2023，第 17 页。

3. 文献原文

传媒的四种理论（节选）

引言

本书所用“传媒”（press）一词，意指所有大众传播媒介。不过，我们谈论印刷媒介所用的笔墨将会比广播和电影多一些，因为印刷媒介的历史更加久远，我们所能收集到的关于印刷媒介的大众传播理论和哲学思想也更多一些。

简单地说，本书要回答的问题是：传媒为什么是现在这个样子？为什么它为不同的目的服务？为什么在不同的国家，它的表现形式存在极大差别？例如，为什么苏联的传媒不同于我们的传媒，而阿根廷的传媒又与英国的传媒不同呢？

这些差异一方面反映了一个国家资助传媒的能力，投入传媒的技术水平和物质资源，以及使传媒的信息传播更容易、更必要的相对都市化程度；另一方面，不同国家传媒的差异，只是反映了人们在不同地方的工作情况，以及他们的经验引导他们要关注什么。

但是，这些差异还有一个更基本和更重要的原因。本书的论点是，传媒总是带有它所属社会和政治结构的形态和色彩，尤其是传媒反映了一种调节个人与社会关系的社会管制制度。我们相信，了解社会的这些方面，是系统地了解传媒的基础。

因此，我们要想全面地了解各种传媒体系之间的差异，就必须考察传媒赖以运行的社会制度。而要了解各种社会制度与传媒之间的真正关系，我们就要关注这些社会所固有的某些基本信念和假设：人的本质、社会和国家的本质、人与国家的关系以及知识和真理的本质。因此，最后的分析表明，传媒体系之间的差异是一种哲学上的差异。本书就是要研究当今世界不同类型传媒背后的哲学和政治学原理或理论。

自从大众传播在文艺复兴时期发端以来，只有两种传媒的基本理论，或者说有四种，这要看我们如何看待它们。我们已经撰写了四篇文章论述它们，并且力图阐明后两种理论只是前两种理论的发展和修正。其中苏联共产主义理论（Soviet Communist theory）只是古老的威权主义理论（Authoritarian theory）的发展；而我们所谓的社会责任理论（Social Responsibility theory）也只是自由至上主义理论（Libertarian theory）的修正。但是，因为苏联人创造出与古老的威权主义极不相同，而对当今世界极为重要的东西，又因为社会责任理论的道路是现在我们的传媒所采取的明显的发展方向，因此我们考虑最好将它们作为四种理论分别论述，而且我们也会努力指出它们之间的相互关系。

在这些理论中，最古老的是威权主义理论。它产生于印刷术发明之后不久的文艺复兴晚期，是威权主义政治气候下的产物。在那个社会里，真理不是人民大众的创造，而是几个居于领导地位的智者的杰作。因此，真理被看做是集聚在权力中心的周围的东西。

传媒的作用是从上至下的（from the top down）。当时的统治者利用传媒将他们认为人民应该知道的事情以及人们应该支持的政策告知人民。都铎王朝（Tudors）[1] 和斯图亚特王朝（Stuarts）[2] 坚持认为，传媒是属于王室的，因此人民有责任支持皇家政策。只有经过特别许可，私人才能拥有传媒的所有权，当私人被认为没有履行支持皇家政策的职责时，这一许可随时都可能被撤销。因此，出版就像权力部门和出版商之间的一种协定。在这个协定中，前者授予后者专利权，后者则给予前者一定的支持。但是，权力部门保有制定和更改政策的权利、颁发许可证的权利以及某些情况下实施新闻审查的权利。显然，有关传媒的这一观念有悖于我们这个时代最普通的传媒功能之一——监督政府。

传媒是国家的公仆，任何时候它的内容都应该对政府当权者负责，这种传媒理论在16世纪和17世纪的大部分时期是受到公认的。这一思想也为世界上大多数国家的传媒制度创立了一种原型，并且这种类型的传媒制度至今仍然存在。事实上，正如下文所要阐明的那样，尽管另一种理论已在行动上或口头上被大多数非共产主义国家所接受，但是威权主义理论的实践仍在某种程度上见之于世界各地。然而，政治民主和宗教自由的发展，自由贸易和旅行的扩展、自由放任（laisser-faire）[3] 经济学思想的采纳，以及启蒙运动中总的哲学氛围，凡此种种逐渐削弱了威权主义理论的根基，引出一种新的传媒理论。这种新理论出现于17世纪晚期，成形于18世纪，盛行于19世纪，它就是我们所说的自由至上主义理论。

自由至上主义理论将威权主义理论中人与国家的位置对调。人不再被看做是受别人主宰和指挥的附属品，而是一个理性的个体。在面对矛盾的事实或需要抉择时，这个理性的个体有能力辨别真假好坏。真理也不再被认为是权力的财产。相反，探寻真理的权利成为个人不可剥夺的一项天赋权利。那么传媒在这个体系中处于怎样的地位呢？传媒被视为探寻真理的道路上的伙伴。

根据自由至上主义理论，传媒不再是政府的工具，而是一个呈现论据和争辩的机构。通过这个机构，人们可以监督政府并且发表他们对政策的看法。因此，传媒必须不受政府的控制和影响，这是非常必要的。为了真理的生存，各种观点必须得到同等对待，也就是必须要有一个观点和信息的“自由市场”。无论是少数还是多数，弱者还是强者，

1　都铎王朝是1485—1603年统治英格兰和爱尔兰的专制王朝。由欧文·都铎创立。都铎王朝曾出过5位英格兰国王，分别是亨利七世（1485—1491年在位）、其子亨利八世（1509—1547年在位）、亨利八世的3个子女爱德华六世（1547—1553年在位）、玛丽一世（1553—1558年在位）和伊丽莎白一世（1558—1603年在位）。都铎王朝是英国君主制历史上的黄金时代。——译者注

2　斯图亚特王朝于1603—1714年统治英格兰和爱尔兰，同时于1371—1714年统治苏格兰。它是第一个成功统治英伦三岛的王室，其罗马天主教背景导致以基督新教徒为主的英格兰民众经常质疑君主的宗教倾向，使其统治很不稳定。这些因素促使英国最早成为议会制国家。——译者注

3　在法语中原为“准许去做”的意思，主张政府尽量不干涉个人和社会经济事务。它由重农主义者提出，并受到亚当·斯密和密尔的强力支持。这一思想是19世纪的主流经济学思想，于19世纪末遭到质疑。——译者注

都能够接触传媒（access to the press）。这就是写入我们《权利法案》（*Bill of Rights*）[1]的传媒理论。

两百多年来，美国和英国的传媒保持着这样一种形态：几乎完全不受政府影响，而且政府鼓励传媒成为政治管理中的“第四等级”（Fourth Estate）。如上所述，大多数非共产主义国家至少在口头上认可了传媒的自由至上主义理论。但是，我们所处的20世纪开始出现了一些变化趋势。在共产主义国家，这些趋势是一种新威权主义，而在非共产主义国家，这些趋势是一种新自由至上主义。后者就是我们所谓的社会责任理论，因为我们找不到一个更好的名称。

在哈钦斯委员会（Hutchins Commission）的报告中，新的自由至上主义理论得到了广泛宣传，但是更早发现这个问题的却是报纸主编和发行人自身。这些人认识到，20世纪的环境对大众媒介提出了新的、不同的社会责任要求。这种认识在人们开始衡量和评价他们经历过的“传播革命”的时候就已经产生了。

显然，在30年前要进入出版界或者创办一家报纸或广播电台，就已经不是一件容易的事了。因为这些事业逐渐壮大，创办和经营这些事业都需要巨额资金。各种各样代表不同政治观点、可供读者选择的小媒体不再是典型的媒体形式了。现在，美国只有不到7%的出版日报的城市，日报已经没有了竞争对手。三家电视台、四个电台网和三家通讯社为美国家庭提供了大部分的信息。换句话说，同过去的威权主义时代一样，传媒已经落入了少数权力阶层的手里。这些新的传媒统治者大都不是政治上的统治者，实际上他们还在大力保护传媒免受政府干涉。然而，少数人控制传媒，这件事情本身就使媒体所有者和管理者握有新的令人不安的权力。传媒不再像密尔（Mill）[2]和杰斐逊（Jefferson）[3]所阐述的那样容易成为观念的自由市场。正如新闻自由委员会所言：“现在，保护传媒免受政府干涉已不足以保证一个有话要说的人拥有说话的机会。传媒的所有者和管理者决定着哪些人、哪些事以及事实的哪种版本可以向公众公开。”这种忧虑构成了发展中的社会责任理论的基础，媒体的权力和近乎垄断的地位赋予了它们一个义务，即承担社会责任，平衡报道各方立场，提供充足的信息以便于公众加以判断；如果媒体自身没有担负起上述责任，那么必须由其他公众机构来行使。

我们再次强调，不应把社会责任理论看做是哈钦斯委员会的一群学者创造出来的抽象概念。对一些新闻界人士而言，哈钦斯委员会是不受欢迎的。但是，早在哈钦斯委员

1　在美国，《权利法案》特指美国宪法的前十条修正案（1789年通过，1791年生效），泛指宪法中有关公民权利不受政府侵犯的法律规定。美国各州的宪法中也有其各自的“权利法案”。——译者注

2　约翰·斯图尔特·密尔（1806—1873），英国著名哲学家和经济学家，19世纪影响力很大的古典自由至上主义思想家。他的思想涉及政治、经济、哲学、逻辑、宗教、伦理等诸多领域，他以对经验主义和功利主义的阐释而闻名。其著作很多，主要有《逻辑学体系》、《政治经济学原理》、《论自由》、《代议制政府》和《功利主义》等。——译者注

3　托马斯·杰斐逊（1743—1826），美国第三任总统（1801—1809年在位），《独立宣言》主要起草人，美国开国元勋中最具影响力的人物之一。他创立并领导了民主共和党（反联邦党），是今天美国民主党的前身。——译者注

会提出这一理论之前，一些有责任感的主编和发行人就已经叙述过这一理论的全部要点，其他一些有责任感的主编和发行人也提到过一些，他们都与哈钦斯委员会没有关系。因此，这是一种趋势，不是一个学术问题。

当自由至上主义理论还在与其自身问题作斗争并决定着自己的前途命运时，它遇到了新发展起来的威权主义的戏剧性挑战，这就是苏联共产主义理论。苏联共产主义理论基于马克思主义的决定论，并根据严酷的政治需要，来维持一个仅占全国人口不足10%的政党的政治权势，苏联传媒也和旧式的威权主义传媒一样成为统治阶级的工具。与旧式的威权主义传媒不同，苏联传媒是国有的而非私有的。苏联传媒消除了谋求利润的动机，用积极自由的概念代替了消极自由的概念。在全世界的历史上，或许没有任何传媒受到过这样严密的控制，而苏联的发言人却认为他们的传媒是自由的，因为这些传媒可以按照党对真理的看法去自由地谈论“真理”。苏联人说，美国传媒并没有真正的自由，因为他们是受商业控制的，不能自由地谈论马克思主义的“真理”。因此，尽管这两种制度都在用“自由”、“责任”这类词语来描述它们的所作所为，但是它们的基本论点却差不多完全对立。我们的传媒致力于探寻真相，苏联的传媒却力求传达先验的马克思、列宁、斯大林的真理。我们把传媒的受众看做是“理性人”（rational men），他们能够辨别真伪；苏联人却认为受众需要管理者悉心的指导，为了达到这一目标，苏联政府建立了最完善的防范机制来阻止信息上的竞争。我们尽最大力量保证信息和观点的竞争，他们却尽最大力量保证只有既定方针可以通过苏联的传媒传播出去。我们说他们的传媒不自由，他们说我们的传媒不负责任。

这四种理论大体确定了西方世界的传媒类型：威权主义理论，源于从柏拉图到马基雅维利历经几个世纪的威权主义政治思想；自由至上主义理论，源于弥尔顿[1]、洛克[2]、密尔和启蒙运动；社会责任理论，源于传播革命和启蒙运动哲学的某些带有行为主义性质的怀疑；苏联共产主义理论，源于马克思、列宁、斯大林和苏联的共产党专政（见表4）。我们将在下文对这些理论逐一加以论述。

以下四章，每一章仅代表作者个人的论述、风格和观点。尽管我们自己已经对这些论文及其结论进行了深入的讨论，但是我们并不希望将这些论文中任何一个有待商榷的观点定性为多数人的观点。

1　约翰·弥尔顿（1608—1674），英国诗人、历史学家、学者。因其痛斥出版审查制的著作《论出版自由》而闻名。他的史诗性著作《失乐园》在西方文学界具有重要地位。——译者注

2　约翰·洛克（1632—1704），英国哲学家、政治学家。他与大卫·休谟、乔治·贝克莱被列为英国经验主义的代表人物，是启蒙时代最具影响力的思想家和自由至上主义者，他的思想对其后政治哲学的发展及美国宪法的起草都产生了巨大影响。其著作主要有《人类理解论》和《政府论》等。——译者注

表4　大众传媒的四种基本原理

	威权主义理论	自由至上主义理论	社会责任理论	苏联共产主义理论
实际发展	源于16世纪、17世纪的英格兰，得到广泛采纳并仍在许多地方实行	被1688年以后的英格兰和美国采纳，并影响到其他地方	20世纪的美国	苏联，尽管纳粹分子和意大利人也做了一些相同的事情
理论源头	君主和他的政府或两者享有绝对权力的哲学	弥尔顿、洛克、密尔的杰作，以及理性主义和天赋权利的一般哲学	W. E. 霍金的杰作、新闻自由委员会和从业者以及伦理规约	马克思、列宁、斯大林的思想，糅合黑格尔的思想和19世纪的俄国思想
首要目标	支持和推进当权政府的政策，为国家服务	告知、娱乐、售卖，但主要帮助发现真理和监督政府	告知、娱乐、售卖，但主要是将冲突提升到讨论层面	为苏联社会主义制度，特别是党的专政的成功和延续做贡献
谁有权使用传媒	获得皇家专利权或类似许可证的人	有从事这种活动所需经济手段的任何人	有话要说的任何人	忠诚和正统的党员
传媒怎样受控制	政府专利、行会、许可证发放，有时是新闻审查制	在"观点的自由市场"上借助"真理的自我修正过程"，并借助法庭	社区意见、消费者行动、职业伦理	政府的监视和经济或政治行动
哪些行为被禁止	批评政治机器和当权官员	侵害名誉、淫秽、下流、战时煽动	严重侵犯公认的私人权利和关键的社会利益	批评政府目标不在策略之列
所有制	私有或国有	主要是私有	私有，除非政府为确保公共服务而不得不接管	国有
彼此的基本差异	影响政府政策的工具，尽管不一定为政府所有	监督政府和应社会其他需求的工具	传媒须承担社会责任的义务，若非如此，某些人必须了解传媒在做什么	国有的和严密控制的传媒仅仅为国家权力而存在

选自弗雷德里克·S. 西伯特、西奥多·彼得森、威尔伯·施拉姆：《传媒的四种理论》，戴鑫译，中国人民大学出版社，2008，第1–7页

4. 复习问题

（1）传媒的四种理论指什么？

（2）文中“观点和信息的自由市场”是什么意思？

（3）如何看待自由至上主义理论中的“自由”与“责任”？

5. 思维训练

（1）传媒的四种理论对后来的媒介理论研究有什么影响？

（2）传媒的四种理论这一分类在今天仍然适用吗？说说你的看法。

七、“相信自己所扮演的角色”

——欧文·戈夫曼:《日常生活中的自我呈现》(节选)

1. 写作背景

《日常生活中的自我呈现》是欧文·戈夫曼基于一项关于互动的研究和另外一项关于社会分层的研究写成的，它生动地示范了如何从社会学的视角研究社会生活。

戈夫曼是美国的社会学家，曾担任美国社会学协会第七十三任主席。他出生于加拿大，在芝加哥大学攻读博士学位时师承互动论学者休斯，后来成为芝加哥学派的代表人物。戈夫曼善于观察以日常生活为代表的微观互动，以平白而戏谑的语言揭示日常生活中充满洞见的思想。除了《日常生活中的自我呈现》(1959)，他还著有《避难所》(1961)、《邂逅》(1961)、《污名》(1963)、《公共场所的行为》(1963)、《框架分析》(1974)等著作。

在《日常生活中的自我呈现》一书的序言中，戈夫曼明确地指出拟剧论是其所依据的原理。戈夫曼关注面对面的微观互动，他认为日常生活的舞台由个体扮演的角色和其他人构成的观众组成。那么，在这一现实的舞台中，许多重要的信息存在于角色表演的互动中，同时互动又构成了情境。“表演”和“情境”是互动论中非常重要的概念，也是理解《日常生活中的自我呈现》的关键概念。这两个概念传承了互动论中库利的“镜中我”、托马斯的“情境”、米德的自我与社会的互动，可以说，戈夫曼在沿袭互动论思想的前提下，提出了拟剧论。

虽然戈夫曼并没有把大众传媒作为重要的情境进行分析*，他也未从事相关的传播研究，但是在大众传媒已然是社会的嵌入式情境的今天，戈夫曼的拟剧论，以及他关于表演、情境、前台、框架等的思想对于传播研究是一座丰富而深刻的宝库。

*胡翼青:《再度发言:论社会学芝加哥学派传播思想》，中国大百科全书出版社，2007，第215页。

2. 阅读提示

本书节选自《日常生活中的自我呈现》第一章中“相信自己所扮演的角色”和“前台”两部分。

正如莎士比亚所说：“全世界是一个舞台，所有的男男女女不过是一些演员；他们都有下场的时候，也都有上场的时候。一个人的一生中扮演着好几个角色。”* 在日常生活中，人人都是表演者，那么，当个体在某种情境中扮演某种角色时，他会管理自己在他人面前所呈现出的印象。于是，在讨论“表演”之前，戈夫曼先从个体自身出发，探讨个体究竟在多大程度上信任他所呈现的印象。

* 莎士比亚：《皆大欢喜》，朱生豪译，云南人民出版社，2009，第 85-87 页。

戈夫曼将表演者分为两种极端情况：“玩世不恭者”（cynical）和“虔信者”（sincere）。他们的本质区别在于个体对自己所扮演角色的投入程度。这并不意味着玩世不恭的表演者一定是在戏弄观众，也有可能是为了观众的利益而玩世不恭。无论个体怎样表演，是玩世不恭还是全情投入，位于连续体两端的这两个极端情况，分别为个体提供了保护他们情境的阵地。从不相信到相信，或者从相信到不相信，抑或是不相信与相信的混合，无论何种情境，人们都“或多或少地意识到自己在扮演一种角色”，并经由这些角色的互动认识了自己。

表演是在情境中的表演，前台就是个体在扮演自己的角色时“以一般的和固定的方式有规律地为观察者定义情境的那一部分”，它是一种“表达性装备”。“舞台装置”为表达性装备提供了场景，“外表”和“举止”构成的“个人前台”则是表演者与观众能产生认同的部分。当“舞台装置”和“个人前台”趋向一致时就会显示出一种理想化的模式，前台因此就具备了抽象性和一般性的特点。于是，特定的社会前台往往会呈现出制度化的特点，换言之，“当某个行动者扮演着一种已获确认的社会角色时，他通常都会发现，一种特定的前台已经为他设置好了”。

3. 文献原文

日常生活中的自我呈现（节选）

第一章　表演

相信自己所扮演的角色

当一个人在扮演一种角色时，他含蓄地要求他的观众认真对待自己在他们面前所建立起来的表演印象。他想要他们相信，他们眼前的这个角色确实具有他要扮演的那个角色本身具有的品行，他的表演不言而喻将是圆满的，总之，要使他们相信，事情就是它所呈现的那样。与此相同的是，流行的看法也认为，个体是"为了他人的利益"而呈现自己的表演。在开始探讨表演之前，我们不妨将问题倒过来，先看一下个体自己在多大程度上信任他在他周围那些人心目中所造成的现实印象。

在一个极端，人们发现表演者可能完全进入了他所扮演的角色，他可能真诚地相信，他所呈现的现实印象就是真正的现实。当他的观众也如此相信他所扮演的角色时——这似乎是一个典型的案例——那么，至少在这一时刻，也许只有社会学家或对社会不满的人，才会对表演的"真实性"有所怀疑。

在另一个极端，我们发现表演者可能并未完全投入自己所扮演的角色。这种情况也不难理解，因为没有人能比表演者本人占据更为有利的位置，去识破他所呈现的表演。与此相应，表演者却有可能去操纵观众的信念，仅仅把他的表演作为达到其他目的的一种手段，至于观众对他本人或情境会有怎样的看法，他则毫不关心。当个体并不相信自己的表演，也不在乎观众是否相信时，我们可以将之称为"玩世不恭者"（cynical），而把"虔信者"（sincere）这个词献给那些相信自己的表演所呈现的印象的人。需要明确的是，玩世不恭者由于可以不顾及职业牵累，因而能够从他的伪装中获得非职业性的乐趣，他能随意戏弄那些观众自然要认真对待的事情，并从中体验到一种令人兴奋的精神性侵犯。[1]

当然，这并不是说所有玩世不恭的表演者，都热衷于为了"自身利益"或个人获益而哄骗观众。一个玩世不恭者也可能为了他所认为的观众的利益，或者是为了集体利益等而哄骗观众。为了证明这一点，我们大可不必拿马可·奥勒留（Marcus Aurelius）[2]或荀子那样的哀伤而具有启蒙性的表演者做例子。我们知道，在服务性行业中，有些本可能真诚的从业者，却在某些时候因为顾客由衷的要求而被迫去哄骗他们。那些不得不为

1　也许骗子的真正罪过并不在于他从受害者那里拿走了钱物，而在于他剥夺了我们所有人的如下信念：中产阶级的举止与外表只有中产阶级的人才能保持。一个不受虚妄观念摆布的职业人士，可能对他的顾客期待他提供的那种服务关系抱有玩世不恭的敌意；骗子却能以这种轻蔑的态度对待整个"合法"世界。

2　古罗马皇帝、哲学家。——译注

病人开一些并无实际治疗作用的安慰剂的医生，那些无奈地为焦躁不安的女司机一遍遍检查车胎压力的加油站工作人员，那些卖给顾客实际合脚的鞋却违心地告诉顾客这正是她想要的尺码的鞋店售货员——都是因为观众不允许他们真诚而不得不玩世不恭的表演者。同样，精神病院中一些富有同情心的病人，有时会装出有一些稀奇古怪的症状，好让实习护士不至于因为他的正常表演而感到失望。[1]类似情况还有，下级在招待到访的上级时所表现出来的极度慷慨，其主要的动机也许并非满足获得上级好感的私欲，而是圆滑世故地设法营造一种上级所习以为常的环境，使上级感到舒适自如。

我已经阐述了两种极端：个体或是完全投入自己的角色，或是对其采取玩世不恭的态度。这两个极端不仅仅是一个连续统一体的两端。每一个极端各自为个体提供一个有着自身安全和防卫措施的阵地，所以，其旅程已接近其中一个极端的人将会有一种希望完成旅行的意向。如果一个个体在一开始就对自己所扮演的角色缺乏信心，那么他可能会遵循帕克（Park）所描绘的自然运动轨迹：

> “人”这个词，最初的含义是一种面具，这也许并不是历史的偶然，而是对下述事实的认可：无论在何处，每个人总是或多或少地意识到自己在扮演一种角色……正是在这些角色中，我们互相了解；也正是在这些角色中，我们认识了我们自己。[2]
>
> 从某种意义上说，如果这种面具代表了我们自己已经形成的自我概念——我们不断努力去表现的角色——那么这种面具就是我们更加真实的自我，也就是我们想要成为的自我。最终，我们关于我们的角色的概念就成为第二天性，成为我们人格中不可分割的一部分。我们作为个体来到这个世界上，经过努力而获得了性格，并成为人。[3]

这一点可以从设得兰岛的社区生活中得到证明。[4]最近四五年，岛上的一对佃农出身的已婚夫妇开设并经营着一家观光旅馆。一开始，主人只是被迫搁置自己原先的生活观，而在旅馆中提供全套的中产阶级的礼仪和服务方式。但到了后来，经营者对他们所呈现的表演已不是那么玩世不恭了，他们自身开始成为中产阶级，并且愈来愈倾心于宾客所赋予他们的自我。

在军队的新兵中可以发现另一个例证。新兵最初只是为了避免受体罚而遵守军规，但后来却变成为了不给他的部队丢脸，并得到长官与战友的尊重而遵守军队纪律。

---

1 参见 Taxel，op.cit，p.4。哈里·斯塔克·沙利文（Harry Stack Sullivan）已经指出，被送进精神病院的表演者，其圆通性可以向反方向运行，导致一种“贵人行为理应高尚”式的理智行为。参见其“Socio-Psychiatric Research，”American Journal of Psychiatry，X，1931，pp. 987–988。

几年前在我们的一家大型精神病院中进行的“社会恢复”研究告诉我，病人们常常因为学会了不对周围的人表现出病症而被免予看护；换言之，他们已充分整合了其个人环境，从而认识到了那些与他们的幻觉对立的成见。由于最终发现这些成见是愚昧无知而非敌意，他们仿佛变得聪明起来，而能对周围的愚昧无知加以容忍。于是，他们能够在与他人的交往中获得满足，同时又以精神病的方式发泄出他们的一部分渴望。

2 Robert Ezra Park，Race and Culture（Glencoe，Ill.：The Free Press，1950），p.249.

3 Ibid.，p.250.

4 设得兰岛研究。

正如前文已表明的那样，从不相信到相信的循环也可以朝另一个方向运行，即从坚信或不稳固的抱负开始，而以玩世不恭的态度告终。被公众以类似宗教的敬畏之心看待的那些职业经常会使新加入的成员沿着这一方向发展，这些新成员之所以朝这个方向发展，并不是因为他们慢慢地意识到了他们正在哄骗观众——因为从普遍的社会准则来看，他们所提出的要求也许是十分正当的——而是因为他们能够用这种玩世不恭作为一种避免他们内心的自我与观众发生接触的手段。我们甚至可以发现，在典型的信仰性职业（careers of faith）中，个体一开始还能专心于那种他被要求做出的表演，然而在对其身份形成自我信任并完成整个过程之前，他会多次往返于真诚与玩世不恭之间。因此，医学院的学生的情况表明，那些有着远大理想的学生在最初入校时，也往往需要把他们的神圣抱负暂时搁置一段时间。大学生活的头两年，学生们会发现自己对医学的兴趣必然会下降，因为他们几乎要把所有的时间都用于学会通过考试。在后两年中，他们又忙于学习各种病理知识而疏于对患者予以关注。只有在他们的学业结束后，他们才可能重拾自己最初对于医疗服务的理想。[1]

虽然我们可能会在玩世不恭与真诚之间发现那种来回往返的自然动态，但我们并不排除某种靠一些自我幻觉的作用支持的转折点。我们发现，个体也许试图诱使观众以某种特殊的方式对他和情境做出评判，他也许把追求这种评判当作最终的目标本身，但是，他可能并不完全相信自己应该得到他所要求的这种对自我的评价，或者说不完全相信他所建立起来的现实印象是有效的。克罗伯（Kroeber）在对萨满教（shamanism）的讨论中揭示了玩世不恭与真诚的另一种混合：

> 接下来，还有欺骗这个古老的问题。世界各地的大部分萨满教僧或巫医在医治病人，尤其是表现其能力时都要借助一些小花招。这些花招有时是有意使用的；但在许多场合，他们也许并未清楚地意识到这一点。不管他们有没有意识到，他们的态度都似乎是一种虔诚的欺骗。进行实地考察的人类学家似乎普遍确信，甚至那些意识到了自己在医治时行骗的萨满教僧也对自己的力量，尤其是对其他萨满教僧的力量深信不疑：因为当他们自己或他们的子女生病时，他们也求助于这些萨满教僧。[2]

前台

我一直用“表演”一词来指代个体持续面对一组特定观察者时所表现的并对那些观察者产生了某些影响的全部行为。那么，用“前台”来指称个体表演中以一般的和固定的方式有规律地为观察者定义情境的那一部分就很合宜了。前台是个体在表演期间有意无意使用的、标准的表达性装备。为了达到预期目标，我们最好一开始就先区分并标明

1 H. S. Becker and Blanche Greer, “The Fate of Idealism in Medical School,” American Sociological Review, 23, 1958, pp. 50-56.

2 A.L. Kroeber, The Nature of Culture (Chicago: University of Chicago Press, 1952), p.311.

前台的标准部分。

首先，是“舞台装置”（setting），包括舞台设施、装饰品、布局，以及其他一些为人们在舞台空间各处进行表演活动提供舞台布景和道具的背景项目。一般而言，舞台装置往往是固定的，因此无论谁想要把一种特定的舞台装置当作表演的一部分，都只有置身于适当的装置中才能开始他们的表演，而离开了舞台装置，表演也就随之结束了。只有在个别例外的情况下，舞台装置才会伴随着表演者移动，这些情况可见于送葬行列、游行队伍以及国王或女王梦幻般的加冕仪式。大体上说，这些例外情形仿佛为神圣的或一时变得高度神圣的表演者提供了某种额外的保护。当然，这些显赫人物与贩夫走卒阶层中的凡俗表演者是不同的，后者经常被迫改变工作场所，因而表演场所也是飘移不定的。表演者安置舞台装置需要有一个固定的场所，在这个问题上，统治者也许过于神圣，而贩夫走卒则可能过于凡俗。

在考虑前台的场景外观时，我们往往会想到一幢房子中的起居室，以及为数不多的能够完全在其中实现自我认同的表演者。我们还未充分注意到大量的表演者在短期内将之视为自己所有的符号装备（sign-equipment）的集合。大量奢侈豪华的舞台装置，可为任何能够支付费用的人所租用，这正是西欧国家的特征，无疑也是这些国家保持稳定的一个原因。我们可以从一个对英国高级文官的研究中引证的实例来说明这点：

> 对于那些擢升至行政机构上层职位的人来说，如何具有与其出身阶层不同的“腔调”或“神色”，这是一个微妙而困难的问题。与这个问题相关的唯一确切的信息是伦敦各大俱乐部的会员人数。在我们的高级行政官员中，有四分之三的人是一个或几个高级奢华俱乐部的成员，这些俱乐部的入会费就要二十几尼(guineas)或更高，此外，还需交纳十二到二十几尼不等的年费。这些俱乐部按其房屋、设备、生活方式以及整个气氛来说，都属于上流阶层（甚至还不只是中上阶层）。虽然许多成员并非很富有的人，但只有富人才会按他在联合俱乐部、旅行者俱乐部或改革俱乐部同样的享用标准，凭自己的实力为自己和家人提供活动场所、食物、饮料、服务设施以及其他令生活舒适之物。[1]

医学行业的最新进展为我们提供了另一个例证。我们发现，对一个医生来说，是否能登上由大医院提供的精良的科学舞台，这一点变得越来越重要了。因此现在，觉得自己还能在一个到了晚上就锁上大门的小地方施展身手的医生是越来越少了。[2]

如果我们用“舞台装置”这一术语来指称表达性装备的场景部分，那么我们不妨用“个人前台”（personal front）这个术语来指称表达性装备中能使我们与表演者产生内

---

1 H.E.Dale, The Higher Civil Service of Great Britain (Oxford: Oxford University Press, 1941), p.50.

2 David Solomon,“Career Contingencies of Chicago Physicians”(未发表的博士论文,芝加哥大学社会学系,1952年), p.74.

在认同的那些部分，同时我们也理所当然地认为这些装备会随着表演者的移动而移动。个人前台的组成部分可能有：官职或官阶的标记；衣着服饰；性别、年龄、种族特征；身材和外貌；仪表；言谈方式；面部表情；举止；等等。在这些用于传递符号的媒介中，有一些对个体而言是相对固定的——如种族特征，在一段时间内并不会因情境的变化而变化；另一方面，还有一些用于传递符号的媒介则是相对易变的，或者说是暂时的，譬如说面部表情，这些媒介在表演中随时随地会发生变化。

个人的前台是由各种刺激构成的，有时我们可以把这些刺激区分为“外表”（appearance）和“举止”（manner），即根据这些刺激表达的信息所具有的功能进行区分。“外表”所指的那一类刺激的功能，随时会告诉我们有关表演者的社会身份。这类刺激还会告诉我们表演者当时处于怎样的礼仪状态。也就是说，他是在从事正式的社会活动、社会工作，还是在进行非正式的消遣娱乐活动；他是否正愉快地步入季节循环或生命周期中的一个新阶段。“举止”所指的那一类刺激的功能，可以随时让我们预知，表演者希望在即将到来的情境中扮演怎样的互动角色。因而，某种傲慢的、带有攻击性的举止，就可能会让我们预先知道表演者期待引起一场争吵并希望支配整个过程；而某种温顺的、谦逊的举止则可能告知我们，表演者希望跟随别人的话题走，或至少表明他可以随别人的意。

当然，我们往往期望在外表与举止之间有一种确定的一致性；我们期望互动者之间的社会身份的差异能以某种方式，通过由预期的互动角色所构成的暗示性的适当差异表现出来。前台的这种前后一致性可以在下述例子中得到证明，它描述了一位旧时中国的达官贵人的随行队列通过城市街头时的场面：

> 紧随其后的……是这位官员那奢华的轿子，由八个轿夫抬着，占满了街道的空间，他是府台大人，实际上也是当地最有权力的人。从外表上看，他是一位理想的官员——身材魁梧，神态威严而坚定；在人们看来，这种神色对于任何希望其臣民安守本分的地方行政官员来说都是必不可少的。他的表情严肃，令人生畏，仿佛是在开赴刑场处决犯人的途中。这就是官员们在公众面前出现时所摆出来的那种架势。我在中国多年的生活经历中，从未见过有任何大小官员因公出行，坐轿经过街道时，是面带笑容或露出一丝怜悯民众的神色的。[1]

但是，外表与举止当然也可能会相互矛盾。比如，一位看似比观众地位更高的表演者出人意料地以一种平等、亲切或带有歉意的方式行事，或者一位衣着华贵的表演者在比自己身份地位高很多的人面前表现自己。

除了期望外表与举止之间的一致性外，我们自然还期望舞台装置、外表、举止之间

1　J. Macgowan, Sidelights on Chinese Life (Philadelphia: Lippincott, 1908), p. 187.

的一致性。[1]这种一致性代表了一种理想类型，为我们提供了一种促使我们注意和关心例外情况的手段。在这点上，研究人员得到了记者的帮助。因为，与预期的舞台装置、外表、举止之间的一致性相悖的情形，为许多职业提供了趣味与魅力，并使许多畅销的杂志文章增色不少。例如，《纽约客》（*The New Yorker*）对罗杰·斯蒂文斯（Roger Stevens）（一位真正的大房地产代理商，曾一手经营了帝国大厦的拍卖事务）的侧面描述，就谈到了令人吃惊的事实：斯蒂文斯竟然只有一所很小的房子、一间简陋的事务所，甚至使用的信笺都没有抬头。[2]

为了更全面地探讨社会前台的几个组成部分之间的关系，有必要在这里考察一下由前台传递出来的信息的一个重要特征，即它的抽象性和一般性。

一个常规程序不管如何独特和特殊，它的社会前台，连同某些例外，往往与其他多少有些不同的常规程序一样，都会对某些事实提出要求和主张。例如，许多服务性行业为客户提供的表演，都以戏剧化的表达形式为特点，包括干净整洁、现代化的、技能娴熟和童叟无欺等。尽管事实上这些抽象的标准在不同的行业表演中所具有的重要含义不尽相同，但是，它们都是要引导观察者对这种抽象的相似性倍加重视。这对观察者来说，确实是一种十分精妙的便利，尽管有时候也可能是灾难性的。因为观察者不再需要对每一个表演者和每一种稍有差异的表演采取一一对应的期待和反应。相反，他可以把这一情境置于一个广阔的范畴中，对此，他很容易信赖他以往的经验，并对照他的刻板印象。于是，观察者只需要一点儿易于掌握的前台术语，就可以知道应该如何做出反应，以使自己驾轻就熟地应对各种各样的具体情境。因此在伦敦，清扫烟囱的工人[3]和销售香水的店员都穿实验室的白大褂，因为这样就更容易让顾客认为，这些人所干的是精细活儿，它是以一种标准化了的、冷静的、应该被信任的方式进行的。

有理由相信，社会组织中的一种自然发展趋势，就是从为数不多的前台背后，涌现出来大量不同的行动。拉德克利夫 - 布朗（Radcliffe-Brown）已经指出这一点，他认为，也许只有在一些很小的社区中，才有可能使用那种给每一个人都提供一个独特位置的“描述性”亲属系统；而随着社区人数的增加，作为提供一种不太复杂的识别和处理系统的手段，家族的分裂也就成为必然。[4]我们在工厂、兵营以及其他大型社会机构中都发现有这种趋向存在。这些机构的组织者发现：一方面，他们不可能为机构中每一个职能部门及其工种提供专门的自助食堂、专门的薪金支付方式、专门的休假权利和专门的卫生设施；但同时他们也感到，确实不应该将身份地位不同的人不加区别地统一安置或拼凑在

1　参见肯尼思·伯克（Kenneth Burke）关于“场景—行动—行动者的比例”的论述，载 A Grammar of Motives (New York：Prentice-Hall，1945)，pp.6–9。

2　E.J.Kahn，Jr.，“Closings and Openings，” The New Yorker，February 13 and 20，1954.

3　参见 Mervyn Jones，“White us a Sweep，” The New Statesman and Nation，December 6，1952。

4　A. R. Radcliffe-Brown，“The Social Organization of Australian Tribes，” Oceania，I，1930，p.44.

一块儿。于是，他们提出一种折中方案——将整个机构中为数众多的各类人等从几个关键点上划分开来，使得所有那些被划分在某一个特定分类中的人获准，或不得不在某些特定的情境下维持相同的社会前台。

除了不同的常规程序可以使用同样的前台这一事实外，我们还应注意到，一种特定的社会前台，往往会因它所引起的抽象的、刻板形式的期待而变得制度化，它倾向在以此名义进行的当下具体工作之外，另具有一种意义和稳定性。前台变成了一种“集体表象”和自身独立的事实。

当某个行动者扮演着一种已获确认的社会角色时，他通常都会发现，一种特定的前台已经为他设置好了。不管他扮演这个角色的主要动机是想完成特定工作的意愿，还是想维持相应的前台，行动者都会发现，这两件事他都必须去做。

此外，如果某人承担了一项不仅他不熟悉，而且在社会上也是前所未闻的工作，或者如果他试图改变别人对其工作的看法，那么他可能会发现存在着几种已经设定完好的前台，他必须从中做出选择。因而，当某项工作被赋予一种新的前台时，我们很难发现被给予的那个前台本身会是全新的。

由于前台易于选择而难于创设，因此我们可以预料到，当执行某项既定任务的人不得不在几种完全不同的前台中做出自己的选择时，麻烦可能就会出现。所以，军事组织中总会出现这样一些任务——相对某个级别所维持的前台来说，完成这些任务所需的权限和技术实在太多，难以执行；而相对另一级别所维持的前台来说，完成这些任务则轻而易举，几乎不需要什么权限和技术。由于等级之间存在着较大的跨度，因此执行这类任务，要么是“小材大用”，不然就会“大材小用”。

如今，美国各医学组织在使用麻醉剂方面的争论，也是一个有趣的例证，它也是有关必须从若干并不十分合适的前台中选择一种适当前台的两难困境。[1]在某些医院里，麻醉工作依然是由护士来完成的，但是在其前台背后进行的，因为护士所呈现的前台是，在医院中其工作无关紧要，在名义上服从医生并领取相对更少的工资。为了将麻醉学确立为医学院博士研究生的专业，有些热心的医务工作者已经开始大肆宣扬：实施麻醉是一项相当复杂和性命攸关的工作，因此从事此项工作的人毋庸置疑应该得到与医生相同的地位和酬金。显然，护士所维持的前台与医生所维持的前台之间差别巨大；许多可为护士所接受的事情，对医生来说却是有失身份的。因此一些医务人员感到，就承担麻醉工作而言，护士的等级“低于其下”，而医生的等级又“高于其上”，如果在护士与医

1　参见丹·洛尔蒂（Dan C.Lortie）对此问题的详尽探讨：“Doctors without Patients: The Anesthesiologist, a New Medical Specialty”（未发表的硕士论文，芝加哥大学社会学系，1950 年）。还可参见马克·墨菲（Mark Murphy）对罗文斯坦（Rovenstine）医生的三期连载描绘：“Anesthesiologist,” The New Yorker, October 25, November 1, and November 8, 1947。

生之间能确立一个中间地位，也许问题就迎刃而解了。[1]同样，如果加拿大陆军能在上尉与中尉之间设置一个中间军阶——两星半，而非要么两星要么三星，那么牙医部队（Dental Corps）的上尉们（他们大多出身卑微）就可以被授予一种在陆军看来比目前授予他们的更为合适的军阶。

在此，我不想特别强调正式组织或社会的看法和立场；个人，作为拥有某些有限符号装备的人，也必须做出一些同样不那么愉快的选择。譬如，在笔者所研究的小农场社区中，主人通常会给来访的朋友敬一小杯烈酒或一杯葡萄酒，或者是一些自酿饮料，再不然就是一杯清茶，他用这种方式来区别对待他的客人。来访者的地位或暂时的仪式身份越高，就越可能受到高级饮料的款待。但是，这种符号装备的等级性会带来相应的问题。有的佃户很穷，拿不出一瓶烈酒，因此葡萄酒往往成为他们所能给予的最奢侈的款待。但更为常见的困难是，某些来访者无论就其永久性的地位，还是就其眼下应受礼遇的暂时性地位而言，给他喝某一种饮料明显是怠慢了他，但是他又不够资格享用更好的饮料。于是就常常存在一种危险，要么是来访者会觉得受到了侮辱，要么是主人家昂贵而又有限的符号装备被滥用了。在我们的中产阶级家庭中招待客人时，女主人有时就会犹豫是否应该使用最好的银器餐具，或者她不知道究竟是穿她最好的日礼服，还是穿最朴素的晚礼服更为合适，这都是同样的问题。

我曾提到社会前台可分为舞台装置、外表、举止等传统的几个部分，此外，（由于不同的常规程序总可以在同一个前台背后呈现出来，因而）我们也就很难在表演的具体特征和表演据以呈现的一般社会化外观之间找到完美一致的适应关系。综合考虑上述两种事实，我们可以意识到，出现在某一个特定常规程序的社会前台中的项目，不仅可以在整个常规程序系列的各种社会前台中被发现，而且，包含着某一项符号装备的那个常规程序系列，总是不同于包含着同一个社会前台中的另一项符号装备的那个常规程序系列。因而，一位律师可能会在一个仅以社交为目的（或为了一项研究）的场合与其顾客交谈，但他在这种场合下所穿的衣服，却同样适用于与同事吃饭或与妻子看戏的场合。同样，他在办公室墙上挂着的照片和铺在地板上的地毯，也可用于他家中的客厅。当然，在高度礼仪化的场合下，舞台装置、外表、举止也许全都是独特的、特设的，仅仅适用于常规程序中某一种类的表演，但符号装备的这种严格限用只是例外，而非规律。

选自欧文·戈夫曼：《日常生活中的自我呈现（中译本第二版）》，冯钢译，北京大学出版社，2022，第 17–29 页

1　在某些医院里，实习医生和医学院学生会做一些低于医生而又高于护士的工作。这样的工作很可能并不需要大量的经验和实际训练，因为尽管实习医生的中间地位是医院的一个常设部分，但所有占据这一地位的人都是暂时性的。

4. 复习问题

（1）《日常生活中的自我呈现》所依据的原理是什么？

（2）“玩世不恭者”和“虔信者”是什么意思？

（3）解释“前台”的含义。

5. 思维训练

（1）如何理解“当某个行动者扮演着一种已获确认的社会角色时，他通常都会发现，一种特定的前台已经为他设置好了”？

（2）请举例阐释社交媒体中的自我呈现与表演。

八、“媒介即讯息”

——马歇尔·麦克卢汉：《理解媒介：论人的延伸》（节选）

1. 写作背景

在《理解媒介：论人的延伸》（增订评注本）中，评注者特伦斯·戈登详细阐述了该书的写作背景。《理解媒介》最初源于一个由全美广播电视教育工作者协会和美国教育部共同资助的研究项目。这一项目旨在研究为中学生教授媒介的性质和效果，被马歇尔·麦克卢汉称为“大缸 69”，意味着他将在这口大缸中尽可能地去探索。项目结题时，麦克卢汉完成了《理解新媒介研究项目报告书》。此时，他的头脑中萦绕着研究该项目时产生的各种新思想、新理念，于是，他思索如何把《理解新媒介研究项目报告书》改写成一本题名“理解媒介”的书，试图探索媒介创造出来的环境对人的延伸。1961 年 6 月，麦克卢汉将改写好的《理解媒介：论人的延伸》寄给纽约的麦克劳 - 希尔出版社。出版社的编辑认为麦克卢汉的行文松散，语言艰涩，全书的主旨隐晦，要求他进行修改，使全书的脉络更加清楚。经过麦克卢汉与编辑两年多的坚持与妥协，最终，较之原手稿，《理解媒介：论人的延伸》的最后定稿做了大量的修改，并于 1964 年春天正式发行。

《理解媒介：论人的延伸》的成书还源于作者对第二次世界大战后媒介技术快速发展的思考。继蒸汽革命和电力革命之后的以电子计算机、原子能、空间技术为标志的第三次科技革命，对人类社会政治、经济、文化产生了重要的影响。对由科技革命引发的巨大变化，麦克卢汉试图“探索人的技术延伸所反映的人的轮廓，且力求使每一种探索都明白易懂”。

《理解媒介：论人的延伸》一书发行后引起了巨大的轰动，书中提出的“媒介即讯息”“热媒介和冷媒介”“媒介是人的延伸”“地球村”等新概念具有预言性质，在今天仍然具有很强的现实意义。

2. 阅读提示

麦克卢汉在《理解媒介：论人的延伸》一开篇就提出了他著名的论断“媒介即讯息”。他指出，与媒介的内容相比，媒介本身才是更具有价值的讯息，任何一种媒介都会创造出一种新的关于人的组合和行为的尺度，进而对人和社会产生影响。

要想理解这个有些令人困惑的观点，首先要理解麦克卢汉的人类历史观。在人类社会发展过程中，麦克卢汉赋予媒介极为重要的地位，他认为“技术的影响不是发生在意见和观念的层面上，而是要坚定不移、不可抗拒地改变人的感官比率和感知模式”，并由此带来社会变革。因此，他从媒介发展的角度看人类社会的发展，把社会历史进程划分为三个重要的阶段：部落时代感觉平衡、印刷时代线性处理方式、电子时代地球村。

由此可知，“媒介即讯息”是他对人类历史的总结。在原始部落社会，人们综合使用所有的感觉器官，那个时候是感觉平衡的；进入印刷时代，印刷媒介决定了人们对视觉的重视，随之带来的是线性的、连续的思维方式，人类变得理性、疏离；而电子时代，电影、电视等媒介使人们不能仅注重运用一种感觉器官，需要人们更多地参与，这使我们又回到了感觉平衡的整体形象。

书中反复出现的“媒介即讯息”，意在强调真正改变人们的是媒介本身，而不是媒介中的讯息。但是，麦克卢汉指出，过去的思维方式使人们已经习惯注意媒介的内容而不是媒介本身，他以电光源为例阐释了“任何媒介的内容都是另一种媒介”。人们利用电光源做手术抑或看晚上的球赛，这些活动可以视为电光源的“内容”。比起电光源本身，人们更关注利用电光源所从事的活动，因此，电光源能够消除时空差异的媒介属性被忽略了。当电光源被用来做文字广告时，人们才注意到它作为媒介的属性。由于人们的注意力往往放在媒介的内容而不是媒介介质上，这使人们忽略了媒介的性质，形成了一种习惯于将事物分裂的思维方式。

从这个意义上说，“媒介即讯息”是对人们无视媒介对人的延伸和社会发展作用的振聋发聩的呼声。

3. 文献原文

理解媒介：论人的延伸（节选）

一　媒介即讯息

我们这样的文化，长期习惯于将一切事物分裂和切割，以此作为控制事物的手段。如果有人提醒我们说，在事物运转的实际过程中，媒介即讯息，我们难免会感到有点吃惊。所谓媒介即讯息只不过是说：任何媒介（即人的任何延伸）对个人和社会的任何影响，都是由于新的尺度产生的；我们的任何一种延伸（或曰任何一种新的技术），都要在我们的事务中引进一种新的尺度。比如，由于自动化这一媒介的诞生，人的组合的新型模式往往要淘汰一些就业机会，这是事实。这是其消极后果。从其积极因素来说，自动化为人们创造了新的角色；换言之，它使人深深卷入自己的工作和人际组合之中，而以前的机械技术却把这样的角色摧毁殆尽。许多人会说，机器的意义不是机器本身，而是人们用机器所做的事情。但是，如果从机器如何改变人际关系和人与自身的关系来看，无论机器生产的是玉米片还是凯迪拉克高级轿车，那都是无关紧要的。人的工作的结构改革，是由切割肢解的技术塑造的，这种技术正是机械技术的实质。自动化技术的实质则与之截然相反。正如机器在塑造人际关系中的作用是分割肢解的、集中制的、肤浅的一样，自动化的实质是整体化的、非集中制的、有深度的。

电光源的例子在这方面能给人启示。电光是单纯的信息。乍一看，它似乎是一种不带讯息（**message**）的媒介，除非它是用来打文字广告或拼写姓名。这是一切媒介的特征。这一事实说明，任何媒介的“内容”都是另一种媒介。文字的内容是言语，正如文字是印刷的内容，印刷又是电报的内容一样。如果要问“言语的内容是什么”，那就需要这样回答：“是实际的思维过程，而这一过程本身却又是非言语（**nonverbal**）现象。”抽象画表现的是创造性思维的直接显示，就像它们在电脑制图中出现的情况一样。然而，我们在此考虑的是设计或模式所产生的心理影响和社会影响，因为设计或模式扩大并加速了现有的运作过程。任何媒介或技术的“讯息”，是由它引入的人间事物的尺度变化、速度变化和模式变化。铁路的作用，并不是把运动、运输、轮子或道路引入人类社会，而是加速并扩大人们过去的功能，创造新型的城市、新型的工作和新型的闲暇。无论铁路是在热带还是在北方寒冷的环境中运转，都发生了这样的变化。这样的变化与铁路媒介所运输的货物或内容是毫无关系的。另一方面，由于飞机加快了运输的速度，它又使铁路所塑造的城市、政治和社团的形态趋于瓦解，这个功能与飞机所运载的东西是毫无关系的。

我们再回头说电光源。无论它是用于脑外科手术还是晚上的棒球赛，都没有区别。

可以说，这些活动是电灯光的“内容”，因为没有电灯光就没有它们的存在。这一事实只能突出说明一点：“媒介即讯息”，因为对人的组合与行为的尺度和形态，媒介正是发挥着塑造和控制的作用。然而，媒介的内容或用途却是五花八门的，媒介的内容对塑造人际组合的形态也是无能为力的。实际上，任何媒介的“内容”都使我们对媒介的性质熟视无睹，这种情况非常典型。只是到了今天，产业界才意识到自己所从事的是什么业务。**IBM**公司发现，它的业务不是制造办公室设备或商用机器，而是加工信息，此后，该公司才以清楚的视野开辟新的航程。通用电气公司获取的利润，很大一部分靠的是制造灯泡和照明系统。通用电气还没有发现，正如美国电话电报公司一样，它的业务也是传输信息。

电光这个传播媒介之所以未引起人们的注意，正是因为它没有“内容”。这使它成为一个非常珍贵的例子，我们可以用它来说明，人们过去为何没有研究媒介。直到电光被用来打出商标广告，人们才注意到它是一种媒介。可是，人们所注意的并不是电光本身，而是其“内容”（实际上是另一种媒介）。电光的讯息就像工业中电能的讯息，它全然是固有的、弥散的、非集中化的。电光和电能与其用途是分离开来的，但是它们却消除了人际组合里的时间差异和空间差异，正如广播、电报、电话和电视一样，电光和电能消除时空差异的功能是完全一致的，它们使人深深卷入自己所从事的活动之中。

……

几年前在圣母大学[1]接受荣誉学位时，戴维·萨尔诺夫将军在演说中说：“我们很容易把技术工具作为那些使用者所犯罪孽的替罪羊。现代科学的产品本身无所谓好坏，决定它们价值的是使用它们的方式。”这是流行的梦游症的声音。假定我们说：“苹果馅饼无所谓好坏，决定它们价值的是如何吃。”或者说：“天花病毒无所谓好坏，决定其价值的是如何使用它。”又比如说：“火器本身无所谓好坏，决定火器价值的是使用火器的方法。”换言之，如果子弹落在好人手里，子弹就是好的东西。如果电视显像管的画面显示适当的武器向适当的人开火，武器技术就是好的东西。我这样说并不是刚愎自用。萨尔诺夫的话里，根本就没有经得起检验的东西，因为这番话忽视了媒介的性质，包括任何媒介和一切媒介的性质。它表现了人在新技术形态中受到的肢解和延伸，以及由此而进入的催眠状态和自恋情绪。萨尔诺夫将军接下来解释了他对印刷术的态度。他说，印刷术固然使一些垃圾得以流通，但是它同时又传播了《圣经》，宣传了先知和哲人的思想。萨尔诺夫将军从未想到，任何技术都不能给我们自身的价值增加什么是和非的东西。

1 圣母大学，即诺特丹大学，美国知名学府，天主教会办，位于印第安纳州北部。

西奥博尔德、罗斯托[1]和加尔布雷思[2]之类的经济学家多年来试图解释，古典经济学何以不能说明变革和增长。机械化自身有一个矛盾：虽然它是最大限度增长和变革的动因，可是机械化的原则既排除了增长的可能性，又排除了理解变革的可能性。因为机械化的实现，靠的是将过程切分，并把切分出的各部分排成一个序列。然而正如休谟在18世纪就证明的那样，单纯的序列里不存在因果原理。一事物紧随另一事物出现时，并不能说明任何因果关系。尾随发生的只有变化，岂有他哉。所以，最大的逆转与电能的问世同时发生，电能打破了事物的序列，它使事物倏忽而来，转瞬即去。由于瞬息万变的速度，事物的原因又开始进入人们的知觉，正如过去它们在序列和连续之中出现时不曾被人觉察一样。人们不再问先有鸡还是先有蛋；突然之间，人们似乎觉得，鸡成了蛋想多产蛋的念头（**a chicken is an egg's idea for getting more eggs**）。

飞机速度接近音障的临界点时，机翼上的声波变成了可见波。声音行将消逝时突然出现的可见性足以说明存在所具有的美妙的模式。这一模式显示，早先形式的性能达到巅峰状态时，就会出现新颖的对立形式。机械化的切分性和序列性，在电影的诞生中得到了最生动的说明。电影的诞生使我们超越了机械论，转入了发展和有机联系的世界。仅仅靠加快机械的速度，电影就把我们带入了创新的外形和结构的世界。电影媒介的讯息，是从线形连接过渡到外形轮廓。正是这一过渡产生了现已被证明为十分正确的思想："如其运转，则已过时"（**If it works，it's obsolete**）。当电的速度进一步取代机械的电影序列时，结构和媒介的力的线条变得鲜明和清晰。我们又回到无所不包的整体形象。

对于高度偏重文字和高度机械化的文化来说，电影看上去是一个金钱可以买到的使人得意洋洋的幻影和梦幻的世界。在电影出现的时刻，立体派艺术出现了。贡布里希[3]在《艺术与错觉》（*Art and Illusion*）中，把立体派说成是"根绝含糊歧义、强加一种解读方式去理解绘画的最极端的企图，而绘画则是一种人造的构图，一种有色彩的画布"。因为立体派用物体的各个侧面同时取代所谓的"视点"，或者说取代透视幻象的一个侧面。立体派不是表现画布上的第三维这一专门的幻象，而是表现各种平面的相互作用，表现各种模式、光线、质感的矛盾或剧烈冲突。它使观画者身临其境，从而充分把握作品传达的讯息。许多人认为这是绘画的操练，而不是幻觉的运用。

换言之，立体派在两维平面上画出客体的里、外、上、下、前、后等各个侧面。它放弃了透视的幻觉，偏好整体上对事物的迅疾的感性知觉。它抓住迅疾的整体知觉，猛然宣告：**媒介即讯息**。一旦序列性让位于同步性（sequence yield to the simultaneous），

---

1 W.W.罗斯托（W.W.Rostow，1916—2003），美国经济史学家，发展经济学先驱之一，著有《十九世纪英国经济论文集》《经济增长过程》《经济成长阶段》《政治和成长阶段》《这一切是怎样开始的》《世界经济：历史与展望》等。

2 约翰·肯尼思·加尔布雷思（John Kenneth Galbraith，1908—2006），哈佛大学教授、经济学家、外交家，曾任驻印度美国大使，著有《富裕社会》《美国资本主义：抵消力的观念》《新兴工业国》等。

3 贡布里希（Ernst.H.Gombrich，1909—001），英国美学家、艺术史家，著有《艺术与世界》《艺术与错觉》《艺术方法论》《艺术的故事》《艺术与人文科学》《理想与偶像》《秩序感》《图像与眼睛》《艺术与科学》等。

人就进入了外形和结构的世界，这一点还不清楚吗？这一现象在物理学中发生过，正如在绘画、诗歌和信息传播中发生过一样，这一点难道不是显而易见的吗？对专门片断的注意转移到了对整体场（**total field**）的注意。现在可以非常自然地说：媒介即讯息。在电的速度和整体场出现之前，媒介即讯息这一现象并不显著。那时的讯息似乎是其“内容”，因为人们总是爱问，一段话表现的是什么内容。然而，人们从来不想问，音乐的旋律表现的是**什么内容**；也不会问，房子和衣服表现的是什么内容。看待这样的东西时，人们保留着整体的模式感，保留着形式和功能是一个统一体的感觉。但是，进入了电力时代以后，结构和外形这个基本观念已经变得非常盛行，以至于教育理论也接过了这个观念。结构主义的教育方法不再处理算术里专门的“问题”，而是遵循数字场的力的外形，周旋于数论和“集合”之间。

红衣主教纽曼（**Cardinal Newman**）评价拿破仑时说：“他深谙火药的语法。”拿破仑还重视别的媒介，尤其重视旗语，这使他占了上风。据载他曾经说过：“三张敌对的报纸比一千把刺刀更可怕。”

托克维尔[1]是第一位深明印刷术和印刷品精义的人物，所以他才能解读出美国和法国即将发生的变革，仿佛他正在朗读一篇传递到他手上的文章。事实上，法国和美国的19世纪对他来说正是一本打开的书，因为他懂得印刷术的语法。所以他也知道印刷术的语法何时行不通。有人问他既然谙熟英国、钦慕英国，为何不写一本有关英国的书。他回答道：

> 谁要是相信自己能在六个月之内对英国作出判断，那么他在哲理上一定是非常愚蠢的。要恰如其分地评价美国，一年的时间似乎嫌短。然而，获取对美国清晰而准确的观念比清楚而准确地了解英国，却要容易得多。从某种意义上说，美国的一切法律都是从同一思想脉络中衍生出来的。可以说，整个社会只建立在一个单一的事实上，一切东西都导源于一个简单的原则。你可以把美国比做一片森林，许多道路贯穿其间，可是所有的道路都在同一点交会。你只要找到这个交会的中心，森林中的一切道路全都一目了然。然而，英国的道路却纵横交错。你只有亲自踏勘过它的每一条道路以后，才能构建出一幅整体的地图。

托克维尔在略早一些的有关法国革命的著作里曾经说明，18世纪达到饱和状态的出版物，如何使法国实现了民族的同一性。法国人从北到南成了相同的人。印刷术的同一性、连续性和线条性原则，压倒了封建的、口耳相传文化的社会的纷繁复杂性。法国革命是由新兴的文人学士和法律人士完成的。

然而，英国古老的习惯法的口头文化传统却是非常强大的，而且中世纪的议会制还

1 亚历克西·托克维尔（Alexis de Tocqueville，1805—1859），法国作家、政治家，曾游历美国，所著《美国的民主》成为经典，该书分析了美国政府制度的优缺点。

为习惯法撑腰打气，所以新兴的视觉印刷文化的同一性也好，连续性也好，都不能完全扎根。结果，英国历史上就没有发生最重要的事情。换言之，根据法国革命的路线方针而组织的那种英国革命就没有发生。美国革命需要抛弃的，除了君主专制之外，没有中世纪的法律制度。许多人认为，美国的总统制已经变得比欧洲的任何君主制更加富有个人的色彩，已经比欧洲的君主制还要更加君主制了。

托克维尔就英美两国所作的对比，显然是建立在印刷术和印刷文化基础上的，印刷术和印刷文化创造了同一性和连续性。他说英国拒绝了这一原则，坚守了动态的或口头的习惯法传统，因此而产生了英国文化的非连续性和不可预测性。印刷文化的语法无助于解读口头的、非书面的文化和制度的讯息。英国贵族被马修·阿诺德[1]恰到好处地归入未开化的野蛮人，因为他们的权势地位与文化程度无关，与印刷术的文化形态无关。格洛斯特公爵在爱德华·吉本的《罗马帝国衰亡史》（*The History of the Decline and Fall of the Roman Empire*）出版时对他说："又一本该死的大部头的书，唉，吉本先生？乱画一气、乱写一通、胡乱拼凑，唉，吉本先生？"托克维尔是精通文墨的贵族，他可以对印刷品的价值和假设抱一种超脱的态度。这便是为何只有他才懂得印刷术的语法。只有在这样的条件下，站在与任何结构或媒介保持一定距离的地方，才可以看清其原理和力的轮廓。因为任何媒介都有力量将其假设强加在没有警觉的人的身上。预见和控制媒介的能力主要在于避免潜在的自恋昏迷状态。为此目的，唯一最有效的办法是懂得以下事实：媒介的魔力在人们接触媒介的瞬间就会产生，正如旋律的魔力在旋律的头几节就会施放出来一样。

E.M. 福斯特[2]在《印度之旅》（*A Passage to India*）中用戏剧手法表现东西方文化的差异，揭示了口头的、直观的东方文化和理性的、视觉的西方经验模式遭遇时那种无能为力的情况。当然，理性对西方来说一向意味着"同一性、连续性和序列性"。换言之，我们把理性和文墨、理性主义和某种特定的技术联系起来了。因此，对传统的西方人来说，电力时代的人似乎变成了非理性的。在福斯特这部小说中，男女主人公到达马拉巴山洞的时刻，正是西方印刷文化痴迷状态的真实情况及其不合时宜的性质暴露出来的时刻。阿德拉·奎斯蒂德的推理能力对付不了印度文化整个的无所不包的共鸣场。在山洞的经历以后，小说写道："生活一如既往，可是没有任何影响。换句话说，声音不再回响，思想也不再发展。一切东西似乎都被连根切断，因而受到了幻觉的浸染。"

《印度之旅》的书名取材于惠特曼，他认为美国正在走向东方。这本书是电子时代的西方人的一则寓言，只是很偶然地与欧洲或东方相关。按照书名的寓意所指，视觉和

1 马修·阿诺德（Matthew Arnold，1822—1888），英国诗人、批评家、教育家，著《多佛滩》《邵莱布与罗斯托》《文化与无政府状态》等。

2 爱德华·摩根·福斯特（Edward Morgan Foster，1879—1970），英国小说家、散文家，《印度之旅》是他最重要的小说，含重要社会主题，被称为现实主义和象征主义的杰作。

声音之间、感知和经验组织的书面形式和口头形式之间的最后冲突，业已降临到我们头上。正如尼采所言，既然理解能阻止行动，那么借助弄懂媒介如何使人延伸，如何挑起我们里里外外的战争，我们就可以节制这场冲突的激烈程度。

读书识字所引起的非部落化进程及其对部落人所造成的创伤，是精神病学家 **J. C.** 卡罗瑟斯（**J. C. Carothers**）一本书的主题，书名是《非洲人的精神健康与病变》（*The African Mind in Health and Disease*，世界卫生组织，日内瓦，1953 年版）。本书的许多材料见于他发表在 1959 年 11 月号《精神病学》（*Psychiatry*）上的文章，题为“文化、精神病和书面语”。这篇文章揭示了同样的情况：从西方输入的技术力量如何在偏远的丛林、草原和沙漠里起作用。有一个例子是贝都因人[1]骑着骆驼听半导体收音机的现象。洪水般滚滚而来的观念使土著人面临灭顶之灾，没有任何东西使他们作好准备去对付汹涌而来的各种观念。这就是我们的技术通常所起的作用。我们在读书识字的环境中遭遇收音机和电视机时所作的准备，并不比加纳土著人对付文字时的本领高强。文字环境把加纳土著拽出集体的部落社会，使他们搁浅在个体孤立的沙滩上。我们在新鲜的电子世界中的麻木状态，与土著人被卷入我们的文字和机械文化时所表现出来的麻木状态，实际上是一样的。

电的速度把史前文化和工业时代商人中的渣滓混杂在一起，使文字阶段的东西、半文字阶段的东西和后文字阶段的东西混杂在一起。失去根基，信息泛滥，无穷无尽的新信息模式的泛滥，是各种程度的精神病最常见的原因。温德姆·刘易斯[2]的系列小说《人的时代》（*The Human Age*）所写的就是这一主题。其中第一卷《儿童的屠场》（*The Childermass*）所表现的正是做加速运动的媒介变革，表现它如何屠杀天真无邪的人们。在我们的世界里，因为能更好地觉察技术对心理形成和变化的影响，所以我们对正确判定愧疚的信心正在丧失殆尽。古代的史前社会把暴力犯罪看做是可怜的。杀人者在古人的心目中就像今天的癌症患者一样可怜。“他那样做内心一定感到很痛苦吧。”他们说。辛格[3]在剧本《西部世界的花花公子》（*Playboy of the Western World*）中卓有成效地继承了古人的这一思想。

如果说古时候的罪犯是不遵守传统规范的人，他们不能适应技术的要求，而我们的行为则是遵照相同而连续的模式，那么我们很容易把不顺应传统的人看成是可怜的人。尤其是儿童、伤残人、妇女和有色人更是可怜，在一个视觉和印刷技术的时代，他们是不公平待遇的受害者。如果从相反的角度来看问题，如果一种文化给人们分配的是角色

1　贝都因人，沙漠地区从事游牧的阿拉伯部族，住在阿拉伯半岛、叙利亚和非洲。

2　温德姆·刘易斯（Wyndham Lewis，1882—1957），英国小说家、艺术家，旋风派主帅，20 世纪上半叶最重要的前卫文学家和艺术家之一，第二次世界大战期间旅居北美，与麦克卢汉过从甚密，画作有《巴塞罗那的投降》，著作有《爱的复仇》《诗人艾略特》《无艺术的人》《单向的歌》《计算你的伤亡》《上帝的猢狲》《人的时代》《儿童节》《青春的末日》等。

3　辛格（J.M.Synge，1871—1909），爱尔兰剧作家，著有《骑马下海的人》《幽谷阴影》《西部世界的花花公子》等。

而不是各种工作，那么侏儒、驼背和儿童就能够开辟自己的天地。我们不应该把他们塞入格格不入的、整齐划一的、可以重复的框框之中。想想这句话："这是一个男人的世界。"作为来自一种同质文化内部的无限重复的经验之谈，这句话指的是，男人在这样的世界中若要找到归属，就不得不像漫画里的"达革伍德"一样整齐划一。我们在智商测试中搞出来的那些不恰当的标准真是泛滥成灾。我们的测试者没有意识到自己文化的偏颇，他们想当然地认为，统一而连续的习惯是智慧的表征，因而就淘汰了听觉和触觉发达的人。

C. P. 斯诺[1]在评论罗斯（**A. L. Ross**）的书《绥靖》（*Appeasement*）和通向慕尼黑的道路时（见《纽约时报书评》1961年12月24日），描绘了20世纪英国最高层的智囊和经验。他说："这些人物的智商大大高于一般的政治领袖。为什么他们竟然带来了一场浩劫？"斯诺赞成罗斯的观点："他们不倾听别人的警告，因为他们不愿意听。"由于他们反对红色苏俄，他们就不能解读希特勒的信号。但是，他们的失败与我们现在的失败相比，真可谓小巫见大巫。美国人把读书识字当做技术所下的赌注，在教育、政治、工业和社会生活各个层次上的整齐划一性，全都受到电力技术的威胁。斯大林或希特勒的威胁来自外部，而电力技术就在大门之内。然而，我们对电力技术与谷登堡技术遭遇时所产生的威胁却麻木不仁，真可谓又聋又瞎又哑。美国生活方式的形成，既要以谷登堡技术为基础，又要借重这个渠道。但是，现在来提出救世的策略还不是时候，因为世人连这种威胁是否存在都尚未公认。我的处境与巴斯德的处境十分相似。他告诫医生们说：医生的敌人是完全看不见的，而且医生对自己的敌人也一无所知。我们对所有媒介的传统反应是：如何使用媒介至关重要。这就是技术白痴的麻木态度。因为媒介的"内容"好比是一片滋味鲜美的肉，破门而入的窃贼用它来吸引看门狗的注意力。媒介的影响之所以非常强烈，恰恰是另一种媒介变成了它的"内容"。一部电影的内容是一本小说、一部剧本或一场歌剧。电影这个形式与它的节目内容没有关系。文字或印刷的"内容"是言语，但是读者几乎完全没有意识到印刷这个媒介形式，也没有意识到言语这个媒介。

阿诺德·汤因比不了解媒介是如何塑造历史的。不过在他的著作里，媒介塑造历史的例子可真是俯拾即是，研究媒介的学者可以引用。有一个时期，他认真地指出，成人教育比如英国工人教育协会所从事的成人教育，对于流行的出版物是一个有用的反击力量。他认为，虽然所有的东方社会都已经接受了工业技术及其社会后果，"但是在文化这个层面上，并没有出现与此相应的整齐划一的倾向"（**Somervell，I.**267）。这像是文人在广告环境中苦苦挣扎时夸下的海口："就我个人而言，我根本不理睬广告。"东方各国人民对我们的技术可能抱有精神上和文化上的保留态度，这对他们自己是一无好处

---

1 查尔斯·珀西·斯诺（Charles Percy Snow，1905—1980），英国作家、科学家和政府官员，代表作有小说《陌生人和兄弟们》（十一卷）、论著《两种文化与科学革命》等，后者是其最著名亦最富争议的作品。

的。技术的影响不是发生在意见和观念的层面上，而是要坚定不移、不可抗拒地改变人的感官比率和感知模式。只有能泰然自若地对待技术的人，才是严肃的艺术家，因为他在觉察感知的变化方面够得上专家。

货币媒介17世纪在日本的运作所产生的结果，与印刷术在西方的运作不无相同之处。桑瑟姆（**G. B. Sansom**）认为，货币经济渗入日本，“引起了一场缓慢但不可抗拒的革命，终于导致封建社会的瓦解。日本在两百多年的闭关锁国以后，终于又恢复了与外国的交往”（引自《日本》[*Japan*]，克雷塞出版社，伦敦，1931）。货币重新组织了各国人民的感性生活，正是因为它使我们的感性生活产生了延伸。这一变革并不取决于社会中生活的人赞同与否。

阿诺德·汤因比从一个角度去研究媒介的改造能力，反映在他的“以太化”（**etherization**）概念中。他所谓的以太化，是组织或技术中递进简化和递增效率的原理。这是一个典型的例子，说明他忽视这些媒介形式的挑战对我们的感性反应所产生的影响。他想，与社会中的媒介或技术相关联的，是我们的意见。显然，他这个“观点”着了魔，是被印刷技术迷住了。因为在一个有文字的、形态同一的社会里，人对多种多样、非连续性的力量，已经丧失了敏锐的感觉。人获得了第三向度和“个人观点”的幻觉。这是他自恋固着（narcissus fixation）的组成部分。他完全与布莱克或《圣经·诗篇》作者敏锐的知觉隔绝起来了。我们自身变成我们观察的对象。

……

一切媒介均是感官的延伸，感官同样是我们身体能量上“固持的电荷”。人的感觉也形成了每个人的知觉和经验。这两点可以从另一方面体会出来。心理学家荣格论及此时写道：

> 每一名罗马人都生活在奴隶的包围之中。奴隶及其心态在古代意大利泛滥成灾，不知不觉间，每一名罗马人在心理上都变成了奴隶。因为他们不断生活在奴隶的氛围之中，所以他们也透过无意识受到了奴隶心理的侵染。谁也无法保护自己不受这样的影响（《分析心理学文集》[*Contributions to Analytical Psychology*]，伦敦，1928）。

选自马歇尔·麦克卢汉：《理解媒介：论人的延伸》（增订评注本），何道宽译，译林出版社，2011，第18—34页

4. 复习问题

（1）如何理解“媒介即讯息”？

（2）怎样理解“任何媒介的内容都是另一种媒介”？

（3）麦克卢汉怎么看戴维·萨尔诺夫将军在圣母大学的演说？

5. 思维训练

（1）运用“媒介即讯息”谈谈你对“托克维尔在略早一些的有关法国革命的著作里曾经说明，18 世纪达到饱和状态的出版物，如何使法国实现了民族的同一性。法国人从北到南成了相同的人”的理解。

（2）在新媒体快速发展的今天，谈谈“媒介即讯息”的意义。

九、“知识的增长在高阶层人群中相对较快”

——蒂奇诺等：《大众媒介信息流通与知识增长差异》

1. 写作背景

大众媒介的重要功能之一是传递信息，那么，经由大众媒介传递的信息对受众是否具有同样的效果？学者们做了相关研究，其中对儿童电视教育节目《芝麻街》的研究就很能说明问题。

20 世纪 60 年代的美国处于社会动荡的时期，当时很多贫困家庭儿童因为家境困难而无法接受好的学龄前教育，这些儿童进入小学后与富裕家庭儿童在学习上表现出了很大的差距。教育的不公平引起了人们的强烈不满。林登·贝恩斯·约翰逊当选为美国总统后，针对国内局势，推行“伟大社会”纲领，提出了著名的“向贫穷开战”的口号。在教育领域，政府推出了一个针对贫困学龄前儿童的启蒙项目，尝试通过大众媒介为贫困家庭儿童提供信息以改善受教育条件。该项目制作了电视教育节目《芝麻街》，于 1969 年开始播放，希望通过普及率很高的电视帮助贫困家庭儿童进行学龄前教育。

根据《芝麻街》第一年的报告，节目的播出有利于缩小富裕家庭与贫困家庭中儿童的知识差距。然而，一些研究却发现：《芝麻街》无助于缩小富裕家庭与贫困家庭中儿童的知识差距，富裕家庭中的儿童从节目中学习到更多的信息，也就是说，《芝麻街》反而扩大了富裕家庭与贫困家庭中儿童的知识差距。*

* 沃纳·赛佛林、小詹姆斯·坦卡德：《传播理论：起源、方法与应用》（第四版），郭镇之等译，华夏出版社，2000，第 278–279 页。

1970 年，美国明尼苏达大学的蒂奇诺、多诺休和奥利恩在《大众媒介信息流通与知识增长差异》一文中证实了知沟假说。该假说认为“随着大众传媒向社会传播的信息日益增长，社会经济地位高的人将比社会经济地位低的人以更快的速度获取信息，因此，这两类人之间的‘知沟’将呈扩大而非缩小之势”。知沟理论由此诞生。

2. 阅读提示

《大众媒介信息流通与知识增长差异》一文的写作目的是依据先前的研究和近期的实验数据检验知沟假说。

知沟假说并不意味着低社会经济地位人群得不到信息，而是知识的增长在高社会经济地位人群中速度更快。知沟常常出现在公共事务和科学知识的获取上，文中以受教育程度为衡量社会经济地位的有效指标。

结合以往的研究，蒂奇诺等认为除了受教育程度，还有五种因素导致知沟的产生。它们分别是：①传播技能的差异，受教育程度高的人有更好的阅读理解能力；②信息储备或知识背景的差异，见多识广的人更容易关注且理解大众媒介中出现的话题；③社会交往的差异，教育促进社会交往进而增加了谈论公共事务话题的机会；④选择性接触、接受和记忆的机制，受教育程度影响了人们对信息的选择、接触和记忆；⑤大众媒介的性质，印刷媒介上的科学和公共事务新闻主要是为了满足社会经济地位较高人群的需要。

为了检验知沟假说，蒂奇诺等把知沟假设操作化为：第一，话题被媒介大量报道一段时间后，受教育程度高者对知识获取的速度比受教育程度低者对知识获取的速度快；第二，在特定时间内，对媒介大量报道话题的知识获取与受众教育程度的相关性较高，反之，对媒介报道不足话题的知识获取与受众教育程度的相关性较低。

蒂奇诺等为知沟假说的两种作用方式提供了证据。对于第一种作用方式，他们提供了一些时间趋势数据。尤其引人注目的例子来自对“是否相信人类将登上月球”的四次民意调查，接受登月信念人数的增加与受教育程度的相关性随着时间的推移有显著的增长。对于第二种作用方式，蒂奇诺等以明尼阿波利斯与圣保罗市的实验数据进行了印证。这些证据都表明，知沟日益扩大的假说是成立的。

3. 文献原文

大众媒介信息流通与知识增长差异[1]

科学及其他公共事务知识的获取，是社会变迁的一个组成部分，它遵循积累变化模

1 译自英文季刊《舆论》总 34 卷，1970 年第 2 期。

式。从这一观点看，某一变迁的累进可能引发一系列反应，表现为在一个社会系统中对某种行为模式、信仰、价值观或某项科技的接受速度的加快[1]。由于社会总系统中的某些次系统具有适合变革的行为模式和价值观，因此，在开始变革的次系统与对变革的反应较为迟钝、缓慢的次系统之间，往往会出现鸿沟。

本文的目的在于，根据以往的研究和最近在明尼波利斯及圣保罗市进行的一项实验调查的数据，检验以下假设：

> 随着大众传媒向社会传播的信息日益增长，社会经济地位高的人将比社会经济地位低的人以更快的速度获取信息，因此，这两类人之间的"知沟"将呈扩大而非缩小之势。

这一"知沟"假设并不认为，低阶层人群完全得不到信息（即在绝对意义上信息穷困者越来越穷），而是认为知识的增长在高阶层人群中相对较快。本文以受教育程度作为社会经济地位的一项有效指标。[2]

其他两个假定对这一分析也很重要。一是人类的知识可能以直线或曲线的趋势增长，但这种增长在调查的时间跨度内是不可逆的[3]。二是对于调查的特定话题，大众媒介的信息流通量没有达到减退点，如果达到了减退点，那么，对不同的社会经济群体可能产生不同的信息水平。而且，"知沟"假设主要适用于有广泛吸引力的公共事务和科技新闻，它不一定适用于特殊的受众话题，如股市行情、社会新闻、体育及园艺等。

先前的发现

尽管没有特别说明，但"知沟"假设涵盖了大众传播效果的所有文献。这意味着这样的一个总发现：文化程度与从大众媒介中获取的公共事务及科学知识之间有着很强的相关性。[4]

受正规教育程度的提高，意味着生活圈子的扩大与丰富，包括参与社会团体较多、对科学和其他公共事务的知晓及兴趣较大、在这一领域与大众媒介的内容接触更为广泛。[5]

因此，"知沟"假设似乎是对于通过宣传却无法把信息传递给所有公众这一现象的一个基本解释。在分析向辛辛那提的成年人宣传联合国信息时，斯达和休斯指出，那些

1 W·莫尔：《社会变迁》1963 年，第 37–38 页；查利斯等人的《现代社会理论》1961 年，第 589 页。

2 艾尔伯特·雷斯：《职业与社会地位》，纽约自由出版社 1961 年版，第 115–116 页。

3 詹姆斯·柯勒曼：《精确社会学引论》，纽约自由出版社 1964 年版，第 492 页；哥斯塔·卡尔森：《变迁、增长与不可逆性》，载《美国社会学月刊》总 73 卷，1968 年，第 706–714 页。

4 参见罗伯特·戴维斯的《大众媒介中公众对科学的影响》，密歇根大学调查研究中心，1958 年；威尔伯·施拉姆等：《知识与公众头脑》，斯坦福大学的传播研究学院；以及施拉姆等：《作为公共事务、科学与健康知识的大众媒介》，载《舆论》总 33 卷，1969 年，第 193–209 页。

5 梅里尔·赛缪尔森等：《教育、可利用时间及大众媒介的使用》，载《新闻学季刊》总 40 卷，1963 年，第 491–496 页。

达到宣传效果的人往往是文化程度较高、较年轻的男性；而文化程度低、年老的人实际上对整个宣传一无所知[1]。罗宾运用了牛顿学说，提出除非通过外力的作用，有些人一直得不到信息，而那些已经得到信息的人却一直在行动[2]。罗宾的这一机械主义的观点似乎认为，人们通过内因和外因对刺激作出反应时，可能加强已经得到训练的能力，也可能变得更无能。海曼和休斯利也认同通过已有能力学习公共事务这一观点：“人们学得越多，兴趣越大；兴趣越大，促使他们学得越多。”[3]

斯达与休斯进一步阐述了文化程度、兴趣与媒介接触之间的相互关系，指出达到宣传活动目标的文化程度高的人可能兴趣较大，因此得到的信息也更多。他们总结说，那些达到宣传目标的人最不需要此类信息，而那些没从宣传中得到信息的人却是宣传计划的目标所在[4]。对于受众社会分层与政治新闻接触之间的强相关性，凯的分析认为，总统选举宣传的一个重要功能是，使处于文化水平两极的人群之间的信息水平差异增大，因为那些处于上端的人接触信息的频率较高[5]。从更广泛的意义上说，由于信息发布系统的原因，发展中国家可能产生严重的“知沟”（编注：原文无引号，引号为编者加）现象，正如皮尔斯所说，发展中国家的教育模式使如今的识字农民可能比他的文盲父亲更无知。[6]

媒介信息量增加之所以会出现或加剧“知沟”现象，有几个原因在起作用：

第一个因素是传播技能。受教育程度高的人具有较大的阅读量和较强的理解能力，这有助于他们对公共事务或科学知识的获取。

第二个因素是信息储备，或从先前的大众媒介接触与正规教育渠道得来的现有知识。当某一话题在大众媒介出现时，那些相对见多识广的人注意这一话题的可能性更大，也更容易理解有关内容。

第三个因素是相关的社会交往。教育通常意味着日常行动圈子较大，参与更多的社会团体，人际交往更多，由此扩大了与他人讨论公共事务话题的机会。对医生、农民等群体的创新扩散研究往往发现，那些积极的、社会整合程度较高的个体更专注于创新，其接受创新的速度也更快。[7]

第四个因素包括对信息的选择性接触、接受和记忆。正如希尔斯和弗里德曼所指出，主动接触与受教育程度的关系通常比其他变量更为密切。他们认为，根据态度作出的选

1　雪利·斯达等:《一项教育性宣传活动的报告:辛辛那提的联合国宣传计划》，载《美国社会学月刊》总55卷，1950年，第389—397页。

2　约翰·罗宾森：《世界事务与媒介接触》，载《新闻学季刊》总44卷，春季号，1967年，第23—31页。

3　赫伯特·海曼等：《信息宣传活动失败的原因》，载《舆论》总11卷，1947年，第413—423页。

4　斯达和休斯，同注解雪利·斯达等条。

5　V.O. 奇：《舆论与美国民主》，纽约诺夫出版社1961年版，第384—357页。

6　霍华德·皮尔斯：《发展计划中的应用社会学》，纽约农业发展委员会1963年版。

7　爱莉休·凯兹：《科技变革的社会路线：创新扩散的两项研究》，载《人类组织》总20卷，1961年夏季号。

择性接触应称之为由教育程度差异造成的“事实上的”选择更为合适[1]。但选择性接受与记忆，可能是态度与受教育程度综合作用的结果。大众媒介的研究始终发现，人们往往以符合既有信仰与价值观的方式解释、记忆信息。[2]

最后一个因素是发布信息的大众媒介系统的性质。迄今为止，大多数科学和公共事务新闻（近来的危机事件与太空壮举除外）都通过印刷媒介进行传播，而传统上，社会地位较高者使用印刷媒介较多，而印刷媒介也迎合这一群体的兴趣和口味，而且，当新闻失去其应有的新鲜性时，印刷媒介会逐渐停止对许多话题的报道。与当今的广告不同，科学和公共事务新闻一般重复较少，而重复有利于社会地位低的人群对话题的学习与熟悉。

在操作上，“知沟”假设至少可用以下两种方式表达：

（1）经过一段时间，文化程度高的人对媒介大量报道的话题知识的获取速度，比文化程度低的人快。

（2）在特定时间里，经媒介大量报道的话题知识的获取与教育程度的相关性，比未经大量报道的话题高。

当上述五大因素中的一个或多个因素起作用时，“知沟”就尤为明显。因此，当大众媒介信息流量继续增加时，传播技能、知识储备、社会交往、态度性选择都在一定程度上发挥着作用，“知沟”也随之加深。

时间趋势数据

证据可能来自长期和短期调查两个方面。麦克利恩和巴尼斯研究了 1964 年尼基塔·赫鲁晓夫辞职和沃尔特·耶金案件这两个事件为期两天的新闻扩散过程。研究从这两个新闻事件的第一次报道开始，一直持续到第二天以后[3]。虽然研究人员期望，影响如此重大的事件会使不同社会经济地位群体之间的相关知识差异减少，但总的结果却与“知沟”假设相一致，文化程度高的受访者了解事件的速度比文化程度低的人快，事件发生两天后，文化程度高的人群中知道事件者的比例也较高。在这一时间跨度内；不同社会经济地位的群体间的“知沟”实际上是扩大了。

另一项对“知沟”的检验，来自一些长期的调查数据，它们是通过在不同阶段向受访者问同样的问题得来的。以下三个话题的数据，来自“美国舆论研究所”1949 年至 1965 年的调查：人造卫星、人类登月计划和吸烟与癌症的关系[4]。在调查期间，每一个话题都深受大众媒介的关注，而且在整个时间段内，美国的大众媒介在总体上对科学的

1　大卫·席尔斯等：《对信息的选择性接触的批判性回顾》，载《舆论》总 31 卷，第 194—214 页。

2　约瑟夫·克拉伯：《大众传播的效果》，纽约自由出版社 1960 年版，第 15—26 页。

3　理查德·巴德等：《两个新闻事件的扩散原理》，载《新闻学季刊》总 43 卷，1966 年，第 221—230 页。

4　“美国舆论研究所”的数据来自罗博舆论研究中心。

报道量日趋增加[1]。1958 年，就科学、工程和医药的报道版面近几年是否有所变化对 240 名日报的执行编辑进行了调查，结果 90%以上回答报道版面有所增加，有将近 2 / 5 的编辑说科学新闻版至少增加了一倍[2]。在 1965 年的一项类似的调查中，近一半的编辑也报告说科学新闻增加了一倍。而且，一些特定事件的发生，使特定话题得到了媒体的极大关注，太空研究的重大事件是 1958 年 Sputnik 一号的发射，接下来是美、苏两国人造卫星的相继发射。1954 年 AMA 对吸烟与癌症之关系的报告也与其后这一问题引起的大量报道有关。

经过一段时间后，关于每个话题的知识或对某一信念的接受在总体上都有所增加。表 1 显示了文化程度与对每个话题的知识或信念的相关系数及年份，其模式与“知沟”不断扩大的假设是一致的。以针对人造地球卫星的两次民意测验为例，从 1955 年（Sputnik 发射前 3 年）到 1961 年（美国第一次载人飞船飞行之后），随着知识的增长，相关系数也随之增大。

更引人注目的结果，来自四次民意调查，调查询问了受访者在看得见的未来，是否相信人类将登上月球[3]。同样，随着总体上接受这一信念的人数的增加，其与受教育程度的相关性每隔五六年在统计数据上都有一次显著的增长。表 1 清楚地显示了不同文化水平之间差距的拉大[4]。在受过大学教育的人中，相信人类能登上月球的人数在 1949 年还不到 20%，16 年以后增加至 80%；而同一时期内，高中毕业者的这一信念只增长了 38%。

这些研究都没有直接测量大众媒介的报道量和受众的媒介接触情况，所以，媒介信息对这些方面的影响只是推测。显然，媒介报道量是一个很重要的因素，但可能还涉及很多其他的因素。在这一长达 16 年的时间跨度里，教育系统进行了改革，人口也发生了变化，在高教育程度类别中，1965 年的年轻人比例大于 1949 年。但重要的是，在调查的这一时间段内，“知沟”并没有合拢。

表 1

话题	1949	1954	1955	1957	1959	1961	1965	1969	R 与 S 之差
Q 对人造卫星的正确识别			.158			.256			P < .050

---

1 席勒 · 克里波姆《科学与大众媒介》，纽约大学出版社 1968 年版，第 65 页。

2 席勒 · 克里波姆《科学与大众媒介》，纽约大学出版社 1968 年版，第 65 页。

3 所提的问题有些变化。1949，1959，1965 年，受访者要求回答 20 年内他们是否希望人类能登上月球。1954 年的问题为“在以后的 50 年内人类是否能登上月球”。在这两个问题和关于吸烟问题的提问中，“信　念”被看作是知识增长的反映。

4 表 1 中的趋势分析，显示三个教育程度组在统计上的显著性都大于 0.001。我们有理由推断这几种趋势基本呈直线。

续表

话题	1949	1954	1955	1957	1959	1961	1965	1969	R 与 S 之差
Q 相信人类将登上月球	.042	.132			.259		.334	1949—1954， 1954—1959， 1959—1965，	P ＜ .020 P ＜ .001 P ＜ .010
Q 相信吸烟导致肺癌		.050		.116 .079				.127	n.s
资料来源：	AIPO	AIPO	AIPO	AIPO	AIPO	AIPO	AIPO	AIPO	
	450	541 525	544	585 592	621	652	705	1969 年 9 月	

吸烟与癌症的关系也符合预期的模式，尽管后几年的相关系数还是很小。不过，在1954—1957 年这段时间内，吸烟与癌症的关系问题不如今天这么明确。近来，对这一问题开展了多项调查，但由于使用了不同的样本和测量技术，因此不能直接与“美国舆论研究所”的数据比较。

一项报纸罢工调查

检验“知沟”的另一个可行方法是，看大众媒介报道量减退以后的效果。与假设相一致，如果大众媒介不再报道某一话题，将使不同教育程度群体之间的“知沟”缩小。尽管这种调查很难开展，但当某家报纸罢工时会出现类似的情况。1959 年塞缪尔森研究了当一个社区的报纸罢工而邻近另一个社区的日报照常发行时，两个社区对当前公共事件的认知情况[1]。调查在罢工第一周的周末进行，也就是在罢工社区的公众尚未实施大量替代性媒介行为之前进行。由于少了一份报纸意味着文化程度高的人对大众媒介日常新闻的关注减少，所以假设这部分人因报纸罢工而相对“损失”较大，为此，罢工社区高教育程度与低教育程度人群间的知识差异，应低于另一个未出现罢工的社区。

由于非罢工社区的样本中只有 9 人的学历低于高中程度，因此对这一调查的分析只在每个社区的高中学历群体与大学学历群体之间进行。正如“知沟”假设所构想，在第一周，非罢工社区内不同教育程度之间的知识差异大于报纸罢工社区（表2，分别相差 1.08与 0.44），这一对比效果在统计学上的显著性大于 0.01[2]。同样，这些数据并不排除其他原因，如罢工社区的受教育程度与公共事务知识的相关性本来就比较低。虽然这两个社区在地理上很接近，但非罢工社区规模较小，工业化程度较低，而且所选取样本的社会

1　数据来自梅里尔·赛缪尔森的《报纸罢工中的新闻寻求行为》，博士论文（未发表），斯坦福大学，1960。
2　这里的方差分析取的是数目不等的各组平方的平均值。

经济水平总体上偏高。由于缺少罢工前后的数据比较，对这些数据的解释也只是一种假设。

表 2

社 区	高中文化程度	大学文化程度	相 差
报纸罢工	4.07（N=153）	4.51（N=142）	.44
非罢工	4.38（N=40）	5.46（N=56）	1.08

明尼波利斯与圣保罗市的实验

尽管上述许多数据符合“知沟”假设，但其包含的事实是由推论而不是经过观察得来的。如果总的假设正确，受教育程度与已得到大量报道的文章中的知识之相关性，应强于较少报道的文章中的知识。由于文化程度高的人以往对大量报道的话题已有较多接触，因此比文化程度低的人更容易掌握更多的知识。[1]

近期在明尼波利斯和圣保罗市区进行的调查，在这方面提供了一项更为直接的检验。它就 22 篇医学和生物学研究文章及 21 篇社会科学文章进行了阅读者理解测量，这些文章选自 1967 年夏季和 1967 至 1968 年冬季的中西部都市报纸。研究者分析了这些文章的题材范围，因为文化程度与对医学新闻的理解常常呈现曲线[2]。而且，被选用文章所涉及的领域在先前的媒介报道量上必须有所不同。[3]

1968 年 4 月，在明尼波利斯和圣保罗市区选出了 600 个区域概率样本，对其进行了访问。访员要求每个受访者阅读两篇不同的新闻稿，把每篇文章交给受访者时，访员会问受访者：“如果你愿意，能否读一遍？”等受访者读完，访员把文章收回后再问对方：“根据你的记忆，这篇文章写了些什么？”访员事先得到指导，为受访者的回忆提供两项提示。94％多一点的受访者至少阅读了两篇文章中的一篇，每篇文章最多被 20 名受访者阅读过。实验安排了对照组，每篇文章先给 10 名受访者，然后再给另 10 名受访者。

接着，根据受访者的每一个“对内容的分别陈述”进行了分析。“对内容的分别陈述”被界定为一种特定的论断，受访者提供的任何合格表达都作为论断的一部分，并联系文章中引用的资料，以判断受访者陈述的准确性。阅读者的“理解”被界定为，受访者的陈述高于根据资料列出的 7 分“准确积分”中间以上的数目。

这一回忆测量是开放式的，所以可能并不看重受访者以后“辨别”这些信息的能力，

1 表 1 中的趋势分析，显示三个教育程度组在统计上的显著性都大于 0.001。我们有理由推断这几种趋势基本呈直线。

2 蒂契纳：《美国成人中的科学知识及传播》，博士论文（未发表），斯坦福大学，1965 年；席勒·克里波姆：《科学、新闻与公众：全国科学作家协会报告》，纽约大学出版社 1958 年版，第 5 页。

3 调查一共采用了 60 篇文章，但那些与医学、生物或社会科学无关的主题差异性很大，其先前报道量太小而不适合在此分析。

但它测量了受访者描述新闻稿内容的能力，因此，可以推测受访者能把这些信息传递给社会系统。

一篇文章的报道量被操作性地界定为，在过去一年中，同一话题范畴的文章在两个城市四家日报的其中一家头版出现的次数。假定能登上头版构成主要的媒介宣传量，对医学和生物学来说，“得到宣传较多”意味着两次以上的头版报道；对于社会科学来说，则意味着四次以上的头版报道。

发现

由于受访者对第二篇文章的反应可能与第一篇文章不同，因此对结果分别作了分析。（见表 3）新闻稿的分配在第一组与第二组中出现重复。但表 3 中“第一次文章阅读”的数据代表了四个独立的分组样本，“第二次文章阅读”也是同样。

表 3

在两个一般领域中教育程度与对科学文章（宣传量不同）理解的相关性

领域	第一次阅读		第二次阅读	
	宣传较多的话题	宣传较少的话题	宣传较多的话题	宣传较少的话题
医学和生物	$r=.109$ （N=84） n.s.	r=.032 （N=111） n.s.	r=.264 （N=90） $p < .02$	r=.165 （N=108） n.s.
社会科学	r=.278 （N=104） $p < .01$	r=.228 （N=93） $p < .05$	r=.282 （N=91） $p < .01$	r=.117 （N=97） n.s.

表 3 中受教育程度与理解的相关性的总体模式符合假设，在四个对比组的每一个中，“得到宣传较多”的文章往往显示出较高的相关性。对于第一次文章阅读，根据先前的宣传量，相关性并没有发现显著的变化，但对第二次文章阅读，分组样本阅读报道量大的话题的相关系数就明显大于零，而阅读报道量较少的话题的相关系数就不显著。医学—生物学与社会科学文章均符合这一模式。

不出所料，报道量大的医学—生物学话题，其受教育程度与理解的关系呈曲线，也就是说，对于报道量大的话题与报道量小的话题的理解，其差异性最大的部分处于中间段，而不是教育程度的最高段。这一模式再一次显示了中等教育程度的人对医学和健康信息的兴趣最大。

报道量与知晓度

大部分数据都符合“知沟”日趋扩大的假设，在这个意义上，这一假设是可以成立的，它为媒介对“大众”的影响提供了一种清醒的思考。至少，从上述调查的话题看，大众媒介似乎具有与其他社会机构一样的功能：加剧或扩大了现有的不平等。

如果说媒介扩大了鸿沟，那么，在什么情况下这些鸿沟能得以弥合？当然，有些观念被人们普遍接受，尽管没有调查数据，但无疑，1969 年 7 月的“月上行”之后，人们就普遍接受了人类能到达月球这一现实。但媒介的信息资源是有限的，1969 年的太空壮举可能是一个突出的例外，一个更为普遍的原理是：在“知沟”弥合之前，媒介的报道量往往开始减退，这一趋势在科学领域尤为明显，一项新的发现或进展使昨日的新闻话题很快过时，一旦人类进入了太空轨道，媒介就不再关注人造地球卫星了。如果这是一个通则，那么期望通过大众媒介以弥合在科学和公共事务的广泛领域内的“知沟”现象，似乎只能令人失望。要让低阶层人群对当今事件和发现的知晓度不至于远远落后，可能需要其他的大众信息发布系统。

以上分析在很大程度上集中于印刷媒介的宣传，它可能不适用于从电视中得到的知识——至少其程度不同。由于电视的使用往往与受教育程度的关系不大，因此电视可能在某些领域是“知识的均衡器”。电视是否具有这种均衡的功能，是一个亟待研究的问题。

即使这一分析的结果成立，它也并不仅仅针对信息宣传活动的“失败”。……遍及全社会的巨大知识差异的产生，其本身就具有深刻的社会影响，而且可能在未来的社会变迁中构成一个关键因素。就文化程度高的群体是社会和技术变革的“先锋”而言，他们对媒介知识的快速获取可能具有一定的社会功能。但与此同时，知识差异可能导致社会系统中的紧张地增加。例如，已有人认识到黑人与白人之间的不平等也表现为两者在新信息的知晓方面的相对差异。从定义上看，“知沟”意味着“传播／沟通之沟”（communication gap），它对社会问题的解决提出了一个特殊的挑战。

（丁未 译）

选自张国良主编《20 世纪传播学经典文本》，复旦大学出版社，2003，第 563–575 页

4. 复习问题

（1）简述“知沟”假说。

（2）分析“知沟”出现或加剧的原因有哪些？

（3）蒂奇诺等怎样证明“知沟”假说成立？

5. 思维训练

（1）你认为传播技术的发展有助于消除“知沟”吗？为什么？

（2）思考“知沟”与“数字鸿沟”的联系与区别。

十、“媒介议程设置了公众议程”

——马克斯韦尔·麦库姆斯等：《议程设置：新闻媒体与舆论》（节选）

1. 写作背景

传播学诞生以来，对大众传播效果的研究经历了不同的阶段。魔弹论是关于大众传播最早的效果认识，它认为大众传播具有非常大的效果。后来，拉扎斯菲尔德对总统选举的研究开创了有限效果论时代。之后的一些研究，诸如议程设置理论等，却认为大众传播的效果要比有限效果大得多。

实际上，议程设置的思想早有迹可循。1922 年，李普曼在《舆论》中就显示了议程设置的思想。拉斯韦尔受到李普曼的影响，在《社会传播的结构与功能》一文中，提出通过描绘世人的注意框架可以研究传播效果，这已经注意到传播效果的一个主要表现是受众的注意。施拉姆描述的“信息传递的方向是由传播者到达受众”已经指出了议程设置思想的核心*。这些思想和观点影响了传播学者对新闻媒介设置公众议程的思考。

*唐纳德·肖、戴维·韦弗：消息与余留，载马克斯韦尔·麦库姆斯、塞巴斯蒂安·瓦伦苏埃拉：《议程设置：新闻媒体与舆论（第三版）》，郭镇之、徐培喜译，北京大学出版社，2023，前言第 4 页，第 6 页。

1972 年，马克斯韦尔·麦库姆斯和唐纳德·肖在《舆论季刊》上发表了《大众传媒的议程设置功能》，这是第一个系统地研究议程设置的经验报告。麦库姆斯等对议程设置假设的构想产生于 1967 年某日对《洛杉矶时报》头版新闻报道编排的观察。那天有三条重要新闻都可以被放在头版头条，新闻放在头版头条或是不显眼的位置，其影响力会不会因此减弱？同年秋天，麦库姆斯转到北卡罗来纳大学查普希尔分校，在那里与肖建立了合作关系。麦库姆斯带着对之前问题的思考，在北卡罗来纳大学查普希尔分校，与肖一起对 1968 年美国总统选举期间那些态度犹豫未决的选民做了一次调查。研究表明，新闻媒体具有议程设置作用。

麦库姆斯收集与议程设置相关的主要观点和实证研究，写成《议程设置：大众媒介与舆论》一书，描述了议程设置理论产生和发展的过程，以及它在塑造舆论方面所起的作用。后来，麦库姆斯与拉丁美洲的传播学者塞巴斯蒂安·瓦伦苏埃拉合作，完成了《议程设置：新闻媒体与舆论（第三版）》的编写。

2. 阅读提示

舆论研究是大众传播研究的重要内容之一，以往围绕舆论所进行的社会科学调查主要探测观点的分布，不过，在探测观点分布前，我们首先需要知道有哪些议题在舆论的中心。议程设置就是新闻媒体影响议题在公众议程上的显著性能力。早在 1922 年，李普曼在《舆论》中就指出，新闻媒介建构起我们对于这个世界的想象。因此，把目光转向舆论形成的初期非常有意义。

1968 年麦库姆斯和肖在查普希尔研究中假设大众媒介可以影响议题在选民议程上的显著性，进而影响政治竞选议题，简而言之就是媒介议程设置了公众议程。为了检验这个假设是否成立，查普希尔研究分为两部分进行：其一调查公众议程，请犹豫未决的选民指出他们认为最重要的议题；其二描述媒介议程，对九家新闻媒体在同一时期的报道进行内容分析，最后发现，在 1968 年美国总统选举期间，主要的五个议题在选民心中的重要性与它们在媒体报道中的显著性几乎完全一样。

查普希尔研究及后续许多关于议程设置的研究，都证实了媒介议程和公众议程的因果关系。在查普希尔研究中，媒体主要包括报纸、电视网以及新闻杂志。近些年来，随着互联网和社交媒体的快速发展，议程设置研究进入了一个新时代。因此，在《议程设置：新闻媒体与舆论（第三版）》中增加了关于“一种新的传播景观”的讨论。近年来的研究证实以下三个重要的研究问题：其一，网络媒体同样对公众产生议程设置效果；其二，传统媒体的议程设置作用仍然具有强大的影响力；其三，传播格式塔的集合影响大于特定传播渠道影响之和。

3. 文献原文

议程设置：新闻媒体与舆论（节选）

第一章　影响舆论

美国幽默作家威尔·罗杰斯（Will Rogers）喜欢在他的讽刺性政治评论的开头说这

么一句话："我知道的所有事情都是从报纸上读来的。"这句评论是对我们拥有的关于公共事务的大部分知识与信息的简洁概括，因为我们关注的议题和产生的担忧大多都与个人的直接经验无关。很久以前，沃尔特·李普曼（Walter Lippmann）就在《舆论》（*Public Opinion*）一书中指出："那个我们必须在政治上与之打交道的世界，我们摸不着，看不见，也想不到。"[1] 在罗杰斯与李普曼的时代，日报是人们获知公共事务的主要来源。今天，虽然我们已经拥有极大扩充了的全套传播渠道，但是核心的问题依然不变。对于公众议程上几乎所有的事情，公民接触的只是二手现实，这种现实是由新闻工作者对这些事件与局势的报道建构而成的，而这些报道反过来又被使用者借助数字和移动媒体放大、转化并加以评论。

社会学家罗伯特·帕克（Robert Park）同样捕捉到了我们与新闻媒体的双向关系，并以新闻的"信号功能"（signal function）这一令人尊崇的短语简练地描述了这种情形。[2] 新闻每天提醒我们关注自己无法亲身经历的大环境中的最新事件与变化。但是新闻媒体所做的事情，远远超过告知重大事件与议题的范围。通过日复一日的新闻筛选与呈现，新闻工作者聚集我们的注意力，影响我们对当前什么是最重要的事件的认识。新闻媒体这种确认关键议题和话题并影响它们在公众议程上的显著性（重要性）的能力，后来就被称作新闻媒体的议程设置功能。

新闻媒体每日提供大量线索，表明各种话题在当日议程上的相对重要性。报纸的头版头条报道、一篇报道在网站上的位置、一篇报道的长度，甚至一篇报道所获得的社交媒体互动量，都能传达出某些话题在新闻议程上的重要性。电视新闻议程的容量十分有限，因此，即使只是被电视晚间新闻简要提及，也是一个强烈的信号，足以表明某个话题的重要性。更多的线索还体现为新闻播报中的位置、报道时间的长短。对于所有传播媒介来说，日复一日地重复某个话题，是凸显其重要性的最有力的信息。

公众利用这些来自新闻媒体的显著性线索去组织他们自己的议程，并决定哪些是最重要的议题。时间长了，新闻报道所强调的议题就成为公众认为最重要的议题，新闻媒体的议程就在相当程度上成为公众的议程。换句话说，新闻媒体在很大程度上设置了公众的议程。在公众中建立这种显著性，将新闻中的某个议题、事件、公众人物或者重大因素置于公众议程，使之成为公众关注和思考的焦点，甚至成为公众采取行动的契机，这是舆论形成的初始阶段。

对舆论的讨论通常围绕观点的分布进行：多少人赞成，多少人反对，以及多少人还没有作出决定。这就是新闻媒体及大量新闻受众对民意测验深感兴趣的原因，在政治竞选时期尤其如此。但是，在考虑观点的分布之前，我们需要知道哪些因素位于舆论的中心。

1 Walter Lippmann, Public Opinion (New York: Macmillan, 1992), p. 29.
2 Robert Park, 'News as a form of knowledge', American Journal Sociology, 45 (1940): 667–686.

人们会对许多事情形成看法，但是对他们而言，真正重要的事情只占少数。新闻媒体的议程设置功能，便是它们对某个关注对象（例如一个争议性话题，或者一位政治候选人）在新闻中的显著性的影响，以及对相当多的人是否认为这个对象值得自己关注并形成看法的影响。

虽然有许多议题在竞争公众的注意，但只有少数议题最终成功地获得了关注。而新闻媒体对我们的认知——什么是现在最重要的议题——发挥了重要的作用。在专业新闻媒体机构中，这并不是蓄谋已久、有意为之的，如同“要有一个议程”的说法。试图产生特定的影响，属于党派媒体、宣传、广告和所谓“假新闻”网站以及其他寻求说服的传播形式的领域。[1]专业新闻媒体志在告知，而非说服。它们的议程设置作用并不是来自说服的努力，而是一种不经意的影响，因为新闻媒体必须在其关于当前最重要的新闻的报道中选出并强调几个主题。

专业新闻媒体对新闻客体的显著性及有关这些客体的特定观点的影响之间存在差别。伯纳德·科恩（Bernard Cohen）曾观察到并总结了这种差别，他指出，新闻媒体在告诉人们“怎么想”（what to think）方面可能并不成功，但是在告诉人们“想什么”（what to think about）方面则异常成功。[2]换句话说，新闻媒体可以为公众的思考与讨论设置议程。有的时候，新闻媒体所做的超过了这一点；而另外一些时候，新闻媒体则未能做到这一点。因此，我们有必要在后面的章节扩展科恩那令人信服的观察。但是首先，让我们更细致地考虑舆论形成的最初阶段：抓住公众的注意力。

一、我们关于世界的图像

李普曼是现在我们简称为“议程设置”的思想的知识先祖。在他于1922年出版的经典著作《舆论》中，开篇第一章就叫做“外部世界与我们头脑中的图像”。虽然李普曼并没有使用“议程设置”这一词语，但是在这一章中他概括了议程设置的想法。他的论点是，新闻媒体作为我们了解直接经验之外的大千世界的窗口，决定了我们有关那个世界的认知图式。李普曼主张，舆论的反应并非针对真实的环境，而是针对新闻媒体创造的拟态环境（pseudo-environment）。

在初版问世一个世纪之后，《舆论》一书目前仍在印刷。这本书提供了一连串引人入胜的轶闻证据，以支持其理论。例如，在书的开头，李普曼讲述了一个令人信服的故事：“1914年，在一座海岛上，住着一些英国人、法国人与德国人。”第一次世界大战爆发

1　然而，宣传也可能具有议程设置效果。例如，有证据显示，“假新闻”网站，即那些故意散布误解和捏造内容的网站，在2016年美国总统选举期间影响了基于事实的媒体议程；见Chris J. Vargo, Lei Guo, and Michelle A. Amazeen, 'The agenda-setting power of fake news: a big data analysis of the online media landscape from 2014 to 2016', *New Media and Society*, 20 (2018) : 2028–2049。

2　Bernard Cohen, *The Press and Foreign Policy* (Princeton, NJ: Princeton University Press, 1963), p. 13.

已逾六周，但直到一艘邮轮来到这个岛屿，这些朋友才知道他们彼此成了敌人。[1] 李普曼写作此书是在 20 世纪 20 年代，他是在用时新的例子补充自己在序言中提到的柏拉图洞穴寓言。李普曼用自己的话说出了苏格拉底的观点："不管我们对所处环境的认识是多么间接……只要我们相信头脑中关于环境的图像是真实的，我们便将它认作环境本身。"[2]

二、当代的经验证据

现在，关于传播媒介议程设置作用的经验证据已经证实并详细描述了李普曼粗线条的观察。当议程设置命题最初提出的时候，它遭遇到的是传播学者中流行的有限效果范式，亦即认为大众媒介在改变人们认知和态度方面效果有限的理论。与之相反，议程设置研究显示，新闻媒体在短期内具有强大的、直接的效果，不是影响人们思想的内容（what to think），而是影响人们思想的对象（what to think about）。

不过，作为一种关于舆论形成的理论，议程设置的实证研究很晚才流行起来，远远迟于李普曼的著作。《舆论》出版于 1922 年，而对大众传播如何影响舆论的最初科学调查发生在十多年后。而整整五十年后，首次明确针对大众传播议程设置功能的调查研究的成果才得以出版。

关于大众传播对舆论的效果的系统分析始自 1940 年美国总统选举，这是建立在科学调查之基础上的实证研究。当时，社会学家保罗·拉扎斯菲尔德（Paul Lazarsfeld）与其哥伦比亚大学的同事、民意调查专家埃尔莫·罗珀（Elmo Roper）合作，对俄亥俄州伊利县的选民进行了七轮采访。[3] 调查结果不仅出乎大众预料，而且令学者感到意外，这些调查以及接下来二十年在其他地区进行的后续调查研究，并没有发现多少大众传播影响人们的态度和观点的证据。伊利县调查二十年后，约瑟夫·克拉珀（Joseph Klapper）在《大众传播的效果》（*The Effects of Mass Communication*）一书中宣布了所谓的最小后果定律（Law of Minimal Consequences），并盛行一时："大众传播通常不是受众效果的必要和充分的原因；而是居于一系列中介性的功能和影响中，并通过它们起作用。"[4]

然而，20 世纪 40 年代和 50 年代进行的这些早期社会科学调查确实发现了许多证据，证明人们从新闻媒体处获取了信息，尽管这些信息并没有改变他们的观点。选民也的确从新闻中学到了东西。而从新闻业的角度看，确保人们获得信息是比说服人们接受特定观点更加核心的问题。多数新闻工作者更关心告知信息。说服是社论版的事情；然而，即便在社论版，告知信息仍然是核心问题。此外，即使在最小后果论被广泛接受而成为传统智慧之后，许多社会科学家的心中仍有一种挥之不去的疑问，他们认为重大的媒介

1 Lippmann, *Public Opinion*, p. 3.

2 Ibid., p. 4.

3 Pual Lazarsfeld, Bernard Berelson, and Hazel Gaudet, *The People's Choice* (New York: Duell, Sloan, and Pearce, 1944).

4 Joseph Klapper, *The Effects of Mass Communication* (New York: Free Press, 1960), p. 8.

效果并非没有，只是尚未被发掘或者测量出来而已。此时，在检验媒介效果方面，研究范式转换的时机已经成熟，这种转换就是从关注说服转向关注传播过程更早阶段的告知。

在李普曼之后，社会科学领域的其他作者也提出过这样的观点：新闻媒体影响人们将什么视为时下相关议题。[1] 不过，直到 1968 年，在美国总统竞选期间，北卡罗来纳大学新闻学院的两位年轻教授在查普希尔市开展了一次小型调查，这一观念才得到了适当的实证检验。他们的核心假设是："大众媒介"通过影响议题在选民中的显著性来为政治竞选设置议题议程。两位教授，也就是唐纳德·肖和马克斯韦尔·麦库姆斯，还为大众传播这种假定的影响拼造了一个名字："议程设置"。[2]

检验这个关于议程设置的假设，需要比较两组证据：一组描述公众议程，即查普希尔选民最关注的系列议题；另一组描述这些选民使用的新闻媒体中的议题议程。如框 1.1 所示，议程设置理论的核心论点是：随着时间的流逝，新闻中强调的那些方面将会变成公众认为重要的议题。换句话说，媒介议程设置了公众议程。与最小后果论相反，这是一种传播对公众产生强大因果性效果的论断——显著性由媒介议程转移到公众议程。

框 1.1 新闻媒体的议程设置作用

媒介议程		公众议程
新闻报道模式		公众的关注
最突出的公众议题	———→ 议题显要性转移	最重要的公众议题

为了确定 1968 年总统选举期间查普希尔的公众议程，调查者通过随机抽样对那些尚未作出投票决定的选民进行了调查。由于这个议程设置新假设与当时关于大众媒介效果的主流观点背道而驰，调查者只访问了那些犹豫未决的选民。原因在于，如果在最适宜的条件下，亦即在这些尚未决定投票给谁的选民中，还不能发现议程设置效果的话，那么就没有什么理由再到一般大众中去探究这个问题了——因为在竞选活动中，公众对某个政党的长期心理认同及选择性认知的过程通常会削弱大众传播的效果。

在调查中，研究者请这些犹豫未决的选民指出当前他们认为关键的议题，不管总统竞选人对这些议题的观点如何。按每个议题有多少比例的选民提及进行排序，这些序列议题就构成了公众议程。应该注意的是，按照公众提及议题的频率进行排列，比仅依据

---

1 例如，Robert E. Park，'The city：suggestions for investigation of human behavior in the urban environment'，in Robert E. Park and Ernest W. Burgess，eds.，*The City* （Chicago，IL：University of Chicago Press，1925），pp. 1–46；Paul F. Lazarsfeld and Robert K. Merton，'Mass communication，popular taste and organized socialuction'，in Guy E. Swanson，Theodore M. Newcomb，and Eugene L.Harley，eds.，*Readings in Social Psychology* （rev.edn） （New York，NY：Henry Holt and Company，1952），pp. 74–85。

2 Maxwell McCombs and Donald Shaw，'The agenda setting function of mass media'，*Public Opinion Quarterly*，36 （1972）：176–187.

公众的关注程度将系列议题分为高、中、低三档要准确得多。

研究者还对这些选民使用的九种主要新闻来源进行了内容分析。这些新闻来源包括五份地方与全国性报纸、两家电视网与两份新闻杂志。各个议题在媒介议程上的排列顺序取决于近几周来关于它们的报道数量。尽管这项研究并非首次将民意调查与内容分析结合起来评估特定媒体内容的影响，但同时使用这两种方法测量大众传播效果在当时还比较罕见。

在 1968 年美国总统竞选期间，五个议题主导了媒体与公众的议程——外交政策、法律和秩序、经济、公共福利、公民权利。查普希尔的选民对这些议题的排列顺序与之前二十五天这些议题在新闻媒体上的排列顺序几乎完全对应。而在未作出决定的选民中，这五个关键竞选议题的显著性与它们近几周在新闻报道中的显著性实际上是完全相同的。

不仅如此，与作为大众传媒有限效果论的思想基石的“选择性认知”相比，议程设置概念所表达的媒介具有强大效果的观点更能解释议题在公众议程上的显著性。要明白，议程设置并非回到原先的魔弹（magic bullet）或者皮下注射（hypodermic needle）等媒介万能效果论，也不是将受众视为消极等待新闻媒体设定程序的机器人。但是，议程设置理论确实给新闻媒体指派了一种为公众议程倡导议题的核心作用。或者借用李普曼的话说，新闻媒体提供的信息在建构现实图像方面发挥了关键作用。不仅如此，正是新闻媒体提供的总信息集，影响了我们关于现实的各种图像。

与此相反，选择性概念将核心影响力归于个体，并根据媒体内容与个体已有的态度和观点的契合程度将其分成不同的层次。从这种观点出发，研究者常常假定，新闻媒体很少能改变个体的议题优先次序，因为个体会尽可能去接触支持自己想法的信息，并搜寻自己早已视为重要的议题的相关新闻。例如，在选举中，一般会预测选民会将最大注意力投向他们偏爱的政党所强调的那些议题。

那么，公众议程最可能反映哪一种情况呢？是议程设置理论假设的那种结果，即选民接受新闻中全部的议题议程，还是选择性认知理论假设的那种结果，即选民接受自己所偏爱的政党提出的议题议程？

为了回答这些问题，那些犹豫未决但又有一定倾向（虽然还未达到坚决支持某一候选人的程度）的选民被分成三个小组：民主党的支持者、共和党的支持者，以及乔治·华莱士（George Wallance）的支持者——华莱士是那场选举中的第三方候选人。对于这三组选民中的每一组，研究者都采用哥伦比亚广播公司（CBS）电视网中的新闻报道进行配对比较：选民小组的议题议程与 CBS 的所有新闻报道对比；选民小组的议题议程与 CBS 播出的这个小组所偏爱的政党和候选人的新闻报道对比。接着，对全国广播公司（NBC）、《纽约时报》以及一家地方日报重复了这种形式的比较。最后，需要对比十二对相关关系：三个小组乘以四种新闻媒体。

在每一组关系中，哪一对相关性更强？是将选民与所有新闻报道相比较的议程设置相关性更强，还是将选民与他们所偏爱的政党和候选人的新闻报道相比较的选择性认知相关性更强？结果发现，在十二对关系中，八对支持了议程设置假设；一对没有发现差异；只有三对支持了选择性认知假设。关于媒介强大效果的一个新视角站稳了脚跟。

……

六、一种新的传播景观

近几十年来，随着传播渠道的大量扩展，特别是互联网站点和个人化社交媒体的持续增长，我们已经进入一个议程设置研究的新时代，需要为三个主要的研究问题寻找答案。

1. 网络媒体会对公众产生议程设置效果吗?

在 20 世纪 90 年代和 21 世纪初的大多数时间里，对网上媒介议程设置效果的关注都集中于这样的问题，即新闻网站、博客、电子公告牌、竞选网站和搜索引擎等如何影响传统媒体——或者被传统媒体所影响，这种现象通常被称为“媒体间议程设置”。一般而言，证据显示了主流媒体与网络媒体之间的双向关系，两类议程相互作用、彼此强化。[1] 随着 21 世纪头十年中期社交媒体平台及新的党派喉舌的到来，这些关于议题议程互惠作用的最初发现大部分得到了验证。[2]

在关于媒体间议程设置的比较研究中，鲜少有研究记录下网上媒介议程对公众议程产生的效果。不过，针对这一问题的一项初步的概述性研究，却发现了对议程设置基本

---

1 Mike Gruszczynski and Michael W. Wagner, ‘Information flow in the 21st century: the dynamics of agenda-uptake’, *Mass Communication and Society*, 20 (2017): 378–402; Sharon Meraz, ‘Using time series analysis to measure intermedia agenda-setting influence in traditional media and political blog networks’, *Journalism and Mass Communication Quarterly*, 88 (2011): 176–194; Kevin Wallsten, ‘Agenda setting and the blogosphere: An analysis of the relationship between mainstream media and political blogs’, *Review of Policy Research*, 24 (2007): 567–587.

2 特定个案研究可见：Jacob Groshek and Megan Clough Groshek, ‘Agenda-trending: reciprocity and the predictive capacity of social networking sites in intermedia agenda-setting across topics over time’, *Media and Communication*, 1, 2013: 15–27; Raymond A. Harder, Julie Sevenans, and Peter Van Aelst, ‘In-termedia agenda setting in the social media age: How traditional players dominate the news agenda in election times’, *International Journal of Press/Politics*, 22, 3 (2017): 275–293; Ingrid Rogstad, ‘Is Twitter just rehashing? Intermedia agenda setting between Twitter and mainstream media’, *Journal of Information Technology and Politics*, 13, 2 (2016): 142–158; Ben Sayre, Leticia Bode, Dhavan Shah, Dave Wilcox, and Chirag Shah, ‘Agenda setting in a digital age: tracking attention to California Proposition 8 in social media, online news and conventional news’, *Policy and Internet*, 2, 2 (2010): 7–32; Kathleen Searles and Glen Smith, ‘Who’ s the boss? Setting the agenda in a fragmented media environment’, *International Journal of Communication*, 10 (2016): 2074–2095; Sebastián Valenzuela, Soledad Puente, and Pablo M. Flores, ‘Comparing disaster news on Twitter and television: An intermedia agenda selling perspective’, *Journal of Broadcasting and Electronic Media*, 61 (2017): 615–637; Chris J. Vargo and Lei Guo, ‘Networks, big data, and intermedia agenda setting: an analysis of traditional, partisan, and emerging online US news’, *Journalism and Mass Communication Quarterly*, 94 (2017): 1031–1055。

假设的强大支持证据。[1]例如，在2010年美国参议院选举期间，对竞选网站的一次分析发现，候选人网站在印第安纳波利斯选民中成功地影响了七个议题的显著性。[2]转向对网上新闻媒体进行研究，如前所述，已发现CNN网络版的读者增加了对一系列国家议题的关注；而在一次实验室研究中，阅读《纽约时报》网络版的受试者也增加了对外交事务的关注。[3]在韩国，两个非传统的网上新闻社——OhmyNews（哦！我的新闻）和PRESSian（报料人）——影响了公众对美国军车导致两个女孩死亡事件的关注，这一争议事件引发了大规模的反美抗议活动。[4]网络媒体和传统媒体的议题议程的同质性，无疑有助于数字渠道对公众的优先选项施加强大的影响，我们将简要讨论一下这个话题。[5]

随着过去几十年社交媒体的兴起，研究者已将关注焦点置于脸书和推特等社交平台在影响公众议程方面所起的作用。在西班牙进行的一项研究，借助传统的“最重要问题”，检验了通过脸书消费新闻的行为是否背离集合性公众议程的个性化议程有关。[6]将受众调查与网页追踪的数据相结合，作者们发现：个体越多地使用脸书作为获取新闻的门径，他们提及公众议程上前两个议题的可能性便越小（当时公众议程上的两大议题是失业与腐败）。尽管统计结果是显著的，但效果却很小。特别是，那些不使用脸书看新闻的人在回答“最重要问题”时，有47%的可能提及失业与腐败；在一般脸书用户中，这种可能性降至35%。然而，对比调查对象提及的全部“最重要问题”，统计结果却显示，脸书的影响并不显著。

另一项研究[7]分析了美国36家新闻媒体与随机抽取的不同使用者两年内所发推文的相互影响。首先，在媒体机构与不同类型的使用者（即关注推特的公众、一般公众、民主党支持者和共和党支持者）群体之间，关注议题的相关系数从+0.55到+0.79不等。这意味着，在议题议程之间存在中度到有力的相关关系。其次，最重要的是，时间序列分析可以建立因果关系：究竟相关性是源自新闻媒体在推特上设置公众议程的能力，还

1 Hai Tran, ‘Online agenda setting: a new frontier for theory development’, in ***Agenda Setting in a 2.0 World***, ed. Thomas J. Johnson (New York: Routledge, 2013), pp.205–229.

2 Jason Martin, ‘Agenda setting, elections and the impact of information technology’, in ***Agenda Setting in a 2.0 World***, ed. Thomas J. Johnson (New York: Routledge, 2013), pp.28–52.

3 Conway and Patterson, ‘Today’s top story?’; Althaus and Tewksbury, ‘Agenda setting and the “new” news.’

4 Yonghoi Song, ‘Internet news media and issue development: a case study on the roles of independent online news services as agenda-builders for anti-US protests in South Korea’, ***New Media and Society***, 9 (2007): 71–92.

5 Jae Kook Lee, ‘The effect of the Internet on homogeneity of the media agenda: a test of the fragmentation thesis’, ***Journalism and Mass Communication Quarterly***, 84 (2007): 745–760.

6 Ana S. Cardenal, Carol Galais, and Silvia Majó-Vázquez, ‘Is Facebook eroding the public agenda? Evidence from survey and web-tracking data’, ***International Journal of Public Opinion Research***, 31 (2019): 589–608.

7 Pablo Barberá, Andreu Casas, Jonathan Nagler, Patrick J. Egan, Richard Bonneau, John T. Jost, and Joshua A. Tucker, ‘Who leads? Who follows? Measuring issue attention and agenda setting by legislators and the mass public using social media data’, ***American Political Science Review***, 113 (2019): 883–901.

是反过来，来自公众的讨论对其后的新闻议程的影响？结果是相当一致的：

> 值得注意的是，在每一案例中，以媒体关注的变化来预测之后所有受众关注的变化都更加可行，而不是相反，由此可以确认：媒体机构在引导政治关注方面发挥关键作用。[1]

总而言之，现有研究确认了从媒介议程到公众议程的显著性转移。这种证据不仅发现于传统的新闻媒体机构，也来自新的互动性数字平台。[2]也就是说，只要人们还使用媒体，媒体内容为公众的关切设置议程的潜力便始终存在。

2. 网络媒体激增削弱了传统媒体的议程设置作用吗?

近几十年来，传播景观正在转型，先是有线电视，紧接着是卫星电视，加入了传统的大众传播媒介队伍；现在，网站和个人化的社交媒体又急剧增加。随着传播景观的转变，一些观察家已经预言：我们在过去半个多世纪里所观察到的议程设置效果将会减弱，如果不是完全消失的话。[3]这个预言的论据是，大量互动式媒体带来的无数内容加剧了对注意力的竞争，于是挑战了传统新闻在人们日常媒介使用中的地位。[4]然而，尽管对这种可能性的猜测十分流行，但迄今为止，占压倒优势的证据却告诉我们，媒介议程设置的作用仍在持续。借用马可·吐温（Mark Twain）给美联社的著名电报中的话，就是——关于议程设置已经死亡的报告是极为夸张的。

一项广泛的历时性研究分析了《纽约时报》自1956年至2004年报道的公众在盖洛普民意调查中对"国家面临的最重要问题"的回答，结果表明：这些效果的强度虽有变化，但并未发现随着时间的推移而清晰可辨的趋势。[5]在更近的一项时间序列分析中，这一发现得到了验证。来自瑞典的这个研究收集了1992—2014年的媒体内容和舆论资料，同时，作者们就12个不同政治议题的相关公众意见分析了整体层面和个体层面的议程设置效果。研究结果显示，在2014年，亦即存在很多可选媒介的年代，传统的新闻媒

---

1 Ibid., p.897.

2 G.R. Boynton and Glenn W. Richardson, Jr, 'Agenda setting in the twenty-first century', *New Media and Society*, 18 (2016): 1916-1934.

3 Steven H. Chaffee and Miriam J. Metzger, 'The end of mass communication?', *Mass Communication and Society*, 4 (2001): 365-379; Bennett and Iyengar, 'A new era of minimal effects?'; Bruce A. Williams and Michael X. Delli Carpini, 'Monica and Bill all the time and everywhere: The collapse of gate-keeping and agenda setting in the new media environment', *American Behavioral Scientist*, 47 (2004): 1208-1230.

4 很少有人认为，由于高选择的媒介环境，人们的注意力已经减弱。比如，见 Philipp Lorenz-Spreen, Bjarke Mørch Mønsted, Philipp Hövel, and Sune Leh-mann, 'Accelerating dynamics of collective attention', *Nature Communications*, 10, 1759 (2019)。然而，主动关注媒介内容并不是人们学习媒介议程的唯一途径；因为也有证据显示，这种过程同样可能通过相关线索偶然产生。见 Maxwell McCombs and Natalie J. Stroud, 'Psychology of agenda-setting effects: Mapping the paths of information processing', *Review of Communication Research*, 2 (2014): 68-93; Elizabeth Stoycheff, Raymond J. Pingree, Jason T.Peifer, and Mingxiao Sui, 'Agenda cueing effects of news and social media', *Media Psychology*, 21, 2 (2018): 182-201。

5 Yue Tan and David Weaver, 'Agenda diversity and agenda setting from 1956 to 2004: what are the trends over time?', *Journalism Studies*, 14 (2013): 773-789.

体在设置公众议程时仍然像 1992 年一样具有影响力，而那时的选择则非常有限。[1] 同样，在智利进行了一项研究，对广播电视从 2001 年到 2016 年的议程设置能力进行了历时性分析 [2]，发现媒介议程和公众议程之间的相关系数平均为 +0.75。不仅如此，也并没有出现直线下降的趋势——如果说 2001 年的相关系数徘徊在 +0.90 的话，那么到了 2016 年，它还停留在强有力的 +0.80。

另一种追踪因数字渠道激增而发生的议程设置效果的变化的方式，是通过群组分析（cohort analysis）对比不同世代的个体对媒介议程影响的易感性。虽然在新的传播媒介环境中，不同世代的人使用媒介的方式的确出现了分化，但对北卡罗来纳州和路易斯安那州进行的全州范围的调查发现，议程设置的效果在青年、中年和老年世代中的差异很小。[3] 年轻的成年人更依赖互联网而较少关注传统媒体，但这种现象对议程设置效果强弱的影响不大。特别令人信服的是，在路易斯安那州对互联网的高度使用者和低度使用者的议题议程与本州主要报纸的议题议程进行的比较研究。互联网低度使用者的议题议程与报纸议程之间的相关系数是 +0.90，而在互联网的高度使用者中，相关系数是 +0.70。

与此类似，比较《纽约时报》的议题议程与老中青三个世代在 1976 年至 2004 年全部美国选举年的议题议程，在长期趋势中并没有发现与新媒体的出现相关的拐点。[4] 总的模式是，一种议程设置强效果贯穿始终，一代人与一代人之间没有太大的差异，尽管他们使用媒体的方式已然不同。在这些年里，青年一代与媒介议程之间的相关系数中位数为 +0.77，数值范围在 +0.55 至 +0.93 之间。35—54 岁的中年人与媒介议程之间的相关系数中位数为 +0.79，数值范围在 +0.66 至 +0.93 之间。55 岁及以上者与媒介议程之间的相关系数中位数为 +0.77，数值范围在 +0.61 至 +0.93 之间。

不仅如此，前面讨论过的元分析 [5] 也显示，研究成果出版的年份并不是预测议程设置效果强度的重要指标，这意味着，传统的新闻媒体（它们是这篇元分析论文所使用的文章中研究最多的媒体）的影响力像以往一样强大。

过去几十年里议程设置效果的强度，以及它们在当今环境中的持续强度，都来自媒介和公众长期的行为方式。在最初的查普希尔调查中发现的媒介议程之间的高度同质性

---

1 Monika Djerf-Pierre and Adam Shehata, 'Still an agenda setter: traditional news media and public opinion during the transition from low to high choice media environments', *Journal of Communication*, 67 (2017): 733-757.

2 Daniela Grassau, 'Has TV decreased impact on public opinion due to the transformations of the media environment in the 21st century?', paper presented to the International Association for Media and Communication Research, Madrid, 2019.

3 Renita Coleman and Maxwell McCombs, 'The young and agendaless? Age-related differences in agenda setting on the youngest generation, baby boomers, and the civic generation', *Journalism and Mass Communication Quarterly*, 84 (2007): 495-508.

4 Jae Kook Lee and Renita Coleman, 'Testing generational, life cycle, and period effects of age on agenda setting', *Mass Communication and Society*, 17, 1 (2014): 3-25.

5 Yunjuan Luo, Hansel Burley, Alexander Moe, and Mingxiao Sui, 'A metaanalysis of news media's public agenda-setting effects', 1972-2015.

持续至今。巴勃罗·博奇科夫斯基（Pablo Boczkowski）不仅在布宜诺斯艾利斯的主要报纸与网络报纸的新闻议程中看到了高度的同质性，而且发现，自1995年到2005年，这些新闻议程越来越相似。他将这种趋势归因于，现在能从网上和电视上得到的新闻严重过剩，强化了新闻工作者长期以来形成的关注竞争对手的职业习惯。[1]在公众中，强大的议程设置效果源于公民渗透（civic osmosis）：个人持续接触来自众多传播渠道的浩瀚信息海洋。[2]詹姆斯·韦伯斯特（James Webster）和托马斯·克西翁热克（Thomas Ksiazek）对尼尔森公司2009年3月从1000户家庭采集到的电视和互联网数据进行了网络分析，他们提到：

> 我们发现236家媒体的受众高度重复，这意味着公众的关注存在重叠现象，而非由忠实受众组成隔绝的群体。[3]

对多数人而言，接触新闻的范围从习惯性地刻意关注某些新闻渠道，转向在日常生活中偶然地接触其他新闻渠道。而这些新闻渠道的同质性带来的结果则是，公众对时下主要议题的高度共识。

3. 与传播格式塔（整体）的集合影响相比，特定传播渠道的效果如何?

长期以来，对媒介效果的兴趣，常常伴随着对不同传播渠道取得这种效果的相对能力的迷恋。议程设置的研究也不例外。一旦人们了解了议程设置的基本思想，他们马上就会问：哪种媒介最能设置公众议程？在20世纪后半叶，研究的注意力特别指向印刷媒体与电视媒体的比较。现在，对大量社交媒体的研究也加入了这个行列。对这一问题的最好回答是："视情况而定。"不管是所有这些渠道同声齐唱，千部一腔，鲜有差别；抑或是其中一两个渠道在影响力方面明显地超越其他渠道；在这样那样的情况下，形势相当不同。即使在差异的确存在的地方，多数渠道也都对这种议程设置的效果有所贡献。我们是在一片新闻与信息的汪洋大海中游泳，传播渠道的格式塔意味着，总体效果大于部分之和。

然而，在这些年检验媒介效果的研究中，一直存在着强调个别媒介甚于媒介集体的倾向，尤其是在关于媒介效果和政治极化的文献中。这是议程设置文献中在"属性议程设置"标题之下的一批研究成果。例如，在2012年美国大选背景下进行的一项研究发现，与中立的广播网（CNN和NBC）相比，党派渠道（如福克斯新闻网）更强调候选人的

---

1 Pablo Boczkowski, *News at Work: Imitation in an Age of Information Abundance* (Chicago: University of Chicago Press, 2010).

2 Maxwell McCombs, 'Civic osmosis: the social impact of media', *Communication and Society*, 25 (2012): 7–14.

3 James Webster and Thomas Ksiazek, 'The dynamics of audience fragmentation: public attention in an age of digital media', *Journal of Communication*, 62 (2012): 39–56. 引自p.39.

情感属性（如道德、领导力、关爱、智慧和忠诚），由此产生了不同的议程设置过程。[1] 这种研究路径证实，人们受到他们所选择使用的媒体的影响。这样看来，受众的极化以及随之而来的碎片化并未减弱个体层面的媒介效果。

与此相反，“公民渗透”的概念强调了媒介的集体作用。新媒体激增为这种传播格式塔增加了丰富多样的动态渠道。我们畅游于其间的，是潮流越来越多的海洋。我们有必要了解这片海洋中的各种潮流，既包括促进了传播的活水，也包括污染了海洋的污秽。总而言之，我们需要了解作为整体的信息海洋，它是怎样随着时间的推移而变化和更替，又是如何影响到公众议程的。从我们这个领域出现的最早期直到现在，大量的经验证据表明，人们一直从这种传播格式塔中获得新闻和信息。在进行基准式的 1940 年伊利县研究时，拉扎斯菲尔德及其同事便在人们使用的各种大众媒介中发现了相当多的重叠。

> 高度接触某种传播媒介的人也更倾向于高度接触其他媒介。很少有人大量接触一种媒介而极少接触其他媒介。[2]

尽管在回答调查问题时，人们可能举出特定的新闻媒体作为他们主要的消息来源——例如，早晨多数时间阅读的报纸，多少有些规律地收听的广播或者收看的电视新闻——但是，人们远非与更大的新闻环境绝缘。在 1996 年西班牙的全国选举中，人们对所使用的主要媒体的议程的同意程度，与他们对这家媒体主要竞争者的议程的同意程度高度相似。[3] 例如，将《纳瓦拉日报》作为主要新闻来源的选民，与该报议程设置之间的相关系数为 +0.62；而他们对竞争性的地方报纸的赞同程度则为 +0.57。经过 18 组对比，不同媒体相关系数的中位数差异只有 0.09。

回到前面对日报在当前世代中的议程设置效果的比较：

> 尽管证据表明年轻世代不像年长世代一样常常接触传统媒介，的确，他们使用互联网明显更多，但那种径直认为媒介的多元化导致我们所熟知的公众共同议程终结的观点，支持的证据很少。相反，年轻人不同的媒介使用习惯似乎根本没有显著地影响议程设置的效果。[4]

在 2006 年瑞典的全国选举期间，杰斯珀·斯特龙巴克（Jesper Stromback）和斯皮罗·基欧瑟斯（Spiro Kiousis）测量了九种主要新闻媒体的日常新闻使用的影响。他们分析了包括报纸、电视和广播在内的混合数据后发现：

---

1 Hyun, Ki Deuk, and Soo Jung Moon, ‘Agenda setting in the partisan TV news context: attribute agenda setting and polarized evaluation of presidential candidates among viewers of NBC, CNN, and Fox News’, *Journalism and Mass Communication Quarterly*, 93 (2016) : 509–529.

2 Lazarsfeld, Berelson and Gaudet, *The People' s Choice*, p. 122.

3 Maxwell McCombs, Esteban López-Escobar, and Juan Pablo Llamas, ‘Setting the agenda of attributes in the 1996 Spanish general election’, *Journal of Communication*, 50, 2 (2000) : 77–92.

4 Coleman and McCombs, ‘The young and agendaless? .’ 引自 p.503.

> 关注政治新闻对公众感知到的议题显著性产生了明显的和相当强烈的影响；对政治新闻的关注，比对广播和电视上各种特定新闻节目的关注，或者对不同报纸的关注，都更为重要。[1]

这一发现并未否认存在更有力量和更具影响力的报纸、广播电视台和网站。然而，站远点去看，却是更宏大的汇集传播声音的格式塔确定了我们的社会肌理。更常见的是，传播的主要效果产生于媒介的集体作用及公民渗透的持续过程。公民渗透的一个重要方面，便是公众可接触到的新闻渠道数量众多。当个人被问及本地或者全国面临的最重要问题时，回答者提到的不同问题的数目与本地区媒体声音的多寡显著相关。[2]

选自马克斯韦尔·麦库姆斯、塞巴斯蒂安·瓦伦苏埃拉：《议程设置：新闻媒体与舆论（第三版）》，郭镇之、徐培喜译，北京大学出版社，2023，第 1–8，21–27 页

4. 复习问题

（1）述议程设置理论。

（2）议程设置理论属于有限效果论吗？它们之间有什么关系？

（3）什么是查普希尔研究？

5. 思维训练

（1）议程设置和舆论导向一样吗？说说你的理解。

（2）微博、微信等社交媒体出现后，对媒体的议程设置产生了什么影响？

---

1 Jesper Stromback and Spiro Kiousis, 'A new look at agenda setting effects–Comparing the predictive power of overall political news consumption and specific news media consumption across different media channels and media types', *Journal of Communication*, 60 (2010)：271–292. 引自 p.288.

2 Steven Chaffee and Donna Wilson, 'Media rich, media poor: two studies of di–versity in agenda–holding', *Journalism Quarterly*, 54 (1977)：466–476. 也见 Peter Jochen and Claes H. de Vreese, 'Agenda–rich, agenda–poor: a cross–national comparative investigation of nominal and thematic public agenda diversity', *International Journal of Public Opinion Research*, 15 (2003)：44–64.

十一、舆论是“人们能够公开表达而不至于使自己陷入孤立的意见”

——伊丽莎白·诺尔-诺依曼：《沉默的螺旋：舆论——我们的社会皮肤》（节选）

1. 写作背景

德国学者伊丽莎白·诺尔－诺依曼于1973年发表《回归强大的大众媒介概念》一文，提出一种描述舆论形成的理论假设——沉默的螺旋。这代表着大众传播的效果研究进入了强大效果模式。

沉默的螺旋理论是诺依曼在多年民意调查实证研究的基础上形成的。1965年，联邦德国进行议会选举，两个主要的竞选党派在选举过程中的支持率不相上下，但是最后的投票结果却令人困惑，其中一方以较大的优势战胜了另一方。这一现象引起了民意调查机构阿伦斯巴赫民意调查研究所诺依曼的注意，于是她分析了选举期间的有关数据。诺依曼发现，虽然双方的支持率不变，但是在选举期间，人们会试图对民意的散布进行判断，自己的意见是否与多数人的意见一致并对民意的发展做出预测。人们对获胜者的预测使最后投票时结果出现了一个“剪刀差”。此后，诺依曼针对意见气候对个体的影响又做了多次实证研究，形成了沉默的螺旋理论。

沉默的螺旋讨论了舆论如何形成。大众媒介在其中有很重要的作用，是人们判断公众意见的两个源头之一。沉默的螺旋理论建立在这样的假设基础上，即人在发表意见时倾向于对周围的意见气候做出观察，如果感觉自己的意见属于少数，那么大部分人宁愿沉默或者附和以避免被孤立。这种沉默或者附和会造成优势意见愈加强大，这样反过来又会给持少数意见人施压，这个过程逐渐呈螺旋式上升，并最终导致少数派观点逐渐消失，即便有人持有这样的观点。

1980年，诺依曼出版《沉默的螺旋：舆论——我们的社会皮肤》一书，从心理学、社会学、人类学、政治学等多个学科的角度对沉默的螺旋理论做了全面的论述。

2. 阅读提示

沉默的螺旋理论试图探究舆论的形成，因此，从这个角度给舆论下定义是必不可少的。

20 世纪 60 年代中期，美国的一名学者从文献中收集了近 50 种舆论的定义。“舆论是什么”让无数哲学家、政治学家、历史学家、法学家和新闻学者都为之努力，但是至今令人困惑。诺依曼围绕学者们争论的焦点——“意见”和“公共的”两部分，阐述了舆论的含义。

德语“Meinung（意见）”和英语的“Opinion”并不相同。在德语中，意见处于知识和无知之间，也有一些观点认为意见具有负面的意味。在英语和法语中，意见包含“共识”和“一致”的含义。诺依曼认为，从沉默的螺旋角度看，英语和法语的方式更有意义。

对于“公共的”的解释，围绕着学者们的争论，诺依曼指出其有三种含义：公开性（与私人领域相对）、与公众利益相关（与个人特权相对）、集体的（与个体相对）。诺依曼认为“公共的”还具有社会心理学特点。人作为一种社会动物，出于对孤立的害怕，人们向社会公开的比社会所要求的更多。这使人们更加关注他们所生活的环境，从而逐渐产生了“公众之眼（public eye）”的意识*。在这种意义上，舆论就像人们的社会皮肤，人们靠它来感知意见气候，调整自己的行为以适应环境。

综合上述“意见”和“公共的”的含义，诺依曼指出舆论是“在有争议的领域中人们能够公开表达而不至于使自己陷于孤立的意见”。舆论不仅是那些有使命感的人的事，或者那些评论家的事，它还与其他普通人息息相关，即每个人都牵涉其中。**

最后，诺依曼从马基雅弗利、莎士比亚的作品和经历中，指出从普通人到君主都关注公共意见的存在，进一步论证了沉默的螺旋与舆论形成的关系。

* Elisabeth Noelle-Neumann（1984），The Spiral of Silence: Public Opinion— Our Social Skin（London: The University of Chicago Press，Ltd.，1984），p.62.

** Elisabeth Noelle-Neumann，The Spiral of Silence: Public Opinion— Our Social Skin（London: The University of Chicago Press，Ltd.，1984），p.64.

3. 文献原文

沉默的螺旋：舆论——我们的社会皮肤（节选）

第4章　什么是公共意见?

"现在我仍然对什么是公共意见一无所知"，在一次会议结束后，一位与会者在离开大讲堂去午休的时候这样说。这是在1961年的巴登－巴登市（Baden–Baden）新闻学研究学会所举办的一次会议。并不只是这位参会者有这样的困惑，已经有好几代的哲学家、法学家、历史学家、政治学家和新闻学研究者为了清晰地定义"公共意见"而绞尽脑汁。

50种定义

对此人们并没有获得进步，相反关于"公共意见"生发出越来越多的定义，多到超出了实际需要。美国学者哈伍德·切尔德斯（Harwood Childs）经过他的辛勤工作，在1965年将近50种定义收集在一起，列在他的专题文献中[1]。到了五六十年代，放弃对"公共意见"下定义的要求开始变得强烈了。公共意见似乎只是一个虚构的概念，充其量属于概念的历史博物馆，好像只有些历史价值。但是奇怪的是，这些要求并没有起到任何作用。

研究新闻学的学者艾米尔·杜威发（Emil Dovifat）[2]在他1962年出版的著名教科书《报纸学》[3]（*Zeitungslehre*）中声明"这个概念并不能简单地一棍子打死"。尤尔根·哈贝马斯（Juergen Habermas）[4]在他发表于1962年的经典之作《公共领域的结构转型：对市民社会的类别的研究》（*Strukturwandel der Oef fentlichkeit*：*Untersuchungen zu einer Kategorie der buergerlichen Gesellschaft*）中解释道："……像'公共意见'……这样传统的概念，不仅在日常口语中对此拿捏不准，即便是科学家，尤其是法学家、政治学家、社会学家也无法对它进行准确的定义。"[5]

1　Childs. Harwood L. *1965*：*Public Opinion*：*Nature*，*Formation*，*and Role*. Princeton，N.J./Toronto/New York/London：D. van Nostrand Company，Inc.，S.14–26.

2　杜尉发是本书（《沉默的螺旋：舆论——我们的社会皮肤》）作者的博士导师。——译者注

3　Dovifat，Emil，1937，*1962*：*Zeitungslehre*. *1. Band. Berlin*：*Walter de Gruyter* &. *Co*.（Sammlung Göschen，Band 1039），S. 108.

4　哈贝马斯（1929—　），德国当代最重要的哲学家、社会理论家之一，也是西方马克思主义法兰克福学派第二代的中坚人物。他的著作有《公共领域的结构转型》《认识与兴趣》、《技术和科学作为意识形态》、《理论与实践》、《晚期资本主义的合法性危机》、《论社会科学的逻辑》等。——译者注

5　Habermas，Jürgen，1962：*Strukturwandel der Öffentlichkeit*. *Untersu-chungen zu einer Kategorie der bürgerlichen Gesellschaft*，Neuwied：Hermann Luchterhand，S.13.

在哥伦比亚大学担任新闻学教授 W. 菲利普斯・戴维森（W. Phillips Davison）[1] 发表了题为《公共舆论》（*Public Opinion*）的文章，在这篇刊登在 1968 年出版的《国际社会科学百科全书》中的论文里有这样一句话："对于公共意见还没有被普遍接受的定义。但是对这个概念的应用却在不断增多……而尝试着确切定义这个概念却总是导向令人感到挫败的结果。"写到这里他引用了对"儿童"的大约 50 种定义，并且接着说："这就好像公共意见并不表示某件事物，而是代表某些事物（这里的某些事物即英语中的'somethings'）的一个总类。"[2]

仍然是这样无迹可寻，这和德国历史学家赫尔曼・欧恩肯（Hermann Oncken）在 1904 年发表的一篇文章中所表述的一样，他说："想要掌握和确定它（指'公共意见'这个概念）的人很快就会发现，它既是非常显而易见，又是相当朦胧的；既是令人眩晕，又是惊讶的；它如同普罗透斯（Proteus）[3] 一样，表现出无数的变化，而总是当我们认为我们把握住的时候，它却一而再，再而三地溜走了……摇摆和流动的事物无法通过将其限定在框架中而被把握住……最终所有被问到什么是公共意见的人，却都能确切地知道它的含义。"[4]

这真是很奇怪，就连像欧恩肯这样拥有强大的洞察力和表达能力的科学家，也开始回避这个问题了——"最终所有的人……都能确切地知道……"而通过采用必不可少的科学研究工具以定义某个概念的工作，也被贬低为"将其限定在框架中"。

沉默的螺旋是公共意见形成及广泛传播的过程

20 世纪 60 年代初，为了解释 1965 年的谜一般的发现——在联邦总理大选中，民众投票给两个党派的选举意愿相同，但是其中某一派的获胜期望却在不断攀升。为此我提出了沉默的螺旋假设。我也开始自问，也许在社会这个庞然大物中，有其中的一部分掌握了"公共意见"。欧恩肯写道："……表现出无数的变化，……它却一而再，再而三地溜走了"。[5] 沉默的螺旋可能是一种表现形式，它能够展现出一个过程：在这个过程中，新的、刚发展出来的公共意见形成了，或者旧有的公共意见所发生的变化被传播开来。定义公共意见的努力终归是必不可少的，才不至于不会出现这样的说辞："沉默的螺旋是对某种不可定义的事物的扩散的过程……"

1　戴维森是美国传播学家，提出了在信息传播过程中的第三者效果。——译者注

2　Davison. W. Phillips, 1968:《public Opinion. Introduction.》David L. Sills (Hg.): International Encyclopedia of the Social Sciences, Vol.13. 第 13 册, New York: The Macmillian Company & The Free Press, S. 188–197. hier insbes. S.188.

3　普罗透斯是希腊神话中变幻无常的海神。——译者注

4　Oncken, Hermann, 1914:《Politik Geschichtschreibung und öffentliche Meinung》(1904). Historisch-politische Aufsältze und Reden, 第 1 卷, 1.Band.München / Berlin: R. Oldenbourg, S. 203–243, hier insbes. S. 224f., 236.

5　同上书，第 225 页。

在这个概念中，有两个组成部分引发了学者们的争论，即“意见”和“公共的”。

对“意见”和“舆论”有不同的理解

对于“意见”（Meinung）这个概念的调查研究，要回溯到苏格拉底（Sokrates）在港口城市皮瑞斯港（Piraeus）[1]的狂欢盛会旁与格劳孔（Glaukon）[2]及其他朋友的一次讨论，其主题是政府似乎传播某些可疑的意见：

> 我想问问，你是否觉得意见比知识要隐晦一些，又比无知更积极些吗？
> 他回答说，的确如此。
> 意见是在有知与无知之间吗？
> 是的。
> 也就是说意见正处在有知与无知的正中间？
> 完全正确。[柏拉图（Platon）：《理想国》（*Der Staat*），公元前478年][3]

尽管苏格拉底并不认为“意见”是毫无价值的，并给予它以中立的位置，但是许多其他的声音认为比起知识、信仰、信念来说，意见是负面的。康德（Immanuel Kant）[4]将“意见”的特点描述为“既在主观上不足以‘认为之真’，也在客观的不足以‘认为之真’”。[5]相比起来，盎格鲁－萨克森和法语语言中对“舆论”（Opinion）的解释要复杂得多，“舆论”是包含着判断的，可以明确表示某一意见的恰当或不恰当，是对某一公众群体——某个特定的公众圈子——一致性态度的引述。英国哲学家大卫·休谟在他1739年出版的作品中提到了“舆论”这个概念。一致同意、共同基础这些含义是包含在英语和法语的“舆论”这个概念之中的。

意见一致需要以承认为基础

如果我们从对沉默的螺旋的观察中出发，会比讨论“意见”的价值和缺点更有意义。

个体之间是否达成意见上的一致性，可以从对环境的观察中得到，并且可以通过个体的态度行为加以确认。但是，采取一致性的行为举止并不一定是以一致性的意见为基础的，比如佩戴或不佩戴某个徽章、在公共交通工具上为老人让座还是坐着不动。因此，

---

1 皮瑞斯港在希腊的雅典附近。——译者注

2 格劳孔和阿德曼陀斯都是柏拉图的兄长，他们及其他一些人都是围绕在苏格拉底周围的人。——译者注

3 Platon, 1578. Ausgabe des Henricus Stephanus. Sämtliche Werke. Heidelberg o. J.: Lambert Schneider, Zweiter Band, S.202.

4 伊曼努尔·康德（1724—1804），德国哲学家、德国古典哲学创始人、现代欧洲最具影响力的思想家之一，著名著作有《纯粹理性批判》、《实践理性批判》和《判断力批判》等。——译者注

5 Kant, Immanuel, 1781, 6.rev.Auflage 1923: 1781, 第六版，1923: Kritik der reinen Vernunft. Hg.von Benno Erdmann.Berlin / Leipzig: , Banno Erdmann 发行，Walter de Gruyter, S.589.

从这个角度上来看，人们是否因为某种意见还是某种行为举止而被孤立，其间区别并不会影响到沉默的螺旋的进程。出于这样的考虑，我们在寻找对“意见”的定义的过程中，将“意见”理解为某种措辞的同义词，即用来表达人们认为是正确的事物的措辞；而这种措辞包含着在英语和法语中表示“一致性”的要素。

“公共的”所代表的三种含义

对“公共的”的理解与对“意见”这一概念的解释至少展现出同样的重要性。许多学者都致力于研究“公共的”这个概念，哈贝马斯下结论说，“在对‘公共的’（öffentlich）及‘公共’（Öffentlichkeit）的使用习惯中就体现了对这个概念的五花八门的解释”[1]。“公共的”是以“开放、公开”（Öffene）为词根的，强调了“任何人都可以走近、进去”这样的意思，如公共的便道、公开的法庭审判，是将它与私人领域——拉丁语中的 private 所代表的含义——划分开来，可以奉为公众使用的含义。“公共的”这个概念在法律、国家研究和政治学等方面的含义中，包含了“允许、许与某个额定值以满足公众利益”这样的意思；例如“记者的公共责任”就体现了上述含义。而“集体的”（gemeint）这个概念所表示的是所有相关者的利益，如政治集团其公共福利为基础处理问题、解决困难。因此，合法的权利是被认可的，每个个体也有使用脱离国家机构的权利的可能性，法律和法规能够通过“公共权利”加以贯彻执行。但是“公共的”出现在“公共意见”这个概念中时必须发生变化，而拥有其他含义。一些法学家，如鲁道夫·冯·耶林（Rudolf von Ihering）[2]和冯·赫岑多夫（Franz von Holtzendorff）[3]都分析了公共意见、法规、规范、伦理不需要法律制定者、政府官员或法官的努力便能在个体中相互贯彻的奇妙力量。因此美国社会学家爱德华·A. 罗斯（Edward A. Ross）[4]在 1898 年[5]对此夸赞说“非常便捷”。对“公共意见”的解释在一定程度上与“支配意见”的解释是一样的，都是在多种多样的定义中抓住关键，即公共意见能和某种行为建立内在联系，使它能够形成这样的局面——即使个体在违背自己的意愿的情况下也会转向这种行为。

---

1 Hume, David, 1739/1740, 1896：A Treatise of Human Nature. Edited with an analytical index by L. A. Selby-Bigge. Oxford：对 L. A. Selby-Bigge 的分析索引的编辑，At the Clarendon Press, S.411.

2 鲁道夫·冯·耶林（1818—1892），德国 19 世纪著名的法学家，缔约过失责任理论的创始人。他的主要著作有《罗马法各阶段之精神》、《权利的目的》、《为权利而斗争》以及《无效或未完成契约之缔约过失责任或损害赔偿》。——译者注

3 弗朗兹·冯·赫岑多夫（1829—1889），德国法理学家，主要研究监禁和惩罚方式，代表著作如《流放作为处罚手段》、《古罗马帝国的流放处罚》、《爱尔兰的监狱体系》等。——译者注

4 爱德华·A. 罗斯（1866—1951），美国 19 世纪末社会学家、美国社会学奠基人之一，是社会控制论的创始人，1901 年出版了经典著作《社会控制》。——译者注

5 Ross, Edward Alsworth, 1901, 1969：Social Control. A Survey of the Foundations of Order. 由 Julius Weinberg、Gisela J. Hinkle、Roscoe C. Hinkle 作序。Cleverland Mit einer Einführung von Julius Weinberg/Gisela J. Hinkle/Roscoe C.Hinkle.Cleveland/London：The Press of Case Western Reserve University, S.95（Wiedergabe der Ausgabe von 1929, Erstveröffentlichung durch die Macmillan Company 1901），第 95 页（1929 年再版，第一次由 Macmillan 公司于 1901 年出版）。

社会皮肤

“公共的”这个概念除了包含法律以及政治学含义，还具有社会心理学方面的意味。个体除了具有思维和感觉活动的内部精神空间，还有指向外部的实际存在空间，这个空间并不只是完全面向个体自身的，而是更公开地暴露在其他人面前的。根据斐迪南·滕尼斯（Ferdinand Tönnies）[1]所提出的著名的差异观点，在“共同生活体”（Gemeinschaft）中，这种暴露感至少会因为个体之间的亲密和熟悉而得以缓解，例如滕尼斯认为共同的宗教信仰起到团结作用，但是在广泛的文明范围里，公开暴露的程度就扩展到社会领域[2]。是什么使得个体一直关注他暴露于其中的社会环境呢？是他对被孤立、被轻视和不受欢迎的恐惧；是他想要得到周围环境承认的需求。这使他的注意力密切地专注于外在环境，这样他才能将公众态度作为自己的意识加以表述。普通的个体总是能够知晓，自己的认识是否符合公众的态度，还是应该隐藏到公众的观察之外，然后采取相应的行动。但是，公众的认识对每个人产生什么样的影响，在个体之间却有很大的差异。个体密切关注公众意见，将其作为判断的权威，这种不知名的权威能够区别受欢迎还是不受欢迎、被重视还是被轻视。

在独立自主人格的完美模式中，令人迷惑的是在“公共意见”这个概念中的“公共的”被赋予了众多含义。对于公共意见的内容而言，公共意见涉及有关公众的重要问题，也是有关共同生活团体的问题。公共意见的持有者，是指那些在某个共同生活团体中准备并能够可靠负责地表达公众问题的人们，而且他们不在政府的名义下履行政府的批评和控制的职能。恰恰是“公共的”这个概念在社会心理学的含义，在20世纪对“公共舆论”的众多定义中实际上不再被提到，而它意味着人性的弱点使人们依赖于自身对周围世界的判断权能，也就是人们的敏感的社会皮肤，即为他们的社会性本质。

人们能够公开表达而不至于陷入孤立的意见

我们在对周围环境的观察中实际可见的，是哪些想法被提倡或逐渐消退，以及对此相应的反应——自信的谈话或小心翼翼的沉默，后者即可作为人们对被多数人所孤立的恐惧。因此，这些可以推导出对“公共意见”的定义：公共意见是指在有争议的领域中人们能够公开表达而不至于使自己陷于孤立的意见。这样的定义将作为后续研究的基础。

这个关于“公共意见”的理解和解释当然还要加以完善，以显现出这种可以通过经验观察到的沉默螺旋的现象起源于何处——起源于相互竞争的多种意见，起源于留下印记的、新出现的主张或已存的、正流传的观点。斐迪南·滕尼斯在他1922年发表的《评

---

1 斐迪南·滕尼斯（1855—1936），德国著名的哲学家和社会学家，是德国现代社会学的奠基人之一，致力于集体心理学的研究，经典著作为《共同体与社会：纯粹社会学的基本概念》。——译者注

2 Tönnies, Ferdinand, 1922: Kritik der Öffentliche Meinung. Berlin: Julius Springer, S.69, 8012 Ebendort, S.137f.

论公共意见》（*Kritik der öffentliche Meinung*）中指出，公共意见存在于不同的集合状态下：这种状态是稳固的、流动的和“空气一样的”[1]。如果按照滕尼斯所打的比方，那么沉默的螺旋应该是在流动的集合状态下形成的。在某种观点、态度稳固地占据主导地位的地方，或成为道德伦理和传统的地方，那些有争论的声音就听不见了，尽管每个阵营都有自己的说辞，但是沉默的螺旋的进程也很容易从经常出现的这样或那样的迹象中识别出来。有争议的意见是可能导致被孤立状态的前提条件，只有在逐渐固定下来的公共意见、传统和道德伦理遭到破坏时，才会在冲撞中显现出来。弗朗兹·冯·赫岑多夫在1879年[2]提到了公共意见起到“道德判断法庭”的作用，耶林称公共意见为“道德的坚守者”，并且它排除了所有的性因素[3]。他的意思与他提到过的，有意识或无意识地“不让自己的利益受到损害的反应，或以保证自身安全为目的的防御”是一致的[4]。对于“公共意见”的定义因此应该这样加以补充：在传统、道德伦理，尤其是规范，这些稳固的领域里，人们如果不想陷于被孤立的境地，就必须公开表达或采纳公共意见中的观点和行为态度。一方面是个体被孤立的恐惧及其具有被接受的需求；另一方面是公众态度成为一种判断权威，从而使个体产生了去适应已经确立的、普遍认可的观点和行为的需要，这种需要又保护已经存在的规则和“价值天空”（熊彼得[5]语）。

公共意见表示赞同或不赞同

在许多书籍中是将“公共意见”作为对政治意义的论说，是统治、控制行为的相关物，而我们在这里丢弃这些图书中对“公共意见”的理解，那么是否会误用这个概念？在这里，我们对“公共意见”的特征的理解是，公共意见出现在传播和保护已经确立和固定了的意见的范畴内，其主题没有被限制和划分，因此“公共意见”只是某种谈论，在其中体现了在公众环境下对可感知的言论和行为的赞同或不赞同；公共意见使得每个个体清楚地注意到环境中的赞同或不赞同的态度。沉默的螺旋就是对可感知的赞成或不赞成态度的反应，这其中的赞成或不赞成是通过对变化的“价值天空”的描述而变得众所周知的。至于公共意见的持有者这个问题，是像公共意见所涉及的题目一样开放而没有限定，在我们的理解中，公共意见与职业种类、是否具有批判能力、是否“满足政治领域的公开宣传”（哈贝马斯）[6]的需要没有关系，且所有人都参与其中。

---

1 Tönnies Ferdinand, 1922: Kritik der Öffentlichen Meinung: Julius Springer, S.69, 8012 Ebendort, S.137–138f.

2 Holtzendorff, Franz von, 1879, 1880: Wesen und Werth der Öffentlichen Meinung München: M.Rieger' sche Universiäts–Buchhandlung (Gustav Himmer), S.74.

3 Ihering, Rudolph von, 1883: Der Zweck im Recht. 2. Band. Leipzig: Breitkopf & Härtel, S. 340.

4 同上书，第242页。

5 约瑟夫·熊彼得(Joseph Alois Schumpeter)(1883—1950)，有深远影响的奥地利经济学家，提出了著名的“景气循环”（也称“商业周期”）的概念，著名著作有《经济发展理论》、《景气循环理论》和《经济发展史》等。——译者注

6 Habermas, Jürgen, 1962: Strukturwandel der Öffentlichkei. Untersu–chungen zu einer Kategorie der bürgerlichen Gesellschaft. Neuwied: Hermann Luchterhand, S.117.

从过去启程：马基雅弗利和莎士比亚

从沉默的螺旋中阐发出来的对于"公共意见"的理解是否有道理？为了找到这个问题的答案，我们后退二百年，来到最初出现"公共意见"这个概念的那个世纪和那个国家，也就是18世纪的法国。在让－雅克·卢梭开始使用"公共意见"这个概念的大约四十年后，从肖戴洛·德·拉克洛（Choderlos de Laclos）[1]1782年出版的著名小说《危险的关系》（*Les liaisons dangereuses*）中，我们发现"公共意见"这个概念非常顺畅地被作为日常用语使用。这个词在小说中出现在一位社交名媛与一位年轻女子的书信往来中。这位声名显赫的女士就如何与名声不好的男士打交道表达了自己的想法："如果您认为他有能力变好，那我们就更多地谈论变好的他，我们将这样的奇迹当作的确发生的事实来看待，那么公共意见还将继续对他不利吗？而且这难道不足以使您对他的态度根据公共意见进行调整吗？"[2]

我们在这里发现公共意见作为判断权威完全出现在与政治无关的领域，而且不是出自那些优秀的人物甚至这种判断只凭借着经验。这位写信的女士相信，这种假想的建议，像公共意见所暗示的匿名的判断一样，会对收信那位女子产生足够的影响，从而使得她的行为随公共意见而重新调整。在我们探寻过去的路上，我们还可以继续回溯，退回创造"公共意见"这个说法之前的某个时间，那时也会遇到同样的不知名的判断权能，只是它被用其他词语表达出来，不过其中一定包含几乎完全一样的冲突。莎士比亚描述了国王海因里希四世和他的儿子——也就是后来的国王海因里希五世之间的对话。海因里希四世批评他的儿子，指出他应该经常深入了解社会糟糕的一面，他应该更多地关注人们的意见，这些意见是最重要的，而他自己就是被人们的意见推上王位的："舆论的确帮助了我获得王冠。"（Henri IV，Teil 1，3. Akt）[3]尽管莎士比亚在16世纪末将"舆论"（opinion）这种说法带到了舞台上，但是"公共舆论"（public opinion）这种措辞最早在法国而不是在英国被使用，却并不令人奇怪。因为在英语中单是"舆论"（opinion）一词显然足已包含"人人尽知"这一要素，也包括了决定名望的判断权能，因此它完全不再需要用"公共的"（public）来补充了。

而在位的统治者或未来的国王必须关注外界环境和社会公众的意见，这样的思想对于莎士比亚来说肯定不是陌生的或新奇的。在他所生活的那个世纪里，人们在1514年从马基雅弗利撰写的《君主论》（*Der Fürst*）一书中就知道了这个概念，其中几个重要

1 肖戴洛·德·拉克洛（1741—1803），法国作家、职业军官，他一生中大部分时间在军界度过。令拉克洛名声远扬的是他在1782年出版的书信体小说《危险的关系》，书中通过175封信件对男女主人公的心理进行了细致深刻的描绘，并且揭露了人性的黑暗面。由于这本小说影射了当时法国贵族社会的某些人物，且挑战了当时的道德思想，而使小说一度被禁，拉克洛也被关入监狱。——译者注

2 Choderlos de Laclos，1782：Les liaisons dangereuses. Deutsch：Gefährliche Liebschaften. München，1909：Verlag des Hyperion Hans von Weber，S.109.

3 第一次于1597年的伦敦上映。

部分为君主们提供了应对公共意见的指导[1]。马基雅弗利说，统治者只靠被“感觉”到是远远不够的，翻译过来就是，所有的人都要直接看到统治者们，统治者应该表现出具有强大的力量和品行高尚的光芒，这是“因为群氓总是只看外表……对于君主来说并不需要具备所有人们所期待的美德（善良、忠实、博爱、正直、虔诚等），但是绝对必要的是，他必须给人们留下这样的印象，即他具备这些品质”。马基雅弗利谈到，君主必须避免那些可能使自己受到憎恨或轻视的行为。他必须努力做到让人们对他满意[2]。

海因里希四世用来劝诫他儿子的理论在马基雅弗利的《论蒂托·李维〈罗马史〉的最初十年》（*Unterhaltungen über die erste Dekade der römischen Geschichte des Livius*）中就提到了：“没有什么比通过一个人的交际更适合作为了解他的品行的线索了。如果一个人周围都是正直的人，那么他自己也能顺理成章地赢得好的名声。因为在这个人的朋友和他之间，是不可能没有品行和生活习惯上的相似之处的。”[3]

我们几乎没有感觉到自己已置身于16世纪前半叶，置身于一个人们并不对好名声和权威的公共意见像今天的人们这样敏感的时代中。

但是我们通过马基雅弗利和莎士比亚获得了新的认识，即公共意见不仅让小人物感到敬畏，让他们为自己的好名声而担忧；公共意见同样征服了国王、君主和统治者。马基雅弗利告诫他想辅佐的君主说：“为了成为君主，从而进行统治，必须从根本上认识百姓的天性。”[4]属下的权力是他们规划国家（在君主的统治下）结构和实施新的国家机制的力量[5]。

经过在前面几章对经验研究的描述，以及受到对过去的非正式观察的鼓舞，我们在后面的章节里将信心满怀地寻找历史的证据，以此让我们对公共意见有更好的理解。

选自伊丽莎白·诺尔-诺依曼：《沉默的螺旋：舆论——我们的社会皮肤》，董璐译，北京大学出版社，2013，第58—66页

---

1 Machiavelli, Niccolò, 1514, 1978: Der Fürst. Übersetzt und hg. von Rudolf Zom.Stuttgart: Allred Kröner.

2 Machiavelli, Niccolò, 1950: The Prince and the Discourses. New York: Random House Inc., S.65f., 64ff., 56, 67.Übersetzung des Autors nach: Frank L.Rusciano, o.J.: 》第65页及下页、64页及后数页。本书作者根据 Frank L. Rusciano 的 Passing Brave《: Elite Perspectives on the Machiavellian Tradition. A Masters Thesis, presented to the Department of Political Science of the University of Chicago.

3 同上书，第509—511页，本书作者根据Frank L.Rusciano的Frank L.Rusciano, a.a.O., S.64翻译，出处同上，第64页。

4 同上书，第1页，本书作者根据Frank L.Rusciano的Frank L.Rusciano, a.a.O., S.1翻译，出处同上，第1页。

5 Rusciano, Frank L., o.j.: 》Passing Brave《: Elite Perspectives on the Machiavellian Tradition. A Masters Thesis, presented to the Department of Political Science of the University of Chicago. Vervielfältigtes Manuskript, S. 49.

4. 复习问题

（1）指出文中“意见”和“公共的”所包含的意思。

（2）怎么理解“舆论是人们的社会皮肤”？

（3）简述沉默的螺旋理论。

5. 思维训练

（1）沉默的螺旋理论在新媒体环境中还适用吗？请谈谈你的看法。

（2）结合沉默的螺旋理论，谈谈你对什么是舆论的看法。

十二、“作为框架的新闻”

——盖伊·塔克曼：《做新闻：现实的社会建构》（节选）

1. 写作背景

《做新闻：现实的社会建构》出版于 1978 年，其雏形源自盖伊·塔克曼 1969 年的博士论文《新闻，新闻人的现实》。从 1969 年到 1978 年，塔克曼用了九年时间，跟当初在田野中收集的数据拉开距离，成就了这部新闻社会学的经典之作。

塔克曼是美国社会学家，她于 1965 年到 1969 年在美国布兰迪斯大学社会学系攻读博士学位。从 1966 年到 1976 年的十年间，塔克曼在四个地点展开田野调查，通过参与式观察和访谈，回答了“社会现实是如何被建构的”这一问题。塔克曼与戈夫曼一样，都是睿智的日常生活的观察者，她在《做新闻：现实的社会建构》中文版序言中说道：“仔细观察和记录其他人的言行举止，能够发现其他社会学方法无法得出的社会学洞见：观察可以让我们理解这个世界，看到其他方法看不到的东西”。

一部经典著作有其产生的语境，“塔克曼的语境是（20 世纪）60—70 年代美国——在一定程度上席卷了西方民主国家——的社会运动，以及与之相呼应的左翼学术思潮”[*]。反映在学术研究上，20 世纪 70 年代到 80 年代初先后出版了一批新闻社会学著作，它们共同构成了人们想象的“媒介社会学的黄金岁月”的核心文献。[**] 塔克曼认为这种语境非常重要，虽然这些学者具体的研究问题不同，但是他们都通过访谈或者观察的方法涉及现实建构这一问题，他们的研究为彼此提供了论证。

不过，一部经典著作的生命旅程总会跳脱原来的语境，并以新的方式进入新的语境。[***]《做新闻：现实的社会建构》里提出的“作为框架的新闻”“作为知识的新闻”“类型化”等思想及全书的结构都对当下的新闻传播研究有重要的启示。

[*] 潘忠党：《也谈“读经典”——〈做新闻〉的跨语境品鉴》，载盖伊·塔克曼《做新闻：现实的社会建构》，李红涛译，中国人民大学出版社，2022，第 9 页。

[**] 潘忠党：《也谈“读经典”——〈做新闻〉的跨语境品鉴》，载盖伊·塔克曼《做新闻：现实的社会建构》，李红涛译，中国人民大学出版社，2022，第 7 页。

[***] 李红涛：《从 1969 到 1978：〈做新闻〉的诞生》，载盖伊·塔克曼《做新闻：现实的社会建构》，李红涛译，中国人民大学出版社，2022，第 51 页。

2. 阅读提示

“新闻是通往世界的一扇窗”，在全书第一章，塔克曼开宗明义地表明了观点“本书将新闻视为框架，探讨这一框架如何构成，新闻工作和新闻工作者又如何组织起来”。《做新闻：现实的社会建构》的最后又回到了这个比喻：“新闻讲述社会生活的故事。它是社会资源，知识之源，权力之源，也是通向世界的一扇窗。”

把新闻比作窗框，那么，窗框的位置、大小、多少、清晰度及观察者所处的位置，种种因素组合在一起共同决定了观察者所能看到的图景。塔克曼指出这不仅是一项社会学的经验研究，还是一项知识社会学的研究。因为新闻不仅传播了知识，还“形塑了知识”，正如同议程设置理论所验证的“媒介议程设置了公众议程”，新闻不仅影响了话题在受众眼中的排序，而且，越是对受众不熟悉的话题，新闻对事件的解释越会构成人们对事件讨论的语境。所以，塔克曼强调新闻是一种知识，是强调新闻赋予寻常之事以公共性。也正因为如此，新闻是一个社会机构，为人们解释日常世界中发生的事情。

从这个意义上说，新闻与童话故事一样，都是“文化资源和积极协商的产物”，它们都通过文化和社会资源使其成为公共品，都具有社会建构的本质。

塔克曼以一位大学教授和她丈夫之间想象的对话阐述了新闻生产是积极协商的产物。在这位大学教授的一天中，发生了许多事情，但是她没有也不可能跟丈夫事无巨细地陈述一天中所有的事情，她选择讲什么既与听者有关，也与她自己对事情的理解及是否可触及有关。同样地，在现实世界的一天中，发生了很多事情，哪些活动的片段会落入记者的视野中最后成为新闻，这一过程是如何发生的，由此，塔克曼引出了本书的研究问题。

3. 文献原文

做新闻：现实的社会建构（节选）

第 1 章　作为框架的新闻

新闻是通往世界的一扇窗。透过其窗框，美国人得以了解自己和他人，了解自己的机构、领袖和生活方式，了解其他国家和人民的情形。无论各国的城市化进程如何，新闻都取代了旧日的小镇公告员（“现在十点整，史密斯夫人喜得千金”），其职责是告诉我们想知道、需要知道和应该知道的东西。

但是，就跟其他勾勒世界轮廓的框架一样，新闻框架或许也存在问题。透过窗口看到的景致取决于窗子的大小、窗格的多寡、玻璃的透明度，窗口正对的是街道还是后院。在观察者面前展开的场景，也取决于他/她站在什么位置，是远是近，是脖子扭到一边去，还是目光凝视前方，与环绕窗子的墙壁平行。

本书将新闻视为框架，探讨这一框架如何构成，新闻工作和新闻工作者又如何组织起来。在书中，我将报纸和电视台视为复杂组织，受制于某些不可避免的过程；将新闻工作者视为抱持专业考量的专业人士。本书关注的并不是新闻工作者的私人关切和个体偏见，这些议题最好还是留给心理学家和社会心理学家来处理。相反，本书致力于讨论组织需求如何造就专业主义，又如何导向特定的编辑决策。它意在探究新闻的社会建构过程，理解日常世界中发生的事情（occurrences）[1] 如何被转化成新闻报道，在新闻世界中占据一席之地。在这样的理论定位之下，本书不仅是一项有关大众传播、组织、职业（occupations）和专业（professions）的社会学经验研究，也是一项知识社会学的应用研究。

通过传播人们想要、需要和应该知道的信息，新闻组织不仅扩散知识，也形塑知识。研究（例如 McCombs and Shaw，1972）发现，新闻媒体参与设定新闻消费者的政治议程。新闻媒体最关注的话题，往往也正是受众眼中当下最急迫的议题。对议程设置的初步研究显示出，媒体对话题优先性的排序有可能影响到新闻消费者对相同话题的排序。[2] 此外，越是针对受众知之甚少的话题，新闻媒体越能够形塑他们的观点。譬如说，有一年西雅图很多汽车的挡风玻璃上突然莫名其妙地出现了一堆堆凹坑，新闻媒体提出了一些可能的解释，而这些解释被当地居民照单全收，当作事件的“起因”。[3] 其他研究（例如

1　Occurrences 是本书中非常重要的一个表述，通常被翻译为“事件”，但作者对 occurrences 和 events 做出了明确的区分，我们可以将 occurrences 理解为日常世界中发生的事情，它们有可能成为新闻的原材料并转变为新闻事件（news events），因此，将其译为“事情”。

2　这项研究并没有建立起因果联系。

3　参见拉森（Larsen，1964）的研究。不过，人们对未知事物解释的回应也可能采取不同的方式，参见涉谷保（Shibutani，1966）有关日本人对广岛和长崎原子弹爆炸解释的反应的研究。

Halloran，Elliott，and Murdock，1970）也指出，新闻对事件的解释或许会构成新闻消费者辩论事件意义的语境，即便事件当事人对同一件事情的理解与新闻大相径庭，也是如此。今天，对反战运动的讨论仍然折射出媒体的语言。例如，人们通常把拒绝在越战中服役的年轻人称为“逃避”兵役者（draft“evaders”）（媒体的用词），而不是“抵制”兵役者（draft“resisters”），后者是当事人更愿意接受的称呼。对这些年轻人而言，“逃避者”和“抵制者”表达出不同的政治倾向，也以不同方式建构出他们与国家和战争之间的关系。

本书强调新闻是一种知识，这并不是说新闻报道是形塑日常世界理解——特别是对新兴现象的阐释——的唯一大众媒介。传播研究者（参见 Klapper，1960）早已指出，新闻对舆论和态度的影响或许相当有限。学界也广泛认可，大众娱乐——特别是电视——也会影响政治和社会态度。20 世纪 60 年代中期，电视节目中出现了嬉皮士的身影，60 年代末、70 年代初，女权主义者也厕身其间。对于那些从来没见过嬉皮士或女权主义者的观众而言，这些电视节目的影响或许堪比新闻，甚至比新闻更为重要。对年轻白人的研究（例如 Greenberg，1972）发现，他们对黑人的看法更多来自电视，而不是父母。对于青少年女性而言，如果她们是重度电视观众、父母受过大学教育，电视娱乐也能够降低她们的教育和职业抱负（Gross and Jeffries-Fox，1978）。研究者（Robinson and Zukin，1976）发现，在（实验或统计层面）控制了社会阶级和教育程度等变量之后，与轻度电视观众相比，重度电视观众在政治上仍然更趋保守。可见，电视很有可能是这些差异背后的原因。众所周知，大受欢迎的电视情景喜剧《全家福》（*All in the Family*）[1] 强化了观众的保守政治观点（参见 Vidmar and Rokeach，1974）。[2] 概言之，娱乐似乎会对观看者的态度和信念产生巨大的影响。

我想强调的是，新闻在将寻常之事（mere happenings）转化为具有公共讨论价值的事件时，赋予这些事情以**公共性**（public character）。罗伯特·帕克（Robert Park）（Park and Burgess，1967）之所以在现代新闻与旧时小镇公告员之间画等号，正是要强调新闻的这种特质。帕克指出，在村庄或小镇当中，火灾是重大事件；城镇公告员对火灾、降生或死亡的报告，让居民得以跟踪了解邻居们的情况，并相应地提供帮助或发起批评。城镇公告员散布的新闻更多是小道传闻，但它也是一种知识。不过，帕克继续写道，不断加深的城市化进程降低了城市居民彼此保持联系的可能性。比方说，一座城市每天会

1　又译《一家子》，美国 20 世纪 70 年代经典电视情景喜剧，1971 年 1 月 12 日在 CBS 电视网首播，到 1979 年 4 月 8 日，连续播出九季。剧集使用反讽手法，以一位歧视黑人及其他有色种族、反堕胎、反嬉皮的工人阶级保守人士为主角，剧中出现了大量社会争议话题，包括种族主义、妇女解放、越战等。该剧被认为是美国最为成功的电视连续剧之一。——译者注

2　维德马和罗克奇（Vidmar and Rokeach，1974）认为，选择性接触和选择性感知都在其间发挥了作用。保守主义者比自由主义者更有可能观看《全家福》。保守主义者青睐男主角阿奇（Archie），自由主义者则更喜欢女婿麦克（Mike），而两边的观众都倾向于认为，自己青睐的角色战胜了对手。

发生很多场火灾。市民不可能了解到每一场火灾的消息，也不是每一位市民都对每一场火灾或者每一座教区教堂发生的事情感兴趣。报纸（和如今的新闻杂志、电视和广播）让地理上分散的个体对彼此、对相关种族和邻里团体、对团体生活中的事件多一些了解。套用拉斯韦尔（Lasswell，1948）的说法，新闻让人们接触到原本无法获取的信息，由此协调复杂社会中的各种活动。它告诉纽约市民堪萨斯州的飓风灾民需要帮助，它让南达科他州小城弗米利恩的居民对城市问题有所了解，它让南方黑人知晓北方黑人的生存处境，它让各类机构协调各自的活动，它令官员得以预见拟推行政策可能招致的回应。例如，国务卿可能会以“可靠消息源”的身份通过大众传媒抛出一个想法，试探内阁成员、参议员或公民对争议项目的反应。

正因为新闻赋予各种事情以公共性，它应该被视为一个社会机构。一来，新闻是一种制度性方法，它将信息提供给消费者。消费者之所以购买报纸，是因为他 / 她想要看漫画，阅读桥牌专栏，查询天气预报和影院排片表，或者了解洪水、火灾及社会生活的种种狂乱之处。二来，新闻是正规机构（legitimated institutions）[1] 的盟友。国务卿可以通过新闻媒体抛出一个想法，但平头百姓则不可能拥有这样的机会。普通市民手里也没有什么权力，可以像拥有正当性的政治人物和政府官员那样，将自己对新闻的反应转化为公共政策和计划。再者，新闻是由供职于特定组织的专业人士发现、采集和传播的。因此，它必定是新闻工作者调用机构过程、遵照机构实践的产物。[2] 这些实践必定会牵涉与某些机构的关联，而这些机构的新闻都会得到常规的报道。新闻是社会机构的产物，镶嵌到与其他机构的关系当中。它是专业主义的产物，声称自己有权为民众和其他专业人士解释日常的事情。

一说到新闻工作者是组织中的专业人士，社会学家的脑海中立刻会唤起一个理论的幽灵。社会学家通常认为，专业人士的利益和组织的利益相互冲突。根据他们的观点，受雇的专业人士与管理者或所有者会彼此斗争，争夺工作控制权，争相界定工作应当如何完成。最开始，我也从社会学理论预测出发，期待着发现记者与管理层之间的冲突。我的确找到了一些。比如说，记者和编辑不乐意甚至会抗拒刊发与报纸或电视台高层和管理者的朋友有关的报道。但更普遍的情况是，新闻专业主义的发展与现代新闻组织的崛起并行不悖，专业实践服务于组织需求。尽管二者偶尔争夺对工作过程的控制，或者争相将自己与新闻自由和言论自由挂起钩来，但它们总体上相辅相成，正当化社会现状，强化当代社会安排。

1　legitimated institutions 直译为“正当化的机构”或者“具有正当性的机构”，即政府部门等政治和社会机构。此处从简洁和中文语意角度，将其译为“正规机构”。——译者注

2　我在这里将“机构 / 制度”（institution）和“组织”（organization）视为可以互换的概念。不过，总体上来说，“机构 / 制度”指的是实现特定功能的常规化的交易或行为。因此，新闻作为一个机构，让消费者得以了解社会世界。“组织”这个术语大体上是指复杂的社会建制（social establishments）。不过，复杂组织就是正规的社会机构。

我的研究取径将新闻与其他故事相提并论，因为它们都是文化资源和积极协商的产物。因此，“很久很久以前”明显是童话故事的开头，而“军方发言人称，利比亚一处空军基地遭埃及战机狂轰滥炸”则明显是新闻报道的开头。“很久很久以前”意味着接下来的故事是神话和虚构，是一段文化幻想，而新闻报道的导语则宣称接下来的故事基于事实，毫不含糊，是对世间事物的真实记录。但是，在根本意义上，无论是童话还是新闻报道都是故事，都会被传递出去，被评头论足，被回忆起来，成为落实到个体层面的公共资源。它们都具有公共性，因为它们都向所有人开放，构成文化装备不可或缺的一部分。它们都从文化中汲取资源。亚洲童话必定与西方童话不同，而美国报纸与当代中国的墙报肯定也存在差异。无论是童话还是新闻报道，都会挪用社会和文化资源，并将它们转化为公共品：杰克・肯尼迪[1]和魔豆传说[2]的主角杰克都是文化迷思或神话，只不过前者在世间走过一遭，后者没有。西方社会成员调用其文化传统，在两个“杰克”的故事之间划出清晰的界限，遮蔽了它们在公共性和社会建构方面的共性。

设想一下孩子央求父母讲故事的情景。其间父母和孩子的互动，生动说明了童话的社会建构本质。当孩子不喜欢某一处情节转折时，父母就会做一些改动。当孩子发出会心的微笑，父母就会进一步阐发相应的主题。我们都觉得是父母在讲故事，却不曾承认在故事的建构过程中孩子扮演着多么积极主动的角色。

接下来，让我们想象一场对话，看看为什么说新闻生产是一项协商性的事业。[3]一位大学教授结束了一天的工作回到家中，她丈夫问道：“今天过得怎么样？”那一天包含众多细节（“详情”）。她可能会说：“我开车回来的时候，在主路上一连赶上了三个绿灯。”一个乐于记录生活中这类细节的司机，或许会对连赶三个绿灯这种罕见的事情非常感兴趣。但这却未必是适合夫妻对话的话题。丈夫可能会恼羞成怒，觉得妻子用这么微不足道的事情来敷衍自己。他可能会重复自己的问题，借此了解那一天到底发生了什么。他也可能会透过妻子的回答来把握那一天的总体情况：“这么说，今天还不错，一切顺利。”又或者，妻子可能会抓住丈夫特别感兴趣的话题说：“你知道那个混蛋乔吧？你知道今天系务会他跟我说了什么？”如果夫妻二人都觉得乔是个混蛋，都想知道他又怎么给自己添了堵，那么，教授的这一回应或许就会成为讲出“当天新闻”的适当方式。不论是连赶三个绿灯，还是乔可恶的话，都是对“今天过得怎么样？”的回应。然而，在这个特定的婚姻场景之下，只有一个答案称得上“新闻”。与此同时，“具有新闻价值”

---

1 杰克・肯尼迪（Jack Kennedy，1917—1963），全名为约翰・菲茨杰尔德・肯尼迪（John Fitzgerald Kennedy），通常被以首字母称为 JFK，昵称杰克（英文名 John 和 Jack 同源，Jack 是 John 演化而来），美国政治人物，1961 年当选美国第 35 任总统，1963 年 11 月遇刺身亡。作者在这里使用杰克・肯尼迪的称呼，是为了与童话故事杰克与魔豆的主角“杰克”相对照。——译者注

2 即英国童话故事杰克与魔豆，讲述贫穷的年轻人杰克通过一头奶牛换的魔豆所种出的巨大藤蔓爬到巨人国，运用自己的智慧获得财富的故事。——译者注

3 莫洛奇（Molotch，1978）最早讨论了这个例子，此处稍有扩展。

的答案将这一天转变为共享的（因而便是公共的）经验。将来某个时候，夫妻一方或许会对另一方说："你还记不记得乔在系务会说那番话的那一天？"这一天由此从随随便便的一天变成了"乔说那番话的那一天"，这就好比父母和子女协商之下诞生的故事可能会变成"那个善良小女孩的故事"，并在其他场景下被一而再、再而三地讲述出来。

我们给子女讲述、与孩子一起创造出的故事，可能会有其他的情节或结局；与之类似，我们也可以想象出其他的方式，让教授将绵延不断的事情的截片（strip）组织（架构）起来，正是这些将她这一天遇到的事情构造为具有新闻价值的事件。[1] 在上文设想的两个版本中，相关细节或详情都是亲身经历；都处在她最切近的时空范围之内。[2] 但选择这两个细节便意味着，她将绵延不断的经验截片中的其他细节排除在当天的故事之外。

设想一下这位教授可能忽略的某些事情或细节。有些事情尽管与她的工作相关，她自己却蒙在鼓里，自然无法将之讲述出来。比方说，当天发生了两场对话，对此她一无所知。其一，大学校长和教务长开会讨论辞退年轻的教员，以便缓解经济压力。其二，她课上的一位学生雇了个"枪手"代写课程论文。教授不可能将这两场关起门来的对话当作当天的新闻讲述出来，只不过，它们最终都有可能跟她的生活发生关联。她可能会被炒鱿鱼，或者发现并毙掉剽窃的论文。

其次，教授也无法讲述当天活动截片中那些她没有留意到的事项或细节。司机通常不会把其他车辆的特征当成值得记住的事实。因此，她不大可能跟丈夫说："当时还有三辆车也一路绿灯。一辆蓝色大众，一辆红色道奇 Dart，还有一辆灰色雪佛兰，都是 1974 年的车型。"她也不大会留意到，当天系里开会的时候，系主任坐在会议室长桌的上首。无论是她丈夫还是她自己，都会将之看作小型会议中理所当然的事情，因此也就不会当成新闻来讲述。此外，这位教授也不会讨论自己参加系会的权利和义务，因为这理所当然，是其专业职责所在。她对这些会议的理解（就像她区分优秀论文和不及格论文的能力一样）构成了专业技能的一部分。

概言之，特定事项必须与讲者和听者有关联，才会被认为具有新闻价值；此外，它们也必须在这一天当中被呈现在讲者面前。换言之，其他事项之所以无法从日常事情的截片中浮现出来，是因为：它们被认为不相干（车的颜色）；被理所当然地视为恰当的职业技能（对应该如何开会的理解）；或者处在讲者可触及的时空范围之外（校长和教务长的对话以及学生的期末论文交易）。

倘若我们继续对教授这一天展开想象式的重构，便可以找到一些情景，它们足以改

1　依据戈夫曼（Goffman，1974：10—11）的观点，框架是指"特定的组织原则，它们统辖事件－至少是社会事件－以及我们在事件中的主观介入"。框架组织日常世界的"截片"（strips），而所谓截片是指"从连绵不断的活动溪流中任意截取的切片"（Goffman，1974：10）。相应地，我在本书中讨论框架如何将各类事情（occur-rences and happenings，日常世界的截片）转化为轮廓分明的事件（events）。对这些概念的详述，参见英文原书第 192—195 页。

2　对社会世界作为时空经验之物的讨论，参见英文原书第 187 页。

变我们对尚未提到的事情的评估。譬如说，那辆 1974 款的灰色雪佛兰有可能会在经过第三个绿灯的时候撞上教授的车。每一个类似的修正，都会改变我们所描述的情景，让它在夫妻对话中多少有些新闻价值。在理论层面，这些事情的新闻地位变动不居非常有趣，因为它揭示出，对于个体经验而言，日常生活中的每一个细节要么独一无二、难以忘怀（我的车被一辆 1974 款灰色雪佛兰给撞了），要么就是被视而不见（当时还有其他车在现场）。就夫妻之间一场想象的对话而言，这一切似乎显得微不足道。但针对正式组织中的专业人士所从事的新闻生产，我们也可以提出同样的问题：

1. 镶嵌到绵延不断的活动截片中的片段如何落入记者的时空视野之中？

2. 某些事项或片段之所以没有被报道，是不是因为知识本身镶嵌在社会分层体系之中（教授既无权参与位高权重的校长和教务长的对话，也无法获知权力较低的学生的对话）？

3. 某些事情之所以没能引起注意，是不是因为它们被视为社会世界理所当然的一部分？

4. 又或者是因为新闻人的专业视野与眼光，以及过度训练导致的无知无能？

5. 倘若每一个片段或细节都被当作独一无二的现象，个体和机构又如何能够处理关乎社会世界的信息？

我通过在四个田野地点展开调查，来回答这些问题。

选自盖伊·塔克曼：《做新闻：现实的社会建构》，李红涛译，中国人民大学出版社，2022，第 8-14 页

4. 复习问题

（1）怎么理解“越是针对受众知之甚少的话题，新闻媒体越能够形塑他们的观点”？

（2）为什么说新闻与童话故事都是“文化资源和积极协商的产物”？

（3）《做新闻：现实的社会建构》的研究问题和研究方法分别是什么？

5. 思维训练

（1）阐述你对“作为框架的新闻”的理解。

（2）谈谈你对“新闻生产是一项协商性的事业”的理解。

十三、“新闻媒介都是掌握政治和经济权力者的代言人”

——J. 赫伯特·阿特休尔：《权力的媒介》（节选）

1. 写作背景

《权力的媒介》出版于1984年，是继《传媒的四种理论》之后对传媒制度研究的又一部扛鼎之作，被认为是对《传媒的四种理论》的一次重大挑战。

该书的创作源于作者长期的媒体工作实践及对媒体的观察和分析。J. 赫伯特·阿特休尔中学时就成为一名实习记者。之后，他在许多新闻媒体从事新闻工作，曾担任美联社驻费城、华盛顿编辑，驻联邦德国首都波恩的首席记者，后来又任《纽约时报》和NBC（全美三大商业广播电视公司之一全国广播公司）的记者，还担任过《新闻周刊》的特约记者。这些经历使阿特休尔对媒体有了更加深刻的认识，特别是在1957年任美联社派驻联邦德国首都波恩首席记者时的一段报道经历，对他很具启发意义。他认识到国际新闻“必然要按照‘我们’对‘他们’或‘好人’对‘坏人’的格式进行报道”，相互冲突是新闻的实质，即新闻报道不可能脱离意识形态而存在。后来，爱德华·S. 赫尔曼和诺姆·乔姆斯基在《制造共识：大众传媒的政治经济学》（1988）中提出的宣传模型揭示了与阿特休尔一致的观点，“这个意识形态可以帮助动员大众对抗任何一个敌人，而由于该概念的模糊性，无论何人，只要为损害有产者利益的政策辩护或赞同与共产党国家及所谓的激进派进行合作，都可以用这一概念对付他”*。

此后，阿特休尔又在美国华盛顿州立大学先后攻读了政治学硕士和历史学博士学位，他丰富的媒体实践及跨学科的学术背景，最终成就了这部经典之作。

* 爱德华·S. 赫尔曼、诺姆·乔姆斯基：《制造共识：大众传媒的政治经济学》，邵红松译，北京大学出版社，2011，第25页。

2. 阅读提示

“新闻媒介的交响乐：分类体系”一章是对全书的总结。在这一章中，阿特休尔把世界上的新闻媒介比作由不同主题和旋律组成的一部交响乐。这部交响乐分为三个乐章：市场经济乐章、马克思主义乐章和进步中世界乐章。尽管这部交响乐中充满着不和谐音，不过新闻媒介教育者的作用能使它总体上保持一致。阿特休尔分别从新闻事业的目的、信条、新闻自由等方面对这三个乐章进行了比较，最后得出他对新闻学的七项归纳。本书节选其中新闻媒介作为教育者的作用、三个乐章新闻事业目的比较和新闻学的七项归纳。

在这三个乐章中，虽然媒介作为教育者的目的不同，但是，“新闻媒介都被当作维护社会秩序的主要力量”，这使世界新闻媒介这部交响乐可以和谐地演奏。它们的不同之处在于，在市场经济乐章和马克思主义乐章中，教育主要是静态的，以捍卫现有的社会秩序。而在进步中世界乐章中，教育的旋律是动态的，新闻媒介被公开地作为教育的工具，必要的时候可以帮助人民改造社会制度。

在对新闻事业目的的认识上，虽然三个乐章都认为新闻事业应该尽社会责任，但阿特休尔指出“社会责任”一词在不同地点对不同对象有不同的含义。马克思主义世界和进步中世界都强调以政治方式教育人民，而市场经济世界则认为要用非政治方式进行教育。阿特休尔批判了市场经济国家中新闻事业超脱政治的观点，因为“新闻媒介就是一个政治机构”。

最后，阿特休尔提出新闻学的七项归纳。新闻媒介与政治、经济权力密切相关，因此，不同的新闻媒介模式不可避免地否定不同于己的媒介模式。如果人们认识不到这些问题，那么只会陷入无休止的争论和否定中。阿特休尔希望新闻媒介不应只是盲目地记录冲突，而应该寻求冲突的解决。

3. 文献原文

权力的媒介（节选）

第十一章　新闻媒介的交响乐：分类体系

我们可以把新闻媒介的作用比作一部具有综合音响效果的交响乐的几个乐章，其中有许多不同主题、旋律和变奏。假如我们从全体社会、全体国家的角度对新闻媒介进行一番考察的话，我们不免会惊异地发现一个规律，即新闻媒介之间存在的异同常常一样大。在一个相当真实的含义上，我们可以说世上的新闻媒介是一个单独的单位，犹如一首交响乐也是一个单独的单位只是由多种不同主题和旋律组成。交响乐并不要求和谐一致；实际上，它可以是任何音响的交织——充满各种不谐和音以及不谐和音调。也许我们还不习惯于说新闻媒介的交响乐，而倒觉得说新闻媒介的噪音更顺口些。然而，一首交响乐尽管充满不谐和音和不谐和音调，但总体上是统一和谐的。象瓦格纳风格的歌剧，其主旋律在整个结构中始终贯穿如一，全世界新闻媒介的意识形态也是如此。新闻媒介中所统一的部分是它作为教育者作用时能够保持和谐一致。

在新闻媒介的这首交响曲中，我们可以把它划分为三个乐章，每一乐章包含一个基本主题，而这个基本主题中又有不少变奏。我们可以给新闻媒介这首交响乐的三个乐章冠以各种不同的名称，但考虑到这一命名最终会确定我们对这些乐章的正确理解，因此当我们进行命名的时候，就很有必要缜密细致，来不得半点粗枝大叶。譬如说，我们或许可以简单地用第一、第二和第三这种数字方式来划分命名，因为用数字表示人们心中往往有几分安宁和亲切感。恰巧用数字表示这三个乐章与第一世界、第二世界和第三世界的政治命名相吻合。或者我们也可以根据经济状况进行划分，如市场经济代表第一乐章，马克思主义和进步中世界分别代表第二、第三乐章。或许我们还可以用地理概念来命名，如西方乐章、东方乐章和南方乐章。如果我们想牵强地用一些评价性的术语施加于三个乐章的任何一个，我们就会明显感到困难加重；譬如民主的、自由的或共产主义的、集权主义的等这类词容易妨碍正确的理解。甚至社会主义也是一个引起麻烦的词，因为它毕竟一直用来表示第三帝国的强暴政权。事实上，革命这个词也同样如此，因为它既可以代表善行又可以指称邪恶。在这本书中出现的分类法中，本人运用了多少加以修饰过的经济状况划分三个乐章，只是用进步中世界取代了发展中世界这个词。当我采用这些专门术语的时候，是完全认识到其局限性的。然而，如果我们能看到每一乐章中各种旋律变奏所产生的丰富多彩的效果，那么我们就可以弥补这一缺陷。另外，还须铭记一点，尽管各乐章的名称所反映的是经济思想含义，但它们的主题绝对不仅仅局限于经济方面的内容。每一乐章包罗了新闻媒介所处环境的全部现实，包括历史的、政治的、社会的、文化的还有（很值得一提的）心理的现实。现在让我们记住这些条件，进而把新闻媒介交响乐的乐章分别定名为市场经济乐章、马克思主义乐章和进步中世界乐章。

在所有这三个乐章中，新闻媒介都被当作维护社会秩序的主要力量——教育人民使他们在社会中发挥各自的作用。但是，在这三个乐章中，教育目的迥然不同。在市场经济乐章中，教育人民是为帮助他们正确地投票选举，以此来捍卫社会秩序。在美国，人们对于把新闻媒介称为教育的提供者感到某种不安；人们习惯认为新闻媒介是信息的提供者。可是，信息这词儿显得有些模棱两可，因为如果信息没有提高接受者的教育程度，它就毫无用处。除美国之外，其它资本主义国家似乎对信息与教育的区别不甚关注。美国反对教育作用的提法可能是出于教育作用容易使人联想到宣传的味道，而美国人敌视宣传。因为据说苏联就把新闻媒介用于宣传的目的。

确实如此，在马克思主义乐章中，新闻媒介公开起着宣传工具的作用。宣传这个词的含义在这儿也同样模棱两可，因为马克思主义主旋律的主题是教育人民，是为了帮助他们正确地为人处事，以此来捍卫社会制度。列宁提出新闻媒介的三大作用，究其根源，无不是教育作用，正如马克思笔下新闻媒介的形象是冲破普鲁士的书报审查，成为教育人民认识现实的工具一样。

第三乐章在全部三个乐章中最公开、最直接地把新闻媒介当作教育的工具。发展中世界的新闻媒介模式既用来作为捍卫社会制度又用来作为教育人民改造社会制度（一旦必要的话）的工具。事实上，正是由于这一点，给第三乐章的交响乐节奏带来了决定性的变革。第一、第二乐章中的教育旋律主要是静态的，是在保持社会现状，而到了第三乐章，其特点变得雄壮有力，力求变更。但是，新闻媒介作为教育工具的主题，统一了整个交响曲。虽然那些受僵化意识形态蒙蔽的人无法看到这部交响曲的总体统一，但是稍有头脑的观察者都能感觉到整体的统一谐和。这样一来，美国编辑就会放弃苏联新闻媒介是共产党宣传武器的主张；苏联编辑也同样会改变美国的新闻媒介是华尔街工具的说法，而苏美编辑都会放弃发展中国家的新闻媒介幼稚、狭窄、排外的观点，而发展中世界的编辑站在自己的立场上也可能嘲讽苏美两国新闻媒介是殖民剥削的工具。假如各国编辑都能承认各地的新闻媒介都有相同的地方，那么全人类对世界的理解程度理所当然会得到提高。

有意思的是，那些彼此一直打交道的新闻记者认识新闻媒介共同处的可能性，比起那些潜心新闻理论研究的记者、编辑和学者来，要大得多。新闻记者经常与其同仁亲如手足地打交道，容易产生一种同志般的友爱感，这种友情往往超逾社会、政治和民族间的差异。他们中大多数为比例不高的驻外记者，这些驻外记者正如其职业性质所示，都是巡回流动者，东奔西走，在其驻扎基地度过大部分时光。这样，大力开展跨国社会接触的机会就比较有限。然而，一旦这种接触得以增多，新闻记者就可能经过思考而发现那种共同处和相当一致的地方，即只有当记者摆脱了政治、经济以及其它因素限制的重重压力，最佳的新闻事业才有可能产生。至于对那些在遥远地方或者甚至邻近的离群索居处武断地发表新闻理论观点的学者来说，无论在理论上还是在实践上，他们都无法认识这种共同之处，这并不值得大惊小怪。国际会议上的讨论也被这种失败所困惑。编辑总是最严厉地谴责别国的新闻记者，说他们是从来不置身于交战地带采集新闻故事的宣传手、傀儡或投机分子。参加国际新闻工作者和教育者会议的代表也相互口诛笔伐，指责对方记者不常阅读别国出版的报纸或书籍。如果认为这样的会议是在求同、争取一致显然极其荒谬。相反，他们仅仅是在加强各自意识形态的纯洁清白，增加分歧而已。

前面第五、第六和第七章内容为本章提出的分类体系提供了背景情况。本人希望通过将这一分类体系比喻为一部交响乐的方法把问题阐述清楚。人们一定还记得，一部交响乐作品是由几个乐章组成的；而这些乐章组成了整部作品的完整和统一。但各个乐章的内部，对主题不同的变奏有时十分突出。举例来说，在市场经济乐章中，结构上就存在着重大的变化。美国广播电视业的组成方式与西欧和日本截然不同。在美国，广播电视业的财政来源几乎全靠广告收入；而在其他资本主义国家，广告的作用十分有限。在西欧与日本，经广播电视提供财源的是税收和公共基金。资本主义国家的广播内容也常有很大的差异，但根本内容是一致的。所有这些国家都实行资本主义，只是程度上有差异。某些国家可能国营的工业比其他国多一些，不过现代资本主义体系已经允许一定程度上的国有化。然而，不管允许社会化企业存在的程度如何，把所有资本主义国家统一起来的是他们的信仰体系和共同敌视马克思主义的社会制度。新闻媒介交响乐的第一乐章就包含了对这种敌视态度的不同程度的变奏。一部分资本主义国家发展到能够接受马克思主义的某些方面，当然其信仰体系仍旧完整无损。新闻媒介仍然是维护社会秩序的工具。尽管资本主义国家之间，甚至处于不同时期的个别国家内部的意识形态界限（新闻媒介可能没有冲破）并不一致、统一。但是这种界限确实存在。最终，资金提供者总会发现这些界限并没有被冲破、推翻。

新闻媒介这部交响曲中三个乐章都充满各种不同的旋律，它们时而发生冲突和对抗。三个乐章中并不乏杂乱不一的音符。然而，没人会花九牛二虎之力，通过细心比较欧洲各国的报纸读者或电视观众之间的差异来研究新闻媒介的作用。法国读者可能与荷兰读者有着极大的区别；而比利时的电视观众可能与挪威的观众不同。然而，所有这些读者和观众都以共同一致的角度来看待传播的内容，这一角度植根于共同的信仰体系。因此，虽然存在一些不谐和音，这部交响乐第一乐章宽广音域的乐声却响彻整个工业化资本主义世界，无论是日本还是丹麦或是加拿大。其他两个乐章中也同样能够聆听到类似这种宽广的音域。

在南斯拉夫的带领下，整个东欧国家和马克思主义国家探寻着社会主义的不同道路。各国之间和各个时期，对社会制度进行批评的自由范围各不相同。在进步中世界里，乐章中出现众多的变奏，其中有些接近市场经济乐章中出现的主部主题，还有些则类似马克思主义乐章中的主题曲调。有些变奏强调对新闻媒介实行严密的中央控制，另一些则允许新闻媒介决定新闻内容时具有相当大的自由。这些变奏确实带来丰富多彩的音响效果，其音域之宽广犹如马勒的交响乐作品。当然，作品仍然保持了整体的统一和谐。不管我们在聆听哪一乐章，正是这种整体保持统一和谐才激励起我们期望到达一种有益于我们全人类和谐一致的境界。

对于新闻媒介交响乐中三个乐章的区别；人们或许可以用最简单的办法，即国家特征以示三个乐章之间的差别。然而，我们必须牢牢记住：这些差别并不完全是国家性质的。这些差别在国家之间存在，在国家内部也同样存在。在肯尼亚和美国，委内瑞拉和日本均可以发现马克思主义的信仰者。在印度尼西亚和波兰、中国和古巴也同样可以看到市场经济的信奉者。同样，在德国和苏联、加拿大和匈牙利也都存在进步中世界意识形态的信仰者。不过，尽管用国家的性质来说明三个不同乐章的方法可能引起某种程度的曲解，但这种方法倒也不失为一条通向全球新闻媒介现实道路的方便之途。

下面，我们首先考察一下新闻媒介这部交响乐的三个乐章对新闻事业目的的不同认识。新闻事业为何存在？其任务是什么？图表 11–1 反映了三种认识的异同点。

图表 11–1

关于新闻事业的目的	市场经济世界	马克思主义世界	进步中世界
	追求真理	寻求真理	服务于真理
	尽社会责任	尽社会责任	尽社会责任
	以非政治方式进行告知（或教育）	（以政治方式）教育人民并争取盟友	（以政治方式）进行教育
	公正地为人民服务，并拥护资本主义学说	通过要求拥护社会主义学说而为人民服务	通过寻求与政府合作为人民服务，为各种有益的目的进行变革
	作为监督政府的工具	统一观点，改变行为	作为争取和平的工具

有一点十分明显，不管新闻媒介处于何种政治、经济或社会制度之下，其任务均是打着社会责任的旗号追求真理。这一追求是使用新闻媒介的人民通过被告知或受教育的途径进行的。以上这些根本方面到处都是一致的。但问题是，这些词语是在不同地点，以不同方式，以及同一地点的不同人进行定义的。这张图表指出了三种模式的根本区别。在马克思主义和进步中世界里，新闻媒介既定的目的之一是政治性的。在市场经济国家，情况则相反；新闻媒介的任务是超脱政治，站在中立的立场上公正地报道消息。但是，就这点而论，市场经济旋律的维护者是在自欺欺人；因为无论如何，新闻媒介都无法超脱政治。

正如亚里斯多德很久前所云：人生来就是政治动物。因为他生活在社会之中，生长于社会制度之外的人就不是一个完全意义上的人。单就新闻工作者是具有人性美德这一点而言，他免不了是一个政治产物。除此之外，当新闻工作者进行工作时，他所享有的政治地位是一般男女无法具有的。新闻工作者笔下的每字每句都与他们身处的社会和政治制度相联系。偏袒某一政治观点显然具有政治性；保持中立同样带有政治性，因为如果他不反对社会现状，那就等于表明他心照不宣地拥护现状。现存的一切可能根本就不存在什么公正。要么你表示支持，成为一名政治上的拥护者，要么你表示反对，成为一名政治上的对手；而保持中立就无异于赞同现状。资本主义国家中的新闻媒介忽视了这一条基本的真理，美国尤其如此。只有当新闻工作者能够摆脱其人性这一根本要素时，我们才有理由谴责联合国教科文组织的活动，说它具有政治化倾向。

当新闻工作者沉思片刻，思考一下人类的本性时，他们也许会看到自己所从事的工作带有政治性质。然而，几乎没有哪位新闻记者会放下他们繁忙的报道计划和编辑新闻的工作，腾出顷刻时间来考虑这类问题，新闻媒介所固有的信条最终限制了我们进行独立分析的能力。在市场经济国家，特别在美国，情况同样如此。这样一来，新闻界里里外外许多明达事理的人便会坚定地声明记者与编辑超脱政治，是公正的观察员和记录者。如果我们在马克思主义世界和进步中世界鸟瞰美国新闻媒介的状况，那么我们就可以较清楚地看到有关新闻媒介政治化问题的争论，事实上这些争论徙(徒)费口舌。简而言之，新闻媒介就是一个政治机构。

有一部分问题是肯定的，在美国，人们说新闻媒介超脱政治时，其意思常常是说新闻媒介超脱了党派政治。在这种情况下，新闻媒介确实具有政治性质，因为它要承担起三大作用——抗衡、监督和确定议程。但是这里的政治性是指非党派性，既不是民主党，也不是共和党，既非自由主义，又非保守主义，既非支持民权又非反对民权。简而言之，美国建设中新闻媒介的那种政治作用就是客观地寻求事实和公正地提供消息。

确实如此，典型的美国新闻记者把这一点认为是其至高无上的职业要求：为读者寻求事实和反映事实，读者可以根据自己的需要或者利用或者不利用这些事实。然而，这一追求忽视了一点，就是新闻记者绝不是超党派的。客观报道只是确保社会现状的手段，是保证维护社会秩序和社会制度的工具。客观报道允许个人提出批评，但并不是允许个人批评政治、经济或社会制度本身。实际上，公正不偏这一情况本身就是在维护制度。在这种模式中，新闻媒介对社会秩序具有潜在的挑战性这一说法意味着它对掌权人物是一种威胁。只要新闻媒介没有实行这种挑战性，那么它就是在发挥符合掌权者意愿的政治作用。进一步说，即便新闻界同意新闻媒介超脱政治这种观点，它仍然是满足权力需要的工具。

从马克思主义世界关于新闻媒介目的的认识中可以发现，新闻媒介给予他们对马克思列宁主义学说坚定不移的拥护。没有这种拥护，就不能为人民服务；倘若情况极为严重，人们就会指责新闻媒介离经叛道，背叛人民。列宁关于报刊的思想在马克思主义国家里被奉为金科玉律。新闻媒介的目的被视为集体的组织者——统一看法，改变作为。这是必须恪守的原则，没有回旋余地，如此信条使他们不会轻易妥协。除非我们找到某种途径能够使马克思主义者信服，人们可以在不破坏社会秩序的前提下修改列宁思想的限制，要不然，与马克思主义和其他制度新闻理论家之间发生的争论就不可能得到平息和解决。

不管解决措施如何困难，一旦人们认识到问题的真实本质，那么它也就变得比较容易解决。

在这部交响乐的三个乐章中，新闻媒介的既定目的都是为人民服务。对于这个目的，三个乐章分别用不同语言进行描述。对那些信奉市场经济制度为美德的人来说，新闻媒介意味着拥护该制度；而马列主义信奉者认为新闻媒介意味捍卫社会主义的学说。在市场经济图像中，新闻媒介被视为不受政府控制而进行工作，用来监督政府甚至同政府抗衡。在马克思主义图像中，新闻媒介是政府（或政党）的工具，支持它的行动并且努力说服读者和观众去进行同样的支持。但是，在进步中国家，这种图像就不一样：新闻媒介是作为政府的伙伴，（按博德·奥伊沃洛的说法）是社会经济进步的孪生机构。从这点来说，市场经济和马克思主义的理论家们都没有从这些方面理解新闻媒介之目的何在。在市场经济模式中，新闻媒介的报道反映变革；但它本身并不是变革的作用力。在马克思主义模式中，当共产党和政府说变革是人民的愿望时，新闻媒介就拥护这一变革；它本身也并非变革的作用力。当然，我们必须记住，这儿讨论的是对新闻媒介目的的不同认识。其实在所有国度，理论与实际总是大大脱节的。

……

新闻学的七项归纳

1. 在所有的新闻体系中，新闻媒介都是掌握政治和经济权力者的代言人。因此，报纸杂志和广播电视并不是独立的媒介，它们只是潜在地发挥独立作用。

2. 新闻媒介的内容往往反映那些给新闻媒介提供资金者的利益。

3. 所有新闻体系无不以信仰言论自由为基础，但是各自解释言论自由的方法不一。

4. 所有的新闻体系都赞同社会责任理论，宣称他们为了人民的需要和利益服务，并表示愿意为人民提供新闻。

5. 在所有三种新闻模式中，彼此认为对方模式为离经叛道。

6. 新闻院系传播该社会的意识形态和价值体系，最终无不帮助当政者维持他们对新闻媒介的控制。

7. 新闻实践往往背离新闻理论。

当今世界有时被人称为核时代，有时被人称为信息爆炸时代。这些术语的含义都是指同一件事，即：世界是一个科学技术使之改换面貌的世界，一个充满前途和希望的世界；然而同时又是一个充满危险的世界，对世界的生死存亡具有真正的威胁。爆炸式的突飞猛进、铺天盖地的情形既是知识的源泉，又是毁灭的种子。在这个日新月异的社会秩序中，在新闻媒介从事工作的男男女女，包括新闻商人，具有至关重要的作用，因为描绘世界面貌的正是那些人，而世界面貌构成人类抉择行动的基础。认识不到这个基本而又严酷的事实就无法理解新闻媒介在人类事务中的作用。新闻媒介这部交响乐的终尾音符即将拨响。

新闻媒介可以带来三种可能性。第一，它可以在类似瓦格纳震耳欲聋的鼓声和毁灭性的铙钹声中，加速人类的自我消亡；第二，它也可以在类似维尔第[1]恰到好处的音乐处理中，帮助创立一个全球性和谐统一的整体；最后，它可以始终作为一个置身事外的局外人，被动地聆听跌宕起伏的音乐，象一台没有思维的机器人等待命运的到来而不是自己主宰命运。本书蕴涵着一个不小的希望，希望新闻媒介摒弃只是盲目记录冲突的历史作用而应该探求一个新的作用，即冲突的解决作用。和平地解决冲突是世界和睦共处和全球发展的根基。

本章提出的分类体系并没有给人们聊以多少慰藉。冲突多于解答。不管“我们”指谁，好人还是站在“我们”一边。不管“他们”指谁，坏人且站在“他们”一边。新闻发展的历史证明，报纸以及形形色色更现代化的新闻媒介已日趋满足掌握新闻媒介经济命脉者的个人利益的需要，同时又通过服务于新闻消费者的利益来确保新闻媒介的形象。期望新闻媒介会出现天翻地覆的大变化并对其经济命脉操纵者的愿望嗤之以鼻，无异于一种最狂热的乌托邦式的痴心妄想。

学者们老是认为个人和国家之间的绝大部分唇枪舌剑的争端无外乎围绕着人格和国格问题，安全问题和认识问题。每一个人和国家都需要有人格和国格。根据约翰·伯顿的观点，一旦他们的需要没有得到满足，这些个人或国家就会采取如掌权者所说的行为不轨的举动。在这种情景下，“我们”或那些恪守统治者思想体系的人为好人，而“他们”或那些行为“不轨”者则是坏人。理解人们在现成接受了的意识形态体系之外怎样行为和怎样思考，对于能真正告知，或教育，或有助于解决问题的新闻记者来说是不可缺少的。只要能真正理解，“坏人”和“好人”都应该获取新闻媒介。无论到哪里，客观性法则都不会被抛弃。

伯顿提到，“第三者”可能在解决冲突中发挥出有价值的作用，他指出“第三者”的作用在于翔实而公正地反映冲突中发生的事件，更重要的是保证对立双方不要介入“冲突或争斗、交涉或武力”，而应当成为问题的解决者。

除此以外新闻媒介还能起到什么更强的作用呢？

小说家、散文家和记者艾伯特·加缪在1957年接受诺贝尔文学奖时说道：“我们职业的崇高性将始终根源于不易恪守的两点许诺：绝不对我们所知的东西撒谎和抗拒压迫。”也许他还可以对新闻记者增加第三条许诺：写作与编辑的目的应该有助于解决人类的问题，而不是使人类的问题恶化。

选自J.赫伯特·阿特休尔：《权力的媒介》，黄煜、裘志康译，华夏出版社，1989，第315–323，336–339页

1　维尔第（1678—1741），意大利作曲家、指挥家。——译注

4. 复习问题

（1）如何理解世界上的新闻媒介是一部交响乐？

（2）在新闻媒介的这部交响乐中，可以划分为几个乐章，它们为什么能够保持和谐？

（3）怎样理解“市场经济旋律的维护者是在自欺欺人，因为无论如何，新闻媒介都无法超脱政治”？

5. 思维训练

（1）结合现实，谈谈你对“在所有的新闻体系中，新闻媒介都是掌握政治和经济权力者的代言人”的认识。

（2）你怎么看待作者在全文最后提出的希望？

十四、“我们成了一个娱乐至死的物种”

——尼尔·波兹曼：《娱乐至死》（节选）

1. 写作背景

到20世纪下半叶，电视已然宣告这是属于它的时代。媒介的变化促使美国文化发生重大的变化，对人类的认知和行为模式产生了巨大影响。

尼尔·波兹曼生于1931年，他目睹和经历了从印刷时代到电视时代美国文化和社会的种种变化。波兹曼创建了媒介环境学。他生前任美国纽约大学文化传播系主任，于1970年创办了媒介环境学博士点。他关注教育、语言和媒介技术，与麦克卢汉有同样的研究旨趣，并受其影响。同麦克卢汉一样，波兹曼在《电视和英语教学》（1961）中也曾为学生提供媒介指导。1968年，波兹曼在美国英语教师协会理事会上，首次提出“媒介环境学”概念，将其定义为“把媒介当作环境的研究”，由此，媒介环境学正式成为一个学术研究领域；1969年，在《作为颠覆活动的教学》中强调了媒介教育的重要性；1971年，在《软性的革命：以学生为主动力的教育改革提案》中阐述了媒介环境学的内涵，“媒介环境学研究传播媒介如何影响人的感知、感情、认识和价值，研究我们和媒介的互动如何促进或阻碍我们生存的机会。其中包含的‘生态’一词指的是环境研究——研究环境的结构、内容以及环境对人的影响”*。

《娱乐至死》出版于1985年，是波兹曼以媒介环境学的视野对“20世纪后半叶美国文化中最重大的变化的探究和哀悼”。波兹曼在书中以奥威尔和赫胥黎的预言指出文化精神没落的两种方式——监狱和娱乐。人们担心失去自由，却又心甘情愿地迷失在娱乐中。表面看来，波兹曼是在批判电视娱乐化，实际上是借此引发人们对媒介及其影响的思考——“我们将毁于我们热爱的东西”。

* 林文刚：《媒介环境学：思想沿革与多维视野》，何道宽译，北京大学出版社，2007，第10，161，164页。

2. 阅读提示

波兹曼在《娱乐至死》开篇就提出一个著名的论断“媒介即隐喻”。

他首先指出目前美国文化的现状：“一切公众话语都日渐以娱乐的方式出现，并成为一种文化精神”。政治、新闻、宗教、教育等都普遍趋向用娱乐的方式吸引大众。

针对此种现状，一些关注文化的学者用马克思主义、弗洛伊德理论等进行了阐述，而波兹曼却以另外一种视角来探讨美国文化的此种变化。他认为应该把关注的焦点放在会话的形式上，会话的形式影响我们要表达的思想，进而影响文化。波兹曼认为，会话不单指语言，也包括一切使人们可以交流信息的技术。那么需要注意的是，公众话语是以何种方式被规范并因此决定了其话语的内容。以电视为例，视觉形象是电视话语的表现形式，这种形式决定了电视的话语内容与印刷体的话语内容截然不同。

波兹曼承认这一论点与麦克卢汉的“媒介即讯息”有联系，不过，在波兹曼看来，麦克卢汉所说的“媒介即讯息”还未能说明媒介在人类社会中的深刻作用。讯息是具体、明确的，而媒介更像是一种隐喻而不是具体的讯息，定义着我们的世界。

简单来说，隐喻是一种用我们熟悉的事物来理解抽象或者陌生事物的认知方式，它以相似性为基础，例如，爱是一条河。“日常生活中隐喻无所不在”，隐喻塑造了我们认知世界的概念体系，进而影响着我们的思维、价值和文化。* 在这一点上，媒介和隐喻具有相似性。波兹曼认为每一种媒介都不只是它本身这么简单，媒介形式影响着我们的思维方式，它规范了公众话语的内容，并进而影响我们的文化。媒介就像隐喻，悄无声息但又非常有力地改变着我们。波兹曼的“媒介即隐喻”本身就是一个隐喻。

* 乔治·莱考夫、马克·约翰逊：《我们赖以生存的隐喻》，何文忠译，浙江大学出版社，2015，第1页。

3. 文献原文

娱乐至死（节选）

第一章　媒介即隐喻

在历史上的不同时期，不同的城市都曾经成为美国精神熠熠生辉的焦点。例如，18世纪后期，波士顿是政治激进主义的中心，震惊世界的第一枪在那里打响，那一枪只会在波士顿的郊区打响，而不会是在其他任何地方。事件报道之后，所有的美国人，包括弗吉尼亚人，从心底都成为了波士顿人。19 世纪中叶，来自世界各地的弃儿们在埃利斯岛登岸，并把他们陌生的语言和陌生的生活方式传播到美国各地，纽约从而成为大熔炉式国家的象征——至少是有别于英国。20 世纪早期，芝加哥开始成为美国工业发展的中心。如果芝加哥的某个地方有一座屠夫的雕像，那么它的存在是为了提醒人们记住那个到处是铁路、牛群、钢铁厂和冒险经历的时代。如果现在还没有这样的雕像，那么我们应该尽快来做这件事，就像代表波士顿时代的有民兵雕像，代表纽约时代的有自由女神像一样。

今天，我们应该把视线投向内华达州的拉斯维加斯城。作为我们民族性格和抱负的象征，这个城市的标志是一幅 30 英尺高的老虎机图片以及表演歌舞的女演员。这是一个娱乐之城，在这里，一切公众话语都日渐以娱乐的方式出现，并成为一种文化精神。我们的政治、宗教、新闻、体育、教育和商业都心甘情愿地成为娱乐的附庸，毫无怨言，甚至无声无息，其结果是我们成了一个娱乐至死的物种。

我写作此文时的美国总统是昔日好莱坞的演员。他的主要竞争对手之一是 20 世纪 60 年代最为人瞩目的电视节目的宠儿，也就是说，是一名宇航员。[1]很自然，他的太空探险被拍成了电影。

此外，美国前总统理查德·尼克松曾把自己的一次竞选失败归罪于化妆师的蓄意破坏，他就如何严肃对待总统竞选这个问题给了爱德华·肯尼迪一个建议：减去 20 磅体重。虽然宪法对此只字未提，但似乎胖子事实上已被剥夺了竞选任何高层政治职位的权利，或许秃子也一样不能幸免于此，当然还有那些外表经过美容仍无法有较大改观的人。我们似乎达到了这样一个阶段：政治家原本可以表现才干和驾驭能力的领域已经从智慧变成了化妆术。

美国的新闻工作者，如电视播音员，对此也心领神会了。他们中的大多数人在吹风机上花的时间比在播音稿上花的时间多得多，并且由此成为娱乐社会最有魅力的一群人。虽然联邦新闻法没有明文规定，那些不上镜头的人其实已被剥夺了向大众播报所谓“今日新闻”的权利，但是那些在镜头前魅力四射的人确实可以拥有超过百万美元的年薪。

美国的商人们早在我们之前就已经发现，商品的质量和用途在展示商品的技巧面前似乎是无足轻重的。不论是亚当·斯密备加赞扬还是卡尔·马克思百般指责，资本主义原理中有一半都是无稽之谈。就连能比美国人生产更优质汽车的日本人也深知，与其说经济学是一门科学，还不如说它是一种表演艺术，丰田每年的广告预算已经证明了这一点。

1 指约翰·格伦，美国第一个绕地球作轨道飞行的宇航员，退役后当选为美国参议员。——译注不久前，我看到比利·格雷厄姆[1]和谢基·格林、瑞德·巴顿斯、迪昂·沃威克、弥尔顿·波尔及其他神学家一起向乔治·伯恩斯表示祝贺，庆祝他在娱乐性行业成功跌打滚爬了80年。格雷厄姆教士和伯恩斯说了很多关于来世的俏皮话。虽然圣经里没有任何明示，但格雷厄姆教士向观众保证，上帝偏爱那些能让人发笑的人。这是一个诚实的错误，格雷厄姆只是错把美国全国广播公司当成了上帝。

鲁斯·威斯西马博士是一个心理学家，她主持了一档很受人欢迎的广播节目及一个夜总会节目，在这些节目中，她向听众们介绍有关性事的林林总总，所用的语言在过去只能是卧室和某些阴暗的街角里专用的。她和格雷厄姆教士一样是一个有趣的人，她曾经说过："我的初衷并不是为了逗乐，但是，如果我所做的确实能让人开心，我不妨继续下去。有人说我取悦于人，我说这很好。如果一个教授上课时表现幽默，人们就会带着记忆下课。"[2]她没有说人们带着怎样的记忆，也没有说这些记忆有何裨益，但她说明了一点：能够取悦于人，真好。确实，在美国，上帝偏待的是那些拥有能够娱乐他人的才能和技巧的人，不管他是传教士、运动员、企业家、政治家、教师还是新闻记者。在美国，最让人乏味的是那些专业的演员。

对文化表示关注和忧虑的人，如正在阅读此类书的人，会发现上面的这些例子并不罕见，已是司空见惯了。批评界不乏有识之士，他们注意并记录了美国公众话语的解体及其向娱乐艺术的转变。但他们中的大多数人，我相信，还没有开始探究这种变化的根源和意义。那些已经对此作过研究的人告诉我们，这一切都是走向穷途末路的资本主义的余渣，或者，正相反，都是资本主义成熟后的无味的果实；这一切也是弗洛伊德时代神经官能征的后遗症，是人类任凭上帝毁灭而遭到的报应，是人性中根深蒂固的贪婪和欲望的产物。

我仔细研读过这些阐述，从中不是没有学到东西。马克思主义、弗洛伊德理论，甚至神学家们，都是不能等闲视之的。在任何情况下，如果我的见解能够基本接近事实，我都会感到惊讶。正如赫胥黎所说的，我们没有人拥有认识全部真理的才智，即使我们相信自己有这样的才智，也没有时间去传播真理，或者无法找到轻信的听众来接受。但是在这里，你会发现一个比前人的理解更为透彻的观点。虽然这个观点并不深奥，但它的价值体现在其视角的直接性，这样的视角正是2300年前柏拉图提出的。根据这个观点，我们应该把焦点放在人类会话的形式上，并且假定我们会话的形式对于要表达的思想有着重大的影响，容易表达出来的思想自然会成为文化的组成部分。

我形象地使用"会话"这个词，并不仅仅指语言，同时也指一切使某个文化中的人民得以交流信息的技巧和技术。在这样的意义上，整个文化就是一次会话，或者，更准

---

1 比利·格雷厄姆（Billy Graham，1918— ），美国基督教福音派传教士、浸信会牧师，在美国和世界各地通过广播、电视、电影宣讲耶稣基督福音，开展福音奋兴运动。——译注

2 引自1983年8月24日的《威斯康星州日报》，第1页。

确地说，是以不同象征方式展开的多次会话的组合。这里我们要注意的是，公众话语的方式是怎样规范乃至决定话语内容的。

我们可以举一个简单的例子，如原始的烟雾信号。虽然我不能确切地知道在这些印第安人的烟雾信号中传达着怎样的信息，但我可以肯定，其中不包含任何哲学论点。阵阵烟雾还不能复杂到可以表达人们对于生存意义的看法，即使可以，他们中的哲学家可能没有等到形成任何新的理论就已经用尽了木头和毡子。你根本不可能用烟雾来表现哲学，它的形式已经排除了它的内容。

再举一个我们更熟悉的例子：塔夫脱，我们的第27任总统，体重300磅，满脸赘肉。我们难以想像，任何一个有着这种外形的人在今天会被推上总统候选人的位置。如果是在广播上向公众发表演讲，演讲者的体型同他的思想是毫不相干的，但是在电视时代，情况就大不相同了。300磅的笨拙形象，即使能言善辩，也难免淹没演讲中精妙的逻辑和思想。在电视上，话语是通过视觉形象进行的，也就是说，电视上会话的表现形式是形象而不是语言。政坛上形象经理的出现以及与此相伴的讲稿作家的没落证明了这样一点，就是：电视需要的内容和其他媒体截然不同。电视无法表现政治哲学，电视的形式注定了它同政治哲学是水火不相容的。

还有一个例子，更复杂一些：信息、内容，或者如果你愿意，可以称之为构成“今日新闻”的“素材”，在一个缺乏媒介的世界里是不存在的——是不能存在的。我并不是说，火灾、战争、谋杀和恋情从来没有在这个世界的任何地方发生过。我想说的是，如果没有用来宣传它们的技术，人们就无法了解，无法把这一切纳入自己的日常生活。简而言之，这些信息就不能作为文化的内容而存在。“今日新闻”的产生全然起源于电报的发明（后来又被其他更新的大众传播工具发扬光大），电报使无背景的信息能够以难以置信的速度跨越广阔的空间。“今日新闻”这种东西纯属技术性的想像之物，准确地说，是一种媒体行为。我们可以了解来自世界各地对于各种事件的片断报道，因为我们拥有适用于报道这些片断的多种媒体。如果某种文化中没有具有闪电般速度的传媒工具，如果烟雾信号仍是最有效的传播途径，那么这种文化就不会拥有“今日新闻”。如果没有媒体为新闻提供传播的形式，那么“今日新闻”就不会存在。

用平白的话语来说，这本书是对20世纪后半叶美国文化中最重大变化的探究和哀悼：印刷术时代步入没落，而电视时代蒸蒸日上。这种转换从根本上不可逆转地改变了公众话语的内容和意义，因为这样两种截然不同的媒介不可能传达同样的思想。随着印刷术影响的减退，政治、宗教、教育和任何其他构成公共事务的领域都要改变其内容，并且用最适用于电视的表达方式去重新定义。

马歇尔·麦克卢汉[1]有一句著名的警句：“媒介即信息。”如果我上面所说的有引用

1 马歇尔·麦克卢汉（Marshall McLuhan，1911—1980），加拿大传播理论家，认为计算机、电视等传播手段对社会及艺术、科学、宗教等产生强烈影响，著作有《人的延伸》、《媒介即信息》。——译注

之嫌，我决不否认其中的联系（虽然很多值得尊敬的学者觉得否认和他的联系很时髦，但是如果没有麦克卢汉，他们也许至今仍然默默无闻）。30 年前遇到麦克卢汉的时候，我还是一名研究生，而他也只是一个普通的英语教授。那时我就相信，现在仍然相信，他继承了奥威尔和赫胥黎的传统，对未来进行了预言。我对他的理论坚信不疑。他认为，深入一种文化的最有效途径是了解这种文化中用于会话的工具。我也许应该补充一点，最早激发我对这个观点产生兴趣的是一位比麦克卢汉更伟大、比柏拉图更古老的预言家。我年轻时研究过《圣经》，在其中我获得了一种启示：媒介的形式偏好某些特殊的内容，从而能最终控制文化。这种启示来自“十诫”中禁止以色列人制作任何具体形象的第二诫：“不可为自己雕刻偶像，也不可做什么形象，仿佛上天，下地，和地底下水中的百物。”和很多其他人一样，我那时很疑惑，为什么上帝要规定人们应该或不应该怎样用符号表现他们的经历。**除非颁布训诫的人认定人类的交际形式和文化的质量有着必然联系，**否则把这种禁令归于伦理制度之中的做法是不可理喻的。我们可以冒险作一猜测：那些如今已经习惯于用图画、雕塑或其他具体形象表达思想的人，会发现他们无法像原来一样去膜拜一个抽象的神。犹太人的上帝存在于文字中，或者通过文字而存在，这需要人们进行最精妙的抽象思考。运用图像是亵渎神祇的表现，这样就防止了新的上帝进入某种文化。我们的文化正处于从以文字为中心向以形象为中心转换的过程中，思考一下摩西的训诫对我们也许是有益的。即使这些推想有不妥之处，我仍然认为它是明智而中肯的。我相信，某个文化中交流的媒介对于这个文化精神重心和物质重心的形成有着决定性的影响。

语言无愧为一种原始而不可或缺的媒介，它使我们成为人，保持人的特点，事实上还定义了人的含义。但这并不是说，除了语言之外没有任何其他媒介，人们还能够同样方便地以同样的方式讲述同样的事情。我们对语言的了解使我们知道，语言结构的差异会导致所谓“世界观”的不同。人们怎样看待时间和空间，怎样理解事物和过程，都会受到语言中的语法特征的重要影响，所以，我们不敢斗胆宣称所有的人类大脑对于世界的理解是一致的。

如果我们考虑到，在语言之外还有如此丰富多样的会话工具，我们就不难想像，不同文化在世界观方面会存在多大的分歧。虽然文化是语言的产物，但是每一种媒介都会对它进行再创造——从绘画到象形符号，从字母到电视。和语言一样，每一种媒介都为思考、表达思想和抒发感情的方式提供了新的定位，从而创造出独特的话语符号。这就是麦克卢汉所说的“媒介即信息”。但是，他的警句还需要修正，因为，这个表达方式会让人们把信息和隐喻混淆起来。信息是关于这个世界的明确具体的说明，但是我们的媒介，包括那些使会话得以实现的符号，却没有这个功能。它们更像是一种隐喻，用一种隐蔽但有力的暗示来定义现实世界。不管我们是通过言语还是印刷的文字或是电视摄影机来感受这个世界，这种媒介—隐喻的关系为我们将这个世界进行着分类、排序、构建、放大、缩小、着色，并且证明一切存在的理由。卡西尔曾说过：

> 随着人们象征性活动的进展，物质现实似乎在成比例地缩小。人们没有直面周遭的事物，而是在不断地和自己对话。他们把自己完全包裹在语言形式、艺术形象、神话象征或宗教仪式之中，以至于不惜借助人工媒介他们就无法看见或了解任何东西。[1]

媒介的独特之处在于，虽然它指导着我们看待和了解事物的方式，但它的这种介入却往往不为人所注意。我们读书、看电视或看手表的时候，对于自己的大脑如何被这些行为所左右并不感兴趣，更别说思考一下书、电视或手表对于我们认识世界有怎样的影响了。但是确实有人注意到了这些，尤其是在我们这个时代，路易斯·芒福德[2]就是这些伟大观察者中的一个。他不是那种为了看时间才看钟表的人，这并不是因为他对大家关心的钟表本身的分分秒秒不感兴趣，而是他对钟表怎样表现"分分秒秒"这个概念更感兴趣。他思考钟表的哲学意义和隐喻象征，而这些正是我们的教育不甚了了的地方，钟表匠们对此更是一无所知。芒福德总结说："钟表是一种动力机械，其产品是分和秒。"在制造分秒的时候，钟表把时间从人类的活动中分离开来，并且使人们相信时间是可以以精确而可计量的单位独立存在的。分分秒秒的存在不是上帝的意图，也不是大自然的产物，而是人类运用自己创造出来的机械和自己对话的结果。

在芒福德的著作《技艺与文明》中，他向我们展示了从 14 世纪开始，钟表是怎样使人变成遵守时间的人、节约时间的人和现在被拘役于时间的人。在这个过程中，我们学会了漠视日出日落和季节更替，因为在一个由分分秒秒组成的世界里，大自然的权威已经被取代了。确实，正如芒福德所指出的，自从钟表被发明以来，人类生活中便没有了永恒。所以，钟表不懈的滴答声代表的是上帝至高无上的权威的日渐削弱，虽然很少有人能意识到其中的关联。也就是说，钟表的发明引入了一种人和上帝之间进行对话的新形式，而上帝似乎是输家。也许摩西的"十诫"中还应该再加上一诫：你不可制作任何代表时间的机械。

字母带来了人与人之间对话的新形式，关于这一点如今学者们已达成共识。人们说出的话不仅听得见，而且看得见——这不是一件小事，虽然关于这一点我们的教育也未作太多评论。但是，很明显，语音的书写形式创造了一种新的知识理念，一种关于智力、听众和后代的新认识，这些东西柏拉图在其理论形成的初期就已经认识到了。他在《第七封信》中写道："没有一个有智力的人会冒险用语言去表达他的哲学观点，特别是那种会恒久不变的语言，例如用书面的文字记录下来。"他对此进行了详尽的阐述，他清

1　卡西尔，《人论》，纽约花园城：双日出版社，铁锚丛书，1956，第 43 页。

2　路易斯·芒福德（Lewis Mumford，1895—1990），美国社会哲学家、教师、建筑及城市规划评论家，其著作多涉及人与环境的关系。——译注

楚地认识到，用书面文字记录哲学观点，不是这些观点的终结，而是这些观点的起点。没有批评，哲学就无法存在，书面文字使思想能够方便地接受他人持续而严格的审察。书面形式把语言凝固下来，并由此诞生了语法家、逻辑家、修辞学家、历史学家和科学家——所有这些人都需要把语言放在眼前才能看清它的意思，找出它的错误，明白它的启示。

柏拉图深知这一点，他知道书写会带来一次知觉的革命：眼睛代替了耳朵而成为语言加工的器官。相传，为了鼓励这种变化，柏拉图要求他的学生在来他的学园之前先学习几何学。如果确有其事，柏拉图就确实很明智，因为正如伟大的文学批评家诺思洛普·弗莱所说的："书面文字远不只是一种简单的提醒物：它在现实中重新创造了过去，并且给了我们震撼人心的浓缩的想象，而不是什么寻常的记忆。"[1]

柏拉图对于书面文字重要性的推断现在已被人类学家所深刻理解，特别是如果在他们所研究的文化中语言是复杂对话的唯一源泉时。人类学家知道书面文字不仅仅是话音的回声，这一点诺思洛普·弗莱也曾提到过。这完全是另一种声音，是一流魔术师的把戏。在那些发明文字的人眼里，文字确有此神力。考虑到这些，那么埃及神话中把文字带给塔慕次国王的月神透特同时也是魔术之神，就不足为奇了。我们这样的人也许看不出文字有何神奇，但我们的人类学家知道，对于一个只有口头语言的民族，文字会显得多么奇特而富有魔力——这样的对话似乎没有对象，又似乎任何人都是对象。有什么比把问题诉诸文本时的沉默更奇怪的呢？有什么比向一个无形的读者倾诉，并且因为知道有一个无名的读者会反对或误解而修正自己更玄妙的呢？而这正是每一本书的作者必须做的。

提出上述的观点，是因为本书后面将讨论我们的民族怎样经历从文字魔术向电子魔术转换的巨大变化。我这里想要指出的是，把诸如文字或钟表这样的技艺引入文化，不仅仅是人类对时间的约束力的延伸，而且是人类思维方式的转变，当然，也是文化内容的改变。这就是为什么我要把媒介称作"隐喻"的道理。在学校里，老师非常正确地告诉我们，隐喻是一种通过把某一事物和其他事物作比较来揭示该事物实质的方法。通过这种强大的暗示力，我们脑中也形成了这样一个概念，那就是要理解一个事物必须引入另一个事物：光是波，语言是一棵树，上帝是一个明智而可敬的人，大脑是被知识照亮的黑暗洞穴。如果这些隐喻不再有效，我们一定会找到其他适用的：光是粒子，语言是一条河，上帝是一个微分方程（正如罗素曾经宣称的），大脑是一个渴望栽培的花园。

但是我们这种媒介—隐喻的关系并没有如此明了和生动，而是更为复杂。为了理解这些隐喻的功能，我们应该考虑到信息的象征方式、来源、数量、传播速度以及信息所处的语境。例如，钟表把时间再现为独立而精确的顺序，文字使大脑成为书写经历的石碑，

1　弗莱，《伟大的符号：圣经和文学》，多伦多：学术出版社，1981，第 227 页。

电报把新闻变成商品。要想深刻理解这些隐喻，我们确实要费些周折。但是，如果我们能够意识到，我们创造的每一种工具都蕴涵着超越其自身的意义，那么理解这些隐喻就会容易多了。例如，有人指出，12 世纪眼镜的发明不仅使矫正视力成为可能，而且还暗示了人类可以不必把天赋或缺陷视为最终的命运。眼镜的出现告诉我们，可以不必迷信天命，身体和大脑都是可以完善的。我觉得，如果说 12 世纪眼镜的发明和 20 世纪基因分裂的研究之间存在某种关联，那也不为过。

即使是显微镜这样不常用的仪器，也包含了令人惊讶的寓意，这种寓意不是关于生物学的，而是关于心理学的。通过展示一个肉眼看不见的世界，显微镜提出了一个有关大脑结构的解释。

如果事物总是不同于它的表象，如果微生物不可见地隐藏于我们的皮肤内外，如果隐形世界控制了有形世界，那么本我、自我和超我是否也可能不可见地隐藏在某个地方？精神分析除了充当大脑的显微镜之外还有什么？我们对于大脑的理解除了来自某些工具所产生的隐喻之外，还有什么途径？我们说一个人有 126 的智商，又是怎么一回事？在人们的头脑里并不存在数字，智力也没有数量和体积，除非我们相信它有。那么为什么我们还要相信它有呢？这是因为我们拥有可以说明大脑情况的工具。确实，我们思想的工具能帮助我们理解自己的身体：有时我们称自己的身体为“生物钟”，有时我们谈论自己的“遗传密码”，有时我们像看书一样阅读别人的脸，有时我们用表情传达自己的意图。

伽利略说过，大自然的语言是数学。他这样说只是打个比方。大自然自己不会说话，我们的身体和大脑也不会说话。我们关于大自然以及自身的对话，是用任何一种我们觉得便利的“语言”进行的。我们认识到的自然、智力、人类动机或思想，并不是它们的本来面目，而是它们在语言中的表现形式。我们的语言即媒介，我们的媒介即隐喻，我们的隐喻创造了我们的文化的内容。

选自尼尔·波兹曼：《娱乐至死》，章艳译，广西师范大学出版社，2004，第 3–18 页

4. 复习问题

（1）请说出“这本书是对 20 世纪后半叶美国文化中最重大变化的探究和哀悼”中“美国文化中最重大变化”指什么？

（2）文中“我们应该把焦点放在人类会话的形式上”中的“会话”如何理解？

（3）如何理解“媒介的形式偏好某些特殊的内容，从而能最终控制文化”？

5. 思维训练

（1）谈谈你对“媒介即隐喻”的认识。

（2）阐述“媒介即隐喻”对“媒介即讯息”的继承和发展。

十五、“辟谣：一门棘手的艺术”

——让 - 诺埃尔・卡普费雷：《谣言：世界最古老的传媒》（节选）

1. 写作背景

谣言是最古老的传播媒介，在文字出现以前，谣言借助语言口头传播，大众媒介产生后，尤其是网络的产生，使谣言的传播更加专业化。

谣言是什么，它从哪里来，又到哪里去，人们似乎很难捕捉它。这似乎不难理解，当研究者获知一则谣言准备着手研究时，它已经“忽如一夜春风来，千树万树梨花开”，研究者很难观察到它的产生和传播机制。另外，人们对谣言的分析更关注道德层面，忽视了对谣言的结构分析。

对谣言的系统研究源于第二次世界大战期间，那时许多谣言对战士的士气产生了消极影响，于是，一些研究小组着手对谣言进行系统分析。他们对谣言下定义时，回避谣言中的真实成分，往往以“虚假”或“未经证实”的信息为标准定义谣言。基于此，他们认为谣言是对现实的歪曲，呼吁人们不要相信和传播谣言。这样的研究结果无助于公众辨认谣言，更不能避免大众相信和传播谣言。此外，对谣言进行精神分析则把谣言看作一种疾病，将谣言与疾病特别是精神疾病相联系，会产生一种不良后果：它使得肆意地打击与自己想法不一致的人成为可能。

法国巴黎高等商学院营销学教授让 – 诺埃尔・卡普费雷对上述研究持不同看法，他认为对大众来说谣言之所以神秘又神奇，正是因为它有可能包含着真实的成分。因为某件事重要但又含糊不清，所以人们才急切地等待谣言的出现，希望获知秘密。其实，卡普费雷指出，谣言并不神秘，它有规律可言。卡普费雷针对一些在西方广为流传的谣言，分析了它们的起源及传播机制，揭示了谣言产生背后的文化与社会背景，写成《谣言：世界最古老的传媒》一书。

2. 阅读提示

谣言和辟谣，就像一对冤家，总是相伴而生的。

在“辟谣：一门棘手的艺术”一章中，卡普费雷认为针对谣言，“仅仅辟谣是不够的”。谣言产生后，辟谣是最正常不过的反应，因此，它无法激起人们关注的兴趣。如果在辟谣中包含着有价值的事实，那么辟谣又变成了另一条新闻，人们会被新闻所吸引，反而忽视辟谣本身。此外，谣言的特点是不断重复，与此相应，辟谣也需要不断重复，但是，辟谣不可能像谣言一样在重复中添油加醋，加之人们的逃避态度及接受信息的障碍，辟谣难以发挥其作用。

同时，辟谣的效力也受到辟谣的反作用——“即使人们不相信谣言，也会受其影响”。辟谣是为了试图改变知道谣言的人的想法，但是不可避免地在辟谣过程中，一些原本不知道谣言的人知道了谣言。这在一项关于麦当劳餐厅谣言的试验中被证实：“谣言加反驳组”与“只有谣言组”的效果是一样的，“谣言加分化组”与“谣言加重新组合组”则能够消除谣言。用信息处理的理论可以解释这一研究结果，即我们某时对人或事的看法取决于此时我们记忆中涌现出的与这个人或这件事相关的信息。这很能说明辟谣的反作用：辟谣扩大了知道谣言的人群的范围，即使人们不相信谣言，但是谣言所包含的信息已经附着在他们的记忆中，当下次再提到这个人或事时，先前附着的信息就会显现出来，影响人们对它的看法。

卡普费雷认为谣言大都经不起推敲，但是谣言的某些细节不合理并不会影响人们相信谣言。辟谣与谣言的运作机制是相同的，要想消除一则谣言，关键是找到可靠的消息来源。这不是一个赢得可信性的问题，而是依靠可靠的消息来源使谣言失去信誉，当中体现着艺术的智慧。总之，辟谣，真是“一门棘手的艺术”！

3. 文献原文

谣言：世界最古老的传媒（节选）

第十九章 辟谣：一门棘手的艺术

一个价值不大的信息

仅仅辟谣是不够的。辟谣在信息供需市场上的价格受到不少不利条件的影响。

——一个受谣言攻击的人会说或让人代言："我是无辜的。"这不是什么新鲜事，而是意料之中的。而如果被谣言指控的人说："对，正是我。"那才是令人吃惊、出人意料、不折不扣的新闻。辟谣常常是不用说透而道理自明的。比如1985年7月，一则缺少根据的谣言指责索比盖（Saupiquet）集团生产的一种牌子的金枪鱼食品会引起中毒，而报纸发表的辟谣要比让人提防金枪鱼的文章谨慎得多。这很正常。如果说："金枪鱼没有危险"，那就显得平淡无奇，没有新闻性。而说："注意，罐头金枪鱼可能有危险"，那才是独家新闻！

——辟谣是过了时的信息，几乎是在泼冷水。它破除人们的幻想，让他们回到平庸的现实中。它一笔抹杀了虚构的故事，对于这个故事，尽管人们并不十分清楚它是否完全真实，但人们在叙述它的时候，却展开了丰富多彩、激动人心的议论和构想，尽力使它引人注目。还记得那句话吗：说得跟真的一样（意大利语）！于是人们明白辟谣出现在报纸上，就像一条狗闯入九柱游戏中。要是报纸没有谈论过这则谣言，辟谣在这种情况下也没有理由占据醒目位置；要是因为谣言讨人喜欢，报纸就登了，这种情况下，辟谣只能使人扫兴：那这同样也只能在某个报的旮旯儿里占一块狭小的位置，故而不为人注意地便登过了。

当然，如果辟谣来自官方的高层领导，那它就又成了人人几乎不得不注意的新闻。此外，如果社会影响很大，情况也是如此。比如，在奥尔良，官方——市长、检察官、省长从没有就谣言公开表态。但许多当地和国内组织的辟谣暴露出来的事件其后果对于社会稳定却是至关重要的。这次辟谣把一个真正重大的问题摆在了桌面上：那就是潜在的排犹主义又渐渐抬头了。由于这个情况，辟谣便构成了一则特大新闻，一则最新信息。

失去影响的信息

谣言的力量之一是它的不断重复。人们今天从这儿听到，明天从那儿听到，说法不断在变化，添油加醋，去粗取精，越传越像回事。

辟谣要想有效果，也得翻来覆去地说。遗憾的是，辟谣由于必须严格遵循正式宣布的固定形式，不可能寄希望于让大众传播媒介反复传播。人们看报和听广播就是为了得到新闻，而不是反复读昨天，或更糟，几个星期前就已经宣布过的事。当一位谣言受害者再次求助于一篇辟谣的文章时，他便明白这篇文章在新鲜事物的祭台上已经不能使用了。尽管如此，有时，由于战斗热情，或者宗教十字军的活动，辟谣的文章还可以在一些宣传品上占一席之地。可是传播的人已经厌倦了：对这件事我们已经有过贡献，不能再要求我们了。

要想比较肯定地达到吸引公众的注意力，买下做广告的版面总还是可以办到的。例如，谣传一个孩子被藏在香蕉串里的“一咬即死蛇”咬死了，为了中止这则谣言，那个被指责的超级市场经理于 1982 年 7 月 30 日买下了地区日报《阿尔萨斯报》上半页多的大块广告版面。他在上面正式辟了谣，并且向那些可以提供情况的人赠送一笔奖金。1984 年，在保守的美国中西部，传开一则谣言，说当地非常受欢迎的麦秆啤酒公司秘密资助了美国总统候选人、民主党人、黑人杰西・杰克逊，因而反对罗纳德・里根。麦秆啤酒公司为了反击这个谣言，在当地头家日报《芝加哥论坛报》上买下了好几个整版的篇幅做广告。

宣传对象的逃避

在说服人不要相信谣言的宣传运动中，反常现象之一便是似乎这个说服运动触及到的已被说服的人多于有待去说服的人[1]。事实上，当牵涉到一些带有强烈感情色彩的问题时，除非对自己的观点十分肯定，我们总是不愿听到对我们的思维方式进行非难的信息。这种有选择接受辟谣宣传的现象，说明了当涉及非常带有感情色彩的问题时，人们面对与自己所相信的事情相悖的消息，便会采用逃避的态度。

一些数字可以证实宣传对象的逃避态度。知道有关宝洁公司的谣言而不相信的美国人中有 83% 的人宣称他们看到、读到或听到过宝洁公司的辟谣。而那些相信这则谣言或抱怀疑态度的人里只有 54% 的人想起来接受过辟谣的信息。在奥尔良，由于本地和全国新闻界历时十天的大力宣传，如果还有人错过这种辟谣宣传，就令人难以置信了。

大众传播媒介的选用可以躲过被宣传人的有选择逃避这一问题。但是我们又触及另一个反常现象。从信息交流的角度看，能波及被说服人的大众传播媒介和其理想时机，并不是最佳的。换句话说，促使宣传对象采取逃避态度最厉害的传媒，倒是传播消息最佳的传媒。黄金时间播出的电台、电视节目，诸如电视新闻，也起到相反的效果。

接受信息的障碍

没有比信息交流更难的事了。在文化层次高的社会阶层，对洗涤剂和婴儿尿布广告不屑一顾，认为这样才是高雅的表现。在这类广告片中，人们把一份十分简单的消息最起码重复三次，而且在正文和画面之间有一大堆啰啰嗦嗦的话。从播发质量上看，对这类广告采取批评态度是不对的：这些 30 至 40 秒钟的广告片都是些传播信息的杰作。民意测验证明了这一点：大部分公众几乎都能说出消息的主要内容。

---

1 Kapferer J.-N., Les Chemins de la persuasion, Paris, Dunod, 1984.

在电视传播的黄金时间里，由于其他信息的合法竞争，人们绝少有 2 至 3 分钟的说话时间。面对已等待了几星期才短暂开启的小窗口，谣言受害者有各种可能错过这次宣传机会。因为受害者在想使真相（他自己的真相）大白于天下的愿望和情感的驱使下，想要说的事情太多了。于是，对受害者来说，夸大其词是免不了的，每一秒钟都要用来解释、证实、辩论、详细叙述。这样塞得满满的内容，公众究竟从中记得什么呢？更不要说那些铁了心坚信谣言的人了。

1970 年 2 月在亚眠，传出了一则与奥尔良谣言如出一辙的谣传。在这里，大众传播媒介也同样对此发生了兴趣，开展对谣言的反击。电视固定节目"大千世界"为亚眠的这则谣言不惜拿出好几分钟时间进行辟谣。第二天一位调查者从 P 书商那儿获悉书店的一位女顾客跑来向他固执地证实电视上已公开肯定了谣言确凿有据。还有一个女人宣称，电视新闻节目为了让摄像机能拍下现场情况，而模拟了在那个能转动或能摇晃的试衣室里的作案经过。调查者认为人们这种错误的解释是舆论上有选择的影响和感觉上的偏见造成的：电视观众本意想相信谣言，故而把看到的东西都变了个样。这个解释并无必要，要解释人们的这种错觉远不用搬出辩护的技巧。

人们收看电视（加上收听广播）并不是持续不间断的。人们经常在收看的同时做别的事。因此他们不是一直呆在电视机前，注意力也不老是集中的。他们一会儿听到只言片语，一会儿看到几个画面。例如，如果有人在电台上说："据某些谣传，宝洁公司是撒旦派的合伙人。这纯属捏造。这则谣言完全是假的"，很有可能一部分听众偶然只专心听到了公报的开头部分，因而留下了电台已证实谣言是真的这一印象。因此，奉劝大家在做电视辟谣宣传时，不要重复谣言的内容。

记忆心理学告诉我们，具体概念要比抽象概念易于记忆。所以，当听到这种类型的辟谣："X 产品不会致癌"时，部分听众日后记住的可能是：X 会致癌。确实，否定词是很容易忘掉的：人们同时听到的"X"和"致癌"这两个概念被贮存在记忆中的两边，再碰到一起时自然会合到一处。

报纸减少了这种解释中断章取义的毛病：读者可以按照自己的节奏去读和重读辟谣的文章，而不用被大量的词汇和画面所扰乱。遗憾的是，如果他附和谣言就会使他自身的道德标准受到怀疑，并且由此引起他对面临的消息进行筛选，这样，他也可以决定不去读这些文章。幸运的是，许多谣言的影响程度都是一般的。此外，即使谣言内容带有浓厚的感情色彩，也不能说公众都是一致的。有些人卷进谣言要比另一些人厉害得多。后者易受新闻界的影响。

辟谣的反作用

对谣言和辟谣的最新研究显示，即使人们不相信谣言，也会受其影响。反之，人们也可能受辟谣的反面影响，即使他们相信辟谣是真的。

得出这个结论是很重要的，因为所有的辟谣运动其实都有两种交流：一是使那些未听过谣言的人知道了谣言；二是试图影响那些已经知道谣言的人。因此，1982 年 6 月，宝洁公司在新闻界发起的辟谣运动其主要作用就是使大部分公众舆论了解了这则谣言。在传出这则谣言的美国南部几个州里，口传媒介和讲道台上的布道是人们获悉这则谣言的主要渠道。在全美范围内，了解谣言主要是通过报纸。总之，北部几个州的大部分居民（60%）得知这个谣言是在辟谣运动开始之后。在法国奥尔良，新闻界的辟谣运动同样将谣言扩散到奥尔良市郊及周围几个城市和郊区（很可能也传到了亚眠）。

于是一个关键问题被提出来：单纯靠批驳谣言的辟谣是否有足够的力量使那些由此得知谣言的人不受传染？从医学角度看，是给这些人打预防针呢？还是让他们受谣言病菌感染？如果情况是如此，那么何种形式的消息可以免去这种传染的危险，并且使在此时机获悉谣言的人完全具有免疫力？

在一次对减轻谣言作用的各种策略的试验中，人们让一些大学生看一部未正式公演的电视连续剧[1]。就像在美国常发生的那样，连续剧被中断插播广告，其中一则广告正好是关于麦当劳餐馆的。试验中，就在播出麦当劳餐馆广告的过程中，试验组里的一位女大学生（其实她是在试验中安排好的人）大声对聚在放映厅的其他组员说："麦当劳餐馆的广告使我想起关于蚯蚓和麦当劳餐馆的那个谣言——你们知道吗？据传麦当劳餐馆用蚯蚓肉作汉堡包的馅。"

其实，大学生们被分成四个不同的组，每一个组根据下列方案参加一次各不相同的试验：

——第一组被称为"只有谣言组"。在这个组的试验中，那个事先安插好的人说出谣言之后，在场的试验者提醒大家不要在放映的时候说话。

——第二组被称为"谣言加反驳组"。谣言说出之后，试验者说："这都是无稽之谈，这个传说是站不住脚的：何况，蚯蚓太贵了，八美元一磅！再说，农业部已作了一个调查，证实了麦当劳餐馆用的是 100% 的牛肉。好了，请你们现在别说话了。"正如人们所见，试验者一字不差地照搬了麦当劳餐馆驳斥谣言的论据。

——第三组是"谣言加分化组"。在试验中，试验者回答那位安排好的女大学生说："你大概会觉得稀奇，但上星期我与岳母到芝加哥有名的法国餐馆保罗饭馆，在那里品尝了一种非常美味的用蚯蚓做的调味汁。好了，请你们现在别说话了。"

——在第四组（谣言加重新组合组），放映完毕后，与前三个组一样，发一份如何评价连续剧的问卷，并附加了三个有关在麦当劳餐馆吃饭的问题（食品的好 / 不好，是我想要的 / 不是我想要的，我肯定会再去 / 我肯定不再去了）。但是，第四组与其他三组不同的是，在回答这三个问题之前，大学生们还得在问卷上指明他们习惯于经常光顾

1 Park R.E.，《News as a Form of Knowledge》，American Journal of Sociology，45，1940，p.669–689.

的麦当劳餐馆坐落在什么地方，他们一年中去几次，这家餐馆有没有露天餐座。

这四种试验方法的结果如何呢？（请见图五）

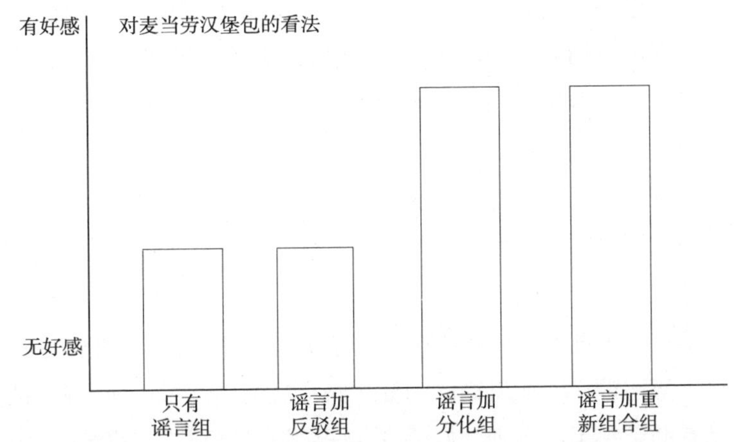

图五　麦当劳餐馆与蚯蚓：几次反谣言信息交流会的结果

如人们所见，披露谣言加上反驳起到了与单单披露谣言同样的消极作用！相反，其他两种手法则消除了谣言的影响。

不能从这个试验就得出辟谣是无效的结论。在这次研究中，人们只测试了辟谣的一种形式。通常，辟谣都出现在大众传播媒介——电视或报纸上，这便赋予了辟谣某种可信性，而这种可信性恐怕是试验者所不具有的。

不管怎么说，这次试验在观点的形成及人们并非必须相信的一则谣言对于这种观点可能有的影响方面教益非常之多。试验后第三天提出的补充问题显示：这四个组认为谣言纯系无稽之谈。

这个试验的依据来自“信息处理”的理论，这些年这个理论对观点与态度的心理学有决定性的影响。这个理论的基本思想很简单：我们在某个特定时间对一个人或一件事的看法取决于我们的记忆中在这时涌现的一些与这个人或这件事有关的信息。这些信息有些是肯定的，有些否定的。它们与人或事的联系有些是紧密的，有些是松散的。

信息处理的方法说明了为什么一则谣言即使人们并不真的相信它，也会起作用。事实上，比如那些大学生听到了关于麦当劳餐馆的谣言之后，记忆中便留下了有关这个公司的新信息。当问到他们对麦当劳餐馆的看法时，这个新信息便会附着于涌现在他们脑海里的否定或肯定的想法之上。蚯蚓与麦当劳餐馆联系在一起的事十分新鲜，它将会溶进自然出现的想法中。不过，这种想法令人不愉快。因而它会产生一种较糟的想法，比脑海里没有任何令人不快的想法所引起的意见更糟。大学生们受影响并不是因为他们对蚯蚓与麦当劳餐馆这层联系信以为真，而是他们想到了这层联系。

这个理论依据同样说明了为什么在一些类似的情况下，反谣言并无效用。反驳使大学生们重复讲述同一谣言，从而加强了蚯蚓与麦当劳餐馆之间的联系。即使反驳有效到使学生们可以轻易地这样想："麦当劳汉堡包里真的没有蚯蚓"，这种想法也不能同时去除蚯蚓与麦当劳餐馆的这层联系，甚至由于反复述说反倒在记忆中加深了。

根据这个理论观点，如果想消除向人们叙述谣言时会产生的影响，就必须：

——在他们记忆中，否定的信息（蚯蚓）不要安置在"麦当劳餐馆"这一地点，而是别处，在另一个地点；

——变否定信息（蚯蚓）为肯定信息；

——最后，当问到这些人对麦当劳餐馆的看法时，他们头脑里有一些其他想法，而不是被谣言根植进去的否定想法。

在试验中，第三组（谣言加分化组）代表了实施上述头两个策略的例子。听到谣言之后，试验者马上叙述他在芝加哥的法国餐厅保罗饭馆品尝了一种用蚯蚓制的非常美味的调味汁，这就有助于关于"蚯蚓"的信息在记忆中储存到"保罗饭馆"而不是"麦当劳餐馆"。而且试验者使"蚯蚓"这一信息变得不那么令人不快了。

第四组（谣言加重新组合组）的作法是向人们头脑里灌输一些不大可能自发产生的有关麦当劳餐馆的信息。这些肯定的信息一旦出现在脑海里，就会对有关麦当劳汉堡包的看法产生影响。

事实证明了什么?

很多谣言经不起琢磨，它们的细节也经不起逻辑推敲。然而，另有一些谣言则是排斥理性分析的[1]。

事实上，一则谣言的内容越具有象征性，它的细节便越不重要。人们只把它们当成一些可替代的词语。如果一个细节不真实，并不证明整个叙述都是假的：只需把这个不合规则的细节换掉，换上一个更真实一点但表示同一回事的细节，就行了。

比如，如果人们得知"一咬即死蛇"并不是在一分钟内就能咬死人，它在西班牙语里仅仅是"小蛇"的意思，有关在一家商店"一咬即死蛇"咬死了一个男孩的谣言，会不会不攻自破呢？显然不会，相信谣言的谈话者马上就会采取对策回答说不是这种蛇，而是另一种。同样一个例子，在（第）二次世界大战中的美国，人们经常指责某个社会群体进行改组以逃避军役。而当统计数字表明情况并非如此时，人们最常见的回答是："是的，但他们的职位是最保险的！"[2]这样看来，词语可以互换，但含义固定不变。

有些谣言之经得起事实的辩驳有时让观察者感到吃惊。但是真正让人吃惊的恐怕还是它经不起事实辩驳的一面。一则谣言要想广为传播，必须经得住最先听到它的人必然会提出的一些合情合理的异议。因而现实必不能成为谣言的障碍。一则像麦当劳餐馆用

1 Weinberg E.，《Fighting Fire with Fire, Communication Quarterly，26 (3)，été 1978，p.26–3.

2 Allport G. W.，Postman L.，《 An Analysis of Rumor》，Public Opinion Quarterly，10，hiver 1946—1947，p.501–517.

蚯蚓作原料那样轰动的谣言之扩散本身，便证明它有能力冲破现实的罗网，并且将人们可能提出的反证消化掉。

一两个细节显得不合理不会影响谣言。在许多谣言中，内容总是胜于形式。到处传谣的人一般并非必须相信他听到的消息，他只竭力说服他的听众相信，哪怕要修改或完善这则消息也罢，因此他随时准备在任何地方承认叙述中可能有一些疏漏。由于谣言在它的形成过程中任人揉捏、迎合人意，故而它对人们就细节提出的异议便感到从容自如。

谣言还善于转变一些证据和反证。在亚眠或奥尔良，所有摆出来的使谣言站不住脚的事实都被反过来证明谣言是有根据的：起初是报界保持沉默，继而警察不采取行动，不正式宣布失踪，这一切都证明上面掌权的人被贩卖白人妇女的帮凶所收买，不想把这一事件张扬开来。这表明了底层与上层社会有众所周知的联合关系。在被控告的服装店里，人们没有找到陷阱，于是有人便说，这是因为商人们预先得到通知，把陷阱堵了起来。每一个摆出来的事实都马上被扭转过来：它的含义与人们所想的满不是一回事。这样一来，事实的披露几乎没有说服力。因为每个人都以自己的信仰赋予事实以含义。

当事实无法证明的时候

所有事实，哪怕是最相互矛盾的事实，都充满着偏见，但除了偏见问题，有些谣言还提出了一个更为微妙的问题，即任何事实都永远无法证明谣言是假的。因此，什么事实能无可辩驳地证明宝洁公司没有给撒旦钱财呢?

科学哲学家很久以来就研究过证实存在或证实不存在的问题。卡尔·波普认为，一个理论命题只有当它详细说明它的试验程序时才能上升为一个科学命题。正是经验的核证赋予一种理论以有效性。

所有谣言都是把一种特征与一个人或一件事联系起来的命题。在这些命题中，有一些轻易便被事实拆穿，因为这些命题是以一种使它们可以证实的形式出现的，也就是说它们可以接受检验。例如，1979 年 6 月，尼斯市政府安全部门不断接到不安的居民打来的电话：一则关于 7 月 24 日将发生海啸，以及 8 月 23 日地震将接踵而至的谣言流传开来。这只需等待对预言的事进行一次自然现象的测试便真相大白了。

有些命题靠一个没有科学根据的检验是驳不倒的，因为它们包含着一些不能被直接或间接测定的概念。所有涉及魔鬼的谣言，如果人们想制造一些有说服力的事实去反驳，都颇成问题。对某个团体表示敌意，比如声称这个团体的成员在战争中干的都是轻松好差事和悠游自在的职业。这种谣言也同样不好反驳。在很难判断一个职业是轻松或不轻松的范畴内，这一命题就变得无法驳倒了。

除了这些极端的情况外，有一些命题是“仅仅可以证实的”或“仅仅可以反驳的”。例如，在战争期间，传出一些把某个社团视为替罪羊的谣言。比如，有人会说：“这个团体中出现了叛徒。”这样的命题是“仅仅可以证实的”，因为即便调查了好几次之后，在上述的团体里没有发现叛徒，也不能排除在今后的调查中发现叛徒的可能性。指责芝加哥著名的麦秆啤酒公司偷偷地资助那位可尊敬的黑人杰西·杰克逊进行竞选活动的谣言也属于这一类：任何调查也无法合理地反驳这则谣言。它仅仅是可证实的。

相反，大部分辟谣的致命弱点就是"仅仅可以反驳"。比如，维尔瑞夫传单辟谣说柠檬酸无害，说橙子、柠檬里都含有这种成分，一位被采访者听说之后，便反驳说："也许人们以后会意识到柠檬酸对人是很有害的。"

一般而论，肯定某事物不存在的命题在可证实性方面会遇到很大的障碍，或者用波普的话来说，在其可伪造性方面困难很大。例如，一家企业怎样才能证明它没有资助某个政党呢？唯一令人信服的辟谣就是说："不，我们不是提供了 300 万法郎，而是 400 万！"这类在可证实性或可反驳性方面的不平衡状况是很常见的，它说明了谣言的顽固性：任何证据也无法合乎逻辑地使谣言缄口。因此问题从来就没有结束，而是悬而未决。

我们由此认识到这一根本的反常现象：相信辟谣与相信谣言本身所遵循的是同一个逻辑。在这两种情况下，都是凭口头上说的就信以为真。扑灭一则谣言的问题归根到底还是一个人的问题："相信什么"取决于由"谁来说"。没有一个可靠的发言人，反谣言的战斗必然导致失败。

找到可靠的消息来源

利用可靠发言人来反击谣言的建议说起来容易，做起来难。实际上，谣言的扩散经常显示出一种对官方渠道消息的不信任，甚至对政府本身就缺乏信任。在实行新闻管制的国家，谣言便盛行起来：能指望什么样的官方公报来减少谣言呢？要想如此，必须奇迹般地找回一种人们已经丢失很久的名誉。

尽管如此，这项任务并不是可望而不可及的：其实，这不是要赢得可信性，而是使一则精心选出来的谣言失去信誉，并通过这则谣言，使人不再相信那些已传出来的和将要传出来的谣言。这就是人们所说的反信息。比如，1981 年 12 月 19 日 17 时，法国国际广播电台宣布波兰天主教活动分子中的突出人物，瓦文萨的主要顾问之一塔多兹·马佐维耶夫斯基死在狱中。尽管没有得到官方的证实，但消息似乎是可靠的[1]。还没等波兰政府就这条有损于雅鲁泽尔斯基将军形象的消息发布任何辟谣，这消息便很快传遍世界。在西方，报纸上头版大标题及报界评论连篇累牍地悼念起这个重要人物可疑的死亡（在狱中）。其实，波兰政府没有辟谣，是想让谣言广泛流传，以便等时机一到，就可以嘲笑这则谣言，同时使那些急不可待要传播在波兰流传的任何一点点谣言的西方记者狼狈不堪。事实上，直到年终前几天，波兰政府发言人才对塔多兹·马佐维耶夫斯基死亡的谣言辟了谣，并且嘲笑了西方新闻界。这样一来，波兰政府釜底抽薪地破坏了人们到那

---

1 Pomian K.,《Samedi 19 decembre 1981, à 17 heures: Varso-vie》, Le Genre humain, n° 5, automne 1982, p.63-70.

时为止对这些谣言的信任，从而改善了自己相对的可信性[1]。

选自让-诺埃尔·卡普费雷:《谣言: 世界最古老的传媒》,郑若麟译,上海人民出版社,2008，第 259—272 页

4. 复习问题

（1）为什么说“仅仅辟谣是不够的”？

（2）结合信息处理理论和关于麦当劳餐厅谣言的试验，解释辟谣的反作用机制。

（3）在针对麦当劳餐厅谣言的试验中，为什么“谣言加分化组”与“谣言加重新组合组”能够消除谣言的影响?

5. 思维训练

（1）网络谣言的特点是什么？请结合实例阐释。

（2）根据本章所学知识，谈一谈我们应该怎样辟谣？请结合实例阐释。

1 Sherkovin Y., Nazaretyan A.,《Rumors as a Social Phenome-non and as an Instrument of Psychological Warfare》, Psikhologicheskii Zhurnal, vol. 5, n° 5, 1984, p.41-51.